建築家と建築士

法と住宅をめぐる百年

速水清孝

東京大学出版会

本書は財団法人東京大学出版会の刊行助成により出版される

Architects and “Kenchikushi”
One Hundred Years of Architect Law and Housing in Japan
Kiyotaka HAYAMI
University of Tokyo Press, 2011
ISBN 978-4-13-066202-4

目次

第六章　市浦健と建築家法……三四三

凡　例

一　「建築士」は、建築の設計監理等の技術者を意味するもの、「建築家」は、いわゆるアーキテクトを示すものとして用いる（但し、引用文に関しては原文のまま）。もちろん現在の日本では、前者は法定の資格称号で、後者は法定の称号ではない。
二　監理の概念は戦後成立するが、本稿では、「設計者」と「設計監理者」とは明確に使い分けをしない。基本的には「設計者」と記すが、必要と考えた場合には、「設計監理者」と記した。また、「監理」と「工事監理」についても同様である。
三　「建築」と「建築物」・「建物」、といった呼称の違いは、厳密な使い分けをしない。
四　「申請」・「届出」・「許可」・「認可」などの語については、厳密な使い分けをしない。
五　「法案」とは、①固有名詞を除き、議会に上程されたものを指すことにする。例えば、建築設計監理業務法は上程されていないので、法案とは呼ばない。また、②法律案・建議案を含む広義なものとして用いる。つまり法案≠法律案である。
六　法律の条文番号は、原則として制定時のものを示した。
七　第二次世界大戦の終戦以前、請負業は、土木建築業とも呼ばれたが、統一のため原則として「請負業」と表現した。
八　単に「地方自治体」、あるいは「自治体」と言う場合には、市町村は含まず、都道府県を指すものとして用いる。ただし、新憲法制定までは地方自治は成立していないから、自ずと戦後を意味する。
九　簡単な補足や注記・強調の意味での引用文・聞き取りなどへの、［　］や傍点の付記は、特記なき限り、引用者による。
十　引用文は、旧字旧仮名は新字新仮名に、片仮名は平仮名に適宜改めた。また、読みやすさのため、句読点や濁点・送り仮名は適宜加え、明らかな誤字などは差し支えのない範囲で改めた。
十一　引用文中の□は判読不能を示す。
十二　本文中では全て敬称を略した。

十三　図表中のＭ・Ｔ・Ｓ・Ｈは、それぞれ明治・大正・昭和・平成を示す。

十四　出典の特記なき図表は、筆者の作成による。

十五　次の機関所蔵の資料については、本文・注では以下のように略記する。

東京都公文書館内田祥三文庫……………………内田文庫
日本建築センター前川喜寛文庫…………………前川文庫
日本建築センター北畠照躬文庫…………………北畠文庫
日本建築センター小宮賢一文庫…………………小宮文庫
日本建築センター和田友一文庫…………………和田文庫
建設産業図書館伊藤憲太郎文庫…………………伊藤文庫

第一章　序論

工部大学校第１回卒業生たち
出典：『舊工部大學校史料』虎之門会，1931 年，口絵
前列左から，佐立七次郎・片山東熊・辰野金吾．辰野の右後ろに曾禰達蔵

1　はじめに

私は何者か――。

現代に生きる者ならきっと、自らのアイデンティティのありかについて、こんな問いをしたことがあるに違いない。ましてや、高い専門性によって自ずと高い倫理の求められる職業に就く者にとって、それは必ず一度は通る儀礼にも似た行為とすら言えるだろう。そうした問いは往々にして悩みにつながり、いささか馴染みのない言葉で、〝職能の問題〟[1]などと呼ばれる。

〝建築家〟という職業にもそれがある。

建築家とは、建築の設計を生業《なりわい》とする者を指す際にしばしば用いられる称号だが、これがわが国では国家の定めた資格の名称でないことは案外知られていない。せいぜい建築界にいる者が知る程度だろう。

国家資格ももちろんあって、それは〝建築士〟という。

この建築士が建築家と同義でないことは、建築家たちにとって、第二次世界大戦後（以下、単に戦前・戦後とするものは太平洋戦争前・第二次世界大戦後を指す）、建築士法（昭和二五年法律第二〇二号（図1-1）。巻末資料1に条文を掲載。以下、士法と略すことがある）が制定されて以来の悩みであった。

いや、建築家たちの悩みはもっと前からあった。その職業の概念がわが国に自生したものでなく、明治に西洋から移植したものであったがため、それが何をする職業であるのかすら、長く理解されずにいたからである。移植した当初はともかく、西洋を習熟し、どうやら比肩する設計の現れた戦前、そして、その割合の増えた一九七〇～八〇年代、さらに、凌駕するものも目につくようになった二〇世紀末となっても、その状況にさして変わりはなかった。

建築士という資格ができて好転の期待された状況は、これによってむしろ複雑なものとなり、彼らの悩みは増した。先に述べたように建築士が建築家と同義でなく、また世界に珍しい級別の制度（一級建築士・二級建築士）となったこともあって彼らが求めるより経験・力量の劣る者にも、さらには設計を生業とする者以外にも、資格が与えられることになったからである。

その違いを数で見るとどうなるか。それぞれの数は実は明らかでない。法定のものではない建築家ばかりでなく、法定のものである建築士もこれまで把握されることなくいた。

そのせいか、「建築家と呼べるのはせいぜい二〇〇人だ」と放言する人も、ごく近年ですら、いた。それは、〝自分だけが建築家だ〟との自負の裏返しに他ならないが、仮に建築家の集まりである日本建築家協会の登録建築家の数とするなら五〇〇〇人。実際には倍はいるだろう。片や建築士は、登録者の数で言うなら一〇〇万である（図1-2）。亡くなった方も多く、一級建築士として設計に携わるのは一〇万とも言われる。比べれば差は大きいものの、いずれにしても決して少ない数ではない。

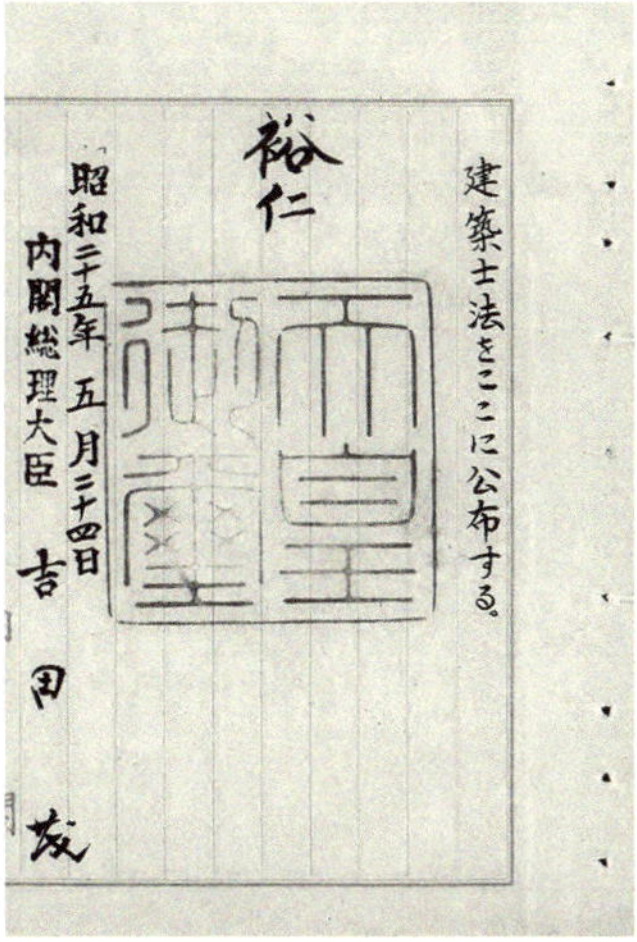
建築士法をここに公布する。
御名御璽
裕仁
昭和二十五年五月二十四日
内閣総理大臣　吉田茂

図1-1　建築士法の公布（1950年）
国立公文書館所蔵資料
建築士法の制定は，日本の設計者にとって，1つのメルクマールではあった

そうしたこともあって、建築家の職能として長く論じられてきたのは、純粋にその職業や倫理・果たすべき役割ではなく、まずは西洋の建築家[2]とわが国の建築士の違いであった。続いて、違いのできた原因を、戦後間もなくできた建築士法に求め、あるいは戦前、前述の日本建築家協会の前身である日本建築士会が草した西洋を範とする同名の法案を引き合いに出し、法を彼らの望む形に改めない当局の無理解を嘆くものであった。

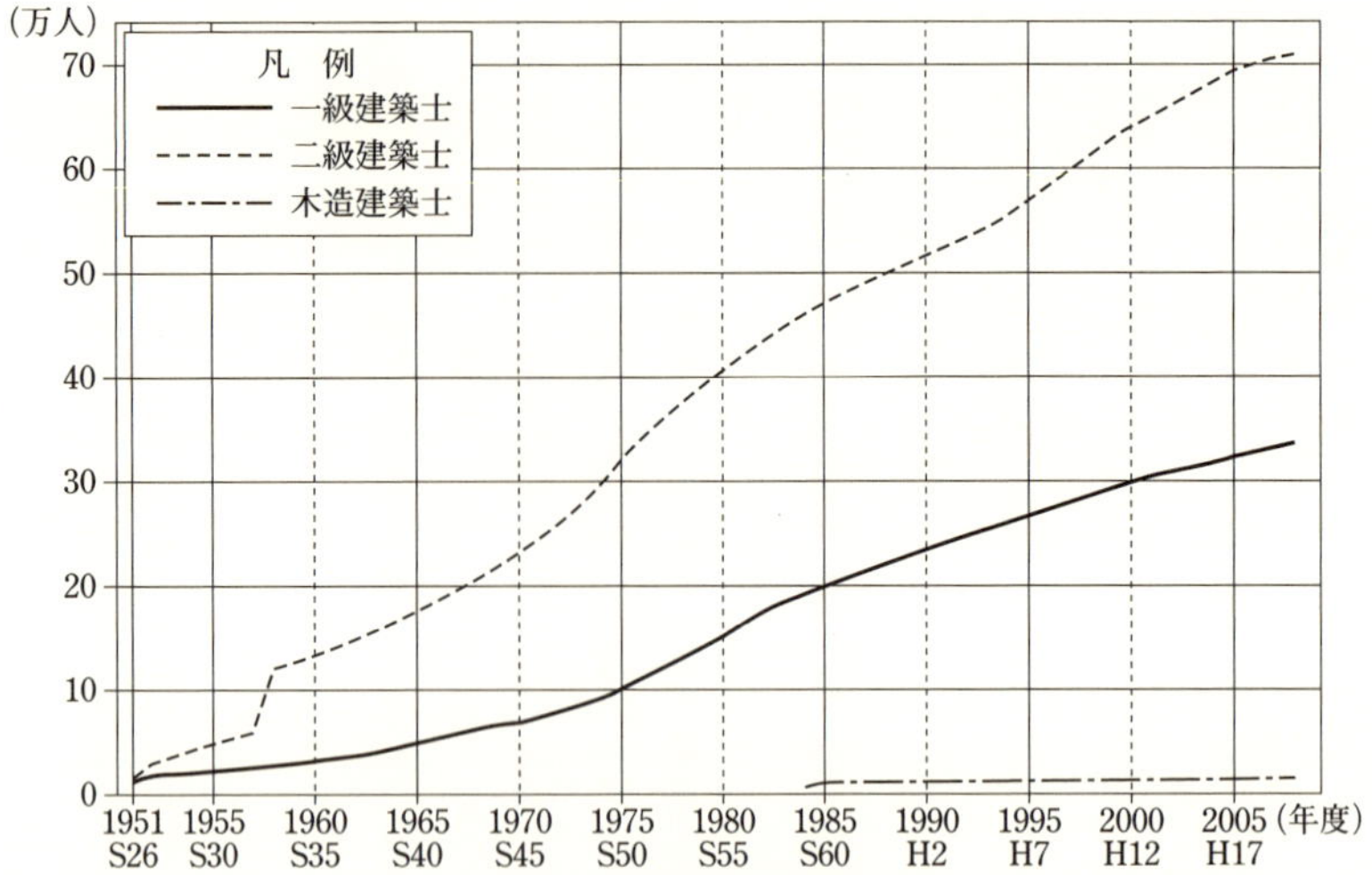

図 1-2　建築士登録者数

出典：国土交通省建築指導課資料より筆者作成

つまり建築家の職能問題は、一つには建築士法を大きく絡める形で語られてきた。建築家を自任する者にとって、より高い職業倫理を持つことは問うまでもなかったからでもある。

その傍らで、設計者がいかなる組織——設計専業の組織と建設業のように他業務とともに設計も行う兼業の組織のいずれ——に所属するかを問うこと、すなわち〝専兼問題〟（以下、本書で言う専兼問題とはこれを指す。また、設計専業の組織に属する設計者を、専業設計者と称することがある）[3]がもう一つの軸に据えられてきた。これは、建築生産において、設計と施工を行う組織が分離されるべきか否かという問いに関連する。

建築家たちにとって自身の職業は設計を専業とするものでなければならなかった。そしてそれはあらゆるものから独立した自由な存在でなければならなかった。それが彼らにとっての西洋の建築家像だったからである。にもかかわらず、建築家を介すことなく建築を造ってきたわが国には、建設業が施工部門ばかりでなく設計部門を併せ持つ現実もあった。

建築の行為の中に、設計と施工という異なる行為があることすら、近代に突入して西洋と接触する中でようやく一部が認識したばかりだったのだから、それらを分けるという外来の方法を採るのはむしろまれで、それまでの通り、ともに同一の組織に含んだまま発展する方が多いのは、ごく自然なことでもあった。

これが彼らの悩みをいっそう深くした。そして、ここでも法が大きく議論の的になった。物事のあり方を規定する立法という手段をもって専兼問題が解決を見ることによってはじめて、西洋的な建築家像を体現する自身の存在が、社会に認められると考えたからであろう。とはいえ、こと法が絡むだけにそう簡単には収まらず、早くも六〇年代には建築界を割るほどの騒ぎとなり、以後二〇年続く内戦に等しい泥沼はしかし、建築界の内に傷を刻むに留まり、世の理解を生むには及ばなかった。

結果として士法には、制定以来ほとんど手が加えられずにいたが、二〇〇五（平成一七）年の暮れ、初めて社会の目の向く瞬間が訪れる。耐震強度偽装事件である。この五五年目の激震によって大きく改められ、専門分化への対応や建築確認申請の厳格化、罰則の強化などがなされ、現在に至っている。

では、一方の専兼問題はどうかと言えば、こちらは、一九八〇年代後半より起こったいくつかの出来事を通して、おおよそ大正より続く長きにわたる騒ぎに終止符が打たれた格好となった。まずは専業・兼業両者の共存を図ることが合意をみることによって。続いて、建築家資格に対する世界の認識が、資格は個人に帰属し、個人が所属する組織の如何は問題ではない、とされていることが明らかになることによって。

しかしその結果、果たして、建築家の職能なるものが、日本の社会に認められただろうか。専兼問題を介して語ることに益はない。そのことが露呈することになっただけと言ってよいのではないか。

おそらく日本では、建築家の職能問題なるものは、往々にして建築家たちの独りよがりな主張と捉えられてきた。事実、そうした側面も多分にあって、必要以上に、他の建築に携わる人たち——例えばそれは、建設業に所属する建築士や、住宅生産に携わる人たちであったが——を貶めてきた。そして、矛先はたいてい建築界の内側にのみ向けられていた。

それゆえその主張はほとんど社会性を持つものではなかった。それは、これが建築家の立場でしか語られてこなかったことにも現れている。その結果、建築家は、そして建築士も、弁護士・医師など、高度な専門性に基づくという意味では同じ他の職業に比べ、遥かに深い悩みを持つ職業となって久しい。「困ったときに必要とされる職業ではないからだ」と彼我の違いを説き、嘆く者すらいるほどである。

いや、設計者に対する社会の態度は、耐震強度偽装事件以来、むしろさらに不信の度を増し、価値を認めるどころの話ではない。

その一方で、設計に携わる多くの誠意ある人たちが、正しく評価されたいと願っていることも紛れもない事実である。それでももはや、これまでのように建築家の側にのみ立って主張を繰り返すのは有効ではない。〝建築家〟という名の甘美さに、それを法定のものにしたいと前のめりになる気持ちをいったん譲って、建築家と呼ぶのを憚られてきた建築士、建築生産に携わる技術者、そして行政までを視野に入れ、広く日本の社会にとって建築家とは、あるいは設計者とは何かを考えることが不可欠ではないか。

ことに、そこでは制度の成り立ちを原点に立ち戻って考える必要がある。

それは、右に記したように建築家の職能問題が常に建築士法と絡めて語られてきたこともある。それ以上に、制度は社会現象への対応の果てにできる。そのゆえである。つまり、設計者に対する社会の期待のありかは、設計者の制度の発生と成立の中にあって、その結果できたものは、良し悪しは別にして〝その国の社会にとって設計者とは何か〟に対する一つの表現となっているはずだと考えるからである。

法制度には成立の事情を改めて探るまでもないものも多いに違いないが、しかし、こと建築士法に関する限りそうではない。定められた法の第一条（目的）に示され、法案の提出理由に述べられたものからその真実を知ることは容易でなく、むしろ誤読すらされてきたのである。また、時代背景から探ることも、大正から運動が続き、戦後ようやく成立を見たこの法の場合には、そう簡単なものではない。焦土からの復興を急ぎながらも、新しい時代の建築のあるべき姿への思いが込められただろうことは想像に難くない。それでも、目指すものが条文や制定の背景にたやすく見出せるなら、この法の発想の原点は少なくとも建築界に共有され、制定にまつわる様々な憶測や流言飛語が飛び交うことはなかった。また、法に満足しない建築家が繰り出す主張を、行政が黙して語らぬまま一蹴するという構図が、以後半世紀にわたり一貫して続く事態も起こり得なかっただろう。

おそらくそこには原点に対する理解の齟齬があるはずだ。果たしてその原点とは何か。そしてそれはなぜ、にわかにはわかり得ないものとなってしまったのだろうか。その鍵となるのは、一般の人々の住宅、そしてそれを手がける人だったに違いない。

この法にまつわる議論——正しくは批判——は、常に、明らかに建築であり、明らかに建築家であるもののみを見てなされてきた。そのことに終始した。そしてそれが結果的に有意義な結論を導けなかったことを思えば、そうしたアプローチ自体に誤りがあったと考えるべきであろう。見逃されるものが多すぎたのである。むしろ、建築や建築家の境界や周辺をこそ見なければならなかったのではないか。何しろ、量としては、そうした物やそうした人の方が圧倒的に多いのだ。いささか極端に図にするなら図1-3のようになるだろう。制度をつくるなら、核ばかりでなく全体や周辺への眼差しを欠くことは許されてよいことではない。

すなわち、実際には法の対象から外れ、建築士の手がける対象でなくともよいと定められた庶民の小規模住宅を、どう捉えたか。視野に入れたか、入れなかったか。法から除かれたことで、発想の原点は建築家に理解されることなく、したがって両者に共有されることもなく、それが互いの制度観にも影響し、両者に横たわる埋めがたい溝となっ

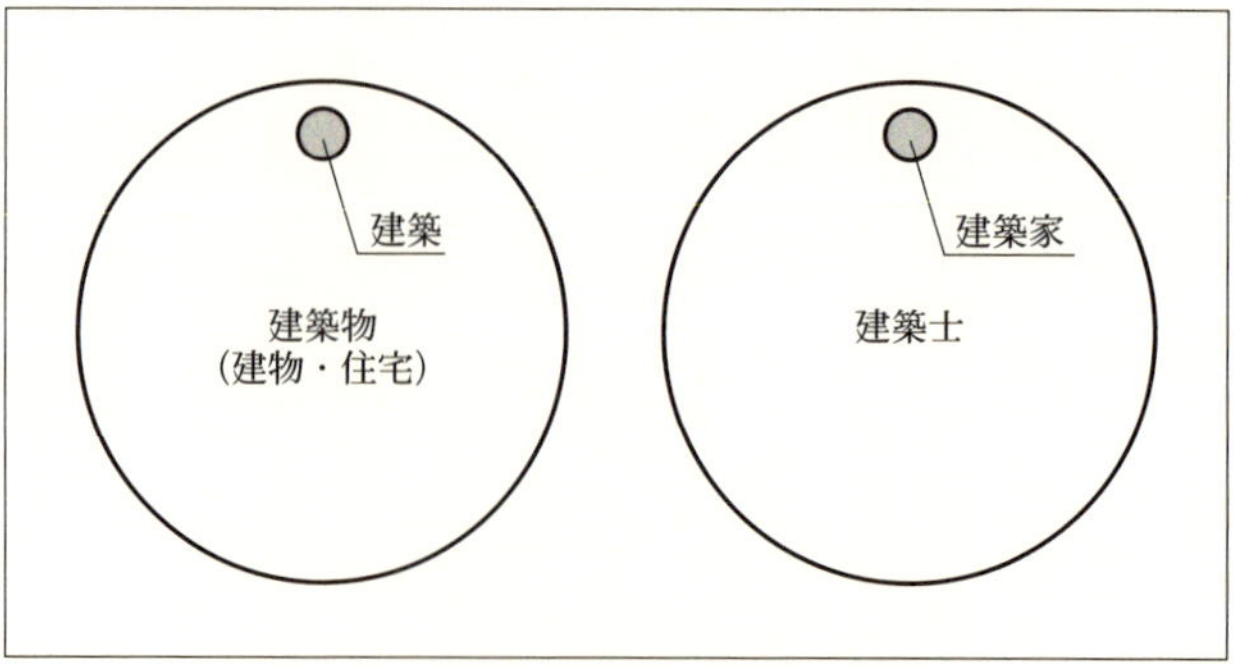

図 1-3　建築と建築物，建築家と建築士

一部の建築や建築家のみを見たのでは議論にならない．重要なのはその周辺であり，全体である．ことに住宅は量においてその最大を占める

て今日にまで至ったのではないか。

最も質の向上の困難な部分が、隠れた最大の争点だった。言葉を換えればそういう言い方になるかも知れない。

士法に込められた庶民住宅への眼差しを発見、再評価し、そこに立脚して日本に設計者をはじめとする建築技術者の制度が、なぜ、どのように発生、成立し、そして、どのように今日に至ったかを描く。それによってはじめて、わが国の建築家、ないし建築士、あるいは設計者とは何か、社会が彼らに期待したものは何だったのか、その結果求められる制度はどのようなものとなるのか、を捉えることができるのではないか。

専兼問題によって語ることに益がない。そのことが明らかとなった現在であればなおのこと、住宅を軸に据え、普通の設計者を視野に入れてこそ、〝設計者とは何か〟という問いが社会性を持つものとして論じられるものとなるのではないか。

その最初の作業として、この問いが始まって一〇〇年が経とうとしている今、来たるべき時に備え、時とともに絡んでしまった糸を解きほぐし、隠れていた原点を白日の下にする努力はしておくべきであろう。

本書は、そうした視点と問題意識からの試論である。

2　本書の構成

〝建築に携わる私は何か〟を問い、〝建築家〟と〝建築士〟の違いを知り、今後のわが国にふさわしい建築技術者の法のあり方を考える。

それには、まず、建築士という存在を規定する建築士法という法律が、どのようにできたのかを明らかにしておくことが欠かせない作業であると述べた。そして、この法を巡って長く建築界で繰り返されてきた不毛な議論の、その解決の鍵となるのは、これまでないがしろにされてきた、法に込められた住宅に対する眼差しの発見ではないかとも指摘した。つまり、建築ではなく、住宅なのだ、と。

そうしたことから、本書の題は、『建築家と建築士――法と住宅をめぐる百年』とした。軸となるのは、建築士法であり、そこに込められた住宅への眼差しである。そして、それらを巡るこの一〇〇年を描きたい。

明確を期すなら、建築家と建築士の違いを知りたい人のために、それをことさら力説することを目的とするのではない。ここで注目するのは、明らかに建築としか呼べないものや、建築家としか呼びようもないものでなく、その周辺である。明白な建築家としか呼べないものへの過剰な執着によって、これまで議論にすらならなかったことを議論できる土壌に引き戻すには、その周辺を、せめて従来のように〝建築家ではない〟といった否定的な表現で呼ぶ状態から離脱させることであろう。それによって逆に〝建築家とは何か〟について見えてくるものもあるはずだ。

そして、あくまでも見るべきは住宅への眼差しであり、概念としての住宅である。したがって、住宅の実例や、その設計について論じるわけではない。まして、建築家と建築士の手がけた物の質の差を説くものではもちろんない。いずれも、建築家と建築士、その違いを生んだ、建築士法という法律ができた背景こそが重要と見るからである。

建築士法をつくろうとする動きの発生は、制定から四〇年も前に遡る。そして二〇一〇（平成二二）年には、制定から六〇年を迎えた。どうできたのかを明らかにすることが大切であるのと同じく、どのように今日に至るのかも欠かせない。そのため本書では、一九五〇（昭和二五）年の制定をまたぎ、この法を巡る一〇〇年の歴史を記すことになる。

一〇〇年となれば、自ずと通史の性格を帯びるが、本書では、多くの通史が採る時系列に沿った網羅的な記述を避け、筆者が重要と見るいくつかのトピックを中心に論じた。様々な角度から是非が問われるこの法については、いくつかの視点から成立を照射することが不可欠と見たためである。

この法にまつわる議論は、この六〇年、ひたすら批判に終始した。これを議論と呼ぶなら、まさしく木を見て森を見ないものでしかなかった。そこには、日本の社会に実現するものとして、できるだけ広く全体を見た上で、あるべき姿を考えるという姿勢が欠けていた。ことに、質はともかく、量については微塵もなかった。

自明の前提とされてきたものはあった。それが、国家を彩り、都市を飾る大規模・特殊用途の建築であり、著名な建築家である。けれど、量を考えるなら、最も多いのは、一般住宅であり、普通の設計者である。火を見るより明らかなこの事実に目が向けられることはなく、その結果、住宅への眼差しが顧みられることはなかった。

批判でなく議論をするのであれば、まずは制定までに何が問われたのか、どんな物を手がける、どんな仕事に携わる人を想定して編まれたのかが明らかにされるべきだろう。そこでは、質と量、とりわけこれまで欠いてきた量の問題を念頭に置いてなされることも大切である。そしてそれは、発案者の主張が、その背景とともに示されながらであるならなおよい。続いて、制定以後、その法に込められた姿は、今日に至るまでにどうなるのか。一貫するのか、変わるのか。変わるなら何をきっかけにどう変わるのかも示されるべきだろう。何しろ六〇年である。足取りをたどっておくことは無駄ではない。

こうした作業を経てはじめて、この法になされてきた批判の是非も自ずと示され、議論のできる土壌が整えられると考えるのである。いくつかの視点から照射しようとするのは、こうしたことが、時系列に沿った記述に依っては困難と見たためである。

そのため、各章には時間的な前後、そして重複がある。その半面、前章から次章へといった連続性については、欠くこともまた確かである。通読するには、オムニバス的な印象を持たれるかも知れないが、各章はそれぞれに完結性が高く、内容自体が章をまたいで続くわけではないから、必ずしも通読は要さない。内容と時代に照らして、章を選び、というのでも差し支えない。

さて、各章は以下のように論を展開する。

大正期、わが国では設計者たちが住宅へと向かっていた。それは例えば、明治に西洋に学び官が移植した建築家ばかりでなく、それ以前よりわが国にあった堂宮大工ですらそうだった。前者は国家を彩るものばかりでなく中流住宅までを手がけ、後者は社寺も民家も手がけていたものが民家のみを手がけていくようになる、といったように。

その一方で、この時期は、それまでの中流層のみならず庶民層の住環境が、社会問題として顕在化してくる時期でもあった。そうした背景の下、建築物の質の向上を図るべく市街地建築物法（大正八年法律第三七号。以下、建築物法と略すことがある）の準備が始まっていた。とはいえ、実際にそれを設計する人の法についてはなおざりにされたままだった。右に述べた設計者たちの対象も、住宅と言ってもそれは、邸宅の類いか、せいぜい中流住宅に留まっていた。

つまり、〝庶民住宅の質の確保を如何にして図るか〟、〝それは物の法のみで図れるのか〟ということが、この頃より問われ始めていたのである。(4)

次章（第二章）「士法の議会、行政の士法」では、そうした背景によって一方では社会的な役割の拡大を求められていた建築家たちが大正に入って着手した、建築家の法律を日本にもつくろうとする運動とその周辺を述べる。しかしながらこれは、建築物の質の向上が第一義にあった運動ではない。むしろ法制によって建築家という存在の社会的な立場の確立を目指そうとするエリートたちの運動だった。

そのように始まった運動も、成就しないことで戦前に敗れ、戦後、法が、彼ら建築家の意図しない形となるに至って、再び敗れることになる。それが如何にして敗れていくかについては、すでに村松貞次郎らの成果がある。(5) 村松は制定を推した日本建築士会の資料を用いてこれを記したが、本書では、帝国議会での議論や当時の建築行政を取り巻く状況や動きに注目する。なぜなら、戦前、法は政府・行政の意向の下につくられるものだったからである。どう敗れていくか、その中に敗者の美学を見て描くのも一つの方法である。しかし、何を考えて、どうできたのかを見る方がより素直である。また、それを見ないことにはなぜ敗れたのかも実際にはわかり得ない。そのため、ここでは、建築家たちが実現を望んだ法案の議会での評価と、一般に戦前には士法に冷淡だったとされる行政にも、建築家たちとは異なる視点からこれに期待を寄せる声のあったことを示す。この章を通して、建築家と議会（社会）、そして建築家と行政の食い違いの一端が示されるだろう。

続く第三章「建築士法の制定と建築代理士」では、建築士法制定の前後を、建築代理士なる制度の成立と展開の中で述べる。

大正の市街地建築物法の制定は、一つの事件だった。それは、建築の法律ができたというだけでなく、建物を建てるにあたり行政への届け出が国の法律で義務付けられたところにもあった。この、建築界のみならず、一般の人たちにとっても、画期と言うより他ない出来事にあたり、建築主になり代わって申請を行う者が現れ、それを取り締まる規則（地方令）ができた。これはつまり、のちの建築士法に含まれる業務が、一部にせよ戦前から法になっていたことを意味する。戦後の士法の成立を考える上でその考察は、欠くことができない。

そこでこの申請の担い手となった建築代理士とはどのようなものだったのかを明らかにし、また、その中で、士法の枠からどのように普通の人の住まいが漏れ、外れていくか、またその外れた領域に彼らが果たした見逃すことのできない役割に触れる。大規模・特殊用途を見るのでなく、住宅を中心に建築技術者の法を考えていくとどうなるか、その一助として用意した章である。

第四章「内藤亮一と建築士法と住宅」では、戦後、士法制定の中心にいた建築行政官内藤亮一を取り上げ、彼がどういった背景からこの立法を思い立つのか、それを、彼の経歴を俯瞰する中で明らかにする。また、それに付随して、これまでほとんど知られていない彼の業績を、住宅との関わりを中心に生涯にわたって記していく。

専業設計者である建築家の、業務法の性格をもった戦前の法案に対して、成立した法は、建設業にいる設計者をはじめ、広く建築に携わる技術者を対象とする資格法の性格の強いものとなった。それゆえ士法は、しばしば建築家たちから非難を浴びてきた。西洋に倣おうとしたものが、建設業が設計部門も持つ日本の特殊な事情によって中途半端で曖昧なものとなったのだ、と。しかしその成立の背後には、社会を広く視野に入れ、建築ストックの最大を占める庶民住宅を対象にしないのでは意味がないと考え、建築物全体の質の向上と真摯に向き合った内藤の透徹した思想のあったことが、この章により明らかとなる。つまり、建築士法の発想の原点は住宅にこそあった。

ところで、この法の構想と制定は、できたのが占領下だったという理由から、〝GHQ（連合国軍最高司令官総司令部）の指示があったのではないか?〟、と考えられてきた。

GHQの理解と、行政の巧みな動きはあったに違いない。けれど、構想にGHQの関与があったなら、そもそもこれほど日本独自の性格を強く持つはずもない。したがって、それは本来疑問にすらならないはずだが、不思議なことに疑問に数えられている現実の中では、その当否を示しておくべきであろう。ここまでの章を通して、それが邪推に過ぎないことが理解されるはずだ。

第五章「建設業法の主任技術者と建築士」では、建設業法（昭和二四年法律第一〇〇号）に定める、主任技術者という建設工事の施工技術上の管理をつかさどる技術者の制度が、どのように成立したかを述べる。

建築士法は、法が規定する建築士の性格が曖昧だと言われる。ことにそれを〝設計者の法〟と読む人からそうした声が出るが、実は、これは〝広く建築技術者を対象とした法〟である。一部の特殊な建築だけでなく、むしろ都市のストック全体に注目して、建築物の質的向上に資する技術者を広く欲したがゆえにそうした性格付けがされたのである。

しかし、士法をそう考えたとき、含まれるはずでありながら、含まれていないかのように見えるものがある。それが建設業法の主任技術者である。筆者は、これが士法を建築技術者法としても曖昧なものにし、かつ一般の誤解を促す一因となっていると考えている。

もちろん、然るべき技術者不在の工事が招く非惨な結果を想像したなら、この主任技術者という仕組みが、広く建築物の品質に寄与していることに疑いを挟む余地はない。そしてまた、この着想の原点は、建築士法と異なり、住宅問題にあったわけではない。それでも、日本の建築技術者の法を体系的に考えたとき、建築士（建築士法）と主任技術者（建設業法）の関係を両者の成立に遡って明らかにすることは、欠くことができないことに気づく。なぜなら、建築技術者の法体系は、現在一般に、〝設計に対する建築士法と、施工に対する建設業法の、大きく二つからなる〟と理解されているからである。

設計（と監理）と施工（工事管理）という建築生産の二大業務を意識するがゆえであろう。だが、なぜそうなったのか。建築士を〝広く建築技術者〟と見るなら、その解明は不可欠である。よってこの章では、戦前には請負業とも土建業とも呼ばれた建設業の取り締まりを目的とする規則や戦後の建設業法の成立を見る中で、主任技術者という制度がどのように生まれ、なぜ士法に含まれないことになったのかを明らかにする。

以上、第五章までが、戦前ないし終戦直後までの建築技術者の法の萌芽と成立を扱った章である。専兼問題を巡る建築界の議論は、むしろその後、加熱する。そしてまた、建築家と行政の士法を巡る論点は、ことごとく嚙み合わないまま今日に至る。

ここまでの法の成立を見てきた目線でこれらを眺めると、その争点には、これまでなぜか全く見えていなかった、一般庶民の住宅への眼差しが大きく横たわっていたことに否応なく気づかされることになる。そして、それを知るとき、必ずしも両法の成立までを描けば足りるわけでは決してなく、以後の展開を描くのも欠かせないことに思い至る。今後の議論の布石とするには、法の成立から現在までに、何が議論され、その到達点がどこにあるのか。そのことは包括的に跡付けられておくべきだからである。

そこで、第六章「市浦健と建築家法」では、士法の制定後、その内容に不満をもった建築家たちによって昭和四〇年代を中心に繰り広げられた建築設計監理業務法の制定運動の発生と終息を描き、適宜今日にまで言及する。ことにその中では運動の中核にあった市浦健を取り上げ、彼がそこから退いた後に示した建築家法（私案）の再評価を行う。この私案は、発表された当時、ほとんど顧みられることがなかった。知る者すらなかったかも知れない。それでも、今日では注目せずにはおれない。なぜならこれは、建築家資格について、建築界で長く議論になってきた専兼を問わない提案が、他ならぬ建築家の側から初めてなされたものだったからである。また、法を編む上では、対象のみを見るのでは足りず、その周辺を見、兼ね合いを探ることが不可欠に思うが、それを軽視した提案の多い中で、唯一、建築の生産体系の全体を見てなされた提案だったからでもある。そうした発想が市浦の中にどう芽生え、どう醸されたのか。このことは興味が持たれるところであろう。

もちろんその提案にも欠点はあった。住宅への眼差しの欠如である。

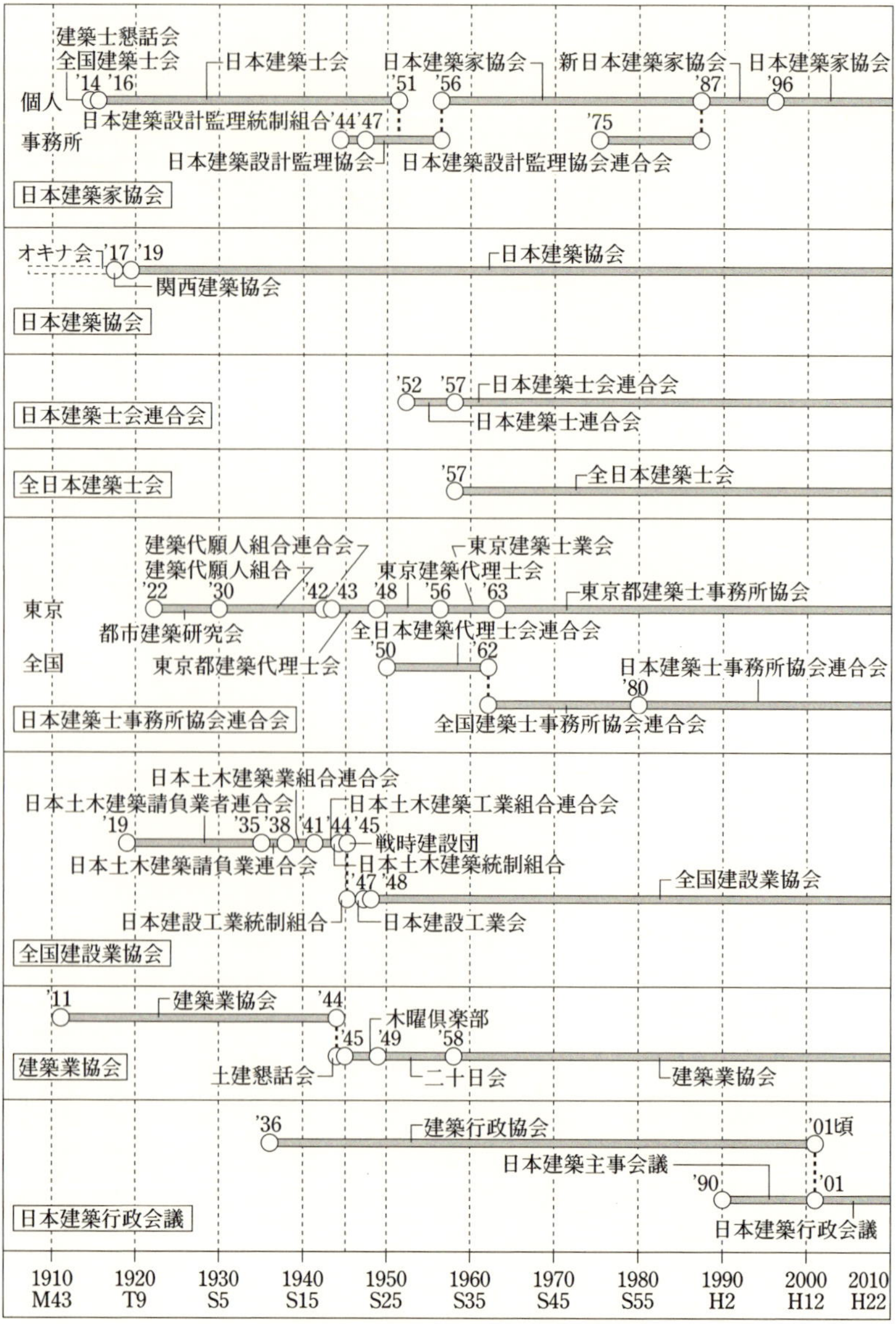

図 1-4　本書で扱う主な建築技術者等の団体の変遷

出典：各団体の年史などをもとに筆者作成

市浦健は、戦前より活躍した建築家としては珍しく住宅に近い場所にいた。数多くの鉄筋コンクリートの公共集合住宅を積極的に手がけた。その彼ですら、真の庶民住宅と呼ぶべき、木造戸建ては視界に入っていなかったのである。こうして、建築界は原点を共有する機会を逸し、論争はそのまま続き、解決は持ち越されていく。

以後、社会がこれに注目するきっかけとなり得たはずの阪神・淡路大震災（一九九五（平成七）年）でも、建築基準法が一九八一（昭和五六）年に採った、〝新耐震〟と呼ばれる設計基準の正しさを確認するに留まり、その傍らで登場していた国際化への対応という新たな課題の中で、見過ごされてしまう。さらに、まさに核心はそこにしかなかったはずの耐震強度偽装事件でも、正面から議論されることなく今に至る。実に多くの機会をみすみす逸してきたものである。

今日にあっては、制度がいたずらに国家間の障壁になることは許されない。その意味で国際化への対応は、決してないがしろにできるものではない。けれど、社会の諸条件が基盤にあってはじめて成り立つ建築に、国際基準を設けることが容易でないのと同じく、それを手がける技術者についても、それらの一切を度外視して国際基準を設けることもまた困難なはずであろう。ならば、採られるべきは、浮足立って、国際化というもっともらしい名目にすわと飛びつくのでなく、まずは、冷静に、自国の過去と現在に至る過程を知り、将来への当否をわきまえた上で事に当ろうとする姿勢ではないか。そうした立場から、今後の建築技術者の法制度の議論に資すべく簡単に総括して本書を閉じる。

なお、本書では建築技術者に関する団体を多く扱う。しばしば名称が変わるこれらの団体の理解のため、図1-4にその変遷を示しておく。

注

（1）〝職能〟という語は様々に定義されるが、本書では、「高度な技術を持つ者として果たすべき職業上の能力・意識・役割」といった程度の意味で用いる。

（2）特に建築設計者の法制度について、一般に〝西洋の〟と一括りにするさい念頭に置かれてきたのは、主に英仏米くらいであっただろう。そしてそれらはややもすると同一であるかのように扱われてきた。本書では、おおよそそうした一般の理解に倣い〝西洋〟を用いるが、先学瀬口哲夫氏が、欧米・その旧植民地・アジアの建築家制度を調べ指摘するように、ヨーロッパでも建築家の法律がない国もあるなど、実際には国によって多様である（「諸外国のアーキテクト制度　まとめ② 資格制度」『建築ジャーナル』八六九号、一九九五年九月、四〇―四三頁）。これについては、本書でも第六章で触れる。

（3）明確のため記せば、ここでは、所属が組織化していないとしても、自身の行う業務が設計や監理のみの場合には、〝設計専業の組織に所属する者〟と呼ぶ。逆に、自身は設計・監理業務にもっぱら携わる場合でも、所属する組織が施工業務や材料商などを行う場合には、〝設計専業の組織に所属する者〟や〝専業設計者〟とは呼ばない。

（4）〝庶民住宅〟を指すものは時代によって異なるだろうが、本書では、小規模の住用途建築物といった程度の意味で用いる。現在でも一戸あたりの平均占有面積が一〇〇平方メートルほどでしかない日本の状況に照らせば、自ずとそうしたものとなろう。構造としては木造がまず想定されるが、所有の形態（持家・賃貸の別）や、建築の形式（戸建・共同建の別）は問わない。

（5）村松貞次郎・藤井正一郎・坂本勝比古ほか「建築家の職能」『近代日本建築学発達史』日本建築学会編、丸善、一九七二年、一九七三―二一七七頁。同書は、初期にして最大の成果である。

第二章　士法の議会、行政の士法

1　戦前の建築士法案　上程に向けて
2　議会と士師法案
3　帝国議会で問われたこと
4　建築士法案と計理士法
5　行政が建築士法に託したもの
6　戦前の建築士法案と成立した建築士法

帝国議会仮議事堂（3代目）
出典：『帝國議會假議事堂建築記念』光明社，1925年，62頁

1　戦前の建築士法案　上程に向けて

近代日本の設計者と住宅

幕末・維新を機に近代を迎えた日本に、あるいは外発的に、あるいは内発的に起こった変化は数多ある。建築の分野で言うなら、設計という行為が建築生産の過程にあることが認識され、それに携わる設計者という存在が認知されたのも近代のことである。

その設計者の代表的なものにはまず、建築家と大工、この二つがある。極論すれば自らに施工技術を持つか否かが最大の彼我の分水嶺と言えるだろう。

明治期に国家を彩る建物を造る使命を負うべく、西洋、列強に倣って政府がつくった建築家が、以後様々に姿を変えていく様はすでに先学に詳しい。例えば近代住宅史研究で知られる内田青蔵は、建築家が、大正にはその対象を中流住宅にまで拡げていく様を描いている[1]。在来住宅批判、住宅改良の観点からとされるが、一方でそれは大工の設計が時代に応えきれず、建築家参入の素地を用意した面もあろう。あるいは結果的には、増え始めた高等教育を受けた建築家の受け皿となった面もあるだろう。もっぱらこの領域で活躍する住宅作家と呼ばれる建築家はこうして大正に誕生する。

一方の設計者である大工も、やはり同じ頃、似たように変化を遂げていた。

それは例えば、社寺も民家も、時には神輿や山車《だし》なども手がけていた大工たちが、民家のみを手がけ始めることに象徴される。そこには、明治以後の建築物の大型化と明治末頃からの専用住宅の増加が、そして、明治初年の廃仏毀

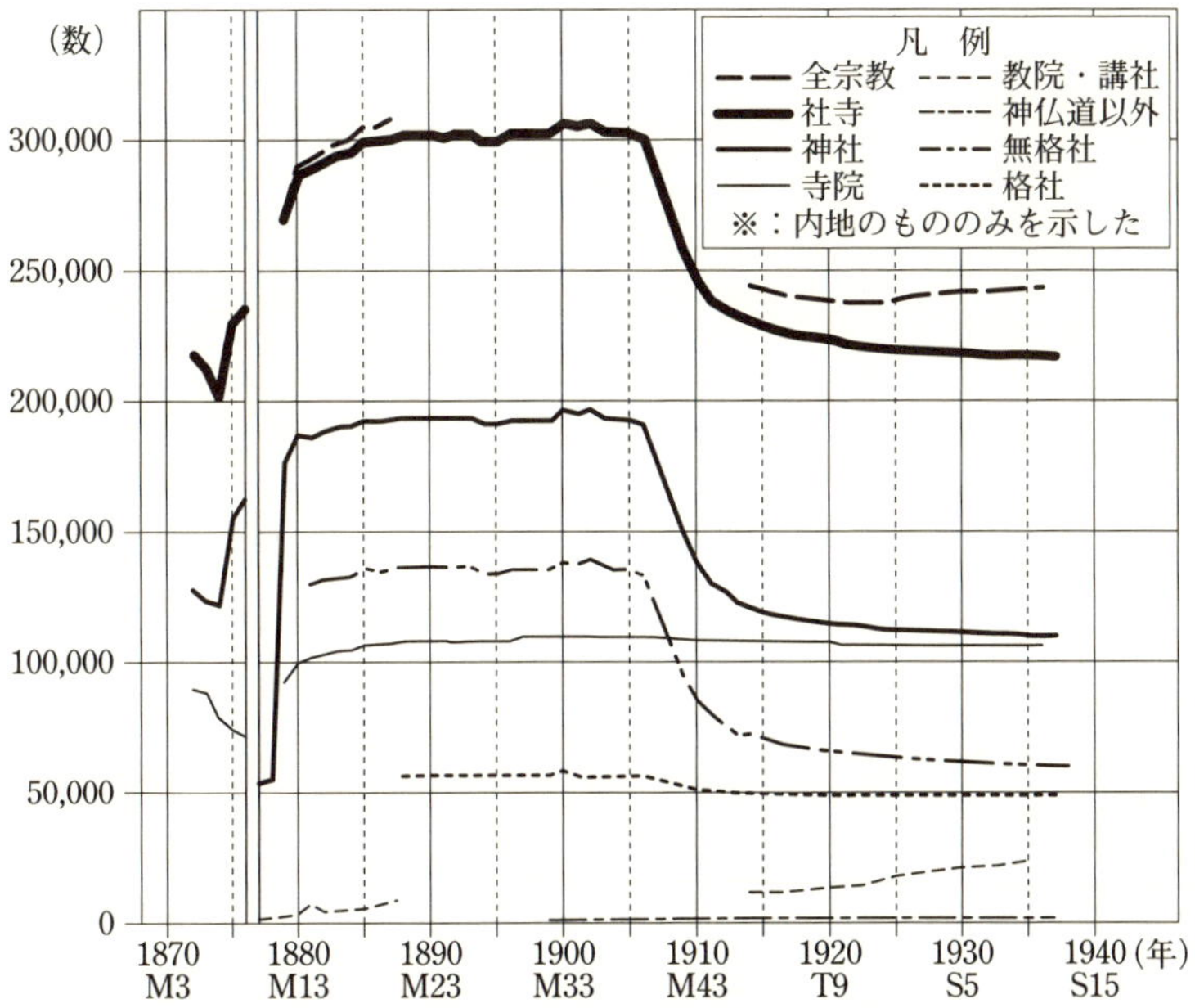

図 2-1　社寺数（全国）

出典：1876 年までは内務省編『日本全国戸籍表・日本全国戸口表（復刊版）』1965 年より，1877 年以降は各年次の内閣統計局編『日本帝国統計年鑑』より筆者作成

釈を境に一気に増えた神社が、神社合祀（一町村一社の施策）によって、明治末に急激に減る[2]という背景があった（図2-1）。

大工の家への〝転向〟は、やはり、社寺の造営が一段落つき、町家が増えたために家大工が増えた近世[3]に似る。しかしこれが近世と異なるのは、その建設の量であろう。圧倒的な量の増加によって、それまで半農などでしかあり得なかった大工の建築への専従が成り、小さな請負業である工務店もそれを受ける形で戦後に向けて成立していく[4]。

軽快に各地を飛び廻る建築家の行動範囲の広さは、かつての幕府の大工や、社寺や彫物を手がけた大工たちに似て、地場に留まりがちな家大工のそれとは比べるまでもなかった。施工から離れたことが一面で後押ししたが、そうした差異も、こと住宅を取ってみれば、次第に顕著でなくなる。

つまり、近代という市民社会の到来は、出自

をはじめ明らかに異なる設計者を、双方から住宅へ向かわせていたのである。(5)

ところでこの大正はまた、そうした中流よりはさらに下の、細民と呼ばれた庶民層の住環境の問題が、明治のジャーナリスト横山源之助の指摘（『日本之下層社會』一八九九年）(6)以来さして有効な解決の糸口の見出せないまま、それまで以上に目に見える形で顕在化してくる時期でもあった。

その、非衛生的な姿は、建築学会でも話題になっていく。それを象徴するのが一九一九（大正八）年の大会であっただろう。そこでは、「都市と住宅」をテーマに、片岡安《やすし》が「細民住居に就て」を、また、田邉淳吉が「住宅に對する我々の態度」を発表。国家の政策として取り組み、また建築家も責任を負って努力すべきことが指摘された。(7)以後、同学会でも庶民住宅の問題は、しばしば取り上げられていく。

昭和に入るとこの問題はさらに切迫したものとなる。それはその建築自身についても同じであった。その以前、すでに佐野利器《としかた》（東京帝大教授、一九〇三年同大卒）が木造住宅について、構造学の立場から、のちのわが国の木造のあり方を規定する「家屋耐震構造論　下編」を著していた（一九一七年）。(8)しかし、建築家がその解決に積極的に参加すべきという声は、上がりこそすれ、設計を含めたその生産は、依然として大工の勘と経験に委ねられたままだった。

建築構造学者で、戦後、都市不燃化の啓蒙家となる田邊平學が、(9)「大工の手より鑿《のみ》を奪へ！」との衝撃的な題の論文を発表したのは、少し下がって一九三〇（昭和五）年である。木造の耐震面での欠陥を、大工の鑿が彫り出す枘穴《ほぞあな》に見出し、これを致命的なものと見て、勘と経験を排し科学的に木造を造る、その要が説かれた。

こうした木造の象徴とも言うべき庶民住宅の物としての質をいかに向上させるかが、目に見える課題となりつつあった。のち、九〇年代に入り伝統木造や在来木造を見直す声の上がる中で、木質構造研究の大家でその歴史にも詳しい杉山英男はこう記した。

伝統木造を称揚する人々は、判で捺したように法隆寺や桂離宮を挙げて優秀性を賛美し、ついでに耐震性や耐久性にまで言及したりするが、それらが大地震に遭遇しなかった僥倖性や維持管理に全きを得てきた特権的条件を看過しているように思える。いつの時代にも、地震を受けて家を失い路頭に迷うのは、経済的に恵まれない階層、即ち一般階級であった。（略）古代、帝王貴族の館は残っても民衆の住む陋屋は潰れたはずである。また五重塔や寺の本堂は残っても、その日暮らしの檀家の家は潰れたのである。

近世、大名の邸や豪商の店は残っても、町場の長屋は壊れ、名主・庄屋の家は残ったが、水呑み百姓の家は倒れたのである。[10]

そうした背景の下、この時期、建築物の質の向上に資すべく市街地建築物法が定められた。これは、建築について初めて国家が定める法律ができたという意味で画期を成す出来事ではあったが、しかしその一方で、実際にそれを設計する人の法はなおざりにされたままだった。

建築家たちが、手ずから建築家の法律を日本につくろうと動き始めたのは、ちょうどその頃である。といってもそれは、当時イギリスをはじめとする西洋で、制定に向け提案されていたものを範とした。要するに、それが目指したものとは、社会的な役割の拡大や転換を求められつつあった建築家が、それに対応すべく法を整備するという視点に立つものではなく、むしろ、法制による建築家という存在の社会的な立場の確立にこそあった。建築家たちの視線ははじめから国内になく、西洋にあったのである。

日本建築士会の結成と戦前の建築士法制定運動

一九一四（大正三）年、丸の内、中央亭で開かれた建築士懇話会に集まった一二名を母体に、実質的にわが国最初の建築家の団体となる、日本建築士会（以下、建築士会と略すことがある）ができる（図1-4、図2-2）。それ以前（一八八六（明治一九）年）、造家学会の名で始まった建築学会は、英米の建築家協会の規約に学んだとされるよ

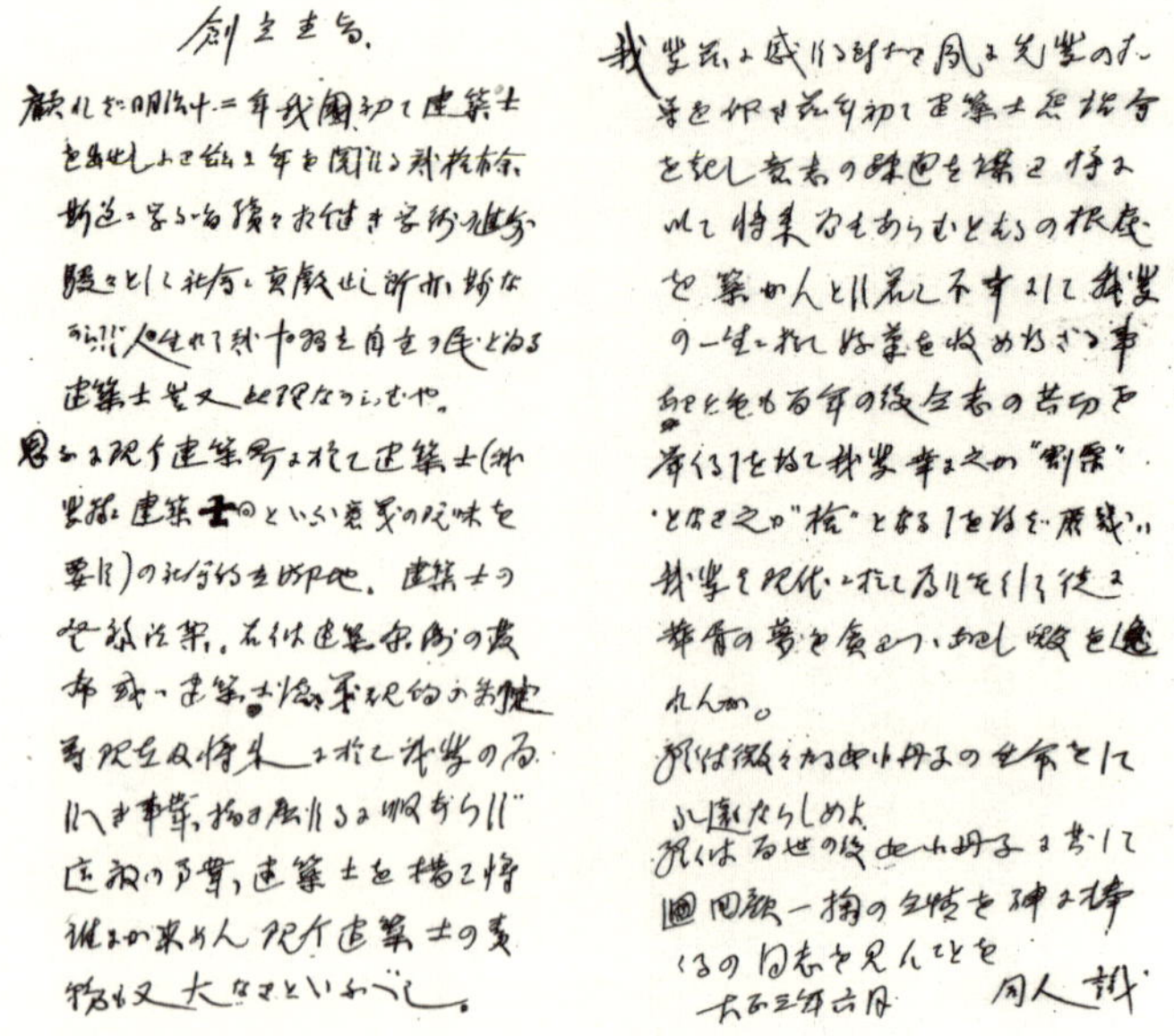
創立主旨

大正三年六月　同人識

図 2-2　中條精一郎による日本建築士会の創立主旨（1914 年）

出典：『日本建築士』29 巻，4 号，1941 年 10 月，115 頁

ひときわ濃く記された建築“士”の文字に意気込みを知る

うに建築家団体の性格を持ったが、次第に学術を前に出していく。そのためこの会は、建築家たちにとって捲土重来を期すものだったに違いない。

会の中心にいた中條《ちゅうじょう》精一郎（図2-3、一八九八年東京帝大卒）、その息子の國男（一九二七年東京美術学校卒）は、父に師事した黒崎幹男・網戸《あみと》武夫らとの対談の中で、亡父が創設に向かった理由をこう語った。

郡《こおり》［菊夫］　大正三年に辰野［金吾］博士ほか一二氏と相はかり「建築士会」を創立なされた。（略）建築条令、建築士登録法、建築士徳義規約の制定などは、その創立当初からもう中条《ママ》先生の主張だったと書いてあります。（略）実にいろいろなことをそのころから考えていらっしゃったんですね。

中条［國男］　けっきょくわたしからいいますと、（略）建築士というものがはっきりしないために、税金にせめられるんですね。それは請負業といっしょにされてしまうんです。それでもう税金の面で父が四苦八苦していたことが非常に印象に残っております。

郡　当時の税金はそんなに多かったんですか。

黒崎〔幹男〕　税金のかけ方が、いまの請負業とまちがえてかけてきたんですね。

中条　そうです、事業税とかいろんなことで。

黒崎　しょっちゅう税務署に行って説明をしていました。われわれが行ったころにすでにそうでしたね。それの説明に骨が折れた。つまり建築士の職分を説明するのに骨が折れた。だからそこで登録の必要があるということが出てきたんですね。

網戸〔武夫〕　建築士会を創設したいとおっしゃる気持ちがそこにあったんです(11)

直接には税金が引き鉄となったものの、そうした面倒は、建築家の存在や職能が認知されないため起こる。多くが官やその周辺に奉職した明治を終え、次第に独立した建築家として民間に事務所を構える者が現れていたが、世の理解は覚束ない。心血注いだ邸宅の設計にわずか一反の反物を渡されたことすらあった(12)。建築ができる過程に設計という行為があって、それを職業とする人がいる。そのことがまだまだ知られていなかった。為政者やそこに近い一部は別にして、その行為に社会が価値を見出さない時代であった。

図 2-3　中條精一郎
（1868-1936）
出典：『建築雑誌』50 輯，612 号，1936 年 5 月，口絵

そうした渦中に置かれた身としては、建築士の団体を創り、周知を図る。それが解決に向けた一歩となるに違いない。わが国最初の建築家の一人である曾禰達蔵（一八七九年工部大学校卒）のパートナーで、戦前の日本最大の設計事務所、曾禰中條建築事務所を率いた中條が、そう考えるのは当然の帰結でもあった(13)。

一方、建築界には、明治初年以来三〇年にわたる西洋の様式建築の学習をひとまず終えたという空気もあった。この少し前（一九一

○（明治四三）年）に建築学会が催した討論会の題が、「我國將來の建築樣式を如何にすべきや」[14]だったこともそれを物語る。この時期彼らは、建築家という職業に十分な自負を持っていたはずで、そうした心情も後押ししただろう。建築はそろそろ西洋並みのものができるようになった。ならば、それを設計する我々の立場もそれと比肩するものにしていきたい――。

そうして、この頃まで建築師・建築技師ほか様々にあった設計者の呼び名に、特に設計専業の組織にいる設計者を指すものとして、中條は心機一転、〝建築士〟を選び[15]、「雑駁なる職業人の集団」と化した建築学会から「純粋なる設計監督者」を「抜粋して」、この会を創る[16]。新聞はこのときそれを「日本建築士會の設立　社會的地位の確保と中心力[17]」との見出しで報じたが、彼らが士法の構想に至るのは、一つにはこうした考えの延長にある。自らの職能の不遇を思い、原因を除く。その方策として目に留まったのが法制だったのである。

発足から間もなく、彼らは西洋で構想の進む法案を入手、検討を始める。

この直前、建築学会が脱稿した東京市建築條例案（一九一三（大正二）年）に建築家としての建築技師を定義する条文（第四章1節）が盛り込まれたことが、それが陽の目を見ることなく終わったのち、一九一七年に編まれた東京府建築取締規則で除かれ、以後の建築物法（一九一九年）でもそのままになるという経緯が、そして、建築学会が一九〇九（明治四二）年に定めた建築技師報酬規定の再検討の協同を建築士会が打診するや、逆に「士会も設立されているので、本会がこの規程を持つ必要なし」と廃止しようとしたように[18]、より学術色を濃くしたことが、彼らの結束を固め、かつ建築家の法を求める機運を高めたのかも知れない。

五年を経た一九一九（大正八）年、彼らは最初の法案を書き上げる。

専業設計者に限定した団体の結成、会員に「請負業を営む事を得ず又請負業者の使用人たることを得ず」と求める規約（一九一七年）に加え、こうした法案を編む動きは、建築界に少なからず影響を及ぼした。例えばそれは、高等教育機関で建築教育の始まった工部大学校創立当初から大学出の人材の採用に前向きで、すでに田邉淳吉が技師長に就いた頃（一九一三年）には意匠や技術の面で設計の先端にあった清水組（現清水建設）でさえ、設計部の独立騒動が起こったほどだった（一九二一年頃）[19]。

その一方で、こうした法制への努力は、第一次世界大戦後の好景気から一転した不況が進む中で、請負業をはじめ、近接業種に仕事を奪われる建築家の打開策とも見られた[20]。竹中工務店の島本四郎が三等に入った建築学会会館建築意匠設計懸賞（一九二二年）に見るように、請負業の設計者がコンペでも善戦し始め、専門教育を受けた者を積極的に受け入れることで意匠のレベルも上がっていた。建築の発注側は、必ずしも超一流ばかりを求めるわけでなく、身の丈にあった物を、と望む者も多い。請負業の設計はそうした需要を満たした。となれば、建築家たちの努力は、生きる術のための運動と見られるのもやむを得なくもあった[21]。

西洋への〝羨望〟と自らの境遇への〝焦燥〟。法を求める心情は、この二語に集約できた。

とはいえ、立法はしばしば物事の動きを止める。改革の美名を纏った法が往々にして将来への思わぬ足かせになるものだ。不自由で、窮屈にするものでもある。建築そのものにばかりでなく、そこに技芸を駆使する人の法にもその危険は等しくある。それゆえ、そうした制約を嫌う立場ももちろんあって、先を行くイギリスですら、王立建築家協会（ＲＩＢＡ）の構想する建築家法に、フィリップ・ウェッブをはじめ有力な会員が、「建築を閉鎖的な職業にせんとする試み」で、「美術としての建築のために有害」と抗議した（一八九一（明治二四）年）[22]。それが象徴するように、当時、建築家の法の構想は、西洋にあっても好意に受け止められるばかりではなかった。それでも、日本の建築家たちはそれを欲した。

なぜ、敢えて。それはおそらく、羨望と焦燥に違いない。リスクにそれらが遥かに勝った。

中條の下、彼の事務所の俊英高松政雄（一九一〇年東京帝大卒）らが引き続き検討を加えて迎えた一九二五（大正

表 2-1　帝国議会・国会への建築士法案提出

No.	議会 回	議会 種別	会期（閉会年） 西暦	会期（閉会年） 和暦	衆議院（議員提出） 種別	提出者		審議 衆院	審議 貴院／参院
1	**50**	通常会	1925	T14	建議案	小西和	外2名	可決	－
2	51	通常会	1926	T15	建議案	小西和	外10名	－	－
3	**52**	通常会	1927	S2	建議案	小西和	外2名	可決	可決
4	**56**	通常会	1929	S4	法律案	岡田忠彦	外6名	可決	未了
5	59*	通常会	1931	S6	法律案	小西和	外6名	未了	－
6	64	通常会	1933	S8	法律案	岡田忠彦	外2名	未了	－
7	**65**	通常会	1934	S9	法律案1	星島二郎	外3名	併合修正	
					法律案2	多田満長	外3名	後可決	未了
8	67	通常会	1935	S10	法律案	手代木隆吉	外7名	未了	－
9	70	通常会	1937	S12	法律案	小西和	外7名	未了	－
10	**73**	通常会	1938	S13	法律案	野村嘉六	外8名	可決	未了
11	74	通常会	1939	S14	法律案	野村嘉六	外7名	未了	－
12	**75**	通常会	1940	S15	法律案	野村嘉六	外7名	可決	未了
13	**7**	常会	1950	S25	法律案	田中角栄	外6名	可決	可決

＊：59 回のみ法案名は「建築設計監督士法案」　**太字**：いずれかの院で可決のあった回

一四）年、このとき会員わずか一〇〇を超えたほどでしかない彼らは、法案（建議案）を初めて帝国議会の場に上げることに成功する。これが、以後一九四〇（昭和一五）年に至るまで、上程、なんと一二度に及ぶ戦前の建築士法制定運動の始まりである（表2-1）。

諸外国を見れば、アメリカでは一八九七（明治三〇）年にイリノイ州で世界に先駆けて建築家登録法ができ、この頃おおよそ半数の州が持つに至っていたものの、イギリスではまだまだ運動の渦中にあった（制定は一九三一年。なお、フランスでは一九四〇年）。比べてもずいぶん早い時期に彼らは思い立ったのである。意気込みの程が知れるだろう。

周辺分野・関連団体の反応

この時期、建築の周辺、ことにごく近い所では、土木でも技術者の地位の向上を叫んでいた。内務官僚宮本武之輔がこれを目的に日本工人倶楽部を創ったのは一九二〇（大正九）年である。その背景には、「土木官僚は内務本省の局長になれない」などの噂が象徴する技官冷遇への不満があり、関東大震災の復興に尽力した太田圓三《えんぞう》（詩人木下杢太郎の兄。復興局土木部長）亡き後、後任に技官を求め、長官（清野長太郎《せいのちょうたろう》）宛て意見書を出したほどだった(23)。

また、建築物法施行にあたり、石橋絢彦《あやひこ》（工手学校教授）が、灯台など土木を専門とする立場もあって、防波堤のような土木構造物との区別のないままに、設計者の資格の必要を説いてもいた(24)。そのため、建築側が土木を顧みず単独で法案を編んだのは拙速で、追従する形にはなるものの土木士法をつくるべきとの声も上がり(25)、これは昭和に入って、独自の法案を編むべく土木学会内に委員会を設ける動きにつながる。

これが示すように建築士法をつくろうとする動きは、周辺分野の動きと同時期に起こり、また影響を及ぼした。技術者の地位の向上を期待して立法に訴えようというアイデア自体は少なからず支持されたのだった。しかし、この法案は、元来、そのうちの建築技術者全体を対象に構想されたものですらなく、あくまでもその眼目は、専業設計者の社会的な認知や立場の獲得にあった。そのため、そこには、専業設計者（＝建築士）以外の設計を禁止すべく次の一条が掲げられた（巻末資料2に全条文を掲載）。

この、求めるもののありかによって話は一気に混迷に向かう。

建築士法案［一九二五（大正一四）年案］

第一条　建築士は当事者の委託を受け左の職務を行うものとす

一　建築設計

一　建築工事監督

一　建築に関する顧問、鑑定、調査、其の他之に類する事項

一　前各項に附帯関連する事項

第六条　建築士は左の業務を営むことを得ず

一　土木建築に関する請負業

二　建築材料に関する商工業又は製造業但し建築士会の承認を得たる者は此の限りに非らず

専門性の高い法的資格とは総じて、それを持たないと何かをすることができないと定めるものとなる。例えば、医師でなければ医療ができない、といったように。したがって、そこで何が独占されるのかが問題となるのだが、建築家の法に関する限り、独占の対象となるのは称号か、業務か、はたまたその両方かである。もっとも、称号の独占を伴わず業務の独占だけというのは実際には困難かも知れない。

〝建築士〟という称号を専業者の手に収め、かつ設計を専業者以外にさせない。これが、彼らが欲したものだった。要は両方、最善を目指したのである。

法案初上程間際の一九二五年二月、建築士会は、これを全国の建築関係者に送り、意見を募る（以下、これをアンケートと呼ぶ）。

繰り返すまでもなく、このとき設計は、専業者だけがしていたわけではない。かつての渾然一体としたものから、設計・施工といった業務の分化はあったとしても、それを所属を違えた分業にまで反映しようとはしてこなかったわが国で、請負業者はたいてい設計部門を擁した。この是非が問われたことになる。それゆえ回答は、自ずと自身の立場の表明を意味した。まさに「踏み絵」[26]である。

建築士会はその秋、結果を『建築士法成立に關する諸家の意見』にまとめる。発送九九一のうち、回答が五七三。賛成五五一、反対一二、その他一〇。賛ばかりである。しかし、その集計は恣意的に過ぎた[27]。付された意見を見れば、「賛成」に仕分けされたものにも「法案成立は大賛成なれども法案の内容に関しては幾多慎重に論議する可き点有り」（逓信技師　武富英一）・「草案第六条［＝兼業禁止条項］を除去する場合は賛成也」（大林組　坂口利夫）などとある。設計者の法制には賛同するものの、それが専業者に限られたことへの疑義を示すもので、これらを反対に分け直すなら、結果はずいぶん違ったものになる。

佐野や内田祥三《よしかず》（東京帝大教授、一九〇七年同大卒）を中心とする建築学会がこれに反対したことは知られる。彼らは、一九二三年、建築士会が学会の時局に関する特別委員会に打診したときから一貫して異を唱え、内田の秘蔵っ子で、「建築非藝術論」で知られた野田俊彦（警視庁技師）なども、この案が兼業の設計を排除しようとする点を指摘し、「洋服屋は設計と請負を一手にやるも世の中の人これを信用してこれに依頼す（28）」、いわんや建築士をや、と批判していたが、置塩《おじお》章（兵庫県営繕課長）はその真意を、「即ち建築学会の連中は重に官吏乃至《ないし》は請負業者に奉職してゐるもので、仮りに日本建築士会の提案せる法案を承認、讃同するとすれば忽《たちま》ちにしてこれ等の所謂設計家は糊口に迷わねばならぬ（29）」からと分析した。真偽はともかく、可能性を示すものではあるだろう。専門家ばかりでなく、新聞すら「若《もし》、文士でなければ小説を書いてはいかぬ。画家でなければ画《え》をかいてはいかぬ。音楽家でなければ音楽を奏してはいけなくなったら、どうです」と、法案を「べら棒なもの」と報じた（30）。

とはいえ、最も強く反対したのは建築業協会、一九一一（明治四四）年創立の請負業の団体である（図1-4）。この時期日本の請負業は未成熟期にあったが、建築士法が専業設計者の法律として成ると実害を被るのは彼らであった。そのため顕著に反応する。

アンケート直後の協会の機関誌『建築業協會月報』（三月号）には、早くも士法に関する記事が七つ寄せられた。うち三つは、中條精一郎による「日本建築士會の建築士法制定問題の提唱」、長野宇平治《うへいじ》（一八九三年帝大卒）による「建築士法に關する歐米建築界の状況」・「再び建築士法論議　法案提唱の根本觀念――世界中日本はユニークな處」。つまり建築士会の中心人物からの投稿である。

残り四つは、無署名の「日本建築士會が議會に提出せんとする建築士法案批判」、齋藤省三による「暖房も機械も一分科」、佐野利器による「建築士法案は問題にならぬ――不必要にして幣《ママ》害あり」、そしてS工務所主による「學會の正員ならば建築士とは解せぬ」で、これらは全て案への異を唱えるものである。

無署名のもの、S工務所主によるものはタイトルから一目瞭然だが、齋藤の文は設備技術者からの意見で、建築学会の正員は試験を経ずに建築士になれるとした条文を疑問視しつつ、設備も建築の一部である以上、設備技術者も建築士に認めよというものである。

また、佐野（図2-4、建築学会副会長）の主張は以下のようであった。

図 2-4　佐野利器
（1880-1956）

出典：佐野博士追想録編集委員会編『佐野利器　佐野博士追想録』1957 年，口絵

> 建築士法案は不必要であるのみならず幣害《ママ》がある。此の法案は英国、仏国、独逸に於いても問題としてはあるが未だ案の成立はない。米国に於いては学位と同じ意味の称号としてあるのみである、即ち称号なれば制限はないのである。而《しこう》して現今我国に於いては称号の必要はいらぬと思う。日本建築士会の提案せんとする法案には全然反対である、仮りに該案の如く建築士以外のものをして職務を行わしむることが出来ぬまた請負師たるが故に職務を行うことが得ずとするが如きことは殆ど理屈でないと信ずる。
>
> （略）一体建物を建てると云うことは夫れ自体が一つの行為であって、（略）強いてそれを分割す可きものではないと信ずるのである。私は此の案はどうせ問題にならぬと思うが若し問題になるならば堂々と反対するに躊躇せぬ。[31]

これ以前より、「建築物に対する取締りは市街地建築物法の実施に依り充分なり即ち建築士法の制定を必要とせず[32]」と述べていた佐野の反対は予想できただろう。佐野は、「形のよし悪しとか色彩の事等は婦女子のする事[33]」と見て、意匠が中心だった建築学を構造学へと舵を切らせ、一大学派をなして君臨していた。しかしここでの言葉は、語調こそ強いものの、感情に走ったものでなく、むしろ冷静に諸外国を眺め、日本の実情に照らして益なしと否を説くものである。

続く八月号では、二月に建築士会から送られた賛同を求める文（「貴会に於いても若し幸いにして会員御一同に御賛同の意向あらば貴会との連署を以って対議会の建議を整え度」）にどう対処すべきか、初めて建議案の上がった議会を見守りながら幾度か議論された。第二五回定時総会（五月）での会長横河民輔《たみすけ》（横河工務所）の発言にはこうある。

建築士法案に対する連合調査今後の方針

会長（横河民輔） 建築士法案のことに付きまして其後の経過を申し上げましょう。是は建築士会の方から議会中に衆議院に提出されまして建議案として決定を致しました。貴族院の方には廻りませぬで会期を終った次第でございます、（略）建築学会［注：横河はこのとき同学会でも会長］の方では、之を特別委員に付しまして此の法案を作るべきか、又建築士会の案が良いか等に付きまして唯今調査研究中でございます。（略）日本建築協会の方では最近聞く所に依ります所では否決されたと云うことに聞き及びますけれども、尚お調査委員を設けて調査すると（略）伺いました。そう云う風な状態でございますし（略）、本会としてはもう少し先まで考慮に置き此の際に於いては如何かと存じます[34]

他団体の動向に触れ、少し先まで結論を延ばそうと言う。もちろん、延ばすといっても、反対を前提とすることは自明である。この前に行われた協会関東支部での横河の発言には、「関西支部では早くも去る［三月］五日例会で一致共同不賛成の決議を返事して来ました」ともある。

次にこの話題が載るのは一九二九（昭和四）年。この年から形式を法律案と改め第五六帝国議会に出た法案が議論された（第二九回定時総会、五月）。建築業協会ばかりでなく、建築学会や内務省の態度が、また建築士会の揺れもよくわかるので、長くなるが引用する[35]。

建築士法案に対する方策協議の件

横河会長 今まで議会へ提案された場合に政府の態度はどうであったかと申しますと政府はいつでも賛成しない態度を採って

居ったのでありまして此の議会に於いても矢張り反対の態度でございました。併しそれは案全体に対する反対ではなく或る条件についての反対らしいのでございます。（略）武富さんが東京の様子を御承知でございますから一応御説明を願いたいと存じます。

武富英一（大倉土木） 最初此の建築士法案の出ました時に建築学会では、請負者側の建築学会の会員と建築士会からと行政官庁即ち監督側に起つ者とから委員を選びまして委員会を作って（略）説明を求めました。其の時に中條さんと長野さん其の他三四の方が出られて頻りに説明をされましたが、結局それは全部の委員の賛成を得るような内容ではなく色々議論が沸騰しました。それから三四回続け様に委員会を開いたのでありましたが、どうも妥協点が見付からない、夫れは建築士会の方の初めの主張は「建築士にあらざれば建築をすることが出来ない」（略）という様な内容であったので、夫れではいかぬというので議論があって段々に揉み合って居る間に、漸次建築士会の方の案の内容が変わって参りまして、柔らかくなって来て、現在に於いては「建築士と称さなければ設計しても構わぬ」（略）という事になって居ります。

まず、しばらく前、逓信省から大倉土木に転じていた武富英一が、このために委員会ができた建築学会の紛糾する様を報告。続けて、

併しながら委員会ではまだ夫れでも問題がありまして、内務省側の意見としては、建築士という名前が非常に広範な意味を含んで居るから、或る特殊の業務を営んで居る人に其の名前を与えることはどうも面白くない。即ち其の業務を行って居る人達が如何にも建築をやれる人で、其の他の者は建築をやれないという風に見えるという意味から（略）此の儘では通し難いという意見であって、内務省としては若し建築士法案が資格法であって何処に居っても建築士というものであれば（略）法案として通しても差し支えないという意見でありました。

と、そこで出た内務省の発言に触れ、また、

請負者の家にある者は所謂無資格者で恰《あたか》ももぐりの様に見えるということは甚だ怪《け》しからぬ、同じ資格を備えて居るものは何処でやってもよい訳である、（略）そういう点を挙げて色々議論をして居ります、（略）未だ結論に達して居りませぬが、大体に

於いて資格法で宜しいというのが官庁の役人側及び請負業者側の意見であり、どうしても建築士という或る特別な部分に対してそれを社会的に認めさせ其の為には一つの法律を作る（略）というのが建築士会側の意見であって、そこで色々議論が出て纏まらぬものですから、此の前の最終の会議の時に佐野博士から「どうも仕事の実体に添わない名前をつけるからいけない。今の所謂建築士の仕事として居る事は建築の設計並びに監督であって施工ではない。そういう事をやる人は建築設計監督士という名前を付けたらば良かろう（略）」という提案をされた。

建築士会の方では夫れでも宜しい、自分のやって居る職業が社会的に法律上認められれば夫れで宜しい、差し支えない、併しながら今茲《ここ》に出席して居る者だけで建築士会の意見として夫れを承認する事は出来ないから（略）後に返事をしようと言うので其の儘になって、未だ之れに対する返事を得て居りませぬが、夫れならば自分も賛成して宜しいと佐野博士は話されました。（略）［しかし］建築学会に於ける全委員が夫れで宜しいと言う所には未だ到達して居りませず、尚議論の最中であります。（略）併しながら（略）内務省側所謂政府筋の考えは、只今申しました様な考えでありますから、遽《にわ》かに建築士会の考えて居る様な案でそっくり其の儘通るという様な事はあるまいと思います。

請負業者・建築士会、さらに佐野からも様々に意見があったと述べ、まだ議論の百出する気配があることから、建築士会が求めるままでの議会通過はないだろうと結ぶ。

この報告を受けて議長の横河が、この問題は今年の議会でも必ず出るだろうが、両院通過はないと予測した上で、それでも政府が出したなら法律になる可能性も残るため、この機に協会として態度を決めておくべきではないか、と意見を募る。

そこで竹中工務店の山脇友三郎がすぐさま口を開く。

山脇友三郎（竹中工務店） 此の問題は数年来既に吾々も頭脳を悩まし、又世間でも是非の議論が非常に烈しゅうございまして（略）建築士会は建築士の集まりであるから彼等が自己の立場を擁護するのは任意であるが、夫れが為めに吾々の営業の将来に影響を来すという様な法律を制定される事は吾々建築業者の立場を顧みざるの甚だしいものである。

殊に吾々請負人に於いて設計して建築をすると言う事はどうも其の間に不正があると言う様に一にも二にも不正呼ばわりを為し、建築士であれば注文者と請負者との間に起こって厳正なる態度で監理をして行けるという様な誠に不合理な出発点から（略）言って居られる様に思うのであります。

夫れに就いて（略）先頃東京の建築士会から議会へ提出された（略）法案というものを見ますと「第十一条、建築士にあらざれば其の設計工事監督を為し得ざる建築物の種類は勅令を以って之れを定む」という非常に不都合な条項があったのであります。然るに今日頂戴したものにはそれが全然ありませぬ。之は今武富さんから御話のあった様に非常に緩和されたものと思います。

併しながら（略）此の条項は、今日は確かに削除されて居りますけれども矢張り「此の勅令で定められたるもの以外は建築士でなければ其の設計が出来ない」ということが建築士会の真の趣旨だろうと考えます。

併しながら夫れでは世間の批難も大きいから、先ず之れで以って案の通過を図り徐々に我々請負業者から注文主の意を承けて直接設計し工事をする事を止めさせ、設計は何でも自分の方でやろうという底意を持って居ることは明瞭であります。

今日頂戴致しました写しを見ますと建築士と称せずして設計をする場合には一向差し支えないということになって居りますが之れならば先ず大した不都合はない。即ち建築士と称さなければ設計は出来るのであるから吾々は苦痛を感じないのでありますが、（略）是等の対案は只今から考えて置きたい。就きましては東京並びに大阪の方で相当人数の委員をお選び下さいまして委員会を設けて将来斯様な問題が出て参りましても差し支えない様に予め用意して置きたいと考えます。

山脇の、協会内に委員会を設けて備えを万全にしておくべきとの意見に応え、横河が皆に諮る。

横河会長　山脇君から委員会を設けまして其の委員によって吾々の会の方でも研究して置こうじゃないかという御提案でございますが如何でございましょうか。（此の時「賛成」「賛成」の声起こる）

武富英一　御決定前に一寸申上げて置きたいと存じます。（略）当建築業協会の態度として（略）資格法で押し進むか、或いは多少夫れよりも緩和した態度で之れに臨むかと言う大体の空気を纏めて置いて載いた方が（略）好都合だと思いますが……。

山脇友三郎　夫れは資格法で進んで戴きたいと思います。

横河会長　建築士というものを一種の資格にしようという、即ち何処に居っても其の資格のある者は建築士と称して良い其の携わって居る事業の如何に拘わらないで建築士と称する事が出来るので、そういう事であれば宜しいから資格法で進んで貰いたいという、山脇君から更に御提案がございますが、之に就きまして御意見はございませんか。（此の時「賛成」「賛成」「異議なし」等の声盛んに起こる）

武富英一　資格法で進むという事でありますが、若し是れが資格法で定まる様であるならば、殆んど法律に定める必要がないじゃないかと言うのが建築学会の委員会の空気であります。

横河会長　夫れでは本協会としては、之れをやる必要のある場合には資格法を趣意にしてやるという態度で宜しゅうございますか。（此の時「賛成」「賛成」と呼ぶ声盛んに起こる）

〝割れんばかりの〟という形容がふさわしい盛り上がりである。

そして翌年の議会終了後、次の報告がなされ、これを限りに戦前を通じて、建築業協会の機関誌にこの話題が上ることはなくなる。

建築士法案の件

横山信毅常務理事（大倉土木）　その後建築士会では、（略）関係方面の反対がありました為に、「建築士」という名称は一般技術者の資格能力を定めるような全般的称号で誤解を招きやすいから、現に建築技術者が行って居る業務を其の儘言い表す（略）「建築設計監督士」と云う名称で（略）納得された様でありますので（略）我々業者の業務遂行上には別に差し支えなく又請負業者で建築設計をしてはならぬという条項が一寸ともありませぬのでこの程度であれば敢えて異を立てる必要はなかろうと云うこと（略）に決まりました。(36)

変質する法案

ところで、右に挙げた建築業協会の資料には、武富らの口から、法案について気になることが触れられていたことに気づかれただろうか。曰く、中身が変わった、というのである。意外に知られていないこの事実に触れておこう。

戦前、日本建築士会は三度、機関誌『日本建築士』に議会の経過をまとめ、高松（一九三四（昭和九）年）・中條（一九三六年）・長野（一九三七年）亡きあと運動を支えた堀越三郎（一九一三年東京帝大卒）が、法案に加えた修正に触れ、コメントを付した[37]。

例えば、第七〇議会の法案は、「昭和四年以来実質的の著しい改廃は無かったが此の時に至り全般的に大改訂を加え」、「法案の根底に触れ」る変更をしたとあり、業務上知り得た事項に対する守秘義務（第一三条）を加えたと述べた。しかしこれは、言うなれば服務規程のつけ足しで、「根底に触れ」たとはいかにも大袈裟である。

また、五九議会では、法案の名が「建築設計監督士法案」となったことが述べられた。むしろこちらの方が、根幹に触れる。これは、佐野利器が前述のように、〝建築士というのでは曖昧で、業務は設計と監督だから建築設計監督士法案ならよい〞旨言った影響とされ、名を捨てても、果実を得ることに意義ありと見てのことである。しかし、こうした行為は得てして易きに流れる動きを生む。

「建築監督士で行ったらどうか[38]」。

設計よりも監督の方が専業者のみがなす業務として定めやすいと見た建築士会の中村傳治（横河工務所）は、しばらくのちこう説く。全体を示す〝建築〞に、的確を求めて加えた〝設計監督〞を分解して、〝設計〞を除き〝監督〞のみとする。この提案に、会の中核中條精一郎は、「夫れはいかん」。

ジェントルマンで知られ、平素「夫れは大層よい」を口癖とした中條がただ一度述べた「いかん」の真意は、これに続いた「設計ありて監督あり、設計なくして何の監督ぞ」にうかがうように、設計こそを建築行為の王道と見たからに他ならないが、その中條にとってはおそらく〝建築設計監督士〟への衣替えすら苦渋の断であっただろう。建築行為を相対化し、全体の中に設計を埋没させるに等しいものだからである。そのため、佐野の真意は、「こういう名称をとることによって、やかましい「建築士法」制定論者たちを、小さく建築界の片隅に押しやってしまう[39]」ことにあったとも見られている。

とはいえ佐野には、この以前にでき、自身も関わった市街地建築物法の名が、「原案では、建築法と云うのであったが、市街地に限って適用するのであり、その内容も建築物の在り方に関する規定であると云う法制局側の意見で決まった[40]」経験があった。合理主義者で、私心のないことで尊敬されてもいた佐野としては、経験を踏まえて、法律である以上、名が体を適切に表すことが重要と考えたに過ぎなかったのかも知れない。設計監督以外の業務に携わる者は無資格でよいのか、という疑問もあったに違いない。

ともあれ、一九二九年以後の変化は、わずかなものでしかなかった。そしてそこには議会の議論の反映はなかった。もちろん法案自身には変化があった。不思議なことに堀越は一切これに触れないのだが、むしろ大きく変わったのは、建議案の頃である。一九二五（大正一四）年のアンケートに添えた、本節冒頭に掲げた案と、一九二九（昭和四）年、五六議会に上がった案とを比べれば、そこには明らかな違いが見て取れるのだ。後者で重要なのは次の条文である。

建築士法案［一九二九（昭和四）年案］

第一条　建築士は建築士の称号を用いて建築に関する設計、工事監督、相談、鑑定其の他の之に付随する事項を取扱うことを業とするものとす

第五条　建築士は自ら左の業務を営み若は左の業務を営む者の使用人たることを得ず

一　土木建築に関する請負業
二　建築材料に関する商工業又は製造業　（巻末資料４に全条文を掲載）

つまり、大正一四年案は、〝設計専業の組織に所属する建築士でなければ設計を業としてはならない〟というもの。対して昭和四年案は、〝建築士という称号を用いて設計をする場合には兼業を認めない〟ものとなる。その意味は大きく異なる。前者は称号と業務の独占を、後者は称号のみの独占を謳うことになるからである。まさにこの前者の、専業者による設計業務独占の是非こそが最大の争点だったのだが、それが除かれたのである。

この変化はいつのことだったのだろうか。

まず、アンケートの直後に手が加えられたことを示す記録がある。『建築業協會月報』（一九二五（大正一四）年三月）にはこうある。[41]

横河民輔（会長）　尚本日右建築士会より修正案を持参されたるゆえ御訂正を乞いますと告げ左記二条の修正を為したり

建築士法案

第二十一条　登録を受けずして建築士と称したるもの又は建築士にしてその職務停止若くは禁止中建築士の職務を行いたる者は一年以下の懲役又は千円以下の罰金に処す

附則

第二十二条　本法施行の期日は勅令を以って之を定む[42]

もっともこれは、修正というよりは、資料の不備による訂正である。このとき「建築士会側では先般の修正案［＝上の第二一条・第二二条の訂正］に基づき同案を衆議院に提出致し[43]」たとの報告もあるから、同年三月、初提出の建議案に添えたのはこの形だった。しかしながら、同じ日の議事には、

橋本鐵男（大倉土木）　この「建築士」とは人間ばかりのことですか法人は含みませぬか

横河民輔（会長）　法人は包含せぬと思います。又此の案は最初は「建築士」でなければ一切設計出来ぬ、又直営も出来ぬ、又請負業者は絶対に設計も出来ぬと感ぜられたるが、今日の修正とか其の後の経過によると余程緩和されました。

とあり、法案は早くもこの時点で、当初の、請負業の設計は一切許さないというものから後退したことも示された。

また、先学村松貞次郎は、『日本建築士會會報』（一九二七（昭和二）年四月号）で、第二一条に「但し本条は建築士にあらざる者が建築の設計並びに監督に従事することを禁ずるものにあらず」が追加されたと指摘する。(44)

このようにアンケートから間もなく手が加えられ、法律案となった際には、彼らに不都合な条文が「全然ありませぬ」（山脇友三郎　一九二九年五月）と言われるものになっていく。賛成が大半と集計しながらも、建築士会は反対に揺れ、ごくわずかのうちに修正に取りかかっていたのである。(45)

こうして、一九一九（大正八）年、日本建築士会が編んだ中に早くも登場した〝設計専業の建築士でなければ設計を業としてはならない〟という条文(46)は、建築界に諮るや日を置かずして〝建築士と称して設計をする場合には兼業を認めない〟というものになった。請負業者たちは、法案が業務法でなく所属を問わない資格法であるならなおよしとするが、一方でそのように変えた意図を、「此の条項は、今日は確かに削除されて居りますけれども矢張り「（略）建築士でなければ其の設計が出来ない」ということが建築士会の真の趣旨だろうと考えます。併しながら夫れでは世間の批難も大きいから、先ず之れで以って案の通過を図り徐々に我々請負業者から注文主の意を承けて直接設計し工事をする事を止めさせ、設計は何でも自分の方でやろうという底意を持って居ることは明瞭」（山脇）と受け止めた。

つまり変更は議会を通すための方便で、いったん通してしまえば、あとは改正でどうにでもなると考えているのでは、と勘繰るのである。

そうでありながらも、その時点の法案は、営業上なんら支障がない。そのことを確認し、認める意志を固める。それに伴って彼らは、この法案を、表面上、もはやどうでもいいもの、と扱っていく。

その彼らが、この間、対外的にどう動いたか。残念ながらこれについては不明も多い。それでも気になる動きはある。佐野利器の清水組副社長就任である。これは疑問とされることが多いが、建築士法案と請負業者との三者を結んで語られることは少ない。しかし見逃すべからざることである。

一九一一（明治四四）年、日本の建築家はすべからく技術者たるべきことを説いた論文「建築家の覺悟」[47]を、留学先のドイツから寄せた佐野は、かねてよりこれを持論とした。建築士法については、建築物法があれば十分で、むしろ弊害ありとした取り付く島もない態度から、次第に、業務を明確に謳うなら賛成してもよいと変えつつあったが、これより後、一九三六（昭和一一）年にもこう語っている。

> 日本の建築家と云うものは欧米の建築家と云うものとは本質的に差異があるのであります。本質的に違った代物であります。（略）日本の建築学も実はそう云う［欧米と同じ］ものとして明治の初年に仕組まれたのであります。（略）併しながら日本は地震の国である。そればかりでなしに昔から日本人の通念と致しまして建築家を以って図案家とは心得て居ない。（略）そう云うことだからジョサイヤ・コンドル先生が仕組んで呉れた学問の仕方が、段々と日本の通念に合う様に変化して来たのであります。[48]

それゆえ法案に異を説いた佐野は、一九二九年一一月、東京帝大を辞し、清水組に移る。[49]

この転身を、一年後輩の池田實は、まずは、大阪の港湾計画や都市計画に従事した土木の直木倫太郎を招いた大林組と同じ手法と評し、続けて、佐野はこれを政界入りのステップと見たのだろうと推測した。[50]世間がかくも様々に捉えたことは自身も良く知り、幾度か払拭すべく、「清水組問題は［東大辞職の］二年程前に始まる。昭和二年頃渋沢栄一老子爵に呼ばれ、清水組と子爵との関係、清水組の現状を説明され、入社して経営に当たってくれないかとの依頼を受けた」、「自分としては請負事業を所謂、土建屋的なものから立派な事業に向上させたいとの抱負をもっていた[51]」、「古老の勧誘に従ったまででそれ以上何等の理由もない[52]」など記した。

「不況下に当社［＝清水組］の技術向上と経営の合理化を推進するため[53]」の要請、請負業界の地位向上を目指した転身。しばしばこう説明されてきたが、しかし、学と官（関東大震災後、帝都復興院建築局長・東京市建築局長などを兼務）に生きてきた佐野に経営を託すとは、自身が当初「商売には経験も自信もないので固辞した[54]」と言うように不可思議で、要請のあった時期も考えたなら、そこには、反を説く超大物にしてこのとき建築学会長でもあった佐野を取り込む意図がないはずはない。

そうして建築士法が議会で最も激しく議論された昭和初期、建築業協会の総会（一九三〇年四月）には、佐野も清水組の立場で列席するのである。

また、のちに述べるように、法案提出先の議会には、ようやく被選挙権を得、議席に名を連ねたばかりの請負業を営む議員もいた。請負業者たちは、一方では静観の構えを見せながらも、その一方では、建築界の実力者を取り込み、また議員を据えながら、動きを用心深く眺めていたのだった。

骨抜きの法案へ

この法案に反応した団体がもう一つある。日本建築協会である。

片岡安・波江悌夫《やすお》の発議により、〝西の建築学会〟を目指して一九一七（大正六）年にできた関西建築協会に始まるこの団体は（図1-4）、それでも学術を標榜する建築学会とは異なり、地域の建築界の狭さを踏まえる点に特徴がある[55]。そのため設計専業へのこだわりは弱く、請負業者・建築家、そして官と学とが、立場をわきまえつつ共に繁栄しようとする。

アンケートに、「未だ其の必要の時期に到達せざるものとして否決せられ」、「追って本案は将来に於ける重要なる問題と存じ本協会に於いても新たに調査委員会を設け更に研究調査を進めることと致候」と答えたこの団体の取り組みは、実は建築士会に劣らず早い。

機関誌『關西建築協會雑誌』によれば、建築士会が最初の案を編む二年前、すなわち協会創立直後より、全会一致で採択した今後検討すべき課題の中に、早くもこの法を含め、また、一九二四年には建築士法案調査委員会を置き、委員長に古宇田《こうだ》實（神戸高等工業教授）を据え検討に着手してもいる[56]。

結局は時期尚早と見送ったものの、十分な関心を持っていた彼らは、アンケート回答後、改めて法案調査委員会を置く（一九二五年）。七月には「種々の意見の交換をな」し、「次回の委員会より日本建築士会の作成したる法案を基礎として研究することに決定[57]」。

以後、翌年一月と二月に会を持ち、二月には、「茲に新しく我協会としての法案を作ることに決し参考として既成の日本建築士会作成法案に付いて批判を試みることとなり該案の第一条より逐条的に研究して全部の批評を終り散会」とあり、独自の案を草すことを決め、九月には、「委員会は少なくとも月一回開会すること」にして、その翌月、「医師法と弁護士法とを対比して建築士法案作製に関する件」を議題に挙げるなど、着実に歩を進める。

しかし、一九二八（昭和三）年一〇月に「改正日本建築士法案逐条審議第一条より第三条に至る」との記述がうかがえて以後は、五六議会を受けて委員会を開いた一九二九年を除けば、気配がなくなる。つまり、その頃には検討を終えてしまうのである。建築士会案の変更の影響が大きかったに違いない。

このように、アンケートのち案が改まったこともあって、関連団体は先行きを見守りながら、建築士という称号さえ名乗らないなら設計することになんら支障がない、そのことを確認し、いずれも一九三〇年頃を境に、関心はここから離れていく。

大阪で建築行政の草創から辣腕を振るい、この時期、法案調査委員会に名を連ねた池田實は、この変更を次のように酷評した。

建築士として登録すれば、何等か過失のあった場合には罰せられ、建築士の登録をせずして設計監督をなせば、何等そう云う制裁を受けないで済む、と云うような、矛盾した骨抜きの案となってしまった、即ち之に依って（略）諸官署の技師連並びに大学或いは専門学校の教官連中の内職に差し障りの無いような抜け道を作った訳であるが、併しそれでは法を制定する根本義が崩れるものと見なければならない。苟《いやし》くも建築士法を制定する以上は建築の設計監督は建築士に非ずんば為すことを得ずと、何処までも明断的に制定すべきものである。姑息な、骨抜な、一部の気息を窺うような案は当然として成立さすべきものではない[58]

つまり池田の眼にこの修正は、請負業者の批判を封じるためであることはもちろん、当初は奪うかに見えた官庁や大学に籍を置く者の内職的な設計を認めるためになされた、と映った。それらの多くが建築界の重要な位置にいることを考え、その機嫌取りのためという姑息さのゆえに骨抜きとなったと断じたのである。

とはいえ、この経緯は、同じ頃いよいよ成立に向かっていたイギリスに似る。ＲＩＢＡも当初やはり業務独占を欲したが[59]、議会の却下により、称号独占のみとなった[60][61]。そして、称号のみというのも、アメリカはじめ西洋のもの。よって日本建築士会にとってそれは、満足し得るものだっただろう。けれども池田に「骨抜き」と評された法案は、議会の場でも、その骨抜きのゆえに要否をすら問われることになるのである。

2　議会と士師法案

議会と士師法案

建築士法案が上げられた先の議会には、この時期、当然のことながら、他の士師法案も提出されていた。ここでは、議会での建築士法の位置づけを見ておきたい。

大正デモクラシーの煽りを受けるかのようにその後半より増える士師法の上程は、昭和に入るとラッシュの如くなる（図2-5）。建築士法は、その先陣を切ったことになるが、結果から見れば、幾度にもわたって流れたわけだから、ラッシュに一役買ってもいた。

しかしそれも、七五議会ののち大政翼賛会により強まる挙国一致体制の下、さらに濃くなる戦時色の中でなくなっていく。そうしたラッシュの始まりと終息の中、建築士法は、やはり他と同じく、議員によって出された。同じ士業のせいか弁護士、そして元官吏、超党派の議員によって（図2-6）。法案の提出には、議員によるものと政府によるものがあるが、帝国議会での総計を見れば、議員提出（衆議院）と政府提出は、二九一四対三四二一とほどほどに拮抗した。ただ、成立となれば話は別で、九割の高率で成る政府の提出に対して、議員は平均一割でしかなく、その割合は年を重ねるほど下がる（図2-7）。その差は一目瞭然。つまり、帝国議会では法は政府が出さなければ成立しなかったのである。加えて政府には、議会を経ない勅令という手もあった。

こうした傾向は、戦後しばらくは改まる。そのころ議員提出で成った公営住宅法（昭和二六年法律第一九三号）に関わった澤田光英《みつふさ》が、「当時は議員提案だろうと、政府提案だろうと、あまり区別はなかった。要するに両方とも忙しいから、お互いに助け合っていた」[62]と振り返るように、戦後の混乱を一日も早く脱することが先決だったのである。協調が生まれ、他方、ＧＨＱが議員立法を推す背景がありながらも[63]、やはり根元には政府偏重が残る。そんな戦後の議会をよく表したのが、建築士法と対の法として編まれた建築基準法（以下、基準法と略すことがある）だったかも知れない。

第七国会（一九五〇（昭和二五）年）に出たこの法案は、膨大な内容に対して、提出（四月四日）から閉会（五月二日）まで、あまりに余裕のないことから、「今国会の会期末に際して厖大なものを出して来たので」、「恐らく通過

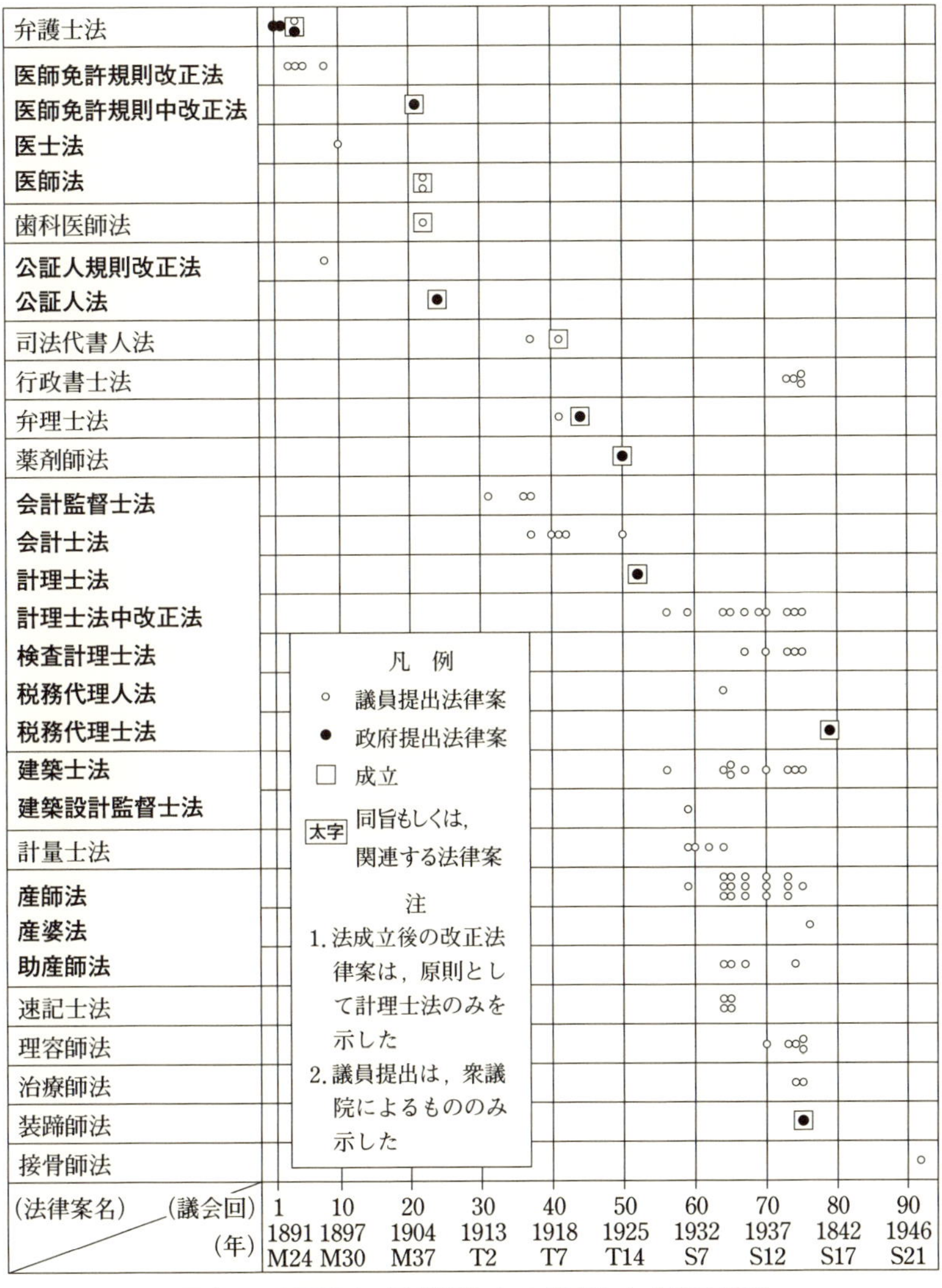

図 2-5　帝国議会（衆議院）に上程された士師法律案

出典：帝国議会衆議院事務局編『帝国議会衆議院議事録索引』文化図書，1994 年などをもとに筆者作成

近代国家の体をなすのに不可欠な弁護士法・医師法などは早く，他は大正から上程ラッシュとなる．長く上げられた建築士法案はそのラッシュに一役買った

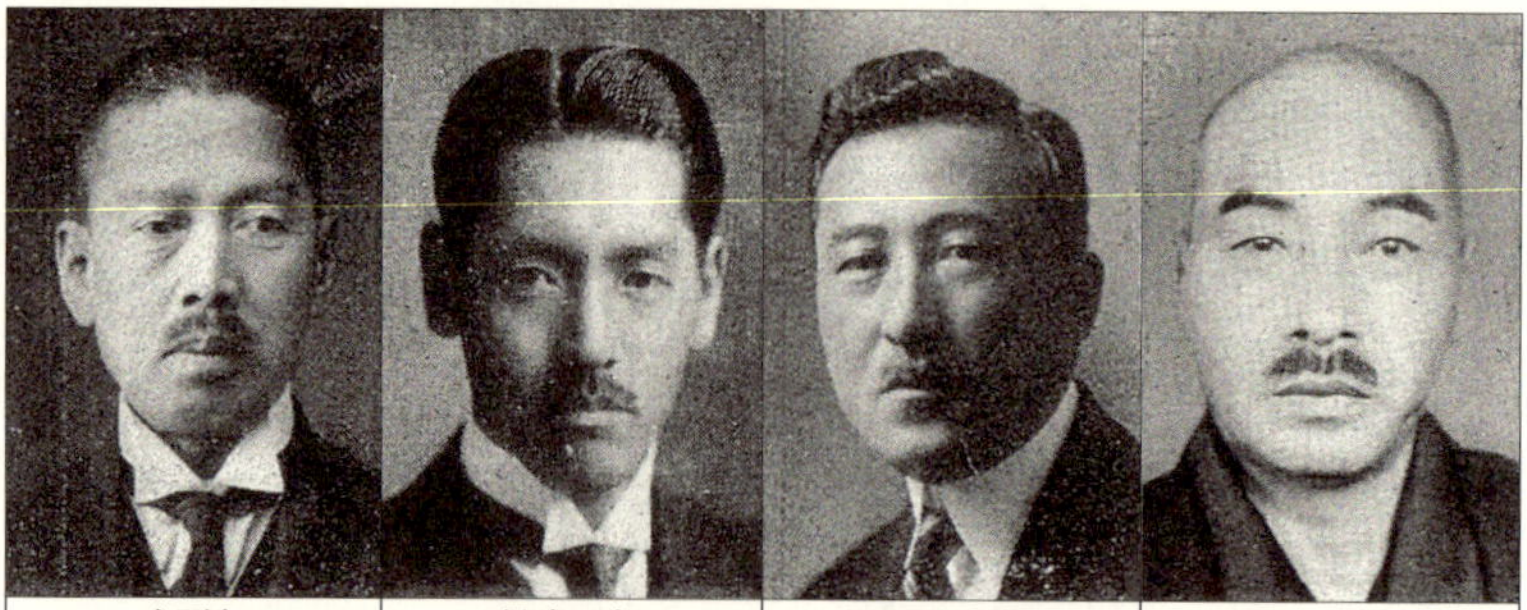

小西和	星島二郎	岡田忠彦	野村嘉六
(1873-1947)	(1887-1980)	(1878-1958)	(1871-1952)
〈煙草会社重役〉	〈会社経営〉	〈官吏・各県知事〉	〈弁護士〉
立憲民政党	立憲政友会	立憲政友会	立憲民政党
50・51・52・56・59・70	64・65・67・70・73・74	56・59・64・65・67・73・74・75	56・65・67・70・73・74・75

図 2-6　主な建築士法案提出議員

(　)：生没年，〈　〉：前現職，所属政党，数字は提出者となった議会

写真の出典：『衆議院要覧（乙）昭和 3 年 12 月』衆議院事務局，1928 年，188 頁・297 頁，『同　昭和 8 年』同，1933 年，153 頁

に至らないだろうと思いますから、改めて来国会に出す。そのときまでに研究することにいたしまして留保しては如何か」（岡本愛祐　参議院地方行政委員会　五月二日）と苦言のある一方で、「［建設省の］局長も責任をとると言うのだから……」（島田千壽　同院建設委員会　同）という発言が出、その回に通過し、成立した。

この後ほどなく成否が元に戻ることを思えば、なおさら温度差の残ることを知る。

もっとも、この、いくら提出しても成立しない状況を、さしもの議員たちも快く思っていたわけではない。建築士法案に対しては次の議事がある。

小西［和《かのう》、提出者］　提案者と云うよりも寧ろ委員の一人と致して、政府に伺いたいと思います、政府に於かれては本案に対して如何なる意見を持って居られますか、それを承りたいと思います。

川上［和吉、内務事務官］　御答えを致します。（略）建築士法案に付きましては、（略）尚色々考究を重ねなければならぬ事項があるように思いますので、将来一層の研究を重ねて参りたいと云うように、実は只今考えて居る次第であります

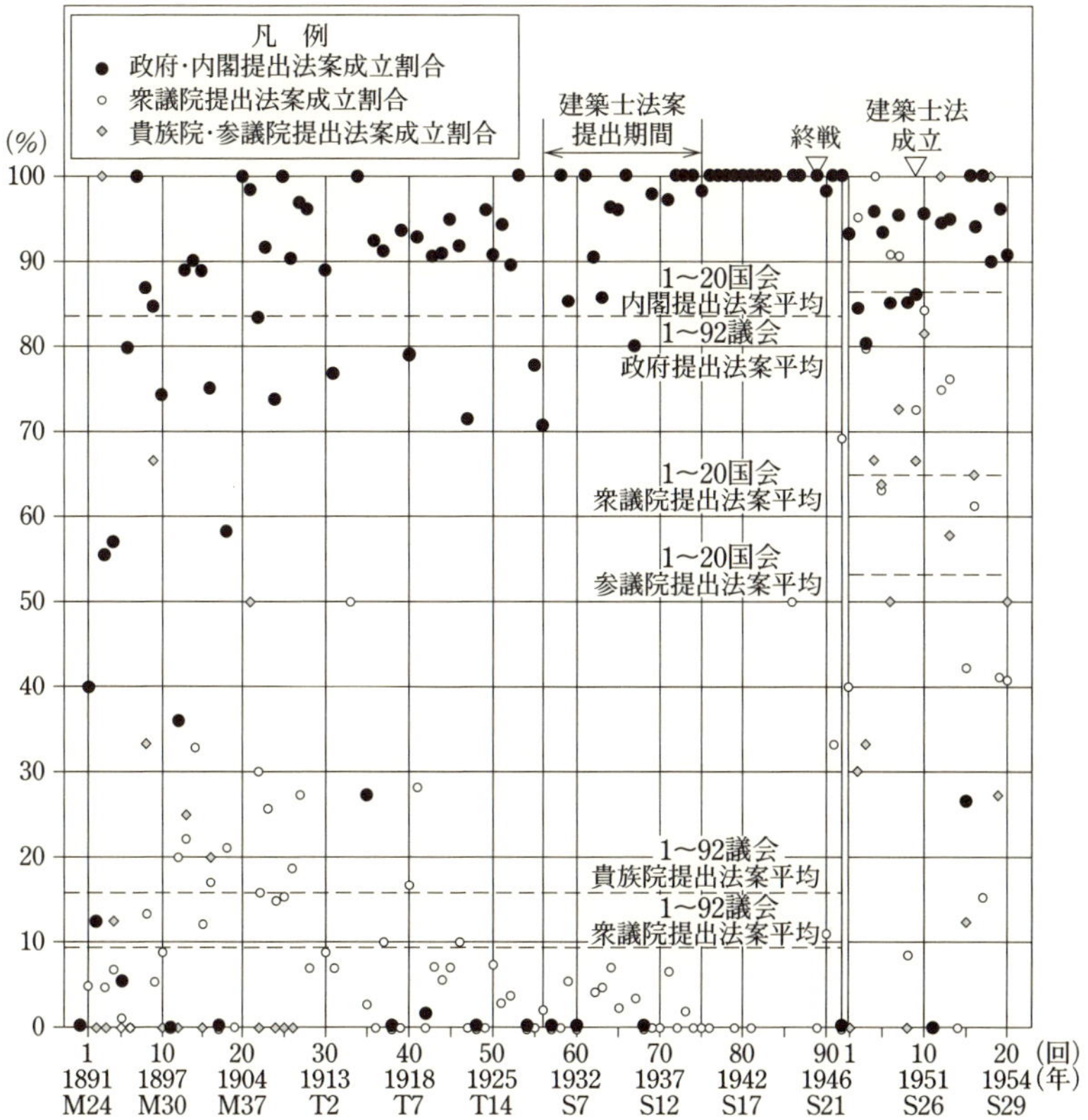

図 2-7　帝国議会・国会の法律案の成立割合

出典：衆議院・参議院編『議会制度七十年史――帝国議会案件名録』1961 年より筆者作成

※：(年) は閉会年．政府提出●は上に，議員提出○・◇は下に集まる．帝国議会では法は政府がつくるものだった

小西　只今の政府委員の御答弁は、以っての外の御答弁と思います。此の議会に本案が提出せられ、本院を通過致したことは（略）十年前であります。（略）爾来十年間を経て居るに拘らず、又考慮をするなどと云うことは如何にも怠慢至極であります。もっとはっきりした御答弁を願いたい

川上　御叱りを受けまして甚だ恐縮でございますが、実は斯うした事柄に付きましては中々複雑な事情もございます。洵《まこと》に今のような御言葉に接しますと、どうも一寸御答えに窮する訳でございますが、そう云う色々の関係もございますので、尚十分に研究致して行きたいと云う風に考えて居ります

小西　十年間掛ってまだ研究が出来ないと云うことはない筈です。あり得べからざることである、（略）怠慢も甚だしいのであります。若し又研究して居りながら、之に対して御答弁を為さらないと云うことならば、不親切も甚だしい

（第七〇議会衆議院建築士法案委員会　一九三七年三月三〇日）

法案を出した小西和（図2-6）の激しい口調が目に付く。閉会前日の焦りもあろうが、初提出以来一〇年を経て、衆議院通過も経験したものに対して、「尚色々考究を重ねなければ」と煮え切らない政府を、「怠慢至極」・「不親切も甚だしい」と厳しく責めるのである。

また、このとき続けて挙がった発言から、この頃、建議が成っても法律にならないものの多さが問われていたことがわかる。

三鬼［鑑太郎］　昨日御承知でもありましょうが、沢山の建議案を建議委員長は報告致しました、其の際に於いて従来建議と云うものは、議会で可決しましても、自然に閑却される嫌いがあって、甚だ宜しくない、今後は此の議会を通過した建議案に向っては、最も力ある実行に努力して貰わなければ困ると云うことを、喋々と言われました

建議の意味は左に述べるが、とはいえ、議員が出したなら、議員自ら両院を通過させればよい。したがって、政府の無理解と研究不足を責める小西らの姿勢は、いささか奇妙ではある。しかしながら、政府に腰を上げてもらわない

ことには状況は一向に打開しない。そのことを自ら認めた発言でもあったのである。もはや歴史となった今にして見れば、このように戦前の建築士法の成立は、はなから困難な道の上にあった。

建議案から法律案へ

建築士法案は、こうした帝国議会の、第五〇議会に、まずは建議案として上がる。そこでは、衆議院で可決されるも、貴族院では審議に及ばず終わる。翌五一議会では閉会間際の提出もあって両院とも未審議のまま果てる。しかし、このときいわばダメでもともとの覚悟で出した中で得たものは大きかった。

堀越三郎が、今回は「会期切迫のため請願のことは遂に実現には至らなかった。然しこれに依って貴族院方面に対する運動の端緒を得たことは特記すべき事柄[64]」と記したように、この回でのことが、次の議会（一九二七（昭和二）年）に活きるからである。五二議会で、二月一日、衆議院に出た建議案は、閉会前日の三月二五日通過。何と同じ二五日、貴族院を通り、成立する。

これが、建築士会が得た知恵だった。貴族院にはあらかじめ、理事長長野宇平治の名で請願が出され（一月二五日）、すでに採択されていたのである（三月一八日[65]）。請願は、中條にとってはともにケンブリッジの空気を吸い、曾禰にとっては唐津藩で仕えた家の人であり、ちょうどこのころ自邸（九月竣工）を手がけて縁あった伯爵小笠原長幹《ながよし》（同院議員）の紹介によるものだった。

建議の成立。しかし、これは法が成ったことを意味しない。建議とは、単に議会が政府に法律をつくるよう求めることを指すからである。したがってその成立は、議会として政府にそれを求めると決めたということでしかない。つまり、建議が成っても政府が不要と見たなら、それは政府による法律案の作成に至らず、結果、法律になることはないのである。ここで政府とはすなわち内務省だが、内務省はこの時期、この法に対して一顧だにすることはなかった。

こうして建築士会は、政府の動きをうかがうべく一年を待ち、動くことのない気配を察したところで再び議員に働きかけ、建議の成立から二年後、五六議会に法律案を上げることになる。

3　帝国議会で問われたこと

第五六議会の議論

その建築士法に対して、議会（図2-8）ではどんな議論があったのだろうか。

実は、議会での議論は、大正の法案が建築界に与えた衝撃にもかかわらず、なぜか顧みられることはなかった。議員の無力はあったにせよあまりに不思議である。そのため、ここでそれを見る。

まず、各回の提出後、法案がどれだけ審議されたかを知る必要があるだろう。重要な法案ならそれだけ多く議論されるに違いないからである。ところがこの法案については、いずれもほぼ、三月の会期も終わりに近づいたころ駆込みで手短に、といった具合でしかない。まともな審議は、多い回ですらせいぜい二日ほどしかないのである[66]。これがこの法案の立場を物語る。

ともあれ、最も激しく討議された、五六議会衆議院（一九二九（昭和四）年）の議事を引いておきたい。法律案として初上程となったこの議会で、法案が付託されたのは、その名も〝建築士法案委員会〟。委員会の名にこの名が付くのは、わずかに二度（いま一度は七〇議会）、それだけ注目度が違うことが期待される。

その建築士法案委員会では、三月二二日と二三日の二度、審議となった。

初日、二二日の会議は、委員長の岡田忠彦（図2-6）が、開会を宣言して始まる。続く質疑は、新潟水力電気の

図 2-8　帝国議会衆議院議場（3 代目）

出典：『帝國議會假議事堂建築記念』光明社，1925 年，53 頁
建築士法の議会．その主戦場はこの仮議場だった

奥山亀蔵が口火を切り、建築士や建築物の定義を問い、自身提出者でもある岡田が、他の提出者不在の中、淡々とした調子で答えた。議場の空気が一気に変わるのは、続く沖島鎌三（樺太日日新聞社記者）が、このとき法案第五条となっていた建築士の兼業の可否に触れたところからである。

沖島鎌三　此の第五条に「建築士は自ら左の業務を営み若は左の業務を営む者の使用人たることを得ず」と云うことになって居りまするが、そうすると斯様な業務を営む場合には、建築士たる資格を全然失墜することになるのでありますか

岡田忠彦〔委員長、提出者〕是は詰まり建築士の（略）登録を取消すと云うことで足りるのであって、其の建築士たる資格は依然として持って居るものと御解釈を願いたいのであります

〝待ってました〟とばかりに枡谷寅吉が、

枡谷寅吉　私もそれに関連してでございますが、提案者として御答弁を求めたいのは、是は建築士と云う名称を受けなければ宜しいので、建築士でなければ土木建築業者或いはそれに類する者に使われても宜しい（略）と云うような仰せですが、それで洵に徹底したようでございますけれども、（略）どうも不徹底だと思います。（略）何の為に此の建築士と云う名称を御附けになりますか、是が私の疑義である。又

此の建築士たる者の資格を見ますと「建築学を修めたる工学博士」或いは「帝国大学（略）に於いて建築学を修め（略）実務に従事せる者（略）」斯う云うようなむずかしい条件が附いて居る訳ですが、私は是が解せぬ。是だけの所を出て来て是だけの学問を修めて居る者が建築に従事するのに、敢えて建築士と云う名を得なければならぬことはないと思います。疑う訳ではありませんが、建築士と云う名称の下に建築に関する設計、監督或いは鑑定等此の箇条に書いてある範囲のもの、所謂特許権になるのではなかろうか。左様な窮屈なことにしてしまいましたならば此の建築界がどう云うことになるかと云うことが問題なのであります。私は折角提案なされたものでありますし、（略）成るべく私は是は健全なものとして通したいのでありますが、（略）或いは複雑な事が出来やしないか、此の為に是は不必要であると云うことになりはしないかと思います（略）。今日は提案者が余り見えて居りませんから、提案者の人はどなたでも宜しゅうございますから、是に一々明答の出来る方、是だけの事を提案なさる方でありますから、総ての方面の御調査もあろうと思いますから、此の辺も参考に承ることは、此の審議を進める上に於いて又大切な事と思います。若し提案者が本日御見えになって居らぬならば、本日は是で打ち切られまして、午後為さいまするか或いは明日でも改めてすることにして戴きたいと思います

岡田　一応御答え致します。今の枡谷君の御議論ですが、第一条にある通り建築士の称号を用いて業を営むと云うことに於いて、其の建築に対しては（略）責任を執るだけの法制上の立場を作って行こうと云うことが、大体の趣旨でありまして、五条にある請負を為すことは出来ないとか（略）云うことは、詰まり是等の者と建築士と云う者とは互いに監督し監督せられると云うように、立場を異にして居りますので、（略）それを互いに対立せしめて行くと云うことが、公衆の利益、一般の安心を期する上に於いて宜しかろうと、斯う云う大体の方針であります

皮肉られながらも、沖島までの答弁同様、岡田は条文の説明を中心にまずまず無難にやり過ごす。これを受けて、枡谷が核心に切り込む。

枡谷　質問することに付いての前提でありますが、私はそれが要るまいと思う。何となれば今日我国の此の建築を実行する上に於いては、所謂認可制度になって居るのであります。（略）之を提案しました精神を承りますれば、信用はして居るけれども

不徹底な点があるから、之を部分的に分けるものなりと云う仰せでありますが、若し左様なものであるならば、是は監督官庁が許可しませぬ。（略）設計仕様書を眺めて、是ならと云う技術の上から許可をして、而して出来上がった所を検査する、それを用いて居らなければ之を撤回し取換えると云うことをするのでありますから、私は或いは是は要らぬかと思います。（略）甚だ言葉の上に於いて失礼でありますが、斯様な無意味なものは御撤回なさる方が宜しいのではないでしょうか

案の意図を露骨にいぶかしがり、撤回まで促す枡谷（図2-9）は、大阪で請負業を営む。請負業者が被選挙権を得た第一回普通選挙（一九二八年）で、職業を請負業と申し出て当選した九人の議員の一人である。(67) それゆえ、法案の脅威を身近に感じていたことは間違いない。

図 2-9　枡谷寅吉
(1878-1953)
出典：『衆議院要覧（乙）昭和8年』衆議院事務局，1933年，153頁

雲行きの変わる気配に、然るべき応援を求めに走らせつつ、岡田は答える。

岡田　今枡谷君の御要求の専門家がそろそろ参りますから、其の間暫く応答を続けたいと思います。（略）例えば「コンクリート」建築等に（略）一番肝心なのは、「コンクリート」が設計通りに出来るか出来ぬかと云うことに先ずあるように聞いて居る訳ですが、そこで其の監督と云うものが、例えば建築物法の施行せられて居る都市に於いて、相当の官庁の認可を得てやる（略）のでありますが、中々監督機関も数が少ない（略）訳で、それを矢張り責任を負うて監督する者を頼んだ方が、建築を請け負わした人の利益であり、便宜であると云うことは、沢山あるだろうと思います。そう云う場合には特に此の建築士を頼むことの必要を感じて居る人も多かろうと思います。是は提案の一つの理由であります

答えは決して間違いではない。しかし、撤回まで口にされては、援護のない岡田はもはや多勢に無勢である。流れを押し

戻すのは難しく、一度生まれた疑いはさらなる疑念を議場に生んで、枡谷を軸に質疑が飛び交う。再び沖島が、

沖島　例えば建築士と言わなくて設計士と云うような名前を附けて、矢張り営業的に建築士と同様の仕事に従事する者があった場合に何等の制裁を加えることが出来ない。例えば弁護士たる資格なくして訴訟代理人を業とすることは出来ないと云うことになって居りますが、それと同様に建築士と称さなくても設計士と云うような紛らわしい名前を附けて、看板を掲げて居る。そうして同様な業務に従事する者があった場合に、それに対して何等かの制裁を加える、取締りをすることが出来ない。そう云うような状態でも差し支えない積りでありますか

岡田　御答え致します。それは差し支えない積りでありますが、建築士と云う称号が一つの世間の目標となるのでありますから、此の称号を規準として取締りをすると云うのでありますから、此れ以外の如何なる名称を付けても妨げなかろうと思います

続いて再度枡谷が問う。

枡谷　「土木建築に関する請負業」是は五条の第一に掲げてありますが、茲に工務所と云うような名称を掲げて、請負業者でなくして工務所と云う名前を附けて、今日随分に大きな仕事をして居る者があります。此の工務所であったら、之を雇われるのでしょうか、どうでしょうか

岡田　御答え致します。それは、請負業と云う業務の本体を見てやりますから、名称の如何を問わないのであります。現に請負業と云うことの実質をして居りますれば此の条項に嵌まる訳であります

枡谷　建築材料に関する商工業者、又は製造業者、斯う云うことになって居りますが、此の人達は土木建築学及び実地に秀でた人を雇わなければ、是は出来ぬ商売でありますが、建築士と云う名の付いた者を雇わずして、其の資格があっても建築士と云う名が付いて居らなければ、是は雇い入れても宜しいのでありますか

岡田　御答えします。左様であります

畳み掛けるように枡谷が、自身最も関心のある部分に迫る。これは仮の姿で、設計の独占こそが真の狙いなのではないか、と。

枡谷　尚引き続いて御尋ね致しますが、今の所では建築士と名の付いた者はそこ［＝請負業など］に使われない（略）のでありますが、行く行く私は此の提案書の中にある名称の範囲のものを、建築士でなければ他の者は一切手を著《つ》けることが出来ないことになりはしないか、（略）結局煎じ上げた所、字には現われて居りませぬが、精神がそう云うことになりはしないか。そう云うことになるならば、建築士と云う名称の項目を設けた為に、此の技術家と云うものは範囲が非常に狭くなって、（略）却って（略）学問を修めて出て来た人達の就職口に困りはしないか。斯う云う結論になりはしないかと思うのでありますが、其の辺はどう云う御考えでありますか

岡田　それは（略）建築士として登録して居る人の話であって、建築士の資格を有して居ると云うこと限りでは何も制裁はない、詰まり建築士として登録されて居る者は［請負業を］出来ないのでありますから、其の資格の有無には何も今のことに付いて関係せぬかと思うのであります

枡谷　斯う承ったら宜しいのでありますか。博士でも建築学を修め、大学を出て来た技術家でも、要するに此の建築士と云う登録を受ける受けざるは任意でありまして、受けなければ此の請負人なり材料製造商なり販売商なりに使い、使われても宜しいと仰せになるのでありますか

岡田　御答え致します。其の通りであります

枡谷　そう致しますると此の法規と云うものは勿論建築業、建築に類したことに携わる技術家は、此の建築士と云う資格を得なければ携われないと云うのではありませぬね

岡田　御答え致します。そうです

枡谷　単に是は其技術家が望んで附ける名称でありますな

岡田　御答え致します。それは第六条と連関して御覧下されば分かります

望む答えを引き出せぬまま、ひとまず枡谷は引き下がる。続いて林路一が、枡谷の質疑を継ぐ格好で、称号独占のみを求める法の是非を問う。

林路一　私は此の法案の趣旨が此処に在るのでないかと思うのであります。即ち建築に関する専門教育を受け、即ち其の技術を有する者を保護する法案でないかと思うのであります。そこで此の種の法律には、此の業務に携わり得る者の資格を認めて、而して其の特権としては此の資格を有する、即ち本法で認めたる所の建築士にあらざれば是等の業務に従事するを得ないと云う制限規定があって、初めて此の法案が活きて来るのではないかと思う。所が此の法案を見ますると、別段業務に従事する（略）制限は無いのでありまして、（略）徹底しないようでありますが、此の点はどう云う御考えでありましょうか、承って置きたい

岡田　丁度あの五十二議会に通って居る計理士法と云うものは、御承知であろうと思いますが、あれと同じように、例えば会社銀行で自分の監査役、自分の使用人でやらしても宜しいけれども、万全を期そうとするならば、矢張り計理士を雇うてやらせると云う道が開けてある、計理士に相当の制裁が加えられて居る。是と同じような趣旨でありまして、そうすると、建築の学術を受けた者を保護すると云うよりかも、寧ろ公衆の為に利益を図り、公衆が必要と認めた場合には責任のある人を使っても宜しいと云う一般の便宜の為に、一般の利益を保護する為に作る、斯う云う趣旨でありますから、左様御承知を願いたい

林　諒解致しました

「諒解」したとは言うものの、どうにも腑に落ちず、重い空気が議場に漂う。それを察したか浅川浩が内務省に振る。

浅川浩　一寸政府当局に伺います。本法の成立を見ました場合には、政府としてはどう云う観念を御持ちになりますか。一つ其の御考えを伺いたい

堀切善次郎［政府委員］　政府と致しましては、此の法案は必要がないものと考えて居るのであります。却って此の第五条等に於きまして、実際上工合の悪い不便なことが、起こって来るだろうと考えて居るのであります

これで事態は決した。力を得た枡谷がトドメを刺すべく言う。

枡谷　大体此の政府委員の方から今の御答弁を承ったことは、私大いに諒とする所であります。法律を以って事を左右すると云うことは結構でありますが、（略）法律を拵えた為に秩序の立つものが立たなくなって、却って複雑になりはせぬかと思う点もございます。（略）提案者の方に委員長から此の案を撤回するの意思のありや否やと云うことを、御確かめ願いたいと思いま

す

岡田　提案者の一人として御答え致します。撤回する意思はありませぬ

（第五六議会衆議院建築士法案委員会　一九二九年三月二二日）

岡田の声が虚しく議場に響く。完敗である。

運良く翌日の審議で拾われ、本院に上がり、さしたる議論もないまま衆議院通過となるが、実質的にこれを勝ちと言うのは無理がある。そして、議論はこの回に出尽くす。

問われたのは、設計者の法をつくることの是非ではない。それが目指すもののありかである。すなわち議会の外と同じく、請負業者の設計の扱いで、建築士と称さないならそれを妨げないが、称号保護のために法を設けたい。そのことの是非だった。

枡谷が執拗に迫った撤回は、個人的な背景を無視できるものではない。それでも、任俠を売りにしたその口から出た、「折角提案なされたもの」なら「成るべく私は是は健全なもの」にしたいという言葉も、おそらく嘘ではなく、またその主張もおかしなものではなかった。

法が社会に及ぼす影響を考えたとき、いかにも不徹底に映ったからである。まして、関東大震災（図2-10）からの帝都の復興を抱える内務省にとってこれは、一部のエリートたちの取るに足らないエゴとしか映らなかった。

図 2-10　関東大震災当日の丸の内（1923 年）

出典：『決定版昭和史 4』毎日新聞社，1984 年，24 頁

建築家たちは震災復興を建築士法実現の好機と捉えたが，行政はそうではなかった

こうして五六議会の建築士法案審議は幕を閉じる。守勢に回るばかりの提案者と、審議にあたる議員たちの釈然としない空気と、請負業者と内務省の強い否定という構図をさらに明確にして。

称号か、業務か

建議案として三度、法律案として九度の計一二度上げられたこの法案の議論は、おおよそ五六議会のごとく終始する。そして、その反対は、何のために設計者の法をつくるのか、それが実現するのは称号の独占か業務の独占なのかを軸に、各論に出る。枡谷や堀切が問うた要否のほか、具体的な各論とは、おおよそ、①建築士が扱う建築物や業務の範囲、②建築士の業務地域の範囲、③建築士に求める学歴、④求められる実務経験、⑤専兼にまつわること、⑥罰則、となる。それらをいま少し見ていく。

それは、ここで議員の無力を指摘したいわけでも、法を欲する建築家たちの至らなさを揶揄したいわけでもない。〝なぜ法が必要なのか〟を万人が納得するよう示して欲しい気持ちはあるが、それ以上に、建築には素人の議員が集まる議会の場は、まさに社会の縮図と思うからである。そしてそこで問われたことの多くは、戦後はおろか、現在にまで引き継がれていくからでもある。

建築家の訴えが伝わらないもどかしさはこの時も今も変わらない。とはいえ、門外漢である素人の声にも、存外に聞き逃すことのできない指摘がある。今後の法のあり方を考える上でも、示唆に富むはずである。もちろん、ここで、建築家の代弁者とは法案提出者たる議員で、素人の代弁者がその他の議員である。

まず①建築士が扱う建築物について。

奥山亀蔵　此の建築と云うことに付いて範囲のことが分からなかったのですが、（略）是が土木との区別がどう云う所に在るか、其の点を一つ伺いたいと思います

小西和［提出者］ 実は私も其の辺の事が極めて明瞭に合理的に御返事を致し兼ねますが、常識判断に依りまして、それで建築と云う側は建築物法に規定されて居る事柄を指し、それから土木と云う側は住居に関係を直接持たない、即ち直接の住宅でない、人間の住むべき所でない、何方かと言えば、主として公共的性質を帯びた土木に関する事柄を指す

（第五六議会衆議院建築士法案委員会 一九二九年三月二三日）

星島二郎《にろう》［提出者］ 例えば市街地域は一定の坪数以上の大きさの家を建てる場合と云うように限定しても宜しい。農村の家屋などは一々建築士に依って設計して家を建てなければならぬと云うことでは大変ですから、そう云う特例をどんどん設けても宜しい

（第七三議会衆議院市街地建築物法中改正法律案委員会 一九三八年三月二四日）

すでに、法案が当初の称号と業務の独占を謳うものから、ごく早い段階で称号のみの独占を謳うものに変わったことは述べた。これは案の変わったのちのものである。

それを踏まえれば、これらは実は不適切な応答となる。建築士という称号の独占を求める人に、〝どんな建物の設計を独占したいのか？〟と問うことになっているからである。むしろ、〝建築士でなければ設計をしてはならない〟とした当初案（大正一四年案）では問われるべきだった。業務独占を謳う以上、その範囲は明らかにされるべきで、それなくして混乱は免れないからである。しかし、法案が変わって以後もそれが問われる。ここに引いたものばかりでなく、幾度も。

これを、不適切と見るのは簡単である。また、上程の度に議論が元の木阿弥となる議会の仕組みで、されど進まぬ会議ゆえ仕方なしと虚しく見るのも可能である。しかし、今一度この問いが繰り返される意味を考えたならそれは、こうした質疑の出ること自体、〝称号の独占に業務の独占が伴ってはじめて有効に機能するのでは？〟、との指摘がされたことに他ならない。専門家の立場で〝称号独占の法なら要らない〟と吐き捨てた佐野利器ばかりでなく、建築には素人の議員もそう感じていたのである。

図 2-11　丸の内（1933 年頃）

出典：『丸の内百年のあゆみ　三菱地所社史　上巻』三菱地所，1993 年，348 頁

建築家たちが自らの対象と見たのは，こうした，紛れもなく“建築”と呼ぶものだった

もっとも、これが問われる背景には、提出者の小西自身が、「実は私も其の辺の事が極めて明瞭に合理的に御返事を致し兼ね」ると言うように、建築物と土木構造物の違いすら認識されていない時代もあった。建築物の法的な定義自身、まだまだ曖昧だった(68)。この種の疑問は、議員からだけでなく、建築界からも「然様すれば茶室等の意匠を指図する美術家も建築士法で制限を受けねばならぬことになる(69)」など指摘されていた。

ならば、設計者の法の審議にあたり、対象とする建築物とは何か、が改めて問われるのも止むなきことでもあった。

それにしても、「一定の坪数以上の大きさの家を建てる場合と云うように限定しても宜しい。農村の家屋などは一々建築士に依って設計して家を建てなければならぬと云うことでは大変ですから」という星島の言葉は、すなわち建築士会の考えと見て差し支えない。

犬養毅の秘書時代、東京帝大の同級で寮生活をともにした、フランク・ロイド・ライトの高弟遠藤新を犬養に引き合わせ、自邸を設計させた星島は、「エレベーションぐらい」は自分で描くことができたと語る(70)。建築家に極めて近い代弁者である。

このことから、戦前の建築士法案が念頭に置いた、というよりも戦前の建築家たちが自らの対象と捉えていたのは、一方では建築物法に謳うものとして、また、そうしてこそ「一般公衆は公認建築士ありて初めて安心して［国民の生命財産の安全を増すという］此の重大責任を負わしむる事を得ん」[71]と、あたかも一般市民の住宅を視野に入れた風を装いながら、実際にはそれらは眼中になく、明らかに大規模な、特殊用途のものだったことがわかってくる（図2-11）。

これは、大正以後、重要な都市問題に数えられていた住宅問題の解決に四苦八苦する行政にとって、看過できないことだった。むしろこの部分が資格ある技術者に委ねることができないなら、法をつくる意味がなかったからである。突き詰めて言えば、〝果たして住宅は建築なのか〟。これに対する建築家と一般との乖離。建築という概念を西洋から移植した国の悲喜劇と言うべきかも知れない。

また、②建築士が業務を行う地域については、

奥山亀蔵　建築物法（略）には市街地が何処か指定されて居る。（略）其の指定地だけに此の建築士法と云うものを応用出来ないようにする、そう云う風にならぬですか

小西和［提出者］　建築物法は市街地を指定して限られて居りますけれども、此の建築士法は何等地域の限定がありませぬ。実際に於いては主として建築物法が施行せられて居る市街に於いて建築士の業務があるものと考えられますけれども、それ以外の土地に於いて建築士が、此の建築士法成立の上に、此の法に依って仕事をすることは、些《ちっ》とも妨げない

（第五六議会衆議院建築士法案委員会　一九二九年三月二三日）

この時期、市街地建築物法が適用となった地域はまだまだ限定的で、文字通り主要都市の市街地に限られていた（次章図3-3）。それもあって士法の適用地域が問われた。実質的に建築物法の及ぶ範囲となることが予測される一方で、それが法に謳われることはなかった。基準法と両輪にある現行士法と比較したなら、この時期、建築を設計する人の法は、建築に関する物の法と、全く別個に構想されていたのである。この奥山の質疑はむしろ、建築物法の適

用される市街地では建築士法の適用を除外とせよと読める。請負業者との競合を案じたのかも知れない。あるいは、この前日には、「建築と云うことをもう少し範囲を広くしないと、所謂世間で謂う建築と云うものから言っても大分困ると思」うと語っているから、市街地以外にも建つ一般住宅のことを懸念したとも読める。

しかし、建築物法との対応について言うなら、むしろ、対応は考慮されるべきだっただろう。それがあったなら、少しは違う道をたどったに違いない。建築物法が広く適用された府県からこの時期少しずつできていた建築代願人規則（次章）を考えたとき、そうした思いは強くなる。とはいえそれでは、いわば代書屋的な建築士となるから、建築家たちにとって、とうてい受け入れられるはずもなかった。

そして、建築士の資格与件には、どんな意見が出たのだろうか。これには大別して③学歴と④実務経験があるが、まずは③学歴に関することから。

木村正義［内務参与官］　工学博士とか大学を出た者とか、専門学校を出た者は当然建築士になれるのでありますが、然からば県立の工業学校の建築科を出たような者はそれじゃどうかと云うと、建築士試験と云うものをもう一遍受けぬといかぬ、斯う云う結果になります。（略）吾々は平素から出来るだけ学校の特権を認めまい。実力ある者は有らゆる業務に活動が出来るようにしたい。随って学校の特権と云うものを廃しなくちゃならぬと云うようなことが各方面の今日与論となって居って、（略）此の法律を設けたが為にそう云う大学とか専門学校などに入らない者が不利益を受けやしないか、斯う云う点が一つ考慮すべき点ではなかろうか

（第七三議会衆議院市街地建築物法中改正法律案委員会　一九三八年三月二四日）

この法案では帝大卒業者や博士号取得者は無条件で資格を得るとされ、その是非が問われた。資格がなくともすでに立派な地位にある者がさらに資格を欲するのは、何か裏があるのではないか。先の五六議会で枡谷はこう勘繰った。また、七三議会以後、木村ら内務省は学歴による特権の撤廃を訴えた。建築士法がしばしば引き合いに出す弁護士も改正により完全試験制に向かっていたことをはじめ、士師法は、学歴の恩典を廃す方向にあったからである。

他に次の松山常次郎の質疑も挙げておきたい。

松山常次郎［土木技師］　私は土木とか建築とか云うものは、是は如何なる人間でも自由にそれに携わることの出来ますように解放を致して置きたいと云う、自由主義の観念を懐いて居るのであります。（略）有名な専門家と雖も注意を怠った場合には失敗をすることがある。そうかと思うと、今滋賀県の八幡町に居ります「ポリス」と云う人は、素人だそうですが、中々大きな建築をやって居る（略）。建築士法が出来て土木の者は建築に携われないと云うことになると、非常に実際に於いて困ることが出来はしないかと思う

（第六七議会衆議院衛生組合法案外四件委員会　一九三五年三月九日）

松山は、留学経験を持つ橋梁設計（土木）の技師である。その彼が、〝土木の者は建築に携われないのは困る〟と言うのは興味深い。構造の技術者に土木と建築の区別のないアメリカを頭に置いたものだが、この問いは、土木学科出身者が建築士になれるべきか否かの議論となって、戦後に引き継がれる。

実は、構造設計を念頭に置くなら、建築士会案の矛盾にも行きあたる。

と言うのも、帝大（建築学科）を出ていれば建築士を名乗れる以上、仮にこの法が成ったなら、意匠だけでなく、構造を専門とする建築士も生まれていたのである。まだ設計行為に専門分化の顕在化する時代ではないものの、西洋と同じものを欲する立場から見れば、予期せぬ差異も現われたはずだった。もちろんこれは、建築学科を工学部に置くことに始まったわが国の教育体系に起因する。

また、同じ松山の、「土木とか建築とか云うものは、是は如何なる人間でも自由に」という言葉も、忘れてはならないものだろう。

以後今日に至る建築を取り巻く状況は、一貫してその行為の専門性が強調されてきた。建築士に業務独占が与えられたこともそれを後押ししただろう。セルフビルドを叫ぶ声もないではないが、ごく一部である。農村の崩壊によって、かつての〝結〟のような仕組みも崩れた。全てが専門家の領域に囲い込まれ、素人の排除ばかりが画一的に進む。

その結果、建築行為は素人の目に見えないものとなり、それが専門家の仕事を前向きに評価する方向に寄与したかと言えば、話は逆で、むしろそれによって、今や、専門家の仕事は、社会の無理解にさらされているやに見える。そのことを考えたなら、なおさら。

また、その素人の例にポリス、すなわち、メンソレータムの輸入販売で知られた近江兄弟社を興し、キリスト教伝道の傍ら、近江八幡を中心に多くの建築を遺したウィリアム・メレル・ヴォーリズが引かれたのも興味深い。

次に、④建築士になれる者の実務経験にはどんな議論があったのだろうか。

まずは、実務経験に含まれるものとは何か、が尋ねられるのは当然だが、その年数も問われた。

岩元榮次郎〔新聞記者〕「建築士試験に合格し一年六ヶ月以上建築の設計監督に関する実務修習を了えたること」斯うしてありまするが、（略）専門学校を卒業した者は、是では一年以上の実務に従事したる者、斯う規定して区別されてありまする（略）。一方の方には一年六ヶ月の実務修習を要求して居るし、一方の方には一年、（略）此の区別をされた訳を御尋ねしたい

小西和〔提出者〕　実習期間を分けまする所以は、学校の方は長い間教育をして、それで先ず間違いが割合に少ない。唯試験をした者も、それで宜しいのでありますけれども、学校で教育した者程或いは正確でない虞があるかも知れない。斯の様な懸念から致して、実務の期間を少し手心を致して長くした訳であります

岩元　試験に応ずる者は、（略）多年経験を積んで、そうして資格試験に合格するような訳で、寧ろ反対の結果ではなかろうか

（第七〇議会衆議院建築士法案委員会　一九三七年三月三〇日）

実務経験を重視する岩元榮次郎は、然るべき学校を出た者は、受験で資格を得る者より経験が少なくてよいとする条文を疑問とし、一方小西は、教育を重視したことになる。ちなみに戦後の士法では、「受験資格を見ても、学歴と経験とは同じ比重に規定」、そのため、「試験の内容も基礎的学識と実務経験により修得された知識と技能について併せ考慮せられ」[72]た。

続いて、⑤専兼問題について。

奥山亀蔵　現在のように設計料は要らないからと云うので、請負契約する弊害が請負にある。設計を作って、それに依って請負をやらせて契約する。今度は或る事が起った時には、設計書に依ってやらないのかと云うと、何を言って居る、契約書の設計に斯うあると云う。請負の斯う云う事を区別する為には、今日のような段々進歩した時代に於いては、是非建築士法を作る方が宜しかろうと思う

（第七〇議会衆議院建築士法案委員会　一九三七年三月二〇日）

請負業者の設計すら認めない当初の姿勢を思えば、そこには設計施工一貫体制の否定が念願にあるのは言わずもがなだが、奥山は、工事内容の明確化のためにも法が定められるべきと説く。また、同じく指摘する、報酬を得ずに設計し請負契約をする者は、確かに責められるべきで、これは九〇年代にまで持ち越される。

それにしても、設計と施工は別な論理に基づくとの主張は、長くその根拠が、〝設計＝性善、施工＝性悪〟でしかなかった。確かに当時の請負業にはそうした一面もあった。それでも、その主張はなんとも一本調子に過ぎた。村松貞次郎が「明治時代の建築の大先生たちが大部分、士族の出身だったことも関係がありそうだし、その偏狭な儒教的思想が長く尾を引いてきた」(73)と指摘するように、自らを律するには美しいが、世の理解を得るには欠けた。そのためこの主張は、請負業者から見れば噴飯ものの、そして震災復興事業の大詰めにあった内務省にとっては取るに足らない次元のことでしかなかった。

逆に、施工を知らないときちんとした設計ができないから、請負業の設計を排除すべきではないとの意見も出る。

松山常次郎　学校を出て来ただけで実際の仕事を知らぬ者は、中々本当の設計は出来ないのです。ですから設計に従事して居る者は或る場合には請負とか云う方面に廻って、工事の実際の方もやるし現場の監督もやり、総てのことをやって来なければ、本当の技師は出来ない、本当の建築士は出来ない。それですから自由に何方でも行けるようにして置かなければならぬ。建築士は仕事の方へ廻れないと云う建前にして置くと、実際に於いて其の発達を阻害すると考える

（第六七議会衆議院衛生組合法案外四件委員会　一九三五年三月九日）

しかし、現実には、請負業者の中ですら業務が明確に分かれて、設計と施工の人材の入れ替えはなく、さらに、高度成長期以後、増える仕事と安すぎる報酬によって、設計者は目に見えて現場から遠ざかる。その結果、この至極まっとうな意見は顧みられることなく、むしろ加速する形で今に至る。

そして、所属でなく、技術者個人を見たなら、法案の求めは適当でないという指摘も出る。

中野種一郎［酒造業］　本法案は其の資格を向上し、尚時代に即した建築に伴う基礎を鞏固《きょうこ》に致しまする。其の趣旨は頗る結構なことと存じまするが、唯第五条の「建築士は自ら左の業務を営み又は左の業務を営む者の使用人たることを得ず」とありまするが、資格ある者が（略）業務を営む者の使用人となることを禁じて居りますと云うことは、多少其の権限に於いて束縛される点があろうと思いますから、第五条に（略）修正致しまして、「又は左の業務を営む者の使用人たることを得ず」と云うのを削除を致す、以上修正の動議を提出致します

石坂豊一［官吏］　中野君の修正案に御異存ありませぬか（「異議なし」と呼ぶ者あり）

（第六七議会衆議院衛生組合法案外四件委員会　一九三五年三月二五日）

請負業を営む者自身は建築士を称すことが許されないとしても、請負業者に建築士の雇用を禁じるという拘束はどうか。何より、資格は個人に帰属するものではないか。そうした考えからこの六七議会では修正が加えられ、その形で委員会を通るのである（ただし、本院では審議未了）。

また、登録せず建築士と名乗らないなら請負業の設計も可、とする条文は次の質疑も生む。

古藤増治郎［学校長］　従来巷間に設計監督に従事して居る所の、多数の人達があるのでありますが、是等の人達の中には、此の法案の試験制度に適当する人もありますし、或いは無資格の者もあろうと思います。適当する人は試験を受けて立派な建築士になり得ると思うのでありますけれども、其の資格を有せざる人及び其の資格に銓衡し得られざる者が、やはり引き続いて斯

う云う設計監督の業に従事することであろうと思います。そう云う者は建築士の称号を用いない、登録も致さないならば、やはり従前の如く依然として其の業務に従事しても宜いものであると解釈されるのでありますが、果たして其の通りであるか

小西和［提出者］　資格のない者が、設計監督をするのを禁止するかと申しますれば、本法に於いて之を禁止する意思はない（略）、併しながら世の中の進運に伴い、建築士も追々理解を持ち、又建築が大きくなると致しますれば、資格なきが如き者に設計監督を依頼することは、安心が出来ませぬから、自ら相当の資格のある立派な建築士に、それを依頼すると云うことになり、随って自然淘汰でいかがわしい――と申しては語弊があるが、立派でない、謂わばもぐりと云うような設計監督者は追々減ってあり、終いには絶滅することであろうと思います

（第七〇議会衆議院建築士法案委員会　一九三七年三月二〇日）

本当にそういう主旨なのか。この質疑は、それで本当に大丈夫なのかという疑義に発する。小西は、疑義を言外に認めた上で、無資格・無登録者の設計は、制度の浸透によって自然に淘汰されるだろうと答える。

これについては、この他、広く資格による設計の制限、すなわち業務独占を要とする声も上がる。

木村正義　是は弁護士法などと違って、建築士にあらざれば工事の設計、工事監督等を為し得ない、斯う云う規定と違うように思います。詰まり是は（略）斯う云う資格を持って居るものだと、斯う云う其の地位を確認するような法律であって、建築士にあらざれば是等の業務を為し能わずと云う法律ではないのであります

（第七三議会衆議院市街地建築物法中改正法律案委員会　一九三八年三月二四日）

五六議会で林も指摘した、〝建築士という資格をつくるなら、建築士でなければ設計や監理ができないことにしないと意味がないのでは？〟という質疑である。

こうして建築士法案は、議会の内と外で板挟みになった。議会の外への配慮から業務独占を除き、称号独占のみを強調したことが、議会では仇《あだ》になったのである。そして、この問いかけは戦後に受け継がれる。すなわち、資格が可能にすべきは称号独占か業務独占か、あるいはその両方か、という問いである。

結果的に、戦後の法は両者を取る。

この問いに、おそらく正解はない。その国や社会の状況によるだろう。ただ、以後今日にまで続いてしまった建築家の法制の議論において、対象とする建築物の量や規模に触れず、対象とする設計者の数を問うことのなかった従来のそれは、まるで意味がなかった。そのことも、ここまでの議会での討論から、おぼろげながら浮かび上がってくる。そしてこれを考える際、念頭に置かれるべきは、大規模建築ではなく一般住宅であった、そのことも。

ちなみに、そこに然るべき設計者の関与を求めたい、こう考えたならどうなるか。

彼らが望むレベルでの称号独占では、そこに彼らの手が及ぶことはかなわない。レベルを下げても、かなりの時間がかかる。できるだけ早くと望めば、無資格者の関与を防ぐため、業務独占を伴う必要も出てくる。次には、出来る限り早い時期に、より小さな物までもその中に含めることも問われる。それでも、すぐにとはいかない。そして、その見地に立てば、業務法より資格法の制定も先になる。

実はこれが、戦後の立法と運用開始後しばらく——すなわち一九四九年から五五年の法改正まで——のプロセスである。これについては、建築士制度が始まるころ住宅設計を支えた、建築代理士に触れる次章でも述べる。この問いの意味は存外深いのである。

⑥罰則については、体罰の可否といういかにものものをはじめ、似た称号の使用の是非や、有資格者の不登録での設計が問われた。

例えば、似た称号の使用は、先に挙げた五六議会での沖島鎌三と岡田忠彦の議論にそれを見る。すなわち「建築士と言わなくて設計士と云うような名前を附けて」もよいのか、と問う沖島に、岡田は「差し支えない」とする。また不登録者の設計もやはり、差し支えない（小西和　第七〇議会衆議院建築士法案委員会　一九三七年三月三〇日）。無資格者の設計も、「之を禁止する意思はな」く、「自然淘汰でいかがわしい」「者は追々減ってあり《ママ》、終いには絶滅することであろう」と言う。

鷹揚にも見えるが、実は現行法ですら似た称号の使用に十分対処しているわけではない[74]。

以上、帝国議会での議論を見た。

項目ごとに見たものの、通底していたのは、求められるべきは称号独占、業務独占、その両方のいずれか、ということだった。

繰り返すまでもなく戦前の法案は、英仏はじめ西洋に倣い、さらに建築士会の理想を込めたものだった。すなわち、その発想は、およそ日本の実情に根差そうというところにはなかった。そのためそこには、当初、専業設計者のみが建築士という称号独占に加え、専業者のみが設計できるという業務独占があった。しかし、請負業者の抵抗によりこれをあきらめ、称号独占のみを明確にしていく。その結果、建築士会が立法によって最低限守りたかったことは、建築士という称号を専業設計者の保護下に置くことにこそあったことになる。

その意味では、初上程から二五年、戦後ようやく成る法に、そのとき建築士会の会長だった山下寿郎[75]らが喜びの声を上げる一方で、西洋的な建築家像との隔たりを指摘し、批判が噴出していくのもまたもっともなことだった。

しかしながら、建築家と言えば設計専業が相場で、したがって業務独占を謳う必要に迫られず、所属の制限を謳うことも要らず、結果、称号独占のみでも効力を発揮する西洋諸国はともかく、取り巻く事情の異なる日本に、それが受け入れられる土壌はなかった。議会での指摘の多くは、独占されるべき業務が明示されないなら立法の意味がないというものだったから、そこで求められたものはむしろ業務独占だった。

また、議会の仕組みから仕方なくあるものの、提出の度に議論は堂々巡りとなり、積み上げのないまま負け続けた。その様はまさしく議会で精彩を欠く議員たちを象徴するものでもあったが、それ以上に、議会で頑迷なまでに変わらなかった法案は、やはり敗れていくより他なかった。

それでも、その議論を踏まえて、〝果たしてわが国に必要な設計者の法とはどのようなものか〟と考えると、そこには確かに戦後に反映されていくものの多いことにもまた、気づかされるのである。

4 建築士法案と計理士法

意識された他の士師法

建築士法案は、帝国議会に上がるにあたり大きく変わった。しかし法律案となって以後、中身にさして変化はなかった。どうしてだろうか。

ここで変化のなかった理由は問われるべきだろう。仮に、第五六議会の案が、日本建築士会の理想に照らして、それ以上譲れないものだったとしても、不成立が続く紛れもない現実に照らせば、成立に向けてあり方を再考し、別な可能性を模索し、折衷案を編むなどされるのが自然と思うからだ。

建築士会は、議員への働きかけも行っていた。例えば五二議会で建議案を通すにあたり貴族院に根回しをしたことは先に述べた。また、議員への饗応も折に触れて催していた[76]。こうしたことを思えば、肝心の法案に無策だったとは考えにくい。しかも法案の議論は、その要点のほとんどが初期の議会で出尽くしていたのである。にもかかわらず、なぜ法案には目立った修正がなされなかったのだろうか。

その理由として次が考えられるだろう。

まず、①〝建築士を称する者の兼業は禁じるが、請負業者の設計は禁じない〟とする内容を、議会の議論はともかく、請負業者への配慮もなされ十分な実現性を持つと捉えていたことが考えられる。また、②一九三一（昭和六）年に成立した英国建築家登録法に通じる、称号独占のみを求めるあり方を良案と見ていたこともあるだろう。〝イギリスだってそうだ〟、〝イギリスだって業務独占をあきらめて称号独占だけになった〟というのは大きかったはずである。次に消極的な理由として、③法のあり方について議会の内と外で板挟みとなり、身動きが取れなかったのかも知れない。しかしその場合、無為に過ごした時間が長すぎる。そして、④修正によって主旨が変わることが問題視されたかも知れない。提案理由自体は建議案の頃から変わっていないが、これも可能性としてなくはない。

①・②に加え、さらに⑤議会の外の意見を汲んだこの案には、議会で疑義は出たとしても、他の士師法に照らして勝算があり、そのためさらなる修正は不要と判断したことはないだろうか。以下ではこの、⑤の可能性を検証する。

建築士法を語る場合、今日まで一般に、〝医師や弁護士と同じく〟、と他の士師法の中でも、とりわけ医師法と弁護士法が引き合いに出されてきた。議会ではどうだったのだろうか。法案提出者の発言からいくつか拾うと、こうなる。

岡田忠彦　丁度あの五十二議会に通って居る計理士法と云うものは、御承知であろうと思いますが、あれと同じように、例えば会社銀行で自分の監査役、自分の使用人でやらしても宜しいけれども、万全を期そうとするならば、矢張り計理士を雇うてやらせると云う道が開けてある、計理士に相当の制裁が加えられて居る、是と同じような趣旨

（第五六議会衆議院建築士法案委員会　一九二九年三月二二日）

小西和　第四条の各号の制裁を設けてあるのでありますが、（略）医師法、弁護士法、計理士法などの、之に類似の法規に照らしまして、それや是やと考慮致しますと、先ず此の辺が丁度適当であろうと考えて、斯様な年数に致してあるのであります

（第七〇議会衆議院建築士法案委員会　一九三七年三月三〇日）

星島二郎　此の建築士法を制定しまして、所謂弁護士、弁理士、計理士法其の他のように一定の資格有る者に限って建築を設

計、監督させる　　（第七三議会衆議院市街地建築物法中改正法律案委員会　一九三八年三月二四日）

医師法・弁護士法もあったが、弁理士法や計理士法もあった。特に計理士法は、提出者たちにとって、是非とも挙げておくべき名であった。なぜならこれは、五二議会で、士師法としては珍しく政府が出して、しかも建築士法案（建議案）の目の前で成立した法律だったからである。

計理士法の抱えた問題

〝計理士〟という耳慣れない名を説明しておく必要があろう。

計理士とは、現在でいう公認会計士である。会計に関する検査・調査・鑑定・計算・整理又は立案を主要業務とする独立の自由職業となることが期待された。

その計理士法は、他の士師法同様、幾度もの議員提出による廃案ののち、第五〇議会貴族院委員会の審議の席上、農商務相高橋是清が次の議会には政府案を出すと約したことに伴い[77]、一九二七（昭和二）年、成立した法律である（図2-5）。

運動の流れを記すと、法律案として出たのは、三一議会（一九一四（大正三）年）を皮切りに五二議会まで九度。名称も会計監督士法案・会計士法案と変えながら、最終的には「会計士と云う職名が既に広く用いられて居ります。それで今此の法案に於いて会計士という名称を直に採って称号と致しますと云うと、それと衝突する虞がある[78]」として、一般化していた〝会計士〟を避け、既得権の排除に期待を込めて成立。戦後、第二国会で公認会計士法（昭和二三年法律第一〇三号）に改まり今日に至る。

しかしこの法は、成立後わずかにして改正案が出始める。しかも途中からは、これに加えて、専門性を高めた税務代理人や検査計理士を従来の計理士と分けて新たに構想、法案が出されていく。こうした様子は、それだけでもこの法がいかに問題を抱えたものであったかを想像させるに十分だが、では、その問題とは何だったのか。検査計理士法案提出者の説明から引く。

中村継男 計理士法案は、昭和二年設定されたのでありますが、其の後今日まで計理士の数は非常な多数に上って居るのでありまして、六千百人と云う、世界に於ける第三位の数に達して居るのであります。現在の特許弁理士数の数倍、一、二年の後には、六十年の歴史を有する弁護士と同数になると云うような趨勢に在るのでありまして、其の結果自然所謂計理士の素質に付きまして、玉石混淆の譏《そしり》を免れないのであります。（略）是に於きまして計理士法改正の議が起こったのであります

（第六七議会衆議院議事　一九三五年二月二一日）

つまり、最大の欠点は登録者の兼業禁止規定がなかったこと。そのため、年一〇〇〇人のペースで増え、わずか数年で遥かに歴史の長い弁護士に並び、玉石混交が指摘されるようになったのである。

求める動きを政府が認め法ができたが、「実際には社会の認識もまだ低く需要も少なかったために、これら計理士本来の業務に従事する者はむしろ少なく、なかでも監査業務を主とするものは」、「ごくわずかな数の事務所に限られた。多くは巡回記帳、税務相談及び税務代弁、和解中裁、債権取立、金融の仲介、会社の設立の合併等の手続、官庁への許認可申請書の作成など傍系的な業務が大部分を占めていた」のが実情で、中央は別にして、地方では、本来の業務のみでの「計理士事務所の経営は想像以上に困難」と報告されてもいた。(79)

そうした中で実際になされていた業務やその取扱数、兼業の種類を示す資料がある。商工省や大蔵省が一九四〇年代に行った実態調査である。(80) それによれば、自由職業を謳った職能でありながら開業者はわずか二割で、七割強が未開業。本来は副業のはずの税務がむしろ主たる業務となっており、また、議会で問題になった〝兼業〟とは、事業会社や金融会社の職員・教員・弁理士で、中には弁護士もあった。

その計理士法に求めた改正の要点は、①兼業の禁止による専業者の業務独占の保護、②無試験資格の排除、③計理

士会の法定となるが、[81]議会の議論は、原因となった①兼業の禁止に終始した。検査計理士法の提案も、そうした玉石混交を避けるための屋上屋を架す措置であったから、登録者の兼業禁止による区別の実施こそが全てと言えた。

ちなみに、一九四一年二月までに商工省との交渉が済み、いよいよ政府が改正を約束した計理士法は、しかし、その年末の大蔵省への計理士法事務の移管に始まり、その他、優先すべき戦時立法との関係の中で、幾度か法案作成に至ったものの、結局、上程されることはなかった。そうして結果的に放置されることとなったこの法は、懸念された登録の数だけが、問題となった時期よりも遥かに急激な勢いで増えていった。

法律案はなぜ変わらなかったのか

ここで建築士法案と、その計理士法の条文を見比べてみる(表2-2)。建築士法案は一九二九(昭和四)年(第五六議会)のもの、計理士法は一九二七年(五二議会)で成立したものである。

兼業禁止条項の有無を除けば、いずれも称号を法律によって独占・保護することが謳われ、全体に似た印象を受ける。例えば、第一条の「称号を用いて……業とするものとす」は、以前の会計士法案にはなく、この政府案で初めて用いられた表現である。それを踏まえ、その他多くの共通点を考えれば、五六議会以降の――すなわち法律案になって以後の――建築士法案は、五二議会に政府が出した計理士法を雛形とした可能性が高い。

しかし計理士法は、すでに述べたように、兼業禁止条項を欠いたことが問われた。一方の建築士法案は、一定の兼業禁止を謳った。もちろん、政府への慮りか、法案審議の場でその欠陥を敢えて指摘することはない。それでも、称号の法による独占を目指した建築士会にとって、先に成立したよく似た法の欠陥がこちらにはない。このことは重要だったに違いない。そして、その欠陥のゆえに計理士法は、建築士法案の上程にあたって、ことさら取り上げておかなければならないものでもあった。

七四議会への上程間際、この法に建議案の頃から関わってきた小西和（立憲民政党顧問）は、建築士会の機関誌『日本建築士』に次のように寄せた。

先年来、建築士法案が議員提出の法案として、帝国議会に於いて慎重に審議せられ、衆議院を通過したること一再に止らざる（略）一日も早く帝国議会の決議を経て、その成立を告げ実施を見るに至らんことを、要望して止まぬ[82]

このときすでに一〇年以上にわたる流産を経ながら抜本的な修正を施さずにいる法案に対して、議員として最も長く関わる者の文にしては、悲壮感はカケラもなく、むしろ、状況認識に欠けるほど前向きである。あるいは通り一遍の、と言うべきかも知れない。

法案提出者たちの発言は、およそ彼ら自身の考究によるものでなく、建築士会の意見をそのまま代弁するものだった。同じく幾度も提出の筆頭となった星島二郎ですら、この頃の業績に、建築士法などでなく、まずは婦人参政権や公娼廃止が挙がる。そこに見るように、彼らの議員活動のテーマは別にあったから、多くは提出に名を連ねはしても、実際にはこの立法に熱心でなかったかも知れない。

しかし小西については少々異なる。建議案以来長く携わり、また初上程から一〇年余を経たこの法案になお「研究してみないことにはわからない」と煮え切らない内務省を、「怠慢至極」・「不親切も甚だしい」と厳しく責めた。そうした言動にその一端をうかがうのである。おそらく小西は法の要を信じていただろう。それでも、一〇年の歳月を経た上での文である。相応の勝算があってこそ、にも思える。一方の建築士会にしても、議会内外での好意的でない意見に接しながら、有効な修正をしようとしない様は頑迷ですらある。

当初から兼業禁止を謳った建築士法案にとって、〝政府が出して成立させた計理士法を模し、しかもそれが抱えた難がこちらにはない〟。その意味は大きかったに違いない。

議論の主題がそこになかったこともあって、発言からそれを読み取ることはできない。よって、蓋然性は高い、と

表 2-2　建築士法案と計理士法の条文対照表（抜粋）

建築士法案(1929(S4)年)	計理士法(1927(S2)年法律第31号)
第1条　建築士は建築士の称号を用いて建築に関する設計,工事監督,相談,調査,鑑定其の他之に付随する事項を取扱うことを業とするものとす	第1条　計理士は計理士の称号を用いて会計に関する検査調査,鑑定,証明,計算,整理又は立案を為すことを業とするものとす
第2条　左の条件を具うる者は建築士たる資格を有す 1 帝国臣民又は主務大臣の定むる所に依り外国の国籍を有する者にして私法上の能力者たること 2 建築士試験に合格したること	第2条　左の条件を具うる者は計理士たる資格を有す 1 帝国臣民又は主務大臣の定むる所に依り外国の国籍を有する者にして私法上の能力者たること 2 計理士試験に合格したること
第3条　左の各号の一に該当する者は前条第1項第2号の規定に拘らず建築士資格を有す	第3条　左の各号の一に該当する者は前条第1項第2号の規定に拘らず計理士資格を有す
1 建築学を修めたる工学博士	1 会計学を修めたる経済学博士又は商学博士
2 帝国大学若は大学令に依る大学に於いて建築学を修め卒業し1年以上建築に関する実務に従事せる者又は専門学校令に依る専門学校に於いて建築学を修め之を卒業し1年以上建築に関する実務に従事せる者	2 帝国大学若は大学令に依る大学に於いて会計学を修め学士と称することを得る者又は専門学校令に依る専門学校に於いて会計学を修め之を卒業したる者
3 主務大臣に於いて前号に掲ぐる学校と同等以上と認めたる学校に於いて建築学を修め之を卒業し1年以上建築に関する実務に従事せる者	3 主務大臣に於いて前号に掲ぐる学校と同等以上と認める学校に於いて会計学を修め之を卒業したる者
4 **前各号以外の者にして建築士試験委員の詮衡に依り前2項同等の資格ありと認められたる者**	
第5条　**建築士は自ら左の業務を営み若は左の業務を営む者の使用人たることを得ず** 1 **土木建築に関する請負業** 2 **建築材料に関する商工業又は製造業**	**（兼業禁止条項がない）**
第6条　建築士たらんとする者は建築士登録簿に登録を受くることを要す 建築士の登録に関する事項は勅令を以って之を定む	第5条　計理士たらんとする者は計理士登録簿に登録を受くることを要す 計理士の登録に関する事項は勅令を以って之を定む
第7条　建築士の登録を受けんとする者は登録料として20円を納付すべし	第6条　計理士の登録を受けんとする者は登録料として20円を納付すべし
	第7条　**計理士は其の業務を公正に行うに支障ありと認めらるる事項に付計理士の業務を行うことを得ず**
第8条　建築士は主務大臣の監督に属す	第8条　計理士は主務大臣の監督に属す

標準字：ほぼ一致する条文　**太字**：他方にはない条文・他方と異なる表現 「左」は本表では「下」を示す

しか言いようがないが、これを、法律案となって以後、案を変えなかった理由の一つと推察したとしても、あながち間違いではあるまい。むしろ議会では、計理士法を楯に取ったなら、建築士法案は〝筋のよい法律〟だったかも知れない。そう考えれば小西の状況に照らしてあまりに前向きな文も理解しやすくなる。

建築士会側がそう捉えていたと、その片鱗のうかがえる資料がある（図2-12）。建築士会の中心人物の一人、堀越三郎（図2-13）が、反対側の重要人物である内田祥三（図2-14、当時東京帝大教授・建築学会会長）に送った法案の比較文書である。堀越は、元東京帝大助教授。大学院時代には、内田の手になる同大「工学部二号館」（一九二四）の設計に携わった間柄[83]。資料には内田の文字で「昭和十一年一月十四日　堀越君よこし」とあるから、送付は六八議会のさなかである。のちに述べるが、建築士法に対する行政の態度もやわらいできた時期、となる。その時期に、建築士会より遥かに影響力のある建築学会や東大で重要な地位にいる内田に送られたものである。理解を得る目的で、と考えるべきだろう[84][85]。

建築士法案

第一條　建築士ハ建築士ノ稱號ヲ用ヒテ當事者ノ委嘱ニ因リ建築ニ關スル設計工事監督調査又ハ鑑定ヲ業トスルモノトス

第二條　左ノ條件ヲ具フル者ハ建築士タル資格ヲ有ス

一　帝國臣民又ハ主務大臣ノ定ムル所ニ依リ外國ノ國籍ヲ有スル者ニシテ私法上ノ能力者タルコト

二　建築士試驗ニ合格シ建築士ノ事務所ニ於テ一年六月以上ノ實務修習ヲ了ヘタルコト

建築士試驗ニ關スル事項ハ勅令ヲ以テ之ヲ定ム

第三條　左ノ各號ノ一ニ該當スル者ハ前條第一項第二號ノ規定ニ拘ラス建築士タル資格ヲ有ス

一　建築學ヲ修メタル工學博士

二　帝國大學大學令ニ依ル大學若ハ專門學校令ニ依ル專門學校又ハ主務大臣ニ於テ之ト同等以上ト認ムル學校ニ於テ建築ニ關スル諸學科ヲ修メ定規ノ課業ヲ卒ヘタル者ニシテ一年以上建築ノ設計監督ニ關スル實務ニ從事シタル者

第四條　左ノ各號ノ一ニ該當スル者ハ建築士タル資格ヲ有セス

一　禁錮以上ノ刑ニ處セラレタル者但シ二年未滿ノ懲役若ハ禁錮ニ處セラレタル者ニシテ刑ノ執行ヲ終リ若ハ執行ヲ受クルコトナキニ至リタ

図2-12　堀越三郎が内田祥三に宛てた建築士法案

東京都公文書館内田祥三文庫所蔵資料

欄外に，内田による「昭和11年1月14日　堀越君よこし」・堀越によると思われる「計附則」，「辯第二條」などのメモ書きがある

封筒に入ったその一式を見れば、弁護士法・計理士法の条文とともに、余白に、それが他法の何条に当たるかを付した建築士法案の条文がある。仔細に見ると、実際の共通点の多さもあって、弁護士法より遥かに計理士法が多い。それを指摘する手紙の類いこそないが、わざわざそうしたものを内田に送った意味を推し量れば、やはり彼らにとって、こ

図 2-13　堀越三郎
（1886-1952）
出典：『日本建築士』10 巻，2 号，1932 年 2 月，75 頁

図 2-14　内田祥三
（1885-1972）
松下美柯氏所蔵資料

の法がいかに重要だったかがうかがい知れる。

　両法にはこののち、帝大卒業者の登録優遇の有無をはじめ、少しずつ違いが現れる。しかし、建築士法案は、計理士法の最大の欠点を解決していた。また、状況を改めるため、より条件が厳しくなっていく計理士法の改正案は、建築士会側にとって好都合でもあっただろう。さらにその、法を要する専業者が少ない実態も、好ましかったかも知れない。そうして建築士法案は、件《くだん》の計理士法を政府委員（商工省参与官）として成立させた野村嘉六（図2-6）をその直後より提出者に加え、七三議会からは筆頭に据える。この露骨な人選はおそらく、計理士法を上げた時期の仕事によって、その政治手腕は閣僚以上とも評された野村を見込んでのことだったに違いない。

　ただし、計理士法が改正事項に含め、除こうとしたにもかかわらず、建築士法案が謳い続けた文句がある。〝称号を用いて〟である。六四議会で計理士法の改正を上げた金井正夫はこう述べる。

　計理士法の第一条に「計理士の称号を用いて」と云う文句があります（略）、若し其の称号を用いない時に於いては仮令《たとい》無資格者、或いは未登録者が第一条に掲げて居りまする会計検査（略）と云う仕事を為しても（略）制裁を受けないと云うことになりまして、其の結果現在に於いては、此の無資格或いは未登録者が計理士の称号を用いずして、此の種の仕事をして居る者が沢山出て来たのであります。之を先ず第一に整理したいと云う趣旨から、此の第一条の「計理士の称号を用いて」と云う文句を削除致したい（略）。「計理士の称号を用いて」と云う文句は弁護士法に於いても、弁理士法に於いても、医師法に於いても、其の他自由職業に関する法規に於いて何れも認められないのでありまするが、唯此の計理士法にだけ特に此の条文を設けて居る（略）。此の文句を削除することは必要と考えるのであります

（第六四議会衆議院司法代書人法中改正法律案外一件委員会　一九三三年二月一七日）

称号を用いずに業を行うことが横行したため削除したいというのである。他にそれを謳う法もない。それを知りながら、議会でこの法に続こうとした建築士法は、これを除かずにいた。理由は明白である。死守すべき〝称号の独占〟と、建築界への配慮の産物である〝兼業の設計を排除しないこと〟を法に謳うこと。この二つが、欠くべからざることだったからである。しかし、ある程度限定すべき計理士に対して、対象は限定すべきか、あるいは広めにした方がいいのか、そのことすら正面から議論されなかった。戦前の建築士法の脆弱さは、こうした部分にも露呈していたのだった。

以上、一九二九年に法律案となって以後、なぜ建築士法案には一〇年以上にもわたり、さしたる修正が加えられなかったのかを探った。

それはもちろん、日本の建築家たちが理想とする〝西洋に倣った建築家像〟を実現してくれるものと信じたからに他ならない。しかもそれは反対勢力である請負業に配慮したものになっていた。これが大きな要因ではあっただろう。だからと言って彼らは、ただ俟っていた訳ではなかった。折に触れて議会や議員に働きかけ、政府が出すのでなければ法にならない時代に、政府が出して成った法の欠点を除いた案を用意してもいたのだった。これらのことがこの案

を、長くそのままに置くことにしたように思うのである。

5　行政が建築士法に託したもの

内務省の態度とその変化

ここで、この時期、行政が、建築士法案をどう捉え、また、どんな議論を交わしていたかを見る。

これは一般に、戦後この法を導いた内藤亮一や小宮賢一が総括するように、「かつて昭和の初期の頃に、当時の主務官庁であった内務省の当局者も消極的であって、その実現をみるに至らなかった[86]」とか、「建築士法は、戦前数回に亘り議員提出法案として国会に提出されたが、政府に熱意のなかった為もあっていつも不成立に終わっていた[87]」とされる。つまり、内務省は戦前・戦中を通じて常に冷淡で、反対を貫いたとされてきた。一五年にわたり流れたことを思えば、そういう総括になるのも無理はない。しかし、具体的にはどうだったのだろうか。

まずは、できるだけ初期の内務省の態度をうかがおう。建議案時代の議会に幹部の出席はなく、したがって発言もないから、その頃を知るには、報道や関連団体の記録から、となる。

一九二八（昭和三）年の新聞は、「近く公布する建築士取締令　不正業者一掃の為に　内務省で目下立案中」と題し報じた。

　不正建築士を一掃する為に斯界の権威佐野博士主唱の下に全国に散在する約二千の建築学会員連名して内務省に之れが取締法令の制定を建議してゐた所、内務省当局に於いて早くから同様の意向を有してゐた際にしていよいよ近く建築士法令取締りなるものを制定して以って今後は開業医に対すると同様内務省に登録せしめ無資格者は之れを撲滅自廃せしめ資格のあるもののみを登録許可する方針で（略）目下当局に於いて極力立案中である。[88]

あたかも内務省が定めたいかの如くである。法案は、前年（第五二議会）建議案として衆貴両院の可決を見た。そのため、順調にいけば内務省が法律案を練っていてもおかしくない時期ではある。しかしながらこのとき開会中の議会に、内務省がこれを上げようとする動きはなく、報道の信憑性には疑問ありとせざるを得ない。

続いて、前に引いた第五六議会閉会直後の建築業協会では、横河民輔と武富英一によっておおよそ次のように語られた。

内務省は、①当初全く賛成せず、例えば、②佐野利器の主張の如く、〝建築士〟という名は設計監理以外の広範な業務を含むように映るため、設計監理以外に携わる者が差別されかねないと考えていたが、とはいえ、③案全体に反対なのではなく、ある条件への反対で、その〝ある条件〟が、④資格法であって、所属を問わず資格さえ得れば誰でも建築士になれると改めるなら通してもよいと考えている、と。

注目すべきは③と④である。すでに述べたように、この議会は、法案に対して最も激しいやり取りのなされた回である。そして、改めて以下で見るように、この回の内務省（堀切善次郎）の発言は生易しいものでなく、全く歯牙にかけないものだった。ところが、案全体に反対というわけでなく、「資格法であって何処に居っても建築士というものであれば」通してもよいとする見解を、その議会終了直後に当の内務省が示した、というのである。

これは、内務省が議会では一度たりとも示したことのないものである。もちろん、議会の内と外でトーンが異なるのも無理はない。しかし、それが、最も激しいやり取りのなされた議会の直後に出ていることもまた見逃すべきではないだろう。

次に、議会での発言に注目する。

一九二九（昭和四）年

堀切善次郎［復興局長］　政府と致しましては、此の法案は必要が無いものと考えて居るのであります。却って此の第五条［建築士の兼業禁止］等に於きまして、実際上工合の悪い不便なことが、起こって来るだろうと考えて居るのであります

（第五六議会衆議院建築士法案委員会　一九二九年三月二二日）

一九三三（昭和八）年

勝田永吉［内務参与官］　此の法律に依りまするると、設計者は請負をさせないと云うようなことがあるのでありますが、そう云うような点に付きまして、政府の方では、尚今日の時勢に即しまして考慮しなければならないのではないかと、斯様に考えて居るのであります（略）、政府と致しましては、まだ其の建築士法と云うような法律を作るまでの時勢には立ち至って居らぬように考えるのであります

（第六四議会衆議院輸出絹織物取締法中改正法律案委員会　一九三三年三月二二日）

一九三五（昭和一〇）年

大森佳一［内務政務次官男爵］　別に意見はございませぬ

（第六七議会衆議院衛生組合法案外四件委員会　一九三五年三月九日）

一九三七（昭和一二）年

川上和吉［内務事務官］　寧ろ大体此の法案の御趣旨に於いては、諒と致して居る所もあるのでございますが、唯例えば設計監督に従事する者に付いてのみ法案を作って宜しいか、建築に関係のある方は非常に多い訳でありますが、特に設計建築に従事する者に付いてのみ抜き出してやることに付いては、まだ少しく考えなければならぬ。或いは結局此の方が宜しいのかも知れませぬが、（略）研究を要する点があるのではないかと考えて居る次第であります

（第七〇議会衆議院建築士法案委員会　一九三七年三月三〇日）

一九三八（昭和一三）年

木村正義［内務参与官］　是は弁護士法などと違って、建築士にあらざれば工事の設計、工事監督等を為し得ない、斯う云う規定と違うように思います。詰まり是は建築士法と云うものを設けて、建築士と云う者は斯う云う資格を持って居るものだと、

斯う云う其の地位を確認するような法律であって、建築士にあらざれば是等の業務を為し能わずと云う法律ではないのでありま す。其の点は弁護士法とか医師法とかと余程違う規定のように思います。(略) 吾々は平素から出来るだけ学校の特権を認めま い、実力ある者は有らゆる業務に活動が出来るようにしたい、随って学校の特権と云うものを廃しなくちゃならぬ (略) 斯う云う点が一つ考慮すべき点ではなかろうかと思います

(第七三議会衆議院市街地建築物法中改正法律案委員会 一九三八年三月二四日)

一九四〇 (昭和一五) 年

松村光磨 [内務省計画局長] 本法案は弁護士法などと違って、建築士でなければ工事の設計、監督等を為し得ないと云うような規定ではなく、建築士と云う者は斯かる資格を持って居るものであると云うが如き、其の地位を確認するような法律である。そこで問題になりますのは、(略) 工学博士とか大学を出た者とか、専門学校を出た者は当然建築士になれるのでありますが、県立の工業学校の建築科を出たような者は、建築士試験と云うものを受けなければ、建築士と言えぬことになりますが、斯かることは吾々が平素から出来るだけ学校の特権を認めまい、実力ある者は有らゆる業務に活動が出来るようにしたいと云う趣旨に反することになり、一面大きな社会問題が含まれて居るように思います。提案の趣旨は洵《まこと》に御尤《ごもっと》もなのでありますが、他の半面を更に研究をして見る必要があるのではなかろうか

(第七五議会衆議院衆議院議員選挙法中改正法律案委員会 一九四〇年三月二五日)

特に法案の要否に目を向け抜書きした。これらから、当初は兼業禁止条項が問題・時期尚早として反対。兼業禁止への反対を、請負業に対する行政の配慮とする見方も建築界には根強いが、それはともかく、一九三五年の大森佳一を境に、以後、「大体此の法案の御趣旨に於いては諒」に転じ、広い建築の業務の中で設計にのみ法をつくるのは疑問。「提案の趣旨は洵に御尤も」だが、同じ士 (サムライ) 業である弁護士に照らすと、業務独占が謳われていないのは問題、学歴による特権をなくすべき、となる。微妙ながら、前向きに転じたとも取れるようになっているのであ

図 2-15　堀切善次郎
（1884-1979）

出典：『帝都市民諸君に寄す』東京市役所，1929 年，口絵

る。

これを、建設業界を取り巻く社会情勢、すなわち、①関東大震災後の復興（〜一九三〇年）と、②その後の不況期に建設業が雇用の受け皿となったこと（〜一九三五年）、③それ以後は建設業界も活況を呈すること、に照らすと相応の対応が見える。つまり、当初は震災復興や失業対策が優先で、その妨げとなりかねない法はつくる時期になかったが、次第に認めても良いという状況が生まれていた。答弁に立った堀切善次郎（図2-15）の場合で見てみる。

五六議会で反を説いた堀切は、一九〇九（明治四二）年、東京帝大独逸法学科を出たのち文官高等試験に合格して、行政官としてのキャリアをスタート。内務省都市計画課長・官房会計課長兼地理課長・土木局長などを経て、一九二六（大正一五）年、震災復興の真っ最中に、その任を負うべく復興局長官となり、議会答弁の直後、東京市長に転じている（〜一九三〇（昭和五）年）。

このように堀切は、大正半ばより一貫して都市計画や土木事業に携わり、ことに帝都復興計画には「一番初めから深い関係を致して居りまして、ほぼその終りを告げる時まで関係して参ったのであります、私の一生の内で最も緊張した、全精力を傾注した仕事[89]」と語った。

建築士会は、法の提唱にあたり、帝都復興のために「専門の教育を受け又訓練を経て居る適当なる技術者に（略）其の機能を社会の為に、又公衆の為に、国家の為に、帝都復興の為に、傾注せしめると云うことが甚だ必要」として、制定の「最早其の時期が到来して居る」と叫んだ（小西和　第五〇議会衆議院警察費国庫下渡金連帯支弁規定改正に

関する建議案外一件委員会　一九二五年三月二四日)。

しかし、建築士会と行政の認識には隔たりがあった。

確かに同会は、「小は個人の家庭生活の便」[90]を挙げ、個人住宅も自らの対象と宣言した。しかし、会員一〇〇余りの彼らが果たせる役割はどれほどであっただろう。しかもこの時期、都市のほとんどを占める庶民住宅に建築家が関与した例はなく、せいぜい中流住宅止まりで、彼らが対象と見たのはやはり規模の大きな、国家を飾り、都市を彩る特殊用途の建築だったのである。

逆に堀切にとって「復興計画とは要するに都市計画」で、都市計画とはすなわち道路であり、橋梁であり、上下水道であり、土地区画整理であった。そうしたインフラがまずあって、そこに教育や社会事業や衛生・経済の諸施設が続くというものだった。

土木・都市計画畑の彼にとって建築は必ずしも遠い存在ではなかった。それはやはり、震災後の神奈川県知事時代(一九二五(大正一四)～翌年)、昵懇だった佐野利器と内田祥三に、前知事清野長太郎が、「歌舞伎座」(一九二四)や「明治生命館」(一九三四)を手がけた岡田信一郎に委ねた神奈川県庁の計画案[91]を、「普通のコンクリートのマッチ箱式の何の趣味もない建物」で「どうも私は甚だ感心しない」と相談し、「一つ懸賞募集にしたらどうか」と提案。募集要項に「横浜の港をひかえた神奈川県だから、海のほうから外国船が入ってきたような場合でも、一見して直ちに県庁の建物だとわかるようなふうな設計にしてほしいという素人の条件」を加え、できた庁舎を「私の案」と語ったエピソードにもうかがえる[92]。

しかし県庁のようなものはさておいて、局の予算不足と汚職の発覚(復興局疑獄事件、一九二四年)、そして区画整理への地元の反対などで難航するさなかに長官となった堀切にとって、このとき優先すべきはそれら停滞する事業の推進で、都市美を演出する建築ではなかった。

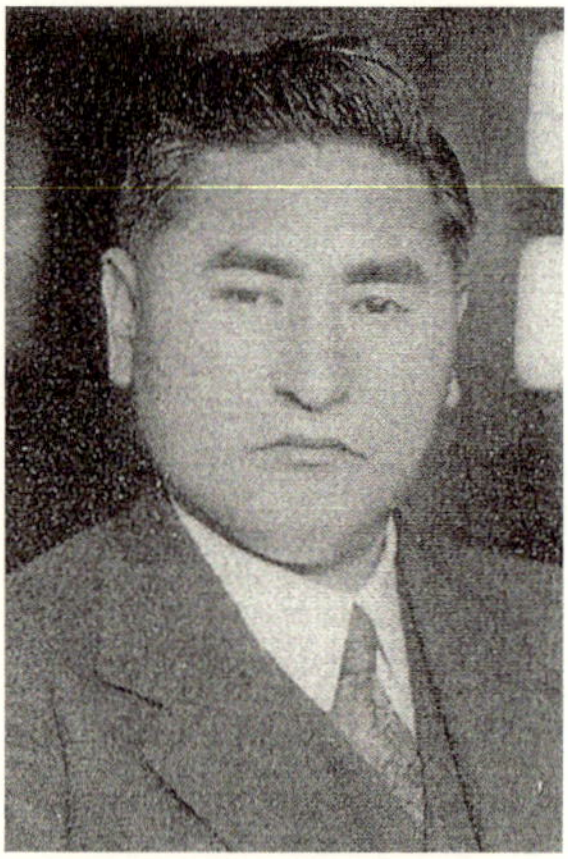

図2-16　松村光磨
(1894-1970)
出典：田部谷忠春編『松村光磨先生業績録』都市計画協会，1973年，口絵

東京の復興事業が一段落つき、帝都復興完成式典の行われたのは一九三〇（昭和五）年三月二六日である。

つまり堀切にとってこの法案は、復興に忙殺される中、不意に投げつけられたものなのだった。建築士会の意図とは逆に、タイミングがあまりにも悪すぎたのである。事業難航の渦中にいる彼にとって、物をどう造るかは問題となったとしても、それを誰が設計するかが問題となり得るはずもなかった。仮に建築物の性能確保のために必要だというところまで考えが及んだとしても、それを実現するに足る建築士の数がどれほどかと考えたなら、法を成立させても圧倒的に有資格者の不足することは自明だった。それゆえ、一考する価値すらないものだったのである。

七五議会で答弁する松村光磨《みつま》（図2-16）は、先に続けてこう述べている。

松村　政府として更に十分考究を致さなくてはならぬと考えますが、今直ちに御賛成申し上げることは出来ないと考えて居ります

手代木〔隆吉、提出者〕　政府の御所見を伺いましたが、本案には尚賛成し難いものがあるような御話であります。或いはそうかも知れませぬが、それならば政府として近い将来に於いて政府案として此の建築士法を御出しになる御意思があるかどうか、其の点を御伺いしたい

松村　其の点に付きましては、今後十分研究して見たいと思います

「研究して見たい」の言は、軽くいなしたとも取れるが、とはいえ「趣旨は洵に御尤も」とも述べた松村の言は、わずかにせよ初めて、内務省から議会の場で出た前向きな発言で、堀切の時代とは明らかに異なる。その意味で注目

すべきである。

この時期は、震災からの復興が済み、不況を乗り越え、とにかく建物の量ばかりを求める段階を脱していた。その一方では戦禍へ向かう過程にあり、すでに戦時統制が始まって、質の高い建築を建てられる時代でなくなりつつあったのも確かである。それでも、士師法に機会均等の精神が求められ始めたことに見るように、確実に時代が変わっていた。

松村は一九一七（大正六）年、文官高等試験に合格の翌年、東京帝大法学科の卒業を待って内務省に入り、一九三四（昭和九）年、都市計画課長、一九三六年、栃木県知事を経て、翌年内務省の初代計画局長となり、七五議会の答弁に臨む。その経歴に知るように、堀切と同じく都市計画や土木の畑を歩み建築にも近く、計画局長となってからは、次で触れる建築行政協会の顧問となり、また、一九四〇年四月、神奈川県知事に転じたのちも、空地行政に尽力した。松村については第四章で改めて触れるが、このように議会での幹部の発言は総じて控え目ながら、一九三五年以降は総論としては賛に転じ、「趣旨は洵に御尤も」・「十分研究して見たい」という発言すら出るようになっていた。従来これを要約し「消極的」・「熱意がない」とされてきたのだが、丁寧に見れば確実に変わっていたのである。

以下では、その背景を探っていく。

建築行政協会

では、議会で答弁に立つ幹部でなく、より現場に近い者たちはどう考えていたのだろうか。そうした者たちが創った建築行政協会の機関誌を中心に、当時、行政が直面していた問題と、この法に対する意見を探る。

建築行政協会とは、一九三六（昭和一一）年一二月、菱田厚介（図2-17、内務省都市計画課技師、一九一八年東

表 2-3　建築行政主管部課の変遷

西暦	和暦	月	部課名
1918	T 7	5	内務大臣官房都市計画課
1922	11	5	内務省都市計画局第二技術課
1924	13	12	内務大臣官房都市計画課
1937	S 12	10	内務省計画局都市計画課
1939	14	7	内務省計画局第二技術課
1941	16	9	内務省防空局施設課
1943	18	1	内務省防空局建築課
		11	防空総本部施設局建築課
1945	20	8	内務省国土局建築課
		11	戦災復興院計画局建築課
1946	21	3	戦災復興院建築局監督課
1948	23	1	建設院建築局指導課
		7	建設省建築局指導課
1949	24	6	建設省住宅局建築指導課
2001	H13	1	国土交通省住宅局建築指導課

出典：『新都市』3 巻，6 号，1949 年 6 月，25 頁などより筆者作成

京帝大卒）の呼びかけで，佐野利器・内田祥三・片岡安・雪澤千代治（同都市計画課長）を顧問に据えてできた，読んで字のごとく建築の行政に携わる者の団体である（図 1-4，なお近年解散し，一部事務を日本建築行政会議が引継）。菱田は経緯を次のように述べる。

地方に勤務しておられる友人数氏から，建築行政関係者を中心とした協会又は倶楽部の設立について熱心なお話を伺ったのは既に二，三年の以前である。（略）昨秋［＝一九三六年］の建築主任官会議には内務省に多数の関係官，殊に技術官の大多数が参集になった。それで，好機逸すべからずとし，会議終了後の席を利用して，私から倶楽部の設立を提案したのであった。此の趣旨には満場何の異存もなく直ちに賛同されたのである。(93)

趣意書を見れば，その目的は，「建築行政に関する事務の研究を為すと共に会員の親睦を図る」とある。まだまだ未熟で，地方にあっては警察の一係くらいでしかなかった建築の行政組織を，研究と親睦を共にすることで連携を図り，強化していくことが何より謳われたのである。そうした活動を考えたなら，建築行政協会の名は，当初用意された「建築クラブ」(94) より遥かに体を表している。

正員を、現に建築行政の事務に従事する者（①市街地建築物法関係職員（表2-3に中央の建築行政主管課の変遷を示す）、②都市計画委員会職員にして特に建築に関係ある者）、賛助員を、会の趣旨に賛成する者（①正員の資格ある者、②都市計画関係職員、③市街地建築物法関係以外の建築行政に関係ある職員、④他特に役員の推薦ある者）と定めたこの協会は、翌年、機関誌『建築行政』（図2-18）創刊の頃には、正員六三二、賛助員八六、総勢七一八名を擁する会となって始動。以後、植民統治下にあった台湾・朝鮮はじめ、関東州・満洲・蒙古などにも会員を増やしていく（表2-4）。

建築行政を取り巻く現実

建築行政協会の創立以後、終戦までを中心に、建築行政を取り巻く状況を見ておく。

まず、建築にあたっての出願の変化を見ておきたい（『警視廳統計書』から東京の場合、図2-19）。一九二〇（大

図2-17　菱田厚介
（1894-1954）
出典：『建築行政』4巻，4号，1954年7月，49頁

図2-18　『建築行政』創刊号
（1937年2月）
東京市政調査会所蔵資料

表 2-4　建築行政協会会員数（府県別）　　（人）

西暦	1937	1939	1941	1942	1943	1944	西暦	1937	1939	1941	1942	1943	1944
和暦	S12	S14	S16	S17	S18	S19	和暦	S12	S14	S16	S17	S18	S19
正員							奈良	–	2	3	4	4	3
内務省	25	24	53*1	50*1	53*1	49*1	和歌山	4	5	13	14	13	13
北海道	20	17	15	16	17	14	鳥取	1	2	5	5	5	4
青森	1	3	1	1	9	5	島根	2	2	4	6	13	12
岩手	2	2	4	4	4	4	岡山	3	3	2	2	3	3
宮城	2	2	2	2	12	10	広島	3	9	11	12	11	12
秋田	1	3	3	2	1	2	山口	2	8	9	11	9	9
山形	2	2	1	1	1	1	徳島	1	2	3	3	4	2
福島	2	2	2	2	4	3	香川	9	10	8	6	6	6
茨城	2	6	5	5	5	5	愛媛	–	2	2	4	10	18
栃木	–	2	3	3	4	3	高知	–	1	1	1	1	1
群馬	–	5	5	6	5	5	福岡	23	30	35	36	35	36
埼玉	–	1	4	7	7	6	佐賀	1	2	2	2	1	1
千葉	–	1	4	5	6	6	長崎	5	4	12	15	15	13
東京	193	210	196	184	178	203	熊本	2	4	7	7	7	6
神奈川	42	41	38	35	32	31	大分	3	3	3	3	3	3
新潟	3	4	8	11	8	6	宮崎	1	2	4	6	6	5
富山	3	3	6	18	25	20	鹿児島	–	1	3	4	3	2
石川	4	14	17	19	19	19	沖縄	1	1	1	1	1	1
福井	–	2	2	1	1	1	台湾	–	–	4	5	4	4
山梨	2	3	6	5	18	25	朝鮮	–	–	36	36	44	48
長野	2	2	5	4	2	3	関東州	–	–	4	7	7	5
岐阜	2	3	5	4	5	8	満洲	–	–	17	15	19*2	18*2
静岡	13	11	19	18	14	13	中華	–	–	7	4	–	–
愛知	57	56	54	54	50	59	蒙古	–	–	–	2	–	–
三重	3	4	5	9	10	10	正員計	632	719	877	895	907	912
滋賀	2	3	2	3	3	3							
京都	30	34	42	40	36	35	賛助員計	86	158	0	0	42	45
大阪	107	115	116	120	110	97	合計	718	877	877	895	949	957
兵庫	51	51	58	55	44	41							

＊1：内務省＋その他中央官庁　＊2：満洲その他　出典：各年次の『建築行政』より筆者作成

正九）年末の建築物法の施行にあたり、一一月、警視庁に建築課が創設。統計は以後のものとなるが、届けは昭和初頭の恐慌で減るものの、統制の始まる一九三八（昭和一三）年頃までおおむね順調に増えていく。

同じ時期、課員はどうだったかと言えば、創設当初こそわずかに技師二・技手《ぎて》一七・雇員四名に過ぎなかったものが、建築物法適用の範囲拡大（図3-3）と防火地区の指定は増員を促し、早くも翌年、警視庁の最大課となる（表2-5）。さらに震災復興で増え、一時は、続く衛生部医務課（一七六名）を遥かに離し三〇〇に迫る大所帯となった。しかし、復興の先行きが見えた

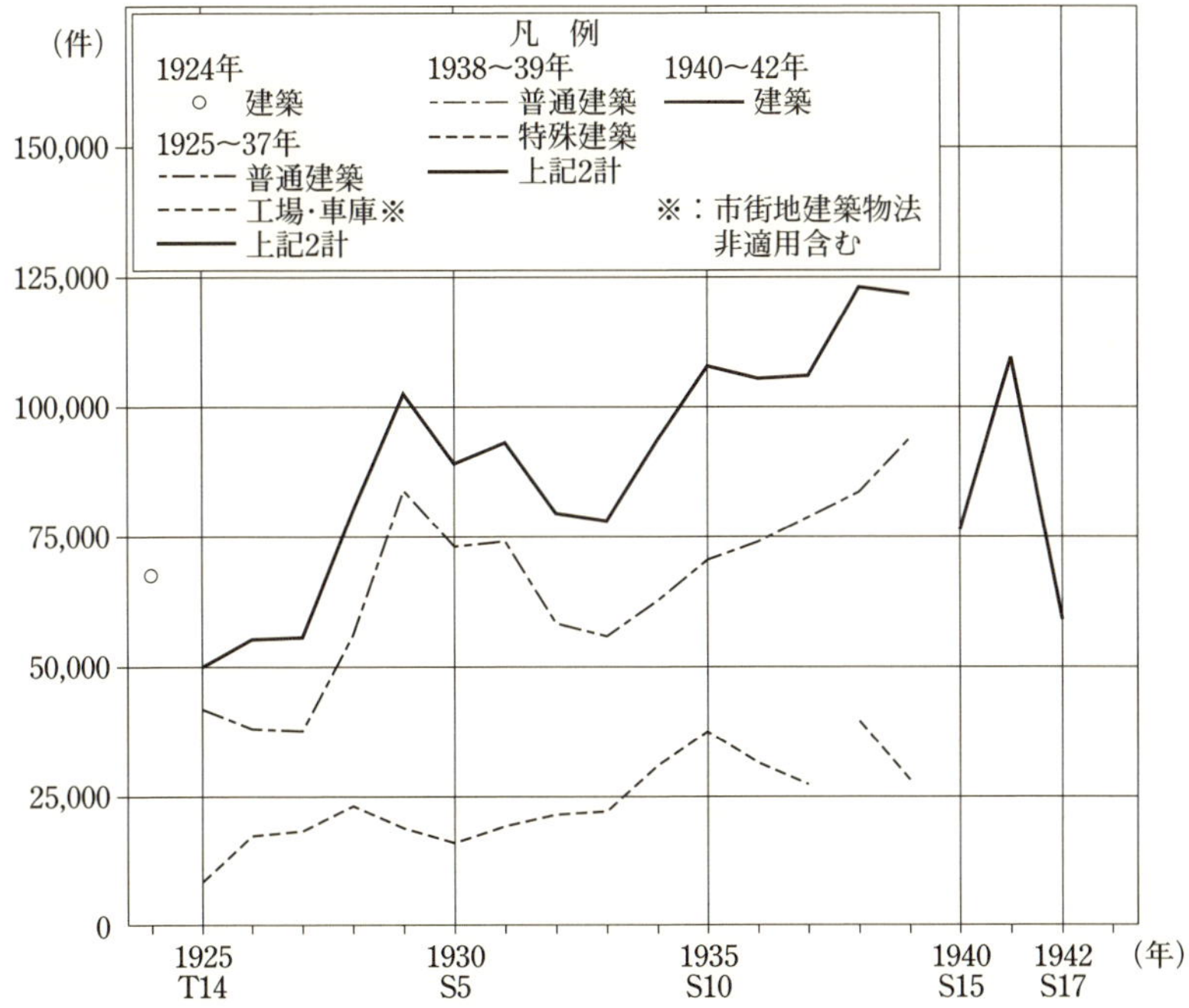

図 2-19　建築申請届出数（東京）

出典：各年次の『警視廳統計書』より筆者作成
戦前，建築の申請は，統制が始まり開戦に至るまで増えていく

ということか、一九二九年には一気に半数以下（一三五名）となる。

以後、不況下の経費削減を理由に反対のある中、復興局から移った北澤五郎（建築課長）が、建築行政の振興には職場に新風を注ぐことが不可欠と新人の採用を続けるも[95]、全体としてはむしろ減り、また、地方建築職員制の改正（昭和一〇年勅令第二九号）で技師・技手の全国的な増員があるも、均せばさしたる増にはならず、およそ一二〇名弱のままとなる。

つまり、申請との兼ね合いを探れば、増え続ける届けに対して人員は一向に増えなかったことになる。大づかみに言えば、事務職・派出所の警官までを含めた全課員で一人当たり年一〇〇〇件に上った処理は、数だけを見れば、建築主事一人年六〇〇に至り、建築確認の民間開放が決まった一九九八（平成一〇）年を遥かに上回っていた。

表 2-5　警視庁建築課の職員配置　　　各年末現在　（人）

西暦	和暦	計	技師*	技手	属	建築技師	建築技手	警部補	警察技師	警察技手	地方警察技手	警察主事補	巡査部長	巡査	建築書記	地方警察書記	書記	雇員
1920	T 9	63	1	32	–	–	–	–	–	22	–	–	–	–	–	–	5	3
1921	10	156	1	66	2	–	–	–	–	68	–	–	–	3	–	–	9	7
1922	11	267	7	107	3	–	–	–	–	118	–	–	–	2	–	–	23	7
1923	12	229	3	3	3	–	–	–	17	174	–	–	–	3	–	–	19	7
1924	13	269	6	29	8	–	–	–	13	140	–	–	–	5	–	–	16	52
1925	14	291	10	45	7	–	–	1	16	130	–	–	–	5	–	–	18	59
1926	15	292	10	47	9	–	–	1	16	137	–	–	–	5	–	–	16	51
1927	S 2	284	10	44	8	–	–	1	15	131	–	–	2	3	–	–	17	53
1928	3	279	10	32	6	3	35	1	14	115	–	–	1	3	–	–	15	44
1929	4	135	8	16	6	3	13	1	8	36	–	–	1	3	7	–	6	27
1930	5	120	8	16	6	5	11	1	6	34	–	–	1	3	7	2	4	16
1931	6	114	7	12	6	8	11	1	3	35	–	–	1	3	7	3	3	14
1932	7	115	6	13	5	9	15	1	2	32	–	–	1	3	8	2	2	16
1933	8	110	6	12	5	10	19	1	1	5	23	–	1	3	8	0	2	14
1934	9	105	6	10	5	8	21	1	0	5	22	–	1	3	8	2	2	11
1935	10	105	3	7	5	8	26	1	1	3	20	2	1	3	7	6	2	10
1936	11	116	4	7	3	10	31	1	0	1	21	4	1	3	8	7	2	13
1937	12	121	2	2	3	11	35	1	1	1	22	4	1	3	9	9	2	15

*：1926 年以降は課長 1 を含む　出典：各年次の『警視廳統計書』より筆者作成

また、建築行政にとって住宅は大正以来の懸案だった。それは顕在化して以来、改善するどころか、むしろ深刻化していく問題であった（図2-20）。

厚生省ができ住宅関連事務が内務省から移り（一九三八（昭和一三）年）、住宅対策委員会が設けられて、建築から佐野利器・内田祥三が委員となり（一九四〇年、厚生大臣の諮問機関）、日本生活科学会が厚生大臣小泉親彦の発議ででき（一九四一年）、関東大震災の義捐金での設立以後、都市中間層向けのアパートメント供給やスラム改良事業を行った同潤会が、のちの住宅公団に間接的につながる住宅営団へと展開（同年）する中での建築行政にとっても、見逃すことのできないテーマだった。『建築行政』の編集子は述べる（一九三九年）。

> 他の事までは引き受けようと云わない。兎に角人間生活三大要素の一たる〝住の問題〟だけは吾々建築家が引き受けて何とかすると云う意気を持ちたいものだ。（Z生）

住宅問題に至っては今や大きな社会問題となってき

た。此れ迄建築行政部門に於いてはかかる問題は殆んど考慮されず唯一部の者が叫んでゐたのみであるが、今後は大いに積極的に乗り出す可き大きな仕事である。ともかく積極的取締りのみに拘泥してゐた建築行政は、一段進めて積極的社会問題に乗り出す可き一大変換機《ママ》に臨んでゐる現状を良く認識し助長行政の本分に向かって一大飛躍をなすべきであろう。(H生)(96)

同じ頃、中村俊一(和歌山県建築課)は、「建築行政の最大対象は住宅であり、住宅群である」、「殊に中流以下の住宅群に関し最大の関心を持って居る」にもかかわらず「之が技術的改善をも放置せられて居る」と述べ(97)、また伊藤鉀太郎(警視庁)はかく記した。

現代の建築的平均文明度の線以上に位する建築物は一応は立派な建築家の手を経てゐる(略)。私は説明の便宜上この方面の建築行政を「上部建築行政」と呼ぶ。(略)建築科学の成果は今日の多くのビルディングや上流住宅に具体化されてゐる。而しそれは我が国建築全体を思うときには極めて少数でしかない。国民の大多数はそうしたものとは全然没交渉な家屋に住んでおり而もこの両者を連絡すべき確立した機関は建築行政の機関唯一つに過ぎない。故に建築行政がこの方面に有する任務は極めて重要なものである。私はこの方面の行政を便宜上「下部建築行政」と名附けることとする。(98)

内務省の一部局でも、新たに生まれた厚生省の一局でもない、〝建築省〟が必要とささやく者もいた(99)。建築家の住宅問題への参画は大正から求められていた。都市への人口集中が顕著になる中で、庶民の住宅こそが問題と認識されつつあった。それでも、初めて建築家が庶民住宅に取り組んだのは一九四一年に著された「庶民住宅の技術的研究」(100)だと言われるように遅かった(101)。

建築行政官たちの意識には、建築家たちより遥か以前に庶民住宅があって、それは彼らにとって十年一日の如きものに映り、言いようのない義憤が澱《おり》の如く溜まっていた。

なぜか。言うまでもなく、依頼がなければ関わることのない建築家とは異なり、日々検査に訪れ、そうした現実を否応なく目の当たりにしていたからである。戦前の『建築行政』を紐解けば、実は多くが住宅問題に関する記事で、

図 2-20　不良住宅地（大阪，1937 年）

出典：大阪市社会部『不良住宅地區改良事業概要』1937 年（近現代資料刊行会編『日本近代都市社會調査資料集成 9　大阪市・府社會調査報告書 45』2006 年，81 頁）
同書はこれを「改良前の状態」と添え報告した

それを行政、そして建築家が解決しなければならないことを、あるいは叫び、あるいは嘆くものだった。しかし、

> 地方庁に於ける建築行政機構に関連して考慮すべきは職員増置の問題である。（略）既に相当繁忙な各位に更に大した職員増置もしないで面倒な仕事をお願いして勝手なことを云う様であるが、事変後各種の統制が強化されて官民共に此の統制の為の人員の増加は相当なものであろう。（略）之を国家的に見れば随分予算を喰う事であるし、第一人的資源の不足してゐる今日如何に予算がとれても之が補充が問題で（略）建築部門に付いて見ても建築技術者の不足は既に周知の事実であり、今後増加するであろう各種の統制に対応する為には地方庁内部に於ける建築技術者の融通を計《ママ》り、或いは在来の仕事の簡捷と云う事も考えられねばなるまいと思う。[102]

建築の申請は一九三七～三八年を境に減る。けれどその傍らで、満洲事変（一九三一年）・日中戦争（一九三七年）勃発後、統制が始まっていた。

それはまず、鉄鉱石を輸入に頼る鉄鋼などの金属系材料に始まり、銅使用制限規則（一〇月、翌年四月全面改正）、鉄鋼工作物築造許可規則（一二月）、鉄鋼配給統制規則（一九三八年六月)、鋼製品の製造制限に関する件(七月)、鉛・亜鉛・錫等使用制限規則(七月)、銑鉄鋳物製造設備制限規則(一九三九年九月)といった形で進み、続いてその他の材料では、ゴムの使用制限に関する件(一九三八年七月)、米松販売取締規則(七月、一〇月全面改正)、木造建物建築統制規則(一九三九年一一月)のように制限が課せられていく。木造に防火性を持たせるためのモルタル塗りの奨励も始まり、防火改修規則(一九四二年三月)に向け強化されていく。

こうした、日ごとに増える統制の徹底には増員が不可欠だった。しかし予算を考えれば容易でないことも明白で、まずは行政内部で融通を図り、業務を簡素化していくことが切望された。そればかりでなく、建築行政の目的を、取り締まりよりむしろ指導に重点を移していくべきという、やや前向きな意見も現れた。そうした解決に、改革は何も行政の中にだけ求められたわけではない。当然、それを外に求める動きも現れる。

また、一方では建築物法適用の拡大が求められていた。それは、実際に規制すべき範囲が広がっていたこともあったが、単体規定を全国にあてはめることで、〝市街地〟建築物法から余分な冠を取り除きたいという悲願からでもあった。同時にできた都市計画法(大正八年法律第三六号)と建築物法は、はじめ、姉妹法として両輪の関係が意識されていた。防空防火が重点事項となる中で次第に建築行政が独立性を強め、両者は日々疎遠になっていく[103]。その様を、建築行政が小さな枠に押し込められたと感じた者がいた。彼らは建築物法の全国適用によって、地方計画や国土計画と関連させ、関係を取り戻したいと考え、求めたのだった。

それはまた、日々濃くなる戦時色の中で、建築関係の諸団体が各自の思惑で勝手に活動するのでなく、国家のために体制を一新し、団結する必要が説かれ始めたことが影響しての意見でもあった。それゆえ「建築行政の関与面は幾多ある筈[104]」と、その他、請負制度の改革・大工技術者の養成・組立住宅や耐火木材の開発なども取り沙汰される。

しかし、〝両輪〟の理想はともかく、その範囲の拡大と統制の増加は、過分な負担となっていた。開戦によって建設量――軍需はともかく民需は――は相応に減っただろうが、次の証言に見るように吏員も出征などによって減っていたから、要員の確保はやはり深刻だった。

東亜の新秩序建設に邁進してゐる非常時下に於ける人的資源は、多くは軍需関係の方面に吸収されるのが原則である（略）将来の技師となる可き大学出身青年官吏は毎年増員されるがいつ迄も下積みで置かれる官吏層には一人も補充されていない、否補充出来ないでゐる。（略）不思議な事に補充された大学出身の青年官吏は奉職して間もなく、入営するか出征するかして殆んど去ってしまってゐる。(105)

地方の弱体を、木村文一（滋賀県警察部工場課建築技手）がこう報告する。

［滋賀県の］建築監督は従来技手三、巡査部長一であったが、木建統制規則の適用以来、警部補一、雇一の増員で合計六人となった。建築監督の範囲が概略七倍位になったのにこれだけの増員では到底充実した陣容とは言えないが、幸い出願件数が漸減の傾向なので、何等渋滞なく処理して居る。但し木建統制に関する限り、禍根を残すと思われるもの以外は書類審議だけで済まして居る。これは予算の関係上致し方ない(106)

負担の軽減は、例えば建築代願人の活用に向けられた(107)。昭和に入り制度化されだした代願人は、もともと、建築物法の施行に伴い必要となった届出を建築主に代わって行う代書屋だった。建築の行政事務と密接に関係を持つことから、まず目に付いたのである。

建築物法に対する批判は様々にあった。その一つが素人目には複雑に映る手続きにあり、それを予想して、法施行の際、この種の届けとしてはおそらく初めて、記載事項を明示・印刷した定型用紙を用意したりしたが、難解、面倒との印象を払拭するには及ばなかった。

批判を収めるべく、一九三二年、警視庁はリーフレットを配布。そこには、「［建築届の］書式は簡単でありますから建築主御自身や大工さんなどにも出来る事と思います」、「届書を提出なさる際に、工事に就いて間違いのない様、往々御注意する事がありますから、実際工事にたずさわる大工さんなどが直接届を持って来られる方が最も安心であります」とあった。これは、「願届の書類は簡単なものだから建築代願を専業とするものに依頼せずとも、建築主なり大工職が自身に於いて作成し得る」、「又警察署への書類提出は、建築主なり大工職が直接行う方が間違いが少ない事を示した」ものだった。

一部には「〇〇警察では代願人の手をへて出願する様強要して居ります。或いは福岡県では、代願人の手をへず出願すると一坪につき何円かの金額を代願人協会費（?）《ママ》として警察で請求」したといったような県もあったが、「大部分の役所で代願人の手をへずして出願を受取って居」た。[108] つまり、この頃は建築主による代願人を介さない届出が勧められ、また実態としてもそうなっていた。申請は建築主が行う。この建前が優先されていたのだった。[109]

ところが、統制の本格化で事態は一変する。開戦前など今や昔、論調は全く異なるものとなる。最も極端なのは警視庁の今井忠（一九二三年日大高等工学校卒）によるもので、今井は、一九四二年、「建築代願人を殺して使うことは愚か」と述べ、「案外重要な位置に居る」この代願人を行政の省力のためにも指導教育する、そのことの意義を説くのであった。[110]

大工など職人の教育も方策の一つに挙がった。

山崎英二［兵庫県建築課長］　それと並行して職人を教育しなければならないと思います、全く放任ですから。

津田敏雄［元大阪府建築課長］　建築物法の対象は建築士、建築士を教《ママ》えて居りますから、大工に対しては大工だけの別に建築物法に付随して何か教育することをやらなければなりませぬ。（略）いま普通の邸宅なんかを造るとなったら勿論建築士も考えて居りますから、無茶苦茶なことは拵《こしら》える気遣いもありませぬ。小さな家、大工に任せてやる家と云うものは多くは貸家ですから、貸家は是は取締らなければ可けませぬ。[111]

これは、「利潤を上げて行くために其のものを拵えるんですから、其の害たるや何に及ぼすや分かりませぬ」という生産体制への不信からでもあった。

建築物法の申請にあたり、図書には請負者・設計者の記載を求め、そして着工後には、役所の建築監督官が適宜現場を検査に訪れるようになっていた。第五六議会で枡谷寅吉が指摘し、それゆえに建築士法を不要としたのは、まさにこの仕組みである。この仕組みによって建築物の品質確保は図られているのだから、建築士は不要。この理屈は、しかし現実を考えれば無理がある。その徹底を期すには現場の数に匹敵する監督官が必要になるからだ。よって実際には、ないよりマシといった程度のものであっただろう。

しかもこの時代、もはやそれすら難しくなっていた。自らの弱体を認めながらも、より健全な建築生産を求めたい。となれば、目線は必然的に外に向く。人的側面で目をつけたのが、まずは代願人であり、職人だった。さらに生産を俯瞰するなら、そこには少なくともあと二つ、候補が見えてくる。施工の管理技術者と設計者である。

請負業は、この時期、技術者を持たずともできる産業だった。工事の手配ができればよかった。工事に欠かせない技術者すら手配すればよい。極端に言えばそんな産業だったし、そう見られてもいた。その請負業に施工を管理する技術者の雇用が必須とされたのは、なんとこの戦時中のことである。その過程は第五章に詳述したいが、技術者の介在が及ぼす品質への効果がようやく考えられるようになったのである。

他方、「統計を見ましても昭和十年末に於いて之を職業として居る人が、千二三百人に達して居ると云うことであります」（南條徳男《とくお》　第七〇議会衆議院建築士法案委員会　一九三七年三月三〇日）というように設計者、[112] ことに民間の設計者が育っていることも認識されていた。図書に記名をさせられ、それに伴い罰則が設けられながら、何一つ権利が認められないのは公平を欠くと見られても仕方のないことでもあった。

『建築行政』に見る建築士法

こうした、昭和一〇年代に建築行政が置かれた状況を踏まえ、建築行政協会の機関誌『建築行政』に寄せられた記事を中心に、行政が建築士法をどのように見ていたか、考察していこう。

『建築行政』創刊号（一九三七（昭和一二）年二月）には、論説が三つ寄せられた。同誌は全年代を通じてほとんどが署名付きだが、創刊号の論説には一つだけペンネームによるものがある。それがこの、研究生による「建築設計監督士の公認制度に就て」である。

家を建てるという仕事は普通の社会人としては一生に一度か二度の仕事であって、半生の努力を賭けてゐる。（略）之を業者からみれば、多く一見の客を相手にして大きな仕事を扱ってゐるのである。定まった顧客を相手にしてゐる他の業者とは非常に趣きの異なる方面を持ってゐる（略）。建築の仕事には設計監督と工事請負とを同一人が遣る場合と二人の者が別々に遣る場合とがある。住宅の如く小規模のものは多く前者で、「ビルディング」の如きものは多くが後者である。（略）今日の状態では比較的後者の方が安全であるが、（略）何れにせよ良否は全く人の問題であるから、方式の可否は決して絶対ではない。（略）能力あり且つ善良なる者を公認できれば結構であるけれども、斯かる方法は相当困難であろう。（略）設計監督方面の業者を公認する方法を採ることは、今日の社会事情から見て必要と謂われるであろう。市街地建築物法は（略）建築監督官が設計工事の取締りに当ることになってゐる。（略）併し役人の手で設計工事を遺漏なく見て行くことは、規則に定めてある事項の範囲だけでも可なり困難であり、まして建物の良否は規則以外に残された多くの事柄によって決せられるのであるから、市街地建築物法が存在する故を以って公認制度も不要と見る訳には行かぬ。否公認制度の必要は寧ろ法令の忠実な執行者として、私設建築監督官として親切に建築を見てゆく団体を育成する意味に於いて、却って必要であろう。(113)

①住宅を建てることは、建築主にとっては一生に一度か二度しかない一大事だが、業者から見れば、ごくうまみの少ない一見《いちげん》の仕事でしかないこと、②方式に絶対はないが、設計と施工を分離した方が現時点では安全が確保される場合の多いこと、③業者が法令の忠実な執行者（私設建築監督官）たるにふさわしいかどうか、その能力を判断する

物差のためにも設計者の公認制度が必要であること、④建築物法という物の法があることをもって人の法を不要とする主張があるが、役人が全てを負担するのは無理で、やはり人の法は必要であること、など、今日にすら通じる指摘を含む。そして何より、⑤この文全体を通じて想定されたのが住宅であることが見逃せない。

ペンネームであることが誠に残念なほどだが、反対の最右翼である佐野や内田が顧問を務める協会の創刊号に寄せる記事としては致し方のないところだろう。ペンネームであっても掲載の価値ありと考えられたのかも知れない。いずれにしてもこの記事と、それがペンネームだったことは、当時の建築行政に漂う微妙な雰囲気を如実に物語る。

次に士法に触れた記事は翌号（五月）、内務省が議会に出た建築関連法案の報告をする中で、である。

建築士法案其の他

建築関係で前議会に提出された法律案、請願等は次の様なものである。

建築士法案——政民共同、議員提出

東京及び横浜の防火地区関係請願三件

建築業者取締法制定に関する請願

岩手県に於ける防浪建築に関する請願

帝都の防火建築（完成促進と復興建築会社対策）に関する質問主意書——衆議院議長報告

建築士法案は、前に屡々《しばしば》議会に提出されたものと大同小異である。衆議院の委員会では満場一致で可決し、且つ法案の通過に付き強く政府に要求してゐる。内容は別として、こういうものが必要である事は、課内に於いても大体意見が纏って来た様であるから、近い将来には実現される事と思う。(114)

付された「内容は別として、こういうものが必要である事は、課内に於いても大体意見が纏って来た様であるから、近い将来には実現される事と思う」というコメントが興味深い。これを記したのが、のち、建築士法の制定時に主管部局、住宅局の長となる伊東五郎（一九二五年東京帝大卒）であったことにも注目したい。翌年四月号にやはり伊東が記した、このころ内務省の主管課（都市計画課）内にこの法を「熱心に研究」する者（庶務の事務官江口見登留《みとる》）がいたという文が課内の高まりを裏付ける。(115)

それに続き言及があるのは、六月号に、協会の発起人である菱田が寄せた文である。

何百人役人がそろっても、都市に建築違反なからしめることはできない。（略）私は、民間の工事関係人の一部を登録して、法規施行の責任を負担せしめるのがよいとおもう。（略）大体の考え方としては、構造設計施行《ママ》に関する事項の責任者としてはどうか。資格ある業者を登録して、その人達が手がける工事である限り官の審査、検査を省略するのである。いろいろな弊害も自然起こり得ようが、大局観としては行政刷新の線に添い得るものとおもうのである。(116)

その年末には、田中彌一（愛知県、一九三三年東京工業大卒）が、

建築行政と云っても市街地建築物法を主体として考えると、（略）警察法規であり、取締りを主としてやるのだから、これ丈では結極《ママ》の目的はなかなか達せられない。取締りと云うのはある目的を達するための消極的な半面であって、他の半面に於いて積極的に事業を起こすとか、資金を放出するとかして、両方から進むのでなければ充分ではない。（略）具体的には色々あるだろうが、建築行政が外殻団体を持つことも考えていいだろう。現在建築行政に建築学会との結びつきは相当緊密なるものがあり、又関西に於ける建築協会の支持と云うことも忘れてはならないが、建築工事の施行者よりなる団体との連絡と云うことも考えられる。それには建築士法による建築士と云ったものが出来たら、工事の施行について或る程度信用して責任を持たせると云う方法もある。(117)

ともに警察行政(118)という消極的な取り締まりには限界がある。現実を見据え、改善の道を探れば、行政外部との連繫が不可欠で、それには建築士を設けて活用する道もあると説くものである。

竹内佐平治（大阪府、一九三四年東京帝大卒）はさらに進んでこう述べる（一九四〇年一一月）。

建築士法案も近頃話題に上って居るが、之も建築設計者と云う狭い視野に立つものでなく、今日では上記の如く建築生産機構全体を包含し関連せしめたものが要求されるのではないかと思う。(119)

各種の統制から発展して、様々な位相で体制刷新が求められていた。竹内の意見は、建築行政も含めた全ての建築生産部門を、従来、設計対施工といったように陥りがちだった、部門同士の対立の構図を改め、有機的に関連付けるべきというもの。それによって統制の促進と生産の増強を図ろうとするもので、そのために生産機構全体をみた制度として建築士法を設けるという発想であろう。

また、警察署勤務というまさに現場に立つ目線で、「建築行政の制度改革は一に設計者の責任を建築技術員とし（学校の程度体験の年度を定め）或いは工事管理者を一級二級の程度として定め」ることだとする主張も現れる（今井忠、一九四一年四月）。専門家である建築士を積極的に活かし、「現に建築の設計案又は設計する九割五分以上は信用のある、建築設計関係以外の素人」という現状をこそ改善すべきと言う。「そうでないと建築行政指導が深入りすればする程誤解される虞れがある」とは偽らざる本音であろう。(120)

鈴木和夫（警視庁、一九三二年東京帝大卒）もその九月、建築士の語を使わないながら、民間の活用を説く。

一定の資格ある民間建築技術者に対して国家の公的機関としての権能を賦与し、国家の監督下に於いて、建築物規則に関する官の職務の一部を代行せしめる。これによって建築行政の作用圏を拡大し国家の建築技術指導力の強化を図る。但しこれには同時に民間建築技術者の強力なる組織の確立が先決である。(121)

同様に、行政事務簡素化のため建築士制度を、という発想は、戦中に至っても消えない。一九四二年一〇月、内務省が全国の建築関係主任官を集めた会議の前日、蔵前会館で行われた協会の役員会では、座長石井桂《けい》の下、建築行政事務刷新に向けた地方の意見が報告された。

一　建築行政事務の簡素化

一・建築士制度採用による取扱の簡易化

建築士制度を制定し建築士の職務に対する罰則規定を設けると共に建築士の設計による建築物に対して手続の簡易化、内容審査の省略等をなすことに概ね賛成意見なるも又、時期尚早なれば漸進主義をとるべしとの意見あり、尚建築士に階級を設ける要ありとの意見あり

二・構造規定其の他個別的規定の簡素化

建築士制度採用を前提として削除支障なしとするもの、大綱を示すに止めるべしとするもの、指導要領として残すべしとするもの等あり（略）

三・建築従業者の取締

悪意の違反行為に対して罰則を設けること（略）取締りの外育成指導必要なりとの意見あり

四・其の他

事務の形式化を廃し、技術者に一任すること、代願人を免許制となすこと、警察署長に一部の権限を委任すること等の意見あり

二　建築行政事務の統合

一・建築に関する法令の統一

建築法令の根拠法を一つ（例えば建築法）に統合し、個別規定の一部（特に特殊建築物関係）は市街地外にも適用することに賛成の意見多し。その内容には、地方計画制限、防空、住宅、経済統制、建築士制等を含ますべしとの意見あり(122)

ここに、戦時という特殊な環境下でさらなる建築行政の刷新を求め、国家が一丸となった総動員体制構築のため建築士をつくろうとする機運にあったことがわかるのである。とはいえ、それでもまだ、それをどのように実現するか、その方策については〝いまひとつ〟といったところだった。

その他、この会議の以前にも同誌には、〝建築士法を〟と望む声が、内藤亮一・菅陸二《すがりくじ》・小宮賢一・中村俊一から

寄せられた。中村は、

結語　建築士法案の如きも慥《たしか》に必要を痛感せられるものであるが建築界は未だ官にも民にも現実に権威ある指導機関を持って居らぬのが大きな欠点である。学会の活動を待望せられる一つであるが官界の指導機関を要求することも痛切なるものがある。[123]

また、小宮（内務省防空研究所、一九三四年東京帝大卒）も、この前年彼が中国大陸の青島で編んだ建築規則の試みを記したその文末で、

その他建築士に対する建築行政上の権限の付与など問題はいろいろあるけれども、あまり長くなるからこの辺で筆をおくことにする。[124]

と書いた。

このように中村（一九三九年七月）・小宮（一九四一年九月）は、文の添え物として、士法も考慮すべき事柄とごく簡単に書くに留まった。小宮がそうしたのは、青島の規則への自身の関与が案の策定に留まったがゆえの謙虚さと、その試みの斬新さを知るがゆえの懸命な対処だったに違いなく、これについては後述する（第四章2節）。対して、菅（同九月）と内藤（一九四〇年一一月）の主張は酷似して具体的なものであった。

まず菅（図2-21、兵庫県、一九三三年東京帝大卒）のものを引く。

建築物法中に或いは単独法規として建築設計者、施工者の取締りを内容とする規定を設け建築物法や告示遵守の責任を負担せしめる。斯くすることに依って設計者、施工者の質の向上に資し得ると共に手続の簡易化も自ら得られるであろう。以上の事項も決して私の発案ではない。既に再三主唱された先覚者の意見に多少の私見を交えて繰返したに過ぎない。建築士法案が議会に提出せられ始めてから既に久しい。今や官庁自らが之を解決しなければならない時期に立ち至ったのではあるまいか。[125]

設計者の制度を、建築物法を改めその中に含めるか、単独とするか、いずれかにより定めれば、それによって自ずと行政事務の簡捷も図れるだろう、というものである。しかしこの主張は、菅自身が言うように、先覚者の影響を受

けたものである。その先覚者を誰と見るべきか。

先に挙げた田中彌一と内藤亮一・菅陸二はいずれも昭和一桁に大阪府建築課に籍を置いた。また、内藤・菅は続いて兵庫でも居合わせ、そこには小宮もいた。これを踏まえれば、それは内藤亮一だ、となる。菅のこの発言は、その、内藤と職場を共にした後のものだから、その可能性はなおさら高い。

内藤の主張は次のようなものだった（「變革に直面した我が國建築行政」）。

建築士法の如き制度は必要であり、只之を単独の法案とするか、或いは過渡期には現在の市街地建築物法第一六条に依る内務大臣或いは地方長官の権限に於いて、之と同様効果の規定を設けるかの点に就いては、尚今後の検討に俟つとする（略）。必要とする理由は、庶民建築に対する技術の普遍的参与であり、責任区分の明確化である。現在に於いては法適用区域内に於いては一応市街地建築物法が責任を分担してゐる理であるが、今後如何にその構造設備規定を複雑化し、又之に依る検査を強化するも単に市街地建築物法のみを以って全責任を負担するは不可能であり、又仮に負担し得るとするも之は人的経済上甚だしく非能率的なものである。（略）以上の見地よりすれば、日本建築士会の建築士法案は尚検討の余地あり、建築士法の対照《ママ》を筆者は主として庶民建築特に貸家建築とするの故を以って、大連市建築規則に依る主任技術者検定規則の如く之を第一級第二級、要すれば第三級迄分類するの要あり、法案第九条［＝建築士の兼業禁止］の如きは筆者の意見は否定的である。（略）
次に之を単独の法案とするとは別に大連市建築規則の如く市街地建築物法令と一連又は包含するの可能性の問題である。
現在に於いても市街地建築物法（略）に依り、府県の細則には建築設計者、工事請負者又は施工者、工事監督者又は監理者

図 2-21　菅陸二
(1908-1983)
出典：菅陸二「住宅と建築と建築士」『建築士』16 巻, 173 号, 1967 年 3 月, 17 頁

等の記載を要求し、更に神奈川、愛知、京都、福岡、大阪等の各府県に於いてはその細則に地方長官不適当と認めるとき之等の変更を命ずるの規定を設け、設計監督者、施工者等の統制を考慮してゐるかの如くであるが、取締りは全般的に謂えば微温的のものと思われる。之を一歩前進せしめ、法（略）を根拠として之等業者の統制規則制定は可能と信ぜられる。(126)

まずは、①物の法（建築物法）ばかりではなく、人の法（建築士法）も必要である。そしてそれは、②庶民住宅への技術参与のためにこそ必要で、③それを単独の法とするか、建築物法の一部を膨らませて盛り込むのか、あるいは地方の規則で設けるかは可能性の問題である。また、④住宅を念頭に置けば級別で設けることも必要で、⑤建築物法で設計者の名を届け出させてはいるが、現状ではさして有効に活用されていないから、責任区分の明確化を図る目的で建築士制度を採用し活用すべきだ、と言うのである。何より、⑥物の法のみで規制を徹底しようとすると、いきおい役人の数を増やして、となるが、どんなに増やしたところで、役人がやることは検査がせいぜいだから、それよりは実際にやる人の法をつくる方がよい、と。

確認のため言い添えれば、この発表は菅より早い。そして、この以前、一九三七年一〇月には早くも法の要を説いた（第四章1節）。すなわち、研究生の文や伊東の議会報告に続き、ほか全てに先立つものである。また、役人と現場の数の問題こそ菱田に遅れるものの、立法の目的・手段・留意点、など指摘は多岐にわたる。つまり、戦前の建築行政官の中で最も早く、最も具体的な構想を寄せていたのが内藤亮一であった。彼はこののちも同誌に建築士法に期待を込めた文を寄せる。その中で語った神奈川県での主任建築技術者の試みは、彼が自身の立場でできる範囲での建築士法を実現したものだった。日本の内地に初めて設けられた設計者の法と呼んでよいものである。

このように建築士制度が必要と言う者は、戦前の行政にもいた。

議会での幹部の発言に現れたかすかな変化は、現場に近い者たちの激しい動きを慎重に踏まえつつ出た反応だった。それでも、それが具体的にどう必要で、どう実現させるかに言い及ぶ者はいなかった。そうした中で特異とも言えるのが内藤亮一だった。内藤の主張も、やはり時代の背景を負ったものではあった。しかし、そのビジョンの示し方が明快で、かつ具体的である点で一線を画していた。ことに彼は、庶民の住宅問題の質的解決を建築士（あるいは建築家）の参画により図ることをこの法に求めた。

まさに運命のめぐり逢いである。庶民住宅と建築士法。これまでの定説やアプローチからは決して結びつくことのない両者は、その源流をたどっていくと密接に結びつくのであった。

とはいえこれは、実は、今をさかのぼること四〇年近く前、すでに村松貞次郎が指摘していたことである。[127] しかし村松は、「「建築士法」制定の必要性を、戦前からとなえていた一団の建築行政官の存在」を推測しながら、「資料の存在も不明」として、仮説の域を出ていなかった。具体的にはそれは、建築の芸術的性格に注目し、「日本に於ける建築家は全然彼等［企業家］の奴隷である。近代文化国として恥ずべきこと」[128] と述べ、日本に西洋的な建築家像の確立を訴えた建築家ブルーノ・タウトの発言に接し、わが国の建築家の発達の歴史と、今後の建築生産のあるべき姿を思えば、わが国には、従来全く建築家の関与のなかった群小建築の領域に社会的任務を感じる建築家像こそが望ましい[129]と述べた西山夘三《うぞう》（京都帝大大学院生）の言を引き、士法が現在の形になったのは西山と関係のあった大阪府建築課の若い建築行政官たちの発想によるものではないか、というものだった。

この『建築行政』という新資料によって、その村松の推測が証明されることになったのである。

6　戦前の建築士法案と成立した建築士法

戦前の法案と成立した法

こうした戦前、そして戦中を経て、戦後、建設省が立法に向け腰を上げる。

戦前の専業設計者を強調した案からすれば特徴の薄められた感は否めない（巻末資料1に制定された法条文を掲載）。そのため、「今日誕生したような内容の建築士を、わざわざ大さわぎしてまで法化するほどのことがあったかどうか」、「自分で自分を窮屈にしてしまった感がありはしないか[130]」との声も向けられた。

この戦後の制定までの流れについてはすでに先学[131]の成果があるが、ここで、戦前の法案と戦後の法の相違点を、それぞれの特徴を中心に、理解のため簡単に表に挙げておく（表2-6）。

①を見るなら、一見、称号独占のみを目指したものが業務独占までを勝ち得たやに見えるかも知れない。しかしそれは誤りである。建築家たちから見ればこれは、ほとんど全てが却下されたに等しかった。

なぜなら、建築家たち（＝日本建築士会）にとって独占・保護されるべき称号とは、あくまでも専業設計者のもので、兼業者までを含めたのでは意味がなかった。そのためこれは、十分なものでは決してなかった。とはいえ、制定にあたって、建設業の設計者を有資格者から除く適当な理由を探すことも難しかっただろう。「この問題は今後国民の良識によって決定されるべきもの[132]」と保留される。そして、これによって戦前の法案の背後にあった、法による設計と施工の分離の念願も果たされることなく終わることになるのだが、このののち建設業の設計が力をつける中で、それは深刻な悩みとなっていく。

表 2-6　戦前の建築士法案と戦後の建築士法

		戦前の建築士法案 1929(S4)年	戦後の建築士法 1950(S25)年
①	独占の対象	建築士の称号	建築士の称号と一定の業務
②	資格法・業務法の別	業務法	資格法(業務法の性格を部分的に持つ)
③	資格予件	受験により資格を得, 登録するが, 帝大建築学科などの卒業者であれば, 無試験で登録できる	一定条件を満たせば誰でも受験により資格を得, 登録できる
④	建築士の所属組織の制限	請負業・材料業などの兼業, もしくはこれらの業者に雇用されることを禁止	設計専業か否かをはじめ, 所属組織の内容は問わない
⑤	建築士会への所属義務	建築士会への所属が義務とされ, 士会は建築士の試験・監督機関となる(後に撤廃. 主務大臣に委任)	建築士会への所属は義務づけられない(試験機関は別途設置)
⑥	法の適用対象	建築の設計監理者(ただし専業のみ)	建築の設計監理等の技術者
⑦	その他の特徴		級別の建築士制度 建築士事務所の開設者は建築士でなくともよい

さらに、建築家たちがこの法を受け入れ難く感じた点は次にもあった。

〝業務を行う者はこうせよ〟という業務法を目指したものが、〝こういう条件を満たす者に業務を行う資格を与える〟という資格法になったことである（②・③）。これによって設計を生業としない者も資格を得ることになったからで（⑥）、こうして建築士法は成立したときから設計者の法ではなくなった。

しかしこれは、可能性としてはごく早い時期に内務省が示していた。その資格法としてのあり方に込められた、「条件を満たせば誰でも」という機会均等の考え方は、第七三議会以後の同省の主張でもあった。先を行く弁護士ら完全試験制に移行していたように、士師資格に対する流れを見れば、建築士法もこうした形しかなかった。そして、反対の急先鋒だった佐野の意向も思えば、「建築設計監督士」でない「建築士」が指すものは、広くならざるを得なかった。

ところで、資格法と言われることに対して、内藤の下で建築基準法の立案に携わり、両輪の法として同時に構想されたがゆえに草案の事情やそこに込めた意図を熟知する前川喜寛《よしひろ》は、これは資格法と呼ぶべきでなく、資格法と業務法の両面を備えたものだ、と言う[133]。しかし、多くはそうは捉えず、また設計監理を業として行う際の不十分さがわずかのうちに指摘され始め、これを巡って、全国建築士事務所協会連合会からは建築設計監理業法が、日本建築家協会からは建築設計監理業務法が提案。長く論争が続いていくことになる（第六章）。

その他、国会で議事に上ったことを挙げておくと、このとき文部省が学校建築に関する建築士制度を検討していたものの[134]、混乱を招くとして一本化。そして、建築学科出身者が建築士になる法案に、「機械・電気・衛生を学んだ者も建築士になれるべき[135]」と設備技術者が反発する一幕もあった。これはしかし、構造力学の修得が重要と却下され、終わる。なお、土木学科出身者も資格を得られる、となったのは、一九五〇（昭和二五）年一月以降のこと。法案の提出が内閣から議員に変わり、立案が住宅局から衆院法制局に移った後のことで[136]、住宅局原案からのほぼ唯一の変更点とされている[137]。

建築士法の帝国議会、行政の建築士法

建築士法にとっての帝国議会は、それが議会で精彩を欠く議員たちに委ねられた時点で、成立の見込みのない道の上に据えられたに等しかった。

それにしても勝敗はごく早い時期に決していた。それは〝議会に上げる前に〟、と言ってもよかった。建築界の反応も総じて悪く、初上程間際のアンケートからごくわずかのうちに、当の建築士会自身が案を〝骨抜き〟にしていくからである。

建築士法案は当初、西洋諸国を参考に自身にとっての最善を目指し、称号と業務の独占、その両方を謳った。しかしアンケートの後、称号のみの独占を謳うものに改まる。これは設計者も雇う請負業への配慮の賜物であり、このと

き実現されようとしていたイギリスの建築家登録法に倣うものでもあった。直前に成立した計理士法が欠き問題となった兼業禁止条項を備えてもいた。

西洋に倣いながら、国内の建築界への配慮もされ、議会にとっての筋も良い。この案は、自身・利害関係者・議会が求めるものを全て満たす、と推進者たちは考えた。しかし、議会では〝建築士と名乗りさえしなければ請負業者が設計することを妨げない〟、この是非ばかりが問われていく。これはつまり、日本では、そこに業務の独占が謳われてはじめて効力を発する、そう指摘されたに等しい。その結果、法案は議会でも骨抜きとみなされ、議会の内外で板挟みになったまま敗れていく。

戦前の法案を推した建築士会は、西洋に目が行き、また自らの職能を西洋に伍した形で確立することに腐心するあまり、日本にふさわしい設計者の法への考察に欠けた。それは疑いない。しかも法は、特定少数の主張によって成るわけではない。そのことにどれだけ自覚的だっただろうか。

同会の重鎮長野宇平治（図2-22）は、一九二九年、ジュリアン・ガデ著『建築士及其職責』（建築世界社）の訳書の序にこう記している。

建築士の業務上の拠点は単に研究に依りて設けられ得るものでは無い。仮令設けて見たところで有効なものとは成り得ない。必ず慣習の力で積み立てられるものと又他方では抗争の結果で淘汰されるものとで自然にそれが出来るのでなければならない。所で前きに陳べた様に我国では慣習を積むだけの年月を仮して居ないのであるから、勢い西洋の慣習を借りて此の際急場の間に合わせるより他に致し方は無いのだ。[138]

図 2-22　長野宇平治
（1867-1937）
出典：『建築雑誌』52 輯, 636 号, 1988 年 3 月, 口絵

社会的慣習の力が法には欠かせない。そのことはよくわかっていたのである。それでも、建築家を取り巻く実情に照らしたとき、西洋を借りて急場の間に合わせの道を選ぶより他ないと判断したのだった。けれど、それによって案はいきおい西洋追従を露わにする。こうして戦前の法案は日本に求められるものではなくなり、すでに西洋をそのまま目指すことが認められなくなっていた時代の下で、敗れていった。

建築家松田軍平はのちに、「辰野先生の時代にできておったら割合にはっきりしたものができていたと思う[139]」と述べた。一九一九（大正八）年に世を去った、わが国最初の建築家にして建築界の法王辰野金吾（一八七九年工部大学校卒）の時代であったなら、西洋の姿を実現する法ができたはず、と嘆くのである。その根拠に松田は、当時の建築界に対する建築家の発言力の強さを挙げた。

あらゆる文物を西洋に学び移植しようとした明治であればそれは可能だったかも知れない。しかし、昭和という時代はそれを許さなかった。わが国の社会に、よりふさわしいものが求められたのである。確かに建設業の反発は彼らなりの利益保全に基づいてはいたが、傾聴すべきこともあった。

行政は当初、震災復興に追われていた。これは不運な巡り合わせだった。帝都の復興に奔走する彼らに、この法は、建築家の権利保護という視野の狭いものにしか映らなかった。しかし、行政も、建築物法（物の法）のあることで満足し、それを全く不要と考え続けたわけでもなかった。幹部たちの発言が議会で賛に変わる頃、すでに現場から、士法（人の法）の要を説く声は上がり始めていた。行政事務の簡捷と庶民住宅の技術参与への期待が、そして立法手段への具体的な言及さえなされていく。とりわけ戦時色が濃くなり、生産性の向上に向け、建築界の体制を刷新し、一丸となることが求められる中で、より強くなっていった。

他方、民間、建築士会にも同様に述べる者が現れる。中條の遠縁で、曾禰中條建築事務所に籍を置いた津川俊夫（一九三三年京都帝大卒）が唱えた〝新しい建築士の概念〟がその例である。

称呼の意味を拡張し、新たに「建築に関して設計、監理、監督、経理及鑑定の行為をなす者」をすべて「建築士」と呼ぶことを提唱する。即ちこの定義に従えば、行為者が自由職業建築設計者、建築施工業者、或いは建築材料業者のいずれなるを問わざるは勿論、その他の如何なる職業に従事するかを問わず、苟も建築に関して如上の行為をなすものが即ち「建築士」であり、之を為さぬものは建築士でない。[140]

先学藤井正一郎は、こうした戦時下の「考え方が戦後にも尾を引いて、建築士法案制定の素地を形成したのかも知れない」[141]と推測した。戦時体制こそが戦後の枠組みを決めたとするなら、それは確かに可能性としてはある。しかし、行政はそもそも国家が一丸となってという発想の生まれる前から〝設計だけでなく施工も含めた技術者の法を〟と説いていたのだし、何より、戦後立法を牽引した者に、戦前・戦中を通じてこうした立場から主張した者はなかった。実は、むしろ、建築家のための法を切望していたはずの当の建築家たちが、右傾化してこう言っていたのである。このように考えると、戦時下の全体主義の影響でできた、とはならない。

ここで、戦前の行政が士法に求めたこと、すなわち行政事務の簡捷に資するため、そして、庶民住宅の技術への普遍的技術参与、の実現の如何に言及しておきたい。

まず、事務簡捷については、戦後GHQに認められた増員や建築代願人の充実などもあって、それを求める声はなくなっていた――もちろんそれは一瞬の凪のようなものだったが――。それでも一方の庶民住宅については、戦前から引き続き、建築士の技術的関与を求めたいと声が上がる。そのため、制定にあたってもそれは大きく意識されていく。しかし、いざ運用を意識すると、あまりに多くの困難があった。そこで、まずは当時の社会に応じた、より現実的なあり方が模索されていく。庶民住宅への建築士の関与は、制度の普及・浸透に俟つことになったのである。これについては、次章で、制度開始にあたって行われた建築士の選考と、建築士でなければ設計又は工事監理をしてはならない建築物の範囲（法第三条）がどう決められていくのかを探る中で考察する。

このように、戦前の主旨は必ずしもそのまま戦後に引き継がれたわけではない。それでも、士法が必要だとの主張が引き継がれたことの意味は大きく、とりわけ住宅が念頭に置かれたことは重要である。長屋・戸建てといった建築の形式や、賃貸・持家といった所有の形態に違いはあっても、自然災害の頻発する国土に個人が自力で家を得る状況に変わりはない。こうした住宅は、一般に予算規模も小さい。そうしたものでも、十分な品質のものが建てられるようにしたい。それを可能にする仕組みを考えたとき、そこでの設計者には、いわゆる西洋的な建築家とは異なる、技術者としての姿がまずは期待されなければならなかった。そのことを示しているからである。

建築士法の成立にまつわる既往の文献は、すべからく西洋の建築家を目指した法案が敗れていく様を描いてきた。そこには無意識のうちに西洋礼賛が刷り込まれていた。もちろん、西洋に伍した〝建築家〟の語に甘美な憧れを抱くことは否定しない。しかし、だからといって、〝西洋と同じでないのはおかしい〟とはならないのではないか。西洋が常に正しいわけではない。何よりその前提には、制度を成立させる社会への慮りがなければならないからでもある。そもそも、一口に西洋と言っても、国によってそれぞれに異なる。まして建築である。様式から構造・材料・構法・技術・法制度に至るまで、様々な位相で、地域に応じた多様さが許容されるべきであろう。

それを踏まえた上で、筆者が知りたいと考えたのは、日本独自であるがゆえにおかしいと非難され続けてきた建築士法は、果たしてどんな発想でつくられたのか、であった。そこに理念はなかったのか。

立法過程をつぶさに知る先の前川は、「勿論、潜在的基盤の要素の一つに Architect Law 等の概念はあったと思う」と認めながらも、次のように述べる。

士法は勿論、基法立案のときも外国資料は殆どといってよい位参考にしていません。むしろ基本的には、建築物というものは、その地方の気候、風土、民情に最も密着したものであること、建築生産（技術を含め）の社会体制が、極めて地方性（国情とい

ったことを含め）日本というものから出発しています。基法・士法は全く日本独自に作りあげた(142)

このように当時を知る者の回想を交え、そして本書の視点で考えたなら、日本独自の建築士法が、何のため、どうあるべきものとして構想されたのか、理解しやすくなる。つまり、大規模・特殊用途の建築ばかりでなく、その対極にある庶民住宅にも然るべき技術が及ぶよう期待した。これこそが、この法誕生の最大の要因だったのだ。戦前には成立しなかったことを思えば、この視点が加味されたことでようやく成立の土壌が整えられたと言えるだろう。

また、成立した法の要点をかいつまんでみれば、少なからず戦前の議会での議論や佐野利器・内務省幹部の意見に含まれ、終戦までに建築行政官たちが示した中に多くが胚胎していた。そう言って差し支えないものだった。そして、様々に資料を照らし合わせていくと、大正から長く議論されてきた建築士法にとって、最後に必要だったのは、それを実現に向けて動かそうとする建築行政官の出現だった。

その人、内藤亮一とは誰か。

それを述べる前に、一般庶民の住宅と建築士の関係を考えたとき、次第に切っても切れない関係をもつものとして浮かんでくる建築代理士なるものについて、以下、一章分を割いて記しておきたい。

（1）内田青蔵『日本の近代住宅』鹿島出版会、一九九二年

（2）千田智子『森と建築の空間史――南方熊楠と近代日本』東信堂、二〇〇二年。一九〇一年頃から内務省の施策となり、一九〇六年、勅令となる（神社寺院仏堂合併跡地ノ譲与ニ関スル件（明治三九年勅令第二二〇号））。

（3）遠藤元男『建築金工職人史話』雄山閣、一九八五年、一六一―一六二頁

（4）松村秀一「大工から工務店への大転換」『日本の木造住宅の100年』坂本功一編、日本木造住宅産業協会、二〇〇一年、二二二―二二八頁

（5）速水清孝『住宅の設計主体の変容に関する研究――明治・大正期における栃木県の大工の活動を中心に』東京大学修士

論文、二〇〇三年
(6) 横山源之助『日本之下層社會』教文館、一八九九年。横山は毎日新聞社記者。
(7)「都市と住宅」『建築雑誌』三三輯、三九〇号、一九一九年六月
(8) 佐野利器「家屋耐震構造論　下編　第六章　木造家屋」『震災豫防調査會報告』八三号(乙)、一九一七年、一〇五―一二七頁
(9) 田邊平學「大工の手より鑿を奪へ!――木造建築の將來に對する方策」『建築と社會』一三輯、七号、一九三〇年七月、一七―二四頁。なお、田邊はこれより前の北丹地震(一九二七年)の折りにも、同題の文を新聞紙上に発表。
(10) 杉山英男『地震と木造住宅』丸善、一九九六年、八―九頁
(11) 中條國男・網戸武夫・黒崎幹男ほか「人物風土記　第21回　建築士会の創立者　中条精一郎先生を語る」『建築士』一〇巻、九九号、一九六一年一月、三〇―三五頁
(12) 中村順平「建築家中條先生の追憶」『中條精一郎』国民美術協会、一九三七年、二九頁
(13) しかしながら、一方の曾禰は、建築士会の結成には賛同したものの、欧米とあまりに異なる日本の建築界を思い、士法の制定運動には当初冷淡だったと語る(曾禰達蔵「日本建築士會に就て」『日本建築士』八巻、臨時増刊、一九三一年六月、二六―二九頁)。
(14) 辰野金吾・長野宇平治・関野貞ほか「我國將來の建築樣式を如何にすべきや」『建築雑誌』二四輯、二八二号、一九一〇年六月、二五〇―二八九頁・二四輯、二八四号、一九一〇年八月、三九五―四一七頁
(15) ここでの〝士〟の採用は、「子貢問曰、何如斯可謂之士矣、子曰、行己有恥、使於四方不辱君命、可謂士矣」など論語を意識したものに違いない。ちなみにこの採用について池田實は、「代議士・弁護士・計理士等の『士』を用いんとするのであるが、医師・薬剤師等の社会的地位と対照すれば寧ろ建築師の方が適切かも知れぬ。併し従来大工又は建築請負者が建築師と称したる慣例上一寸面白くない感があるので建築家に余り持て囃されないのは遺憾である」と指摘した(「建築家ノ稱呼ト大工」『都人』七星、九光、一九二九年九月、一―三頁)。
(16) 長野宇平治「中條君を追憶す」『建築雑誌』五〇輯、六一二号、一九三六年五月、五五一―五五二頁
(17)「日本建築士會の設立　社會的地位の確保と中心力」『讀売新聞』一九一七年五月二日
(18) 村松貞次郎「建築家の職能確立への道」『日本科学技術史大系17　建築技術』第一法規、一九六四年、五三八頁。なお、日本建築士会独自の報酬規程は一九一七年九月二二日制定。

(19) この騒動は、清水組内での設計部と工事部の対立が契機となって起こるが、設計料だけでは経営が困難とわかり、程なく立ち消えになる（小笹徳蔵・清水康雄・中村傳治ほか「人物風土記　第15回　建築請負業の第一人者　清水釘吉先生」『建築士』九巻、九三号、一九六〇年七月、三八―四四頁）。
(20) 池田實「建築士法ノ制定ニ就テ」『都人』七星、三光、一九二九年三月、一―二頁
(21) 「建築士法實現促進運動」『朝鮮と建築』一一巻、一〇号、一九三二年一〇月、四三頁
(22) フランク・ジェンキンス、佐藤彰・五島利兵衛訳『建築家とパトロン』鹿島出版会、一九七七年、二四一頁
(23) 小山壽夫「復興局土木部長問題」『工人』五六号、一九二六年五月、五九―六〇頁
(24) 石橋絢彦「建築物法の施行に就て（三）」『土木建築　工學』八巻、六号、一九二一年六月、四五―四九頁
(25) 「建築士法案と土木士法案」『土木建築之日本』六巻、一〇号、一九三一年一〇月、一頁
(26) 村松貞次郎『日本建築家山脈』鹿島研究所出版会、一九六五年、一八頁
(27) 村松貞次郎「戦前における建築士法制定運動」『近代日本建築学発達史』日本建築学会編、丸善、一九七二年、二〇六〇頁
(28) 「建築學會時局ニ關スル委員會ノ建築士法ニ對スル意見」『日本建築士會會報』五号、一九二七年四月、一二三―一二八頁
(29) 置塩章「貴族院で握り潰された建築士法案の是非」『土木建築之日本』三巻、四号、一九二八年四月、二―三頁
(30) ＳＴＲＫＴＲ「建築士法案」『東京朝日新聞』一九二七年三月八日
(31) 佐野利器「建築士法案は問題にならぬ――不必要にして幣害あり」『建築業協會月報』七巻、三号、一九二五年三月、一〇四―一〇五頁
(32) 注（28）前掲
(33) 佐野博士追想録編集委員会編『佐野利器　佐野博士追想録』一九五七年、六頁
(34) 「建築業協會第二十五回定時總會」『建築業協會月報』七巻、八号、一九二五年八月、二三―二八頁
(35) 「第廿九回定時總會議事錄」『建築業協會會報』一二巻、一九二九年一二月、四三―四九頁
(36) 「第三十回定時總會議事錄」『建築業協會會報』一三巻、一九三〇年五月、五三―五八頁
(37) 法案や議事は、特定の回だけなら、七〇議会以後も同誌にその都度掲載された。
(38) 中村傳治「中條君の意志」『建築雑誌』五〇輯、六一二号、一九三六年五月、五五二頁

(39) 注(27)前掲書、二〇七三頁
(40) 笠原敏郎「市街地建築物法制定について」『新都市』三巻、四号、一九四九年四月、八―一〇頁
(41) 厳密には、自家設計のように〝業としない設計〟もあるが、〝業とする〟場合には結果的に業務独占になる。
(42) 「支部會錄事　建築業協會關東支部　第八十九回」『建築業協會會報』七巻、八号、一九二五年八月、五七―五九頁
(43) 「會務報告」『建築業協會會報』七巻、八号、一九二五年八月、一四頁
(44) 注(27)前掲書、二〇五五―二〇五八頁
(45) とはいえ、同年一一月には当初案に近いものを建築学会に対して再提示した(注(27)前掲書、二〇六〇頁・二〇七一―二〇七三頁)。これに見るように若干の揺れはある。
(46) 『日本建築士會々報』(一号、一九一九年三月)所収の建築士法に「第五条　建築士は建築に関する商業を営む事を得ず但し建築士会の許可を得たるものは此の限りにあらず」と記された。
(47) 佐野利器「建築家の覺悟」『建築雜誌』二五輯、二九五号、一九一一年七月、三―六頁
(48) 佐野利器「建築技術の進歩」『建築雜誌』五〇輯、六一七号、臨時増刊、一九三六年七月、二一―二五頁
(49) この辞任は「五十歳定年制をめぐる東大教授会のいざこざの中で売り言葉に買い言葉的」なものだったともされる(藤森照信「佐野利器論」『シリーズ都市・建築・歴史　九巻　材料・生産の近代』東京大学出版会、二〇〇五年、四一四頁)。なお、佐野は同じ頃、兼任していた東京工業大学教授も辞め(両大講師となる)、日本建築士会(客員)も退会(一九三〇年一二月一六日)。
(50) 池田霊峰「建築請負業者ノ新傾向――佐野博士ノ清水組入社」『都人』八星、三光、一九三〇年三月、一―三頁
(51) 注(33)前掲書、二八頁。なお、佐野は一九三二年八月退職。
(52) 佐野利器「請負業に關係しての所感」『建築世界』二四巻、四号、一九三〇年四月、三―四頁
(53) 清水建設『清水建設百七十年』一九七三年、七三頁
(54) 注(33)前掲書、二八頁
(55) 西澤泰彦「日本帝国内の建築に関する物・人・情報の流れ」『国際政治』一四六号、二〇〇六年一一月、三九―五三頁
(56) 坂本勝比古「関西における建築家の職能」『近代日本建築学発達史』日本建築学会編、丸善、一九七二年、二一四六頁
(57) 「會合　建築士法案調査委員會」『建築と社會』八輯、九号、一九二五年九月、四二頁
(58) 池田實「建築士法の制定に就て」『建築と社會』一〇輯、一一号、一九二七年一一月、九―一三頁

(59) ＲＩＢＡが業務独占を求めたのは、勢いを増していたエンジニアやビルダーを、特に公共建築分野から締め出すことにあったとされる（桐敷真次郎「期待される建築家像」『建築雑誌』一〇四輯、一二八五号、一九八九年五月、一七―二〇頁・同『建築学の基礎⑤　近代建築史』共立出版、二〇〇一年、三〇頁など）。
(60) マルコム・マッキューイン、藤井正一郎訳『建築の危機』鹿島出版会、一九七六年、一四九―一五八頁
(61) なお、瀬口哲夫氏は、一九二五年の法案のもう一つの特徴に、施行令（巻末資料3）により建築士会に一定の法的権限が与えられるようにしたことを挙げる（「日本の建築士法①　兼業を禁止していた建築士法案　日本の建築士法の成立に向けて」『建築ジャーナル』九九四号、二〇〇一年八月、一〇―一三頁）。
(62) 澤田光英『わたしの住宅工業化、産業化の源流物語』日本建材新聞社、一九九七年、二九頁
(63) 川島博・大本圭野「公営住宅法の成立過程」『［証言］日本の住宅政策』日本評論社、一九九一年、二六三―二八五頁
(64) 堀越三郎「建築設計監督技術者の登録法制定に關する運動の經過」『日本建築士』八巻、臨時増刊、一九三一年二月、二一―二三頁
(65) 「貴族院に於ける請願」『日本建築士』八巻、臨時増刊、一九三一年二月、八―九頁
(66) 帝国議会の通常会は三ヶ月の会期で、例年一二月末始まり、翌年三月末に閉会した。
(67) これ以前にも請負業者からの当選はなかったわけではない（菊岡倶也『かながわの社会資本と建設業』神奈川県建設業協会、一九八九年、三九二頁）。
(68) 笠原敏郎『建築法規』岩波書店、一九三五年、二八―二九頁
(69) 「土木建築界彙報　建築士法案評論如何」『建築業協會月報』七巻、八号、一九二五年八月、一〇九頁。ただし、これはアンケート時の案に対してのもの。
(70) 星島二郎・鳩山一郎・石田退三ほか『私の履歴書　第7集』日本経済新聞社、一九五九年、一九七―二八三頁。この他、星島と建築の関わりを知るものに、「政治と人」刊行会編『一粒の麦――いま蘇える星島二郎の生涯』広済堂出版、一九九六年
(71) 建築士会が貴族院に提出した請願書に、中條精一郎名で追加した理由書（「昭和2年貴族院に提出した建築士法制定の請願書（日本建築士会、中村順平旧蔵資料）」『日本建築家協会ニュース』三八〇号、一九七四年三月一日、一一―一二頁）。
(72) 内藤亮一「建築士法施行に伴う當面の二三の問題について」『建築と社會』三一輯、八号、一九五〇年八月、一四―一

六頁

(73) 浜口隆一・村松貞次郎『現代建築をつくる人々《設計組織ルポ》』世界書院、一九六三年、三三〇頁

(74) 免許を受けずに建築士を称することは禁じられているが、類似の呼称の使用は禁じられていない（第三五条）。建築士や建築家などの呼称の混在はこうした結果でもある。

(75) 山下寿郎「建築士法の國會通過に際して」『日本建築士』三六巻、五号、一九五〇年五月、一頁

(76) 注（27）前掲書、二〇七八―二〇八〇頁

(77) 第五〇議会貴族院会計士法案特別委員会議事速記録第一号（一九二五年三月二三日）

(78) 第五二議会衆議院議事（一九二七年一月二九日） 藤澤幾之輔（商工大臣）の発言。

(79) 日本公認会計士協会二十五年史編さん委員会編『公認会計士制度二十五年史』一九七五年、九〇―九一頁

(80) 日本公認会計士協会二十五年史編さん委員会編『公認会計士制度二十五年史 別巻』一九七五年、付表

(81) 西野嘉一郎『現代会計監査制度発展史』第一法規出版、一九八五年、一七―二三頁

(82) 小西和「建築士の要義」『日本建築士』二四巻、三号、一九三九年三月、一一―一三頁

(83) このしばらく後（一九二五年）、堀越は、「上司の［佐野］教授と意見が合わず」、同調した助教授の田中［江国］正義とともに退官（滝沢真弓「『明治初期の洋風建築』原本成立の経緯と運命」『明治初期の洋風建築（復刻版）』南洋堂書店、一九七三年、一―二頁）。

(84) このほか堀越の計理士法への意識のうかがえるものに、堀越三郎「建築士と官廳建築技術者」『建築と社會』二〇輯、一〇号、一九三七年一二月、一三―一九頁

(85) 一九三四年以降、日本建築士会の会長を、内田祥三が実務家として最も尊敬していた中村傳治（森井健介『師と友――建築をめぐる人々』鹿島研究所出版会、一九六七年、一二九頁）がしばしば務めたことも無関係ではあるまい。

(86) 内藤亮一「建築基準法建築士法の立法過程と背景」『建築雑誌』八四輯、一〇一四号、一九六九年九月、五七五―五七八頁

(87) 小宮賢一「建築基準法と建築士法」『建築雑誌』六五輯、七六五号、一九五〇年八月、一―五頁

(88) 「近く公布する建築士取締令 不正業者一掃の爲に 内務省で目下立案中」『宮崎新聞』一九二八年二月一日

(89) 堀切善次郎・北澤五郎・黒川一治ほか『關東大震災と帝都復興事業 第九輯』大日本連合火災保険協会、一九三一年、一―四六頁

(90) 日本建築士会『建築士法成立に關する諸家の意見』一九二五年、九〇―九一頁
(91) この時期の案については、佐藤嘉明「建築家・小尾嘉郎の経歴と建築活動に関する研究」『日本建築学会計画系論文集』五八七号、二〇〇五年一月、一九九―二〇六頁。ここで佐藤はこれを、実質的には、岡田の指導下にあった県職員によるものと見ている。
(92) 内政史研究会『堀切善次郎氏談話速記録　第二回（内政史研究資料　第八集）』一九六三年、二六―二八頁
(93) 菱田厚介「建築行政協會の設立について」『建築行政』一輯、一号、一九三七年二月、四―五頁
(94) 伊東五郎・小林隆徳・池原眞三郎ほか「座談會　雑誌「建築行政」を圍んで」『建築行政』四輯、一三号、一九四〇年六月、一七―二〇頁。伊東五郎の発言。
(95) 鈴木和夫「先生の思い出」『五月晴』北沢先生記念出版実行委員会、一九六六年、二〇六―二〇七頁
(96) Z生・H生・S生ほか「編輯室放談」『建築行政』三輯、一二号、一九三九年一二月、五五―五七頁
(97) 中村俊一「時局と建築政策の樹立」『建築行政』二輯、一号、一九三八年四月、一六―一九頁
(98) 伊藤鉀太郎「窓口行政の批難に就ての一考察」『建築行政』二輯、一号、一九三八年四月、二二―二四頁
(99) 松森修太「建築行政の一進路」『建築行政』二輯、一号、一九三八年四月、二八―二九頁
(100) 住宅問題委員会「庶民住宅の技術的研究」『建築雑誌』五五輯、六七一号、一九四一年二月、一―二九頁
(101) 早川文夫「住宅政策」『近代日本建築学発達史』日本建築学会編、丸善、一九七二年、一〇四一頁
(102) 伊藤憲太郎「木造建物建築統制規則の施行と今後の問題」『建築行政』三輯、一二号、一九三九年一二月、七―一一頁
(103) 小宮賢一『最終講義1』一九七九年、小宮文庫。一方、都市計画は、予算の縮減と開戦によって理論の追究が主となり〝塗紙計画〟化していく。
(104) 中村俊一「前20年と今日」『建築行政』四輯、一六号、一九四一年四月、八―一〇頁
(105) 中野吉禰「青年技術官吏の辯」『建築行政』四輯、一三号、一九四〇年六月、六四―六五頁
(106) 木村文一「地方記事――滋賀縣」『建築行政』四輯、一三号、一九四〇年六月、五三頁
(107) その他、大阪府が、願届書類の不備解消のため一九三一（昭和六）年より行った、願届の多くを占める土木建築業組合員の建築課への派遣・常置を求める措置もこの一つに数えることができる（中尾金三「府廳建築課内に於ける組合事務開始に就て」『大阪土木建築業組合報』一三年、一三五号、一九三一年三月、二―五頁）。
(108) 京川子「建築の出願手續に就いて」『建築知識』二巻、五号、一九三六年五月、四七頁

(109) ただし、市街地建築物法では、必ずしも建築主が申請者となることが明確にされていたわけではない。
(110) 今井忠「第一線の戰士に對向するもの」『建築行政』六輯、二二号、一九四二年九月、四一―四四頁
(111) 池田實・鳥井信・平井三郎ほか「座談會　建築行政の初期」『建築行政』四輯、一六号、一九四一年四月、一一―一八頁
(112) 例えば神奈川での市街地建築物施行細則改正（昭和一〇年県令第二九号）。提出書類に、工事請負人・工事管理者・設計者及び敷地所有者の住所・氏名の記載を求め、それらに命令違反あるとき、工事管理・監督上不適当なときは変更を命じる（第四五条）、とした。
(113) 研究生「建築設計監督士の公認制度に就て」『建築行政』一輯、一号、一九三七年二月、一六―一七頁
(114) 伊東五郎「地方記事　第2技術室便り」『建築行政』一輯、二号、一九三七年五月、二三―二四頁
(115) 伊東五郎「地方記事　内務省　人事消息」『建築行政』二輯、一号、一九三八年四月、七一―七二頁
(116) 菱田厚介「所感」『建築行政』二輯、二号、一九三八年六月、二―五頁
(117) 田中彌一「建築行政の轉換」『建築行政』二輯、四号、一九三八年一二月、一六―一八頁
(118) 一八七五（明治八）年の行政警察規則（太政官無達第二九号）で行政警察の職務として危険防止・健康保持に関する規定が掲げられて以来、建築のコントロールは警察事務と考えられるようになっていた（大阪建築法制100周年記念誌編集委員会『建築のルール・大阪100年の歩み』大阪府建築士会、一九八四年、二六頁）。
(119) 竹内佐平治「防空技師の立場から」『建築行政』四輯、一五号、一九四〇年一一月、三二―三四頁
(120) 今井忠「建築行政第1線に立ちての愚感」『建築行政』四輯、一六号、一九四一年四月、三九―四一頁
(121) 鈴木和夫「建築行政刷新の過程」『建築行政』五輯、一八号、一九四一年九月、七―一〇頁
(122) 「協會記事　建築行政協會役員會」『建築行政』六輯、二三号、一九四三年一月、七八―七九頁
(123) 中村俊一「請負業者の警察取締とその指導」『建築行政』三輯、一〇号、一九三九年七月、一八―二〇頁
(124) 小宮賢一「建築物法はどう改められるべきか」『建築行政』五輯、一八号、一九四一年九月、一三―一六頁
(125) 菅陸二「建築物法の新體制斷想」『建築行政』五輯、一八号、一九四一年九月、一〇―一三頁
(126) 内藤亮一「變革に直面した我が國建築行政」『建築行政』四輯、一五号、一九四〇年一一月、三―七頁
(127) 村松貞次郎「建築士法の制定まで」『近代日本建築学発達史』日本建築学会編、丸善、一九七二年、二一〇九頁
(128) ブルーノ・タウト、森儁郎訳『日本文化私觀』明治書房、一九三六年、二八二―三〇六頁

(129) 西山夘三「我國建築家の將來に就いて」『建築雑誌』五一輯、六二五号、一九三七年四月、二四—二八頁
(130) 小川誠耳「法定建築士の横顔」『建築と社會』三三集、一一号、一九五一年一一月、一七—一八頁。小川は設備設計事務所経営。
(131) 山本正紀『建築家と職能』(清文社、一九八〇年)・大橋雄二『日本建築構造基準変遷史』(日本建築センター、一九九三年)・瀬口哲夫氏による一連の連載(「世界建築事情　第4部　日本の建築士法①〜⑰」『建築ジャーナル』二〇〇一—〇二年)。
(132) 内藤亮一「回顧と希望——退職の御挨拶にかえて」『建築行政』二巻、六号、一九五二年一二月、一—三頁
(133) 前川喜寛「建築基準法制定に当たって描いたいくつかの夢」『建築雑誌』一〇七輯、一三三六号、一九九二年一二月、一二—一五頁
(134) 第六国会衆議院建設委員会(一九四九年一二月二日)伊東五郎(建設省住宅局長)の答弁。
(135) 日本管工事工業協会「建築士法案の一部修正に関する請願」二一六二号、一九五〇年三月一六日衆議院受理
(136) 内藤亮一「建築基準法建築士法の立法過程と背景」『建築雑誌』八四輯、一〇一四号、一九六九年九月、五七五—五七八頁
(137) 前川喜寛氏は「業・政癒着の議員立法と異なり、立案の実質作業は全部原課が」やったと回想する(「建築士法・建築基準法制定当時の事情と基調」『建築と積算』二六巻、三二三号、一九九六年三月、五四—五六頁)。実際には、この他、免許登録手数料や一級建築士受験資格への短大卒業者の追加など細かな修正もあった。
(138) ジュリアン・ガデ、長野宇平治訳、辰野隆校閲『建築士及其職責』建築世界社、一九二九年、一頁
(139) 中村傳治・石本喜久治・堀越三郎ほか「中村傳治先生を囲む座談会　その3」『設計と監理』一巻、四号、一九五五年一〇月、一四—一八頁。松田軍平の発言。
(140) 津川俊夫「新國民組織と建築士」『日本建築士』二七巻、六号、一九四〇年一二月、八—一二頁。津川は、曾禰中條建築事務所の実質的解散(一九三七年)後、安藤組設計部に籍を移しているから(西山夘三『戦争と住宅——生活空間の探求(下)』勁草書房、一九八三年、七四四頁)、この発言はその頃のものであろう。なお津川はこの後、レーモンド建築事務所を経て、小林津川建築設計事務所を共宰、一九五五年没。
(141) 藤井正一郎「総説　日本における建築家の職能」『近代日本建築学発達史』日本建築学会編、丸善、一九七二年、一九八七—一九八八頁

(142) 前川喜寛氏のご教示による（二〇〇四年一〇月二七日）。

第三章　建築士法の制定と建築代理士

市街地建築物法の功労者たち（1920 年）
松下美柯氏所蔵資料　後列左から，伊部貞吉・森田慶一・柳澤彰・中澤誠一郎・中西甚作・和田甲一・永田實・菱田厚介・田中大作・野田俊彦・水野源三郎／中列左から，置塩章・井尻良雄／前列左から，竹内六藏・内田祥三・中村達太郎・曾禰達蔵・佐野利器・池田實・津田敏雄

1　建築代願人の誕生

建築代願人とは

建築代願人、のちに建築代理士と呼ばれた人たちがいる[1]。今はなくなってしまったから、正しくは、いた、と言うべきだが、建築主になり代わって役所に建築の申請手続きをする、その業務を行う資格を得た者のことである。市街地建築物法ができて、建築にあたり官公庁への申請ないし届出[2]が法律で求められるようになった。それに伴い誕生した職能である。

国の設ける設計監理等の技術者の資格である建築士より先に地方がつくったこの資格は、字面からは、どことなく建築士に似たものを彷彿とさせるが、なくなってしまったがゆえに、今やそれがどういうものだったかを知る者は少ない。建築士法の成立過程を探る上でも、その実像や士法との関係は明らかにしておく必要があろう。

目を建築の外に向けると、こうした手続の代理をする者に行政書士がある。建築では現在、一般に建築士によって行われるこの申請は、戦前から戦後しばらくにかけて、この建築代願人によって盛んに行われていた。

それを業とする者のあったことがうかがえる最も著名な文に、東京市や住宅営団で活躍し、このとき大阪市の技師だった新名《しんみょう》種夫（一九二四年京都帝大卒）による「建築事務所は何處へ行く」[3]（一九三〇（昭和五）年）がある。

これは、昭和初期の不況下で、有力財閥のお抱えを除けば、建築事務所にまともな仕事のない様を眺め、一括りに建築事務所と呼ぶものにも、すでに成り立たなくなった種類のあることを指摘したものである。ここで新名は、「建築代書事務所、建築請負業に属する設計部は別として、一般に建築事務所の営業項目は、施主なる資本主の注文に依り、建築各部の設計図を作り……」と、専業の設計事務所・請負業に付属する設計部のほかに、関連業種として建築代書事務所というものがあると記している。これが建築の代理申請を行う建築代願人の事務所である。

一九二〇（大正九）年一二月、東京・横浜・名古屋・大阪・京都・神戸の六大都市で建築物法が施行[4]。これによって、建築の着工や竣工・使用開始にあたり役所への手続きが必要になった（図3-1～2）。もちろん近世までにもこうした届出の類いはないではなかった。また、近代、明治になって以後も、大阪の長屋建築規則（明治一九年府甲第七五号）など、地方独自で求めるものもあったが[5]、それが国の法律で大掛かりに始まることになったのである。

このとき、定めた大臣の床次《とこなみ》竹次郎は一言、「建築屋に騙された」とつぶやいたという[6]。建物の規制だけに、自ずと私権の制限も多く、その形や造り方を図でなく言葉で表すのだから、条文も難解、また、行政も不慣れで、枝葉末節にとらわれた指導もあったと見られ、さらに、その窓口が警察だったこともマイナスに働いたのだろう。法の評判は芳しいものではなかった[7]。

こうして、警察を敬遠したい世の心情を見透かしてか、複雑な建築の法規を理解できない建築主になり代わって、手続きを代行する者が現れる。

例えば京都では、川端喜三・木村利一・清水卯一郎の三人が、それを看板に掲げ事務所を開いたのが最初とされる。こうした存在は、「建築主と建築課との仲に立って法令普及に努力」[8]したと前向きに見るもののある一方で、やはり良し悪しは個人に左右されるため、悪評・苦情・トラブルの類いも絶えなかった[9]。そのせいか、あるいは一八七二（明治五）年の司法職務定制（太政官無号達）に行政・司法の区別のないまま代書人として定められて以後、明治末の代書業取締規則（明治三九年警視庁令第五二号）[10]にも同じ名で書かれて定着していたのか、一般に〝代書屋〟と呼ばれた。

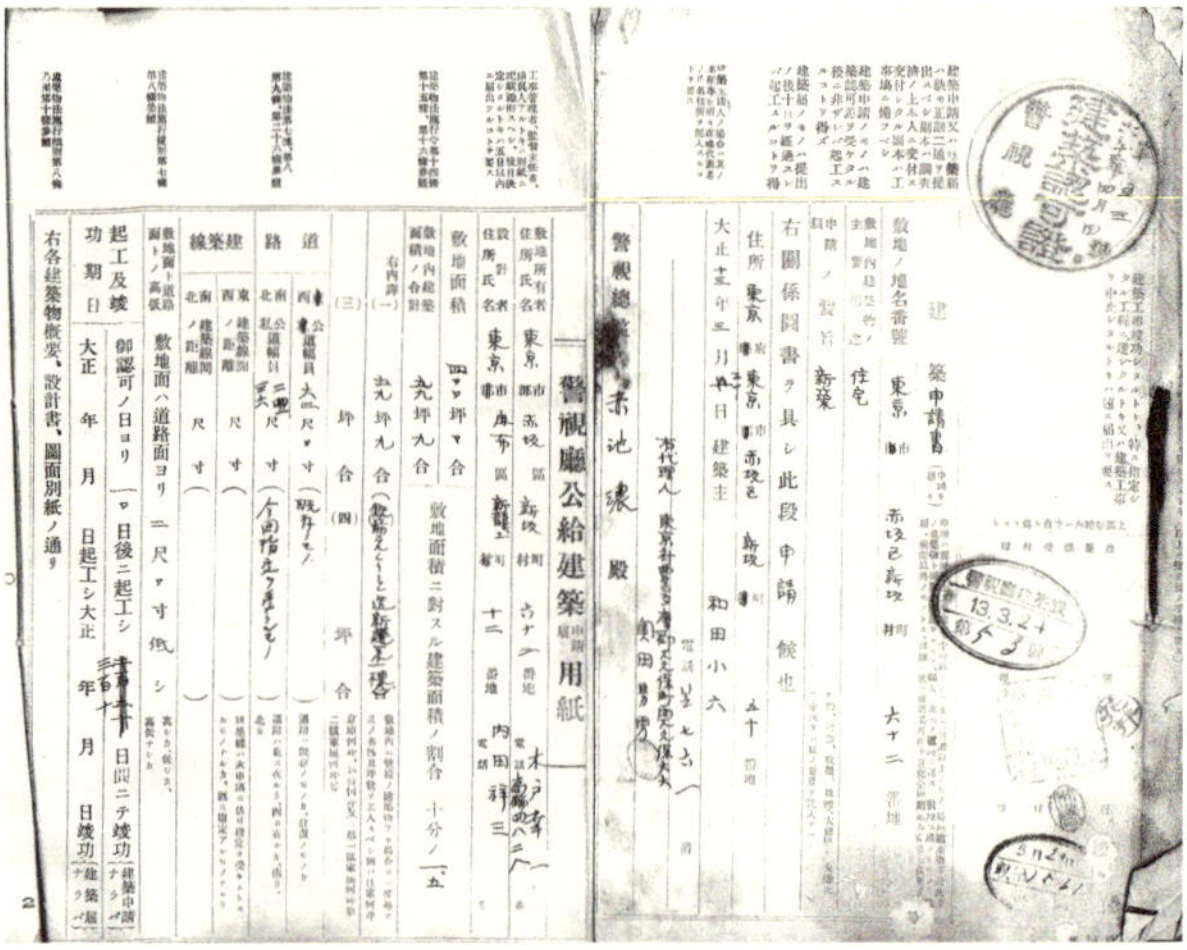

建築申請書

敷地ノ地名番號　東京市赤坂区新坂町六十二番地

敷地内建築物ノ主要用途　住宅

申請ノ要旨　新築

右圖係圖書ヲ具シ此段申請候也

大正十三年三月廿日　建築主

住所　東京府東京市赤坂区新坂町五十番地

和田小六

右代理人　奥田芳男

警視總監　赤池濃殿

警視廳公給建築申請用紙

敷地所有者住所氏名　東京市赤坂区新坂町六十二番地　木戸幸一

設計者住所氏名　東京市麻布区新龍土町十二番地　内田祥三

敷地面積　四百ワ坪ワ合

敷地内建築面積ノ合計　九十九坪九合

敷地面積ニ對スル建築面積ノ割合　十分ノ一.五

道路　西　公道幅員　尺　寸　東　私道幅員　尺　寸

建築線　東西ノ距離　尺　寸　南北ノ距離　尺　寸

敷地面ト道路面トノ高低　敷地面ハ道路面ヨリ二尺ワ寸低シ

起工及竣功期日　御認可ノ日ヨリ　日後ニ起工シ　日間ニテ竣功　大正　年　月　日起工シ大正　年　月　日竣功

右各建築物概要、設計書、圖面別紙ノ通リ

図 3-1　建築認可証（「和田小六邸」，1924 年）

東京都公文書館内田祥三文庫所蔵資料

内田祥三が，自身課長を務める東大営繕課の奥田芳男に申請させたもの

図 3-2　「和田小六邸」（設計：内田祥三，1924 年）

東京都公文書館内田祥三文庫所蔵資料

上の申請により実現された建物．和田小六は，侯爵木戸孝正の次男．東京帝大航空研究所教授

そうして生まれた代願人は、当初、人数も少なく希少価値でもあったことから、仕事は引きも切らずで、次第に忙殺されるほどになる。中には工事費と同額の手数料を取った者もいて、それが「代願をやればもうかる」との噂に繋がり、「気の利いた大工はこの時続々建築代願人になった」と言われる。

東京でもやはり、工場設置、機械の増設・位置変更などといった工場法（明治四四年法律第四六号）関係の申請事務をしていた者が、建築物法の施行にあたり、素人同然の建築の申請も手がけるようになったと伝えられる。[11]また、「警察の附近にいた代書（いまの行政書士）が、その申請届書類の作成にあたった」[12]ともされる。

しかし、いかんせん世はまだ大正である。設計事務所を名乗る者にすら、大工の板図を写した程のものを設計と称した未熟さに、行政は一からの指導教育を求められ、日々の業務に支障を来たし、頭を悩ませてもいた。[13][14]

一九二八（昭和三）年、警視庁はこの代願を手がける者の実態を調べ、五つに分類した。

一　建築出願代理を専業とせるもの

二　代書人にして建築出願代理を為すもの

三　建築請負業者が関係工事の出願代理を為すもの

四　大工職にして関係工事の出願代理を為すもの

五　建築設計を業として関係工事の出願代理を為すもの[15]

施行の翌年、石橋絢彦《あやひこ》は、建築・土木の設計者資格の確立とともに、警察に出入りする建築の申請に関する「代書人的の者」を見て、「弁理士的サルベーヤー」の資格の必要を説いたが、[16]このように現れた代書屋に対して、次第に規則ができていく。

それにはまず、悪評がある以上、それを放置してはおけない一面があった。[17]そして、右の警視庁の報告によれば、前年一年に違反建築として処理した八三七件のうち、代願人の関わるものが四九五件あり、質の低さも問題となって

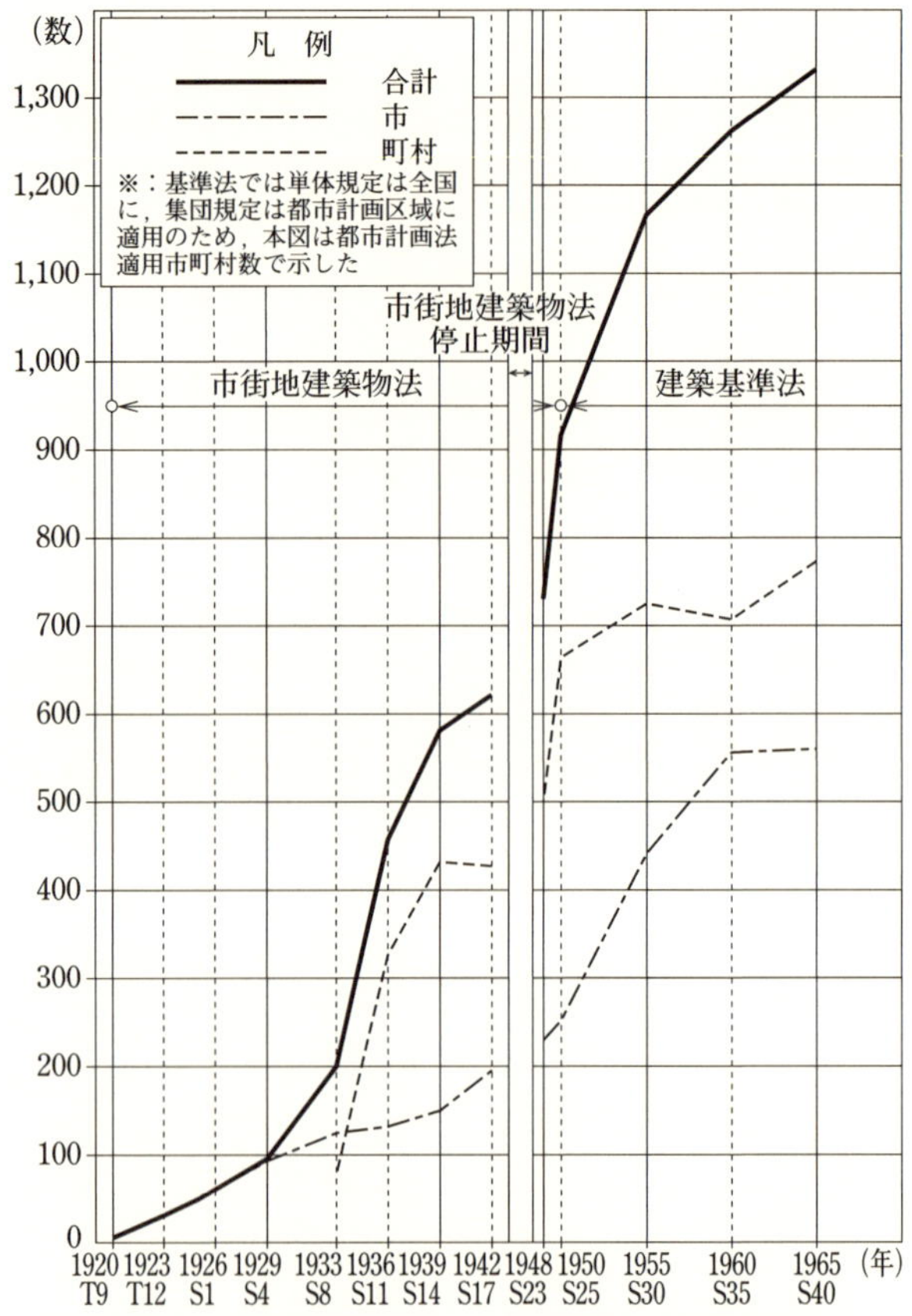

図 3-3　市街地建築物法・建築基準法の適用区域

出典：建築審議会「市街地建築物法及び建築基準法適用区域の変遷」1966 年．日本建築センター前川喜寛文庫所蔵資料より筆者作成

いた。加えて行政の側に規則をつくりたい背景もあった。この頃、数次の改正で拡がる建築物法の適用範囲（図3-3）が、増員のままならない地方建築行政を身動きの取れないものにしていた。確かに今は質は悪くとも、うまく使えば事務の省力につながるかも知れない。そこに期待したのである。

ちなみにこの最初はこれまで、東京で一九三〇年八月公布となった建築代願人規則（警視庁令第二七号）と考えられてきた。しかし、正しくは京都の方が早い。同じ年の四月、やはり同じ名で出ている（府令第一六号）。

この〝建築代願人〟の名について、京都府建築課にいた藤内久登（一九三九年頃福岡県立浮羽工学校卒）は、のちに、「今から思うと妙な名称をつけたものと思う」と語ったが、こう言う者もある。京都は「東京の警視庁に建築代願人というのがあったのでその真似をした」[18]のだと。実態としては東京が先行していたものの、たまたま定めた時期において京都が先んじたのだった。これまで東京が最初と思われてきたのは、その実態の先行と、加えて、地方行政をリードする立場から、目に付きやすかったのだろう。[19]

日本建築士会の通達

この建築代願人規則を、建築士法を唱える日本建築士会はどう見たのだろうか。

彼らの望む法は、戦後成立する資格法としての建築士法でなく、専業設計者の業務法である。その運動の途上にあった彼らは、この規則の以前、ある事件に遭遇していた。一部の税務署が、設計監理のみの従事者も請負業とみて営業税を課す方針を示したのである。[20]これは屈辱的なことだった。彼らにとって、設計はあくまでも営利の行為ではなかったからである。そしてそれは自ずと、その行為の根拠とすべく説いた法の、先行きの困難を改めて知る出来事にもなっていた。

経験を踏まえて彼らは、規則を知るや会員に、「代願という業務の瑣々《ささ》たる一端に由って営利を目的とする業務と混同せらるることは多年本会が主張する建築士法の達成に大なる障碍をなすものであります。故に吾々は此の際建築主の委任を受けて建築の願届をせぬことを厳守しなければなりません」と、彼我の立場に違いがあると通達する。[21]

代願人規則は、設計を規制するものではない。けれど、申請をする場合には、設計事務所でも代願人にみなされ、その行為は営利に扱われることになっていた。申請は、設計の全体から見ればごく些細な事務でしかない。しかし、ごく一部にせよ、自身の行為が営利と捉えられてしまう。それ自体、受け入れ難いことだった。そのため、自ら代願をしないばかりでなく、代願人を用いないことも勧め、その理由を、「建築主が願届人たるを原則とする現在の規定を尊重する所以であり、又設計の著作権所有者として願届人たることが決して代願で無いことを主張する所以」と述べた。それによって士法の成就が妨げられかねないとの懸念もあった。

知らないうちに勝手な計画をされ、届けでも出されてはたまったものではないから、願届は建築主が行うべきもの、となる。それに代理が要るなら設計者が委任を受けて行うべきだろう。けれど、それをすれば代願人となり営業とみなされる。それゆえに彼らは、この規則によってかえって、以後の願届が、「本業が代願であって、設計者とは別個の者」によってなされるようになると予測する。そして、「設計者に非ざる願届の手続のみを処理する代願人の仲在は、建築主に取っても建築関係当局に取っても最も煩累をかけるもの」と非難、「結局概して云えば建築代願人を中間に用いないことが万全」と結論づけるのである。

しかし、〝ならば、誰を建築願届人としたらよいか?〟と疑問が湧くが、「それは申す迄もなく建築主自身にするのです」と答える。もちろん、建築主の負担は増える。しかしそれによって、建築主の信任を受けた設計が、役所に出される際に、手続きのみを任された代願人によって勝手な変更がされかねないという「建築主に取っても設計者に取っても頗《すこぶ》る危険」な状態が回避できる。そのことが重要だと言うのである。

とはいえ、立法によって〝建築士〟の称号保護を果たそうとする彼らにとって、この規則は、一面では羨望の的でもあった。〝建築代願人〟という称号の保護が謳われたからである。しかし、そこには代願が、誰であっても所属を問わず行える、とあった。それはすなわち、「資格称号案建築士法の精神を出現したのも同一」(22)で、あってはならないことだった。

そこで彼らは、「設計の著作権所有者として願届人たることが決して代願で無いこと」を主張。代願人制度により被りかねない不利益を改めるべく、〝設計者が建築主の委任を受けて願届をする場合は代願人とはみなさない〟と但し書きを付すよう求めた。

しかし現実には、戦前最も会員が増えた時ですら二〇〇を超える程でしかなかった日本建築士会は圧力団体たり得ず、願望とは逆に、ここで彼らが問題視した東京に倣った規則が、以後各地でできていく。

このように、設計よりも申請をする人の法が先になるのは、それが行政にとって身近な部分であることを考えれば仕方がない。それでも、建築技術者の法は、主旨としても名称からも、中には建築代願人取締規則とするものもあったように、まずは取り締まりの対象として発想され、それが根になり今日に至る。そのことを思えば、戦前には三百代言（詭弁を弄する人の意）と揶揄され、活動にも大きく制約がありはしたものの、どうあっても〝弁護士取締法〟などには成り得なかった弁護士との差異は、ハナから大きいものだったことがわかるのである。

規則の概要と申請の実態

建築の申請はいつの世でも煩わしい。前章に戦前の建築申請数（東京、図2-19）を示したが、建築主に代わってこれを行う代願人は、果たしてどれほどそれに携わっていたのだろうか。

これについて、一九四九（昭和二四）年には、「東京都へ申請される建築物の九十％までは、建築代理士によってその手続きが代行されて居る」とある。ほとんどが代願人の手で行われていたのである。実数としては、「建築代理士の手を経て申請されるものは一箇月について、平均一万件以上に及んでい」たとされる(23)。

加えて、本来は手続きの資格だったものが、扱うのが建築の法であるがゆえ、次第に、そして結果的に、実態としては建物の質の低下防止にも一役買うようになっていく。そのことは、小宮賢一の次の言からうかがうことができる。


建築物法は（略）とにかく建築物の質の低下防止に大きな力をつくしてきたことは確かである。（略）とはいえ従来建築家の

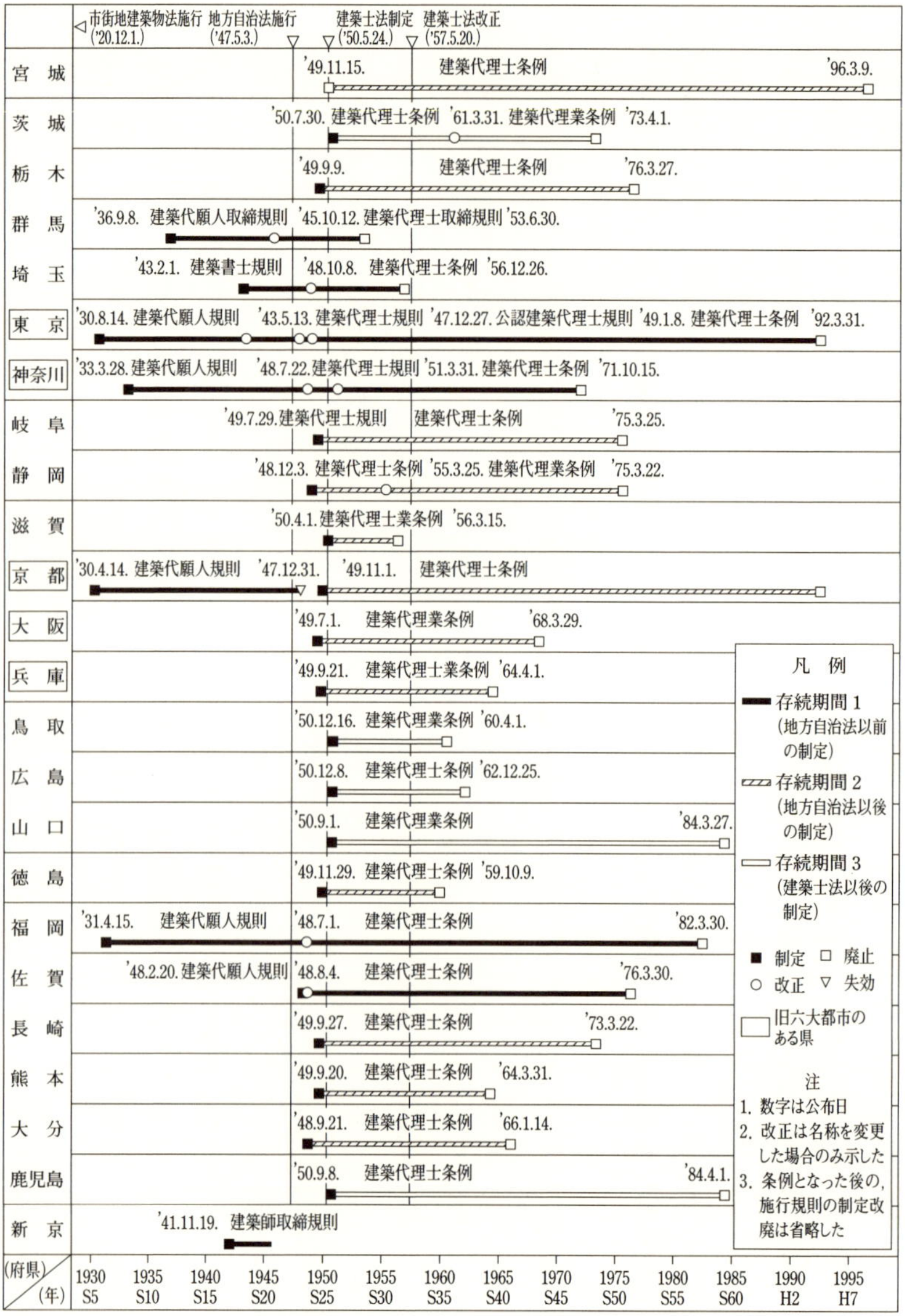

図 3-4　建築代願人規則・条例の制定改廃（府県等別）

出典：各府県の『公報』などをもとに筆者作成
制定は，戦後，建築士法制定の前後に集中する

間に法がうるさがられたことは事実であって、これは我々も大いに反省しなければならない。多分それは従来建築法規が役人や代願人の間だけのもので一般建築家から遊離していた為であろう。(24)

申請を忌避したことで結果として法から遊離した建築家を補ったこともなきにしもあらずだったに違いない。

さて、その規則の中身はどういったものだったのだろうか。まず全国の実施状況を見ておきたい（図3-4）。二三府県が定めたが、満洲国の首都新京（現長春）でもできているからこれを含めれば二四となる。(25) なぜつくられたかは、すでに述べた。そして、どう改められ、どう終わっていくのかは後に譲る。どうできていくのかを簡単に触れると、まず、戦前よりは戦後に多く、また、東京・神奈川・京都・大阪・兵庫、かつての六大都市を持つ府県が定める。ことに戦前それは顕著だが、建築物法に伴う規則だから、必要に応じてできるのは当然である。もっとも、制度がない府県にも代願業を営む者はいた。そのため、高知のように、規則がなくとも建築代書組合ができた県もあった。

条文はおおよそ、定義・資格与件・試験・登録・義務・組合・報酬・罰則からなる。こうした構成は、一九二〇（大正九）年に内務省が定めた代書人規則（省令第四〇号）に通じる。資格試験や学歴与件の規定に欠け、警察の許可で資格を得ることができ、組合に関する言及もないなど、建築代願人規則に比べ簡素で、違いもあるが、それ以上に多い類似は、建築の代書人とも言える代願人規則が、この規則を参照したものであろうことをうかがわせる。特徴的な規定についても付しておきたい。

まず定義では、規則に定める建築代願人や建築代理業がどのようなものかを述べる。細かな差異こそあれ、おおむね「建築代願人と称するは、他人の委任を受け官公署に対し市街地建築物法令に関する願届を為すを業とする者」（東京）となる。

最初に規則ができた京都では「代願人及び従業員たらんとする者に対しては、法令に関する試験を行うことあるべし」（第五条）としながら行われずにいた試験は[26]、次の東京からは実施。年一～二度行われ、実務の知識を問う目的から、科目には建築法規・建築技術・建築願届手続があり、建築技術には建築構造と設計製図を含んだ[27]。建築士の試験科目と比べると、当然のことながら手続きの試験があるところに特色がある。ちなみに、建築士に建築法規が独立科目として盛り込まれたのは、建築物法ができて三〇年にもなる戦後になっても、あまりにも法規に無関心な建築家が多く、それに「警鐘を鳴らすべき」、と考えた伊東五郎（住宅局長）の断による[28]。確かにそうでもしなければ、最低基準が前提の法規は、知っているのが当たり前となって、独立した試験科目とはなりにくい[29]。

そして、報酬の規定もあり、組合の定めか知事が許可した額でとされ、法外な報酬を禁じるため、最高限度が定められた。さらに、規定の項目以外は名目を問わず報酬を得ることが禁じられもした。もちろんそれはあくまでも手続きにまつわるものだから、その他、設計や工事に必要な図面の作成などは含まない。そのため、実際の仕事の上では周辺業務も期待されたのか、一九五〇（昭和二五）年の代願料（東京）には、配筋や杭打の検査といった――本来挙がるはずのない――監理業務も挙がった[30]。また、条例では現地調査も求められ、つまりこれは、のちに測量など他資格が負う業務も含んでいたことを意味している。

また、一定期間業務実態のない者の登録取り消しも書かれた（一四府県）。こうした規定は、この規則が業務法の性格を持っていたことを示す。これのあった代書人規則に倣ったものであろう。

そして、建築代願人でない者が業をなした際の罰則とともに、無資格者がその名を称した際の罰則を謳う府県もあった。後者の称号の保護は、専業設計者の法の成就を目指した建築士会にとって、ある意味では羨望の、またある意味では憤慨の対象だったことは述べたが、それでも、モグリの横行を防ぐことは難しく、戦後、建築士法ができる中で、この問題はより複雑になっていく。

2 代書屋から建築技術者へ

試験に見る変化

建築代願人規則が、どう改められていくのかを後に述べると書いた。そのためここではまず、代願人の資格試験にはどういった問題が出たのか、内容とその変化を科目ごとに見ていく。

前述のように、科目はいずれの県でもおおよそ建築法規・建築技術・建築願届手続からなり、「建築法規」は年を追うごとに難度が増す。代願人の増え過ぎを防ぎ、また質を求めたためでもあろうが、法規が複雑になっていく、その反映でもあるだろう。

また、「建築技術」や「手続」で出た設計製図を、東京・大阪の事例から拾えば、こうなる。「（建築面積一六坪程度の和風平屋真壁木造）小住宅」（一九三四（昭和九）年）・「木造二階建商店」（一九三七年）・「木造瓦葺二階建店舗住宅延面積一五坪」（一九四八年）・「（木造平家建で二階増築可能）工場併用住宅」（一九五二年）・「既存機械工作工場への作業場（木造四六平方メートル）・倉庫（木造二七平方メートル）の増築」（一九五五年）といった具合で、木造の住宅ないし店舗併用住宅・作業場や倉庫である。構造としてはとうぜん新たな技術を求めるものではないし、規模も小さい。しかし、一般図（配置・平面・立面・断面）ばかりでなく、矩計図や床組・小屋組・詳細図も課された。それだけでも、早くから単なる代書屋でなく、自ずと技術者的な性格を帯びていたことになる。そしてその性格は、戦後、さらに強まっていく。

一九三三年、警視庁は、「建築技術」に出した構造の、過去三年の試験問題をこう分類した。

イ・木造建物の耐震構造の要諦を略記すること

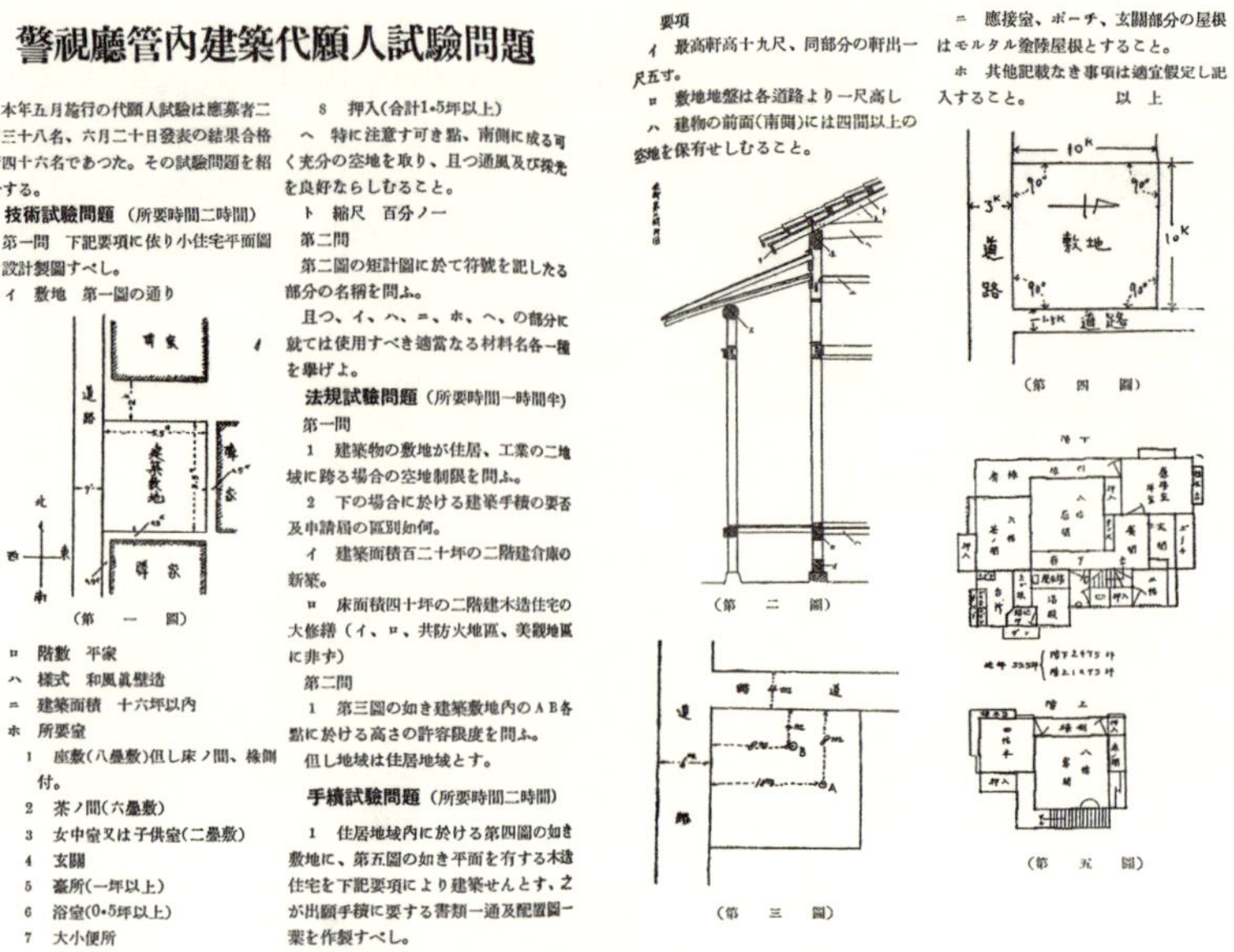

警視廳管內建築代願人試驗問題

本年五月施行の代願人試驗は應募者二百三十八名、六月二十日發表の結果合格者四十六名であつた。その試驗問題を紹介する。

技術試驗問題（所要時間二時間）

第一問　下記要項に依り小住宅平面圖を設計製圖すべし。

イ　敷地　第一圖の通り

（第　一　圖）

ロ　階數　平家
ハ　樣式　和風眞壁造
ニ　建築面積　十六坪以內
ホ　所要室
1　座敷（八疊敷）但し床ノ間、椽側付。
2　茶ノ間（六疊敷）
3　女中室又は子供室（二疊敷）
4　玄關
5　臺所（一坪以上）
6　浴室（0•5坪以上）
7　大小便所
8　押入（合計1•5坪以上）
ヘ　特に注意す可き點、南側に成る可く充分の空地を取り、且つ通風及び採光を良好ならしむること。
ト　縮尺　百分ノ一

第二問

第二圖の矩計圖に於て符號を記したる部分の名稱を問ふ。

且つ、イ、ハ、ニ、ホ、ヘ、の部分に就ては使用すべき適當なる材料名各一種を擧げよ。

法規試驗問題（所要時間一時間半）

第一問

1　建築物の敷地が住居、工業の二地域に跨る場合の空地制限を問ふ。

2　下の場合に於ける建築手續の要否及申請屆の區別如何。

イ　建築面積百二十坪の二階建倉庫の新築。

ロ　床面積四十坪の二階建木造住宅の大修繕（イ、ロ、共防火地區、美觀地區に非ず）

第二問

1　第三圖の如き建築敷地內のＡＢ各點に於ける高さの許容限度を問ふ。

但し地域は住居地域とす。

手續試驗問題（所要時間二時間）

1　住居地域內に於ける第四圖の如き敷地に、第五圖の如き平面を有する木造住宅を下記要項により建築せんとす、之が出願手續に要する書類一通及配置圖一葉を作製すべし。

要項

イ　最高軒高十九尺、同部分の軒出一尺五寸。
ロ　敷地地盤は各道路より一尺高し
ハ　建物の前面（南側）には四間以上の空地を保有せしむること。
ニ　應接室、ポーチ、玄關部分の屋根はモルタル塗陸屋根とすること。
ホ　其他記載なき事項は適宜假定し記入すること。　　以　上

（第　二　圖）

（第　三　圖）

（第　四　圖）

（第　五　圖）

図 3-5　建築代願人試験問題（東京，1934 年）

出典：『建築研究』6 巻，7 号，1934 年 7 月，26-27 頁

ロ・中心荷重を有する鉄筋コンクリート柱を設計すること
ハ・米松矩形梁を設計すること
ニ・鉄筋コンクリート造版の配筋法を図示すること
ホ・木造真束小屋組の構造要領を図示すること
ヘ・木造建物に筋違方杖を用うる目的を記すこと[31]

これだけでは難易度がわからないが、同時期の問題（図3-5、一九三四年）に見るように、実際には初歩的なものである。

のち一九四八年には、この「建築技術」に、コンクリートの水セメント比や強度の知識、工事の手順を問う出題があり、また、制限下を反映して、「手続」では、与条件をもとに申請書を作る問題に、木材の見積や建具の勘定（ともに数量拾いのこと）を課した。時節柄のうかがえるものではあるが、ともあれ、積算に関する出題があった事実に違いはない。

建築士法施行後には、構造や設備の知識を問

うものがごく簡単ながら出、一九五一年の大阪では、継手の名称・トラスの応力を問う出題もある。

要は、次第に求める技術の知識がより高度に、かつ多岐にわたっていくのだが、こうした変化は、代願人という代理申請の資格に、徐々に建築技術者の性格が求められるようになる、その反映と見るべきだろう。このことは、具体的には、建築士法ができたのち決まった、建築士でなければ設計又は工事監理することのできない建築物の範囲と、彼らが主に携わっていた建築物の範囲との対応を考えた時に納得できるものとなるが、それについてはのちに触れる。

代書屋から建築技術者へ

果たしてこの職業、どんな人が就いたのか。

建築物法が施行されたまさにその時、建築の代願をするようになったのは、工業関係の届出に嗜みのある行政書士的な者が多かったことは述べた。内務省が一般的な代書人に対して規則をつくるのはこの直前、一〇月である。そうした者たちが、続いて施行となった建築物法の代書をするようになったのだろう。その後、先の警視庁の調査を経て、一九四二（昭和一七）年には、「代書、警察官出身、補助員上り、大工、左官、社会を食いつめたもの、等がゐる」[32]とされた。

ちなみに、申請を業とするには資格を持たざるを得なかったから、建築家と呼ぶべき者にも持つ者はいて、〝鎮ブロック〟と呼ばれるL型のコンクリートブロックを使った建築で知られた中村鎮《まもる》や、神奈川を拠点に活躍し、建築家マックス・ヒンデルによる「松が峰教会」（一九三二）などの施工で知られる一方、自身の設計としても「岡田邸」（一九二九）などが遺る宮内初太郎もこれを得た。資格は、戦前東京で一〇〇〇人が得たから[33]、同じ時期の全国までを見たなら、おそらく他にも持った建築家はあっただろう。

また、代書人や行政書士もこれを得た。例えば、複数の業を兼ねる際、その業種を報告させた京都の資料によれば

（一九四九年・五六年）、この資格とともに、行政書士・司法書士・土地家屋調査士資格を持つ者がいた[34]。

そんな彼らが申請する物の設計は、大工や建築家がすることもあった。けれど、彼らには設計を業とする者も請負業者もいたし、試験には設計製図もあった。また、申請をするのはほとんどが代願人で、士法ができた後ですら、建築士の設計は要さずとも基準法による確認は要る範囲にあった規模の小さな木造住宅は、彼らが実質的にこなしていた。ここから考えて、彼らは相応に設計もした。〝警察署の横に事務所を構える代書屋〟に発する代願人は、製図や測量という技術業務に日々応える中で、実態としても建築技術者になっていった。それはさらに、東京で、資格をいったんご破算にされ、特に実績のみで得ていた者は、然るべき学校を卒えるか、受験を経るかしての再取得が求められたことで（昭和一八年警視庁令第八号による改正）、意識としても高まる。

こうした実態や試練に後押しされ、次第に彼らの内には、建築技術者としての自負が芽生えていく。

人数に見る消長

この建築代願人。いったいどれほど数がいたのかと言えば、まず、全国では、一九五〇（昭和二五）年には五〇〇〇を数えたとされる。詳細をわかる範囲で記せば、東京七八六、兵庫一二〇、京都九〇、栃木三四、神奈川一八二、埼玉五七、岐阜三六四、静岡二二二、宮城九四で[35]、山口では三〇〇程[36]、となる。

より詳細のわかる東京の資料では、これを代書業や請負業と比較しながら変遷を知ることができる（図3-6）。一九二六（大正一五）年からは司法代書業者が、一九三〇（昭和五）年からは建築代願人が、代書業者から分かれる。請負業者は、東京では、一九二〇（大正九）年末、登録と取り締まりのため請負営業取締規則（警視庁令第三九号）ができるも、一九三七（昭和一二）年、廃止となるから、その間の登録者である。

代書業者は、警視庁や内務省の代書業（人）規則にはさして影響を受けず、建築代願人規則を機に一気に増える。

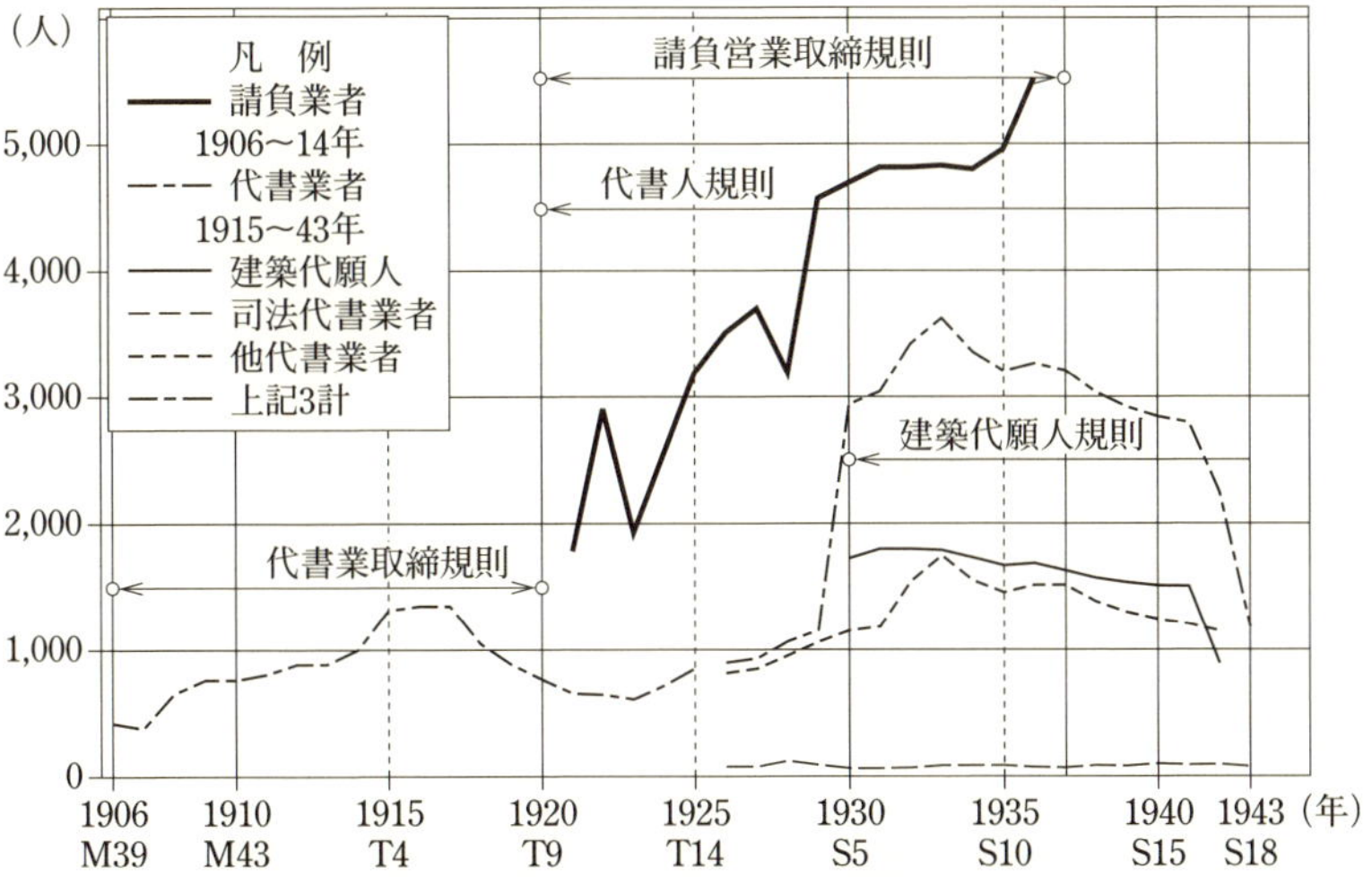

図 3-6　建築代願人・代書業者・請負業者数（東京）

出典：各年次の『警視廳統計書』より筆者作成

増の主要因となったその建築代願人は、以後、漸減しながら一五〇〇を越える程で推移する。別な資料で、この頃は受験者も減り続けていることを考えると、建築の市場への漠とした魅力に誘われて一気に増えはしたものの、実態としては旨味に乏しい世界だったのかも知れない。

一九四二年の減は、一定期間業務のない場合や廃業・死亡にあたり出すよう求めた届けがほとんど出ない実態を見かねた警視庁が、一斉調査を行い実数を把握した結果である[37]。以後はと言えば、その翌年、前述の、資格の再取得を求めた改正で再び減り、疎開や戦後復興の影響を受けながら、八〇〇～一〇〇〇人前後で増減を繰り返して建築士法の制定に至る[38]。

士法ができた後は、のちに彼らの団体の動向で見るように（図3-11）、建築全般を扱える建築士に比べ、できる業務が限られることから、受験者も激減。わずか五年後には「受験者総数五十一名、内五名は筆記試験免除、四十六名中一名欠席につき実際の受験者数四十五名に対し二十三名合格[39]」といった具合で、さらに減る。こうして、試験自身、一九六四年以降行われなくなっていく。

3　建築代理士条例

規則から条例へ

市街地建築物法の適用範囲は、戦前徐々に拡大。次第に〝市街地〟の冠が邪魔なほどになっていく。一方、代願人の規則は、最盛期で二三府県が持ったが(40)、全国で持つには至らなかった（図3-4）。とはいえそれは、定めなかった県がこの時期、それを要さなかったことを意味しない。

むしろ地方の置かれた状況は東京以上に深刻だった。近代を担う技術者育成の遅れはいかんともし難く、また、行政の吏員配置もままならなかったからである。岐阜県保安課建築技手《ぎて》の長屋貞雄（一九二四年名古屋高等工業附設高等夜学部卒）は、一九三七（昭和一二）年、『建築行政』に次のように寄せた。

> 建築主の多くは建築法規に通ぜず、唯大工代願人委せである関係上、大工代願人の不徳行為（善意たると悪意たるとに不拘《かかわらず》）は建築主並びに建築行政事務に従事する者の悩みの種である。
>
> 如何に建築取締りに従事する役人の数を増加しても大工代願人に於いて法規に通ぜざるか、不誠意なる場合は唯単に違反建築物を助長するに止まり、其の最後に苦杯を甘受せしめらるるのは、建築取締りに従事する役人のみである。此の苦悩は直接事務を執るもののみの享有する特権である！
>
> 然し悩みを解消する方法は絶無に近い。
>
> 然し悩みを最小限度に止め得る方法は、建築代願人公認制度の制定及び大工をして認可証に基づき工事をすると云う意識を持たせる事である。
>
> 故に我々は声を大にして、建築代願人公認制度の制定を絶叫するものである(41)。

昭和に入って、東京では代願人でなく建築主が申請するよう勧めていたことは触れた。これはそれより五年あとになる。この年はじまった統制も加わり、事態は変わりつつあったのである。勘と経験を頼りに建て主との打合せのみで造っていた大工は、法規への通暁と役所への申請という新たな仕組みへの対応が覚束なかった。役所にとっては、そこに法適用の拡大と統制が加わる。範囲が拡がればその分だけ、とは言わないまでも、相応に申請・検査の数は増える。統制が増えればチェック事項の増加につながる。増える一方の事務によって業務に支障をきたし、せめて手続きに明るい建築代願人を、規則で育成したいとの念願があったのである。そうして規則をつくる動きは拡がる。

さらに代願人は、建築行政が弱体だった戦前にのみ必要だったわけではない。むしろ戦後、建築士法の制定に前後して増える。

その増加に触れる前に、名称の変化に触れておきたい。

府県による違いはあるものの、おおよそ、建築代願人規則が建築代理士規則や建築代理士条例に変わる。つまり、代願人から代理士への変化と、規則から条例への変化があったわけだが、まず、代願人から代理士へ、について。

建築代願人の名の使われた時代。その響きが低俗だとして、「業者間ではこれを名乗ることを嫌い、一般もまた建築士とか設計士とか半ば敬称を兼ねた別名を呼ぶようになり業種の混乱も予想された」[42]。そこで都は改称を企画する。このとき〝行政建築士〟を推す者があった。都の建築代願人組合連合会会長伊東伸郎は言う。

当時〔＝一九四二年末〕私は会の当事者として警視庁建築課監査係雲井豪二係長から名称に付いての諮問を受けたので（略）鋭意研究した結果「行政建築士」と名実共申分ない適切な名称を可決して答申したのであった。然し頑迷な当局は最初から持論であった「建築代理士」の一点張りで（略）現在の名称を採択したのであった。（略）抑々《そもそも》、「建築代理士」とは何ぞ。建築とは建築界を総称したもので、その代理とは何を指すか。全然不明瞭である。

建築界には設計あり、見積あり、測量あり、監督あり、計算あり、出願ありその他数えればいくつもある。このいくつもの代理であれば吾が業務とはほど遠いものになる。よく他人から「建築代理士」とはどんな商売かと聞かれるが、全く解らないのが当たり前と思う。「名は体を現わす」というがその通りで私等の職業は建築界の行政面であり、その代理であるから当然「行政建築士」であらねばならぬのである。(略) 尚将来は国家試験による「行政建築士」の出現まで畢生の仕事であると考えている(43)

念願虚しく〝建築代理士〟と改まったものは、全国に広がる。望んだ〝行政建築士〟は、この先年まで一五年にわたり提出された建築士法に想を得たものに違いないが、主張にあるように〝建築代理士〟では何を指すかわかりにくい。かといって〝行政建築士〟も、正しく業務がイメージされるかというとそうでもない。的確を期せば〝建築行政書士〟といったところだろう。他、京都でも〝行政建築士〟を推す声があった。行政書士条例を持ちながら、酷似の名を求めたところに、東京の影響を見る。対して、同じく東京に影響された行政は、やはり東京に倣い建築代理士の名を採ったことが想像できるのである。

続いて規則から条例へ、について。これは、制定の時期と背景によって大きく三つに分かれる。

①一九四八年までに制定……地方長官による規則として制定され、地方自治法の施行に伴い条例となったもの

(群馬※・埼玉・東京・神奈川・京都・福岡・佐賀)

※ただし群馬は、条例化しなかったから厳密に言えばこのパタンには入らない。

②一九四八〜五〇年に制定……戦後、地方自治法の施行以後、建築士法の制定以前に、条例として制定されたもの

(宮城・栃木・岐阜・静岡・滋賀・大阪・兵庫・徳島・長崎・熊本・大分)

③一九五〇年以後制定……戦後、建築士法の制定以後に、条例として制定されたもの

(茨城・鳥取・広島・山口・鹿児島)

建築代理士の業務は、いずれにしても建築物法・基準法などの手続きをすることにある。そのため、①は、建築物法に基づくと思いがちだが、実はそうではない。全て地方令の規則として、である。

これは少々奇異である。なぜなら、建築物法では、「地方長官は建築工事の認可申請、届出又は其の変更の手続其の他建築工事の取締りに関し本則に定むるものの外必要なる規定を設くる事を得」（施行規則第一四九条）、すなわち、地方行政は建築の申請や工事について必要なことを定められる、となっていたからである。のちの目で見れば、敢えて適切な根拠を避け、同じ時期に、同じ内務省が定めた代書人規則を発展させる道を採ったように映る。

どうしてだろうか。

おそらく当初は、行政書士的な代書人がこれをやっていたためで、実情に合わせたのだろう。あるいは、当時かまびすしかった建築士法の運動が暗に響いて、これを建築物法に則ったものとするのをためらわせたのかも知れない。しかし、それによって代書屋の性格がまずは強調される。仮にはじめから建築物法を根拠としたなら、より建築技術者的な性格を早く備えた可能性もある。

細かなことにこだわれば、この定め方が、戦後、行政に混乱を生む。

敗戦により民主主義を受け入れた日本で、その根拠となる新憲法の制定は大事件だった。ここでのことに限るなら、影響は二つの局面で現れた。一つは、戦前定めた規則類が突如無効になったことである。これらの規則は、地方長官の命令の形を採っていた。つまり議会という民主的なプロセスを欠いた。これが仇となり、失効を余儀なくされたのである。いま一つには、新憲法によって地方自治法（昭和二二年法律第六七号）ができ、条例の制定改廃権が地方自治体にあることが明確になったことがある[44]。

その結果、このとき行政には、戦前の規則をいかに条例に移し替えるか、の問題が生じたのだった。具体的には、日本国憲法施行の際現に効力を有する命令の規定の効力等に関する法律（昭和二二年法律第七二号）によって、一九四七年一二月三一日を限りに、それら——法によるべきもので議会を経ずに定めていたもの——は効力を持たなくなる。そのため国は、まず府県に対象の有無を照会。例えば都では、八月末、総務部長・建設局長を経てこれを受けた建築課長が、九月、次のように回答した。

東京都建設局建築課長　石井　桂

昭和二十二年九月三日

東京都建設局長　大森健治殿

法律と同一の効力を有する都令（引続き施行する府令、警視庁令を含む）の整理状況について

八月三十日付建総収第七九号御来照標記の件左記の通り報告する。

記

都令の名称

建築代理士規則（昭和十八年五月十三日警視庁令第八号昭和十八年七月一日都令第六号）

昇降機取締規則（大正十五年七月警視庁令第三十号改正昭和十八年七月都令第六号）

水槽便所取締規則（大正十年六月警視庁令第十三号改正昭和十八年七月都令第六号）

共同住宅建築規則（昭和十六年二月六日警視庁令第四号昭和十八年七月都令第六号）

屋上取締規則（昭和四年十月警視庁令第四十号改正昭和八年三月警視庁令第五号昭和十八年七月都令第六号）

処理方針

本件は全国的に関連をもつので、戦災復興院建築局監督課に於いて処理方針考究中につき、同課と打合せの上別途報告する。

（『建築関係条例等に関する綴（自昭和20年―昭和29年）』東京都公文書館所蔵資料）

このとき挙がった五つの中に建築代理士規則の名がある。ここに一〇月、四つが加わり[45]、建築代理士規則は、こうしてこの年末をもって失効する。都はこれにあたり、建築物法施行細則に則り東京都建築代理士規則を定め、暮れ二七日公布。ここに至って内容はそのままにして根拠を変えたのである。当初から建築物法によることはできたから、

ようやく、と言うべきだろう。もっとも、このように細やかに動いたのは東京のみで、対応は自治体によって差があった。

続いて、②一九四八～五〇（昭和二三～二五）年のものは、地方の条例制定権が明確になったのちである。この時期、戦後の建築統制が解除される方向にあった。地方自治体の建築系職員も、復員もあり、またＧＨＱに解散（一九四六年末）させられた旧住宅営団職員の吸収や新卒者の大量採用によって、増員が図られていた。[46]それでもまだ、建設量の増加に比べれば頼りなく、この活用を考えたのだろう。つまり、量と吏員のバランスの欠如を代理士によって補うべく定めたもので、その主旨はやはり戦前に通じる。

しかし、③建築士法の制定後のものは、上とは意味合いが異なる。既得権の保護が目的となった。士法によって、それまで建築代理士の独壇場だった申請は、以後、建築士の業務と捉えられるようになる。その際、現に建築代理業を営む者のうち、建築士になることが難しそうな者のために設けたのだった。[47]規則のない場所では、従前から代理士業を営んでいた者が、建築士でないことで、ある日突然、無資格で仕事をする違反者になってしまうからである。

とはいえ、そればかりが理由ではなかった。士法の枠を外れた庶民住宅の設計に、いわば〝二次的な建築士〟としての貢献を期待したものでもあっただろう。

建築士法制定の際、予想された資格者は、一級建築士で一万人、二級建築士で三万人である。しかし、地方行政が、その数をどう受け止めたかは問われるべきで、資格者が地方にまで満ちるには相応に時間がかかると考えたことは疑いない。戦後の圧倒的な住宅不足の解消に向け増えていく申請量への対応ばかりでなく、建てられる物の質をどんな技術者によって担保するか、は地方の大きな悩みだった。ことに行政は、建築家たちが注目する類いの建築ばかりでなく、それ以上に膨大な個人住宅の質とどう向き合うかに迫られていた。一九五〇年に全国で五〇〇〇を数えた建築代理士は、規則のない府県にいた同業者も含めれば一万に達しただろう。そこで地方は、その領域への代理士の活用を思い立ち、目先の役でしかないとしても、条例を急ぎ定める。こうして、終戦までに六都府県が持つのみだった建築代理士の規則は、戦後、ことに建築士法の制定にあわせて急速に増えていった。

そして中央、すなわち建設省も、結果的には地方同様、建築代理士に期待したはずである。それは、建築士法制定ののち定めることになっていた、建築士でなければ設計又は工事監理をすることのできない建築物の範囲をどうするかを検討していく中でのことであったに違いない。開始当初はその範囲を限定するより他ないことがわかった時、そこから外れる膨大な数の小規模建築に、少なからず技術を付与することのできるのは、このとき建築代理士しかいなかったからである。これについては、別に考察する。

条例共通化と建築代理士法の要望

ところで、多くの府県が同種の規則を持つようになると、自治体の範囲に効力が限られる条例では融通に欠く、そのことが問題となってくる。ある業者がいくつかの府県で仕事をしようとすると、府県ごとに資格を得ることを強いられるが、それはいかにも面倒だからである。

これは戦後を待たずとも予想されていた。例えば、一九四三（昭和一八）年には、都の桐生政夫によって、このとき関東では東京・神奈川・埼玉・群馬にあった規則を、将来の全国実施を目指して、まずは関東全域で共通のものとする構想のあることが述べられた。

建築行政を掌る官庁は之等の［建築手続の代理］業者なくして成り立ち得ないかも知れないといえば、すこし過言であろうが、円滑なる行政を執行し得ないのは確実である。（略）今度、関東地方建築主任官会議が一〇月末催されるが、建築代理士の資格を関東地区全部共通にすべく討議される筈（本誌発行頃は既に決定済であろう）で、之は延いては全国的なものと致し度いと念願する次第である。(48)

戦中にすらあったこの構想は、戦後、条例を持つ府県が増える中で再び登場する。

一九五〇年二月、近畿建築代理士会連合会長山内豊が、当時条例を持っていた大阪・京都・兵庫の三府県知事に陳情書を出す。曰く、「府県条例により夫々の府県知事に登録を了したる建築代理士業者は他の府県に於いても相互に業務行為をなし得ることの承認を与えられむ事を懇請する」(49)。自治体の範囲に限られる条例の限界により被る不利益を改善して欲しいというものであった。

このように業者の要望にも現れ、そして実際にいくつかの県で融通を図る動きも起こった（栃木・山口・広島・鳥取）。陳情に対して京都では、「本件は京阪神建築部長会議に諮り採択決定することとしてはいかがでしょう乎」とする文書が残る。つまり、妥当な要望として採択の方向にあったのだが、結果、それが図られることはなかった。このとき開会中の第七国会に建築士法案が上がったことが最大の理由だろう。これによって、そもそも共通化どころか、この条例自身をどうしていくかという問いが浮上するからである。

条例共通化の動きはこうして流れた。しかし、その一方で、法律にすることで全国共通にすべきという意見も、この時期、代理士たちから出ていた。

［建築代理士条例は］現在全国に亘り施行せられ過去の六大都市でないのであって、当然建築代理士法なるものが公布せらる可きである。然るに最近聞及べば建築士法案とか云う大学に於いて建築学を修めたる高度の技術者の建築設計代願の身分を法律にて保証し、且つ地位を定むる法律が次期通常国会に政府議案として提出せられると云う(50)

建築士法制定の動きを知らずして出た発言でなく、十分それを承知してのものである。とはいえここでは、建築士法を定めるなら、学歴はないが実務経験豊かな建築代理士にも配慮して欲しいと語られ、むしろそれが要点である。ならば、建築士法が級別ででき、経験にも配慮した形で始められたなら、〝建築代理士法を〟という声はなくなるか、というとそうではない。変わらず上がるのである。きっかけは行政書士法（昭和二六年法律第四号）である。

一九五〇年暮れの国会に行政書士法案が用意されているとわかるや、その秋には、建築代理士法の働きかけを起こそうと声が上がる。[51]行政書士が法律になるなら自分たちも、ということなのか。行政書士の職域介入を怖れたのか。このとき行われていた建築士の選考問題が混沌として、自分たちの相当数が建築士になれそうもないと危惧したためか。正しくはわからない。しかし、依然として法律化が視野に入っていたことに違いはない。

以後、この構想がどう展開したか定かでない。もちろん結果としては、制定どころか、上程すらなかった。その一方で行政書士法にどう対処するかはこの後も代理士たちの懸案となり、翌年の請願に結びつく。

この二つは、同じ名を纏いはしても、根差すところは異なる。建築士という技術者の法と、行政書士という手続きを扱う者の法との間で、建築代理士という存在が揺れたと言うべきであろう。ともあれ、このように建築代願人規則に始まった制度は、単なる代書屋から次第に技術者的な性格を強めていった。その傍らで、あるいは条例の共通化、あるいは法律化の案まで出るようになっていったのだった。

4　建築士法の制定と建築代理士

建築士法への請願

一九四九（昭和二四）年九月、東京建築代理士会の機関誌『月刊建築代理士』[52]は、そのトップ記事で、近く建築士法を国会に上げる動きがあると報じた。

建築士法は、建築の設計監理等を行う技術者の資格を定めた法律である。そこには、彼らが長年行ってきた、建築に関する調査鑑定・法令に基づく申請届出の代理業務も含まれ、それを行える者は、試験に合格して免許を得た者となる。

すでに建設省や建築学会・日本建築士会など主な団体では、終戦直後から俎上に載り、独自に、あるいは寄り集まって検討が進んでいた。しかし、その動きが建築代理士会に伝わったのはずいぶん遅かった。会合が持たれるようになって久しいこの年の六月になってようやくである[53]。技術や学識が前に出ないため、関連する団体と見られていなかったのかも知れない。

建築士法の立案にあたって建設省では、この時期、住宅局長の伊東五郎と建築指導課長（以下、建築指導課を、指導課と略すことがある）の内藤亮一が、基準法と士法のいずれを優先すべきかで激しく衝突していた（第四章2節）。しかし、優先順位はともかく、いずれ制定される方針に違いはなかった。しかも戦前とは異なり、政府の構想として、また、GHQの後押しも受けている風もあるとなれば、市井の者たちにとって、もはや不可避に等しかった。

自らの生活が脅かされかねない法が構想されている。この「探知した点より考察すると」、「本法案がこのまま通過した暁には当然失業のうき目を見なければならない実に重大の問題」という「戦慄すべき事情[54]」に、彼らは直ちに特別委員会を編成、陳情を決める。

確かに、法案はある程度できていた。しかしその詳細や、まして実施にあたっての細部は、まだまだ混沌とした中にあった。とうぜん既得権に対して何らかの配慮のあろうことは予想できた。けれど、彼らはそれを座して俟つことはできなかった。というのも、この直前遭遇した測量法（昭和二四年法律第一八八号）の、あまりにも抜き打ち的な制定が脳裏にあったからである。

代理士条例では、いくつかの府県（群馬・東京・神奈川・京都・鳥取・福岡）で、書類の作成にあたり敷地の調査が遵守事項となっていた。そこからわかるように測量は彼らの日常業務の一つだった。測量法に基づく測量士・測量士補の認定にあたり、既得権が認められなかった彼らは、こうした事態を再び繰り返さないためにまず、「1、現在の建築代理士は全面的に建築士に認めるべきである。2、前項を全面的に認めることが出来なければ何年以上此の業務に従事して居るもの［と定めてこれを］を認めてもらい度い」と主張した。なぜなら、「例え既得権は認められ、建築代願業務は差し支えないとの御達しがあったとしても建築の設計は出来ない、現場監督はできないとあっては結局建築士の設計したものを代願だけすると云うことになり、従来の幾%かの極く小さい仕事しか出来ない(55)」、「他方建築士は代理行為も自由に出来る次第で、我々は自然消滅の行路をたどらねばならない(56)」からである。この時点で彼らは代書屋ではもはやなく、技術者、あるいは設計者を以って任じていたが、条例が認める業務は、建築士と比較したとき、あまりに制約があり過ぎた。

建設省が八月に示した法案に配慮のなかったことも決意を固めさせただろう。一級建築士・二級建築士（この時点では建築士・建築士補と仮称）になれる者は、それぞれ次のようにあった。

建築士法附則要綱

第一、この法律は、昭和二十四年　月　日からこれを施行する。

第二、三年以内に限り審議会の定める特別建築士試験を行う。

一、建築士となる者（特別試験をうけられる者）

(1)、学位授与された者

(2)、左記の職で一又は二以上通算して三年以上の者

1、大学
2、旧大学　｝教授、助教授、講師
3、旧高等専門学校

4、建築関係会社の職で審議会の指定するもの

5、建築関係会社の課長又はこれに準ずるもの
6、研究機関の責任者で審議会の認定するもの
7、一、二級官の建築行政をなす者
(3)、引続き十五年以上建築設計の業務を行った者でレポートを提出して、試験にかえられた者
二、建築士補となる者
1、引続き五年以上設計監理業を行っている者
2、前号の場合は三ヶ月以内に都道府県へ登録しなければならぬ
第十、都道府県代理士条例は廃止する。
第十二、代理士は従来の名称を用いて三ヶ年の間営業できる。
第十五、代理士試験に合格した者は士補試験を免除する。

(「建築士法案」一九四九年八月二三日　前川文庫)

建築代理士への配慮は、せいぜい代理士試験合格者に対する建築士補試験の免除(附則第一五)と、「代理士は従来の名称を用いて三ヶ年の間営業できる」(同第一二)程度、しかも、この附則には「都道府県代理士条例は廃止する」(同第一〇)とあった。

こうした事態に、今や技術者集団を自負する東京建築代理士会は運動を開始。建築士法案対策委員会を置き、九月、法案三条三項に「又は既に地方長官が認定したる資格試験に合格したる者」、附則に「建築士及び建築士補の試験資格を有する者で、本法施行の時に於いて実務経験[注:代理業務を含む。以下、単に〝実務経験〟とするものは同]を有する者は資格認定により免許を受けることを得」の字句を挿れた案を編む。これを携えて一〇月、建設省に伊東を訪ね、「建築代理士は都道府県条例又は規則によって資格を獲得したもので、[建築]物法の普及徹底には不可欠の

存在で、建築行政面に三十年間の貢献者である」と擁護を求めた。

これが功を奏したか。同月の建設省案では、彼らに配慮した修正がなされた。続いて一一月には政務次官を訪ね、「建築士等の受験資格の原案修正と、附則中実務経歴年数の短縮とを強調」、建設大臣宛の懇請書を渡すなどを行い、並行して、都までを含め「建築代理士の存在を無視されないよう」と日参。都では、石井桂（建築局長）から「親愛なるわが東京建築代理士は身を挺しても見殺しはせぬ」と、中井新一郎（指導課長）から「全国何処の建築代理士よりも、わが東京都建築代理士はレベルが上だから、全員建築士たらしめたい」と、最上の言葉を引き出す[57]。

ところが翌年、上程を間近に控えた一月、再びこの既得権の保護を謳う附則が消える。

運動の当初彼らは、各県代理士会ごと個別に関係議員・官庁に訴えていた。しかし、要望が盛り込まれかけては消える事態に、幹部たちは全国組織の必要を痛感[58]。急遽、会員には事後承諾の形で、二月、東京・神奈川・近畿の代表が集まり全国組織、全日本建築代理士会連合会を仮結成。法の成った五月、正式に発足させる（図1-4）。

東京建築代理士会は、仮結成間際の一四日、衆議院建設委員会に最初の請願書を提出。間髪容れることなく二〇日には近畿建築代理士会連合会が、さらに二三日にも再び東京が出す[59]。全国組織の結成に加えた矢継ぎ早の行動は奏功し、要求は通る。もちろんそこには、制度をどう始めるか、これに対する建設省の意向が多分に反映されてのことではあった。

初年度には実務経験だけで建築士に選考され得るという附則を入れた法案は、その審議のさなか、法案提出者となった田中角栄に「この影で泣く人を一人でも二人でも作ることは、それはいけない」（第七国会参議院建設委員会一九五〇年四月一一日）と言わしめ、四月八日衆院を、二六日参院を通り、基準法と同じ五月二四日、公布された。建築の設計監理等に携わる技術者の法律は、戦前からの紆余曲折を経てようやくここに成ったのだった。一面において、建築代理士たちが、積極的な活動によって要求を実現した。それは確実な成果であった。

それでも、法に盛り込まれたことと、具体的にそれをどうスタートさせていくかは同一でなく、ここで残った問題は、以後、建築代理士たちの大きな関心事となっていく。

建築代理士条例への中央の態度

建築士法制定にあたり、むしろ地方で制定の相次いだ建築代理士条例を、中央はどう見ていたのだろうか。

先に挙げた前川喜寛は、終戦直後、戦災復興院に入り、建築行政官としてのキャリアをスタートする。その若き日に前川は「〝代願は法規制による寄生虫である〟と失言して、非難された」[60]と語る。その真意は「代理業務は設計者が行うべき」という士法に込めた精神にあったが、とはいえ、地方に重宝がられた代理士も、中央では芳しい評価を得てはいなかった様が見て取れる。果たしてどうだったのか。

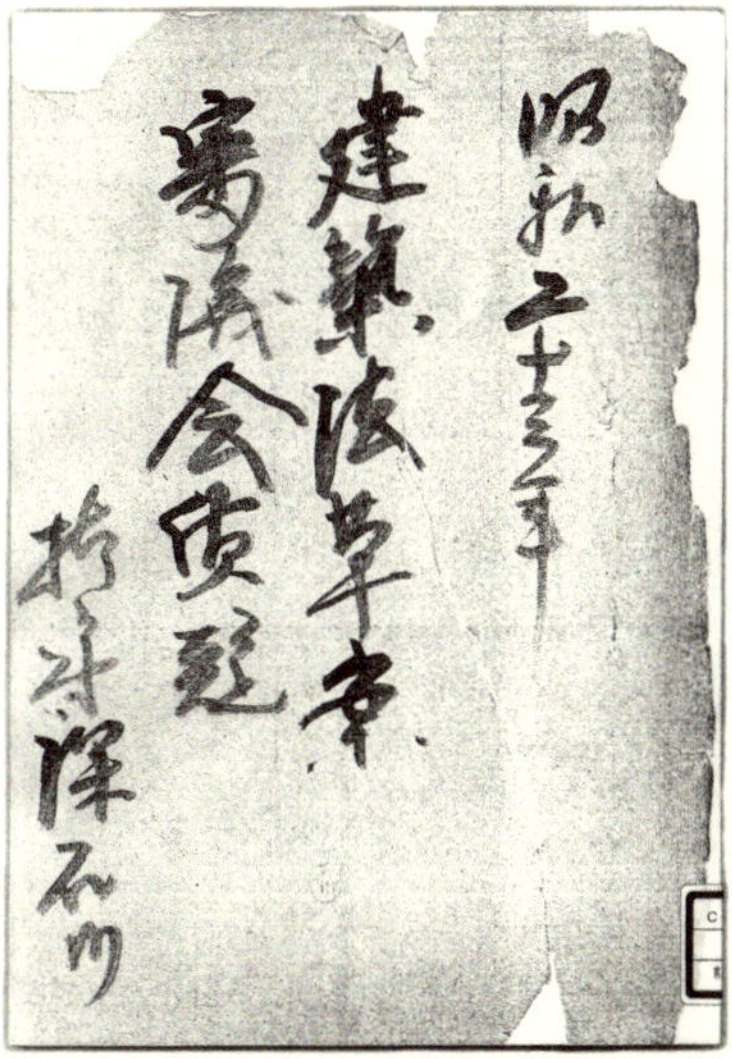

図 3-7　『建築法草案審議会質疑』(1948 年)

日本建築センター前川喜寛文庫所蔵資料
建築法草案を編む際の議論の集積

このとき当の住宅局で建築指導課長だった内藤亮一は、戦前、次のように述べた。

> 日々建築せられる貸家住宅の如きは、建築代願人により設計せられ、市街地建築物法の審査を経て所謂大工業、左官業により手工業的に建築せられ、その間建築法規に依る検査が両三回行われるに過ぎないものであり、営利を目的として生産せられる建築物に対して余りにも技術の参与が貧困である。[61]

代願人の能力には懐疑的だったことがわかる。また、前川の旧蔵資料から中央の意向を見ておきたい。

戦後間もなく、「建築法草案」をまとめるにあたり、戦災復興院が識者を集め意見交換した。その綴りがある（図3-7）。建築法草案については第四章に詳述するが、そこには建築士制度が盛り込まれていた。そのため代願人と建築士の兼ね合いが問われ、次の議論がなされた。

石井［桂］　代願人はどうなるか。

本院［＝戦災復興院］　代願人は認めない。

本院　代願人に依頼して書類を作る事は一こうかまわない。東京辺の代願人は建築にも通じてゐるから工事管理者の資格はうけられる。

石井　しかしそれは東京だけで地方へ行くと、うまく出来ぬことが出てくるんじゃないか。戦災復興院が雲の上にゐて実状を知らぬので、そんな事をいう。

本院　反面そんな便利な事があるから大工が法規を知らぬ様になる。（略）

石井　代願人は違反建築防止には非常に功労がある。

（前川文庫）

代願人の有効性を訴える都の石井に対して、認めない復興院の強い調子がうかがえる。

次に、「建築代願人制度の必要」と付された資料がある。建設院の用箋に書かれていること、中に「本院としての今後の方針」とあることから、一九四八（昭和二三）年一月から、建設省に改称する七月までのものである。「昨今年卌始「公認建築代理士条例試案要綱」作成」の文字も見える。翌年一月公布となる公認建築代理士規則（東京）の試案のことであろう。ごく簡潔な要点の箇条書きで文脈には不明もあるものの、なぜ代願人が必要なのか、どんな根拠で設けられているのかが書かれている。

二・建築代願人条例制定までの経過

1・昨今年卌始「公認建築代理士条例試案要綱」作成—法律□しようという案　旧代願人規則

2・研究不充分と早急の必要性により、前記要綱をやめる
3・地方自治の精神、地方実情の差異のため条例を制定させることとした――~~旧代願人規則~~
4・本院としての今後の方針
①代願人制度の研究――他の行政書士と~~司法書士~~との関係
②条例とその成果
（前川文庫）

「法律□しようという案」（1）とは、建築代理士法が案にあったものの、研究不足のため取りやめ（2）、条例に委ねた（3）ということだろうか。確かにこの時期、のちに建築基準法や建築士法となるものの立案は滞っていたから[62]、建築代理士法が検討された可能性は全くないとは言えない。

これに続き代理士の名が登場するのは、先に示した一九四九年八月二三日付け建築士法案の附則要綱である。つまり、建築士法の本格立案開始後である。ここでは「第十、都道府県代理士条例は廃止する」以下、廃止後の経過措置が六項にわたり記された。この時点では明らかに代理士条例を廃し、それを建築士に組み込み一本化していく明確な意志がうかがえる。冒頭の前川発言は極端としても、代理士の業務を丸飲みした新資格を構想する建設省にとって、その開始にあたり代理士は廃止する方針だったと見て間違いない。

建築士の選考

制定なった建築士法には、運用に向けて解決しなければならないことが二つあった。

一つは、制度開始の初年度に限り資格試験に代えて実施することになった選考で、具体的に誰を建築士たらしめるか、であり、もう一つは、制定時には保留した、建築士でなければ設計又は工事監理することのできない建築物の範囲（業務独占となる範囲）をどう決めるか、である。

「緩に流れては折角の法律の趣旨が没却され、厳に失しては救済の目的が失われることとなる」、「法律施行当初における第一の難しい問題」[63]と内藤亮一は語り、その困難をよく理解していた。いずれも建築家たちにとっては瑣末なことだったが、代理士たちには切実だった。法案が、要求が盛り込まれた形で上がった時点で、その関心が、施行にあたり自分たちがどこまで救済されるかに移っていくのは自然なことだった。

選考で建築士になれる者は、田中角栄の答弁には「少なくとも［一級建築士の場合、実務経験が］十五年ということであるならばこの法律案の主旨に危険などというような人を選考することもないでありましょう」。「実際に東京都、大阪府の条例による建築代理士の試験に合格し、現にその職務に従事しておるもの尚これが選考の対象としては現に存在する代理士会等の証認を得たものによって選考に代える」（第七国会参議院建設委員会　一九五〇年四月一一日）とあった。とはいえこのとき示された一級で一五年以上、そして二級で一〇年以上という実務経験は、選考を受けるための必要条件で、資格を得る十分条件ではもちろんなく、具体的には制定後の検討によることとなった。

制定の翌六月初め、入手した選考・考査基準案を東京建築代理士会は、「その選考、考査の厳なること。これでは我が代理士会の諸君と雖もその幾パーセントかが一級建築士にかなれないだろう」[64]と見た。そこで早速同会は、選考申請に万全を期すべきと建築士資格調査委員会を設け、予想される基準に照らして、会員のどれほどが建築士になれるかを調べる。

一大関心事であるこの調査には、皆、協力を惜しまなかったが、戦後間もないこの時期、戦災で記録が焼け、現地に赴いての確認を余儀なくされた者もあった[65]。そのようにして七〇〇の会員から集まった六四四名を見込みで篩《ふるい》にかけると、一級の選考考査対象となりそうな者が五二パーセント、二級、そして、いずれも不適と見られる者がともに二四パーセントとなった[66]。結果を予期して代理士会は、同月、建設省に内藤を訪ね、「選考、考査の基準案が余りに手厳しい」と伺いを立てている[67]。

九月、七月を予定しながら未だ決定を見ない選考基準に、次の意見が寄せられた。

選考基準云いかえれば無考査基準案が、いまだに五里霧中を彷徨していると聞く。（略）キャッチした内容を検討して頗る遺憾に思うことは、立案当局者が無定見で、一貫した信念に乏しいことである。（略）苦心せられつつあることは一応納得は出来るが、立案当初に於いて資料の不足か、調査杜撰の結果か、一級若しくは二級建築士無考査該当者を過少評価した点にも大きな蹉跌が生じたのではあるまいか（略）。

苟《いや》しくも建築士たる最高技術の資格としては学歴と高度の技術と優秀なる実務の経験とを具備することは勿論であるが、（略）それぞれの立場々々によって選考基準の願望と要求が異なって、立案当局を苦しめまどわせる。この点真に同情せざるを得ないのである。しかし一歩誤ればその及ぼす所極めて大で、折角の名立法も変じて悪法となる。（略）立法の精神に順応して適格者を選び、法運営の万全を期することは勿論であるが（略）徒に数の限定をし、故なく有資格者をして落伍せしむるが如きことがあっては相成らぬ（略）先進国アメリカに於いてすら、最初から立派な建築士揃いであったとはいわれまい。階段も第一段から順序よく登るもので（略）第一段を踏む者は既得権者であっても、第二段からは試験合格者である（略）立法の精神は年を追うて実現せられるのである(68)。

関連団体との間で板挟みになる当局に同情しながらも、揺れる基準に不満を漏らし、かつできるなら当初は甘めにして、自分たちを救済して欲しいと願う文である。そのときまさにこの事務にあたっていた前掲前川喜寛は、上司の内藤から、中央建築士審議会の席で内田祥三が、「先ず甘いといわれる程、当初はできるだけ広く抱き込み、次第に高めるべし」と主張したと聞いている(69)。

しかし、同じ席にいた佐野利器は、「これでは一寸した大工の棟梁が皆一級になってしまう。承服できない」と述べ、より厳しくすべきと言ったという(70)。審議の席も、まさに外野が観ていた如く揺れていたのだった。議論は、最終的に佐野が席を蹴って退席、内田の方針で決定をみる。意に沿わなければ席を立つのは佐野の常套手段だが、内藤ら住宅局の方針とも合致するところであっただろう。
「建築技術者の資格制度に関する調査要綱」という資料がある。作成者ははっきりしない。建築士法案検討のため関連団体で組織した〝建築技術者の資格制度調査に関する四会連合委員会〟(以下、四会連合委員会)か住宅局であろう。欄外のメモ書きに「日本建築学会　24・11・2」とあるから、一九四九(昭和二四)年一一月二日に建築学会で開かれた委員会での配布資料と思われる。ここには次のようにある。

三・建築設計技術者(仮称建築士)法の性格

(3)　建築士の資格の水準は程度が高い程建築文化は発達するものであるが、わが国の現状に於いてこの法律制定の始より余り高きに過ぎるときは特定少数の技術者のみとなり法律の普遍性がなくなるから現在の技術者と今後毎年度に有資格者となるべき人員数とその取扱う建築物の水準とを照合して適当なる一元的資格を定めるのが妥当である。尚広範囲の建築物の設計を対照とする必要ある場合には地方毎にそれに応じて補助的に資格を定むべきである。(前川文庫)

①当初はあまり基準を厳しくすべきでないこと、②有資格者の数と取り扱う建物の範囲の適正に留意すること、③場合によっては地方ごとに応じることもあるべきこと、とある。ここには住宅局ももちろん出席している。つまり建設省にとってはすでに前年からの方針だったのである。その核にいた内藤は記す。「明治時代に医師法がわが国において初めて制定された場合にも、またアメリカの各州に建築士法が制定された当初においても、相当の経過措置がとられていた」(71)ではないか、と。
とはいえ内田の「甘め」と代理士たちの「甘め」には、ずいぶんな隔たりのあることは論を俟たない。この後、都建築局を例に、班長(＝他府県の課長)級以上が一級建築士となるにはどうであるとよいかの試算などを経て、一〇月三一日、ようやく選考基準が決定(翌月七日告示)。こうして初年度を限りに行われる無考査での選考は、一級・二級とも二つの基準で判断されることとなり、第一は、設計監理等の実務の質(件数)によるものでこれを原則とし、

級ごとに求める規模が異なるものの、六件の設計、施工を技術的に責任を負う立場で行う者[72]、そして第二は、学歴と実務年数によるもので、この年数は、一級で三〇年（建築代理士は二五年）以上、二級で二〇年（建築代理士は一五年）以上となった。

実務年数に注目するなら、最初期、七月には、経験一五年を上限にしていたものが[73]、決定二ヶ月前の九月には[74]、一級で三〇年（代理士は二〇年）以上、二級で二〇年（代理士は一二年）以上となり、一〇月末、決まったのは、先述の通り、一級で三〇年（代理士は二五年）以上、二級で二〇年（代理士は一五年）以上である。

つまりこの推移に見るように、代理士にとってハードルは次第に高くなっていった。ましてそれは、田中が語った必要条件としての年数に比べたなら、なおさらといったものとなった。

一級建築士選考の第一回申請は、一一月中旬からの一ヶ月を期間に受付。二月初旬決まった二八名の選考委員は、中には偽造の卒業証明書すら混じった書類を精査[75]。三月までに、無考査で合格する者と、考査を要す者とに振り分け、無考査の合格者にはその一六日通知が、考査を要す者には、三月と六月の二回にわたり考査が行われた。

ここで第一回考査、全七〇題の最後に出された次の五択は、受験者を大いに悩ませたという。あるものはブローカー的だし、あるものは経営を考えたならどうか、と[76]。

［問］　あなたが或る一級建築士事務所の管理者であるとする。もし或る人が或る建築物の設計を依頼してきたときに、それがあなたの事務所の技術的能力からみて到底出来そうもないものであったならば、あなたは次のうちのどの処置をとるか

1・あなたの知っている他の有能な建築士を紹介する。

2・引き受けた後知り合いの有能な建築士にやってもらう。

3・引き受けて設計をまとめあげた後、他の有能な建築士にやってもらう。

4・不明な点は建築主事に相談し、建築基準法に完全に適合するように注意して設計する。

表 3-1　建築士考査合格者数（1951 年）　（人）

考査種別	回	一級建築士		二級建築士	
		全国	東京	全国	東京
無考査	第 1 回	14,739	4,279	＊	4,343
	第 2 回	2,339	540		
考　査	第 1 回	4,119	1,702	＊	1,300
	第 2 回	1,809	520		
合　計		23,006	7,041	39,796※	5,643
合格率（%）		80.4		71.6	

※：海外引揚者を含む　＊：不明

出典：『月刊建築代理士』29 号，1951 年 9 月・建築審議会『建築行政の概要と現況』1966 年より筆者作成

5・責任をもって引き受け、大いに勉強して完遂に努力する(77)。

正解は1だ、と出した前川は言う。「建築士というのはすべての建築を扱える者ではなく、自分の能力を評価できて、その範囲で技術能力を発揮できる(78)」者であることがふさわしいと考えての出題だった。

各県に委ねられた二級の選考も同様に行われ、一級で二万三〇〇〇、二級で三万八〇〇〇（引揚者を含め四万）が合格（表3-1(79)）。続いてそれらの登録によって、一九五一年五月、三一〇〇〇の一級建築士が誕生。山形の渋江菊蔵がその一号となり(80)、以後一〇号までを山形勢が占めた。伝説として囁かれる、議員立法に対する功労からの昭和の宰相〝田中角栄第一号説〟はまさに伝説で、田中の登録は一万六九八九号、第一号の登録からちょうど一年後のことだった。

建築士でなければ設計監理することのできない範囲の決定

そしてもう一つの問題。建築士の業務独占となる範囲、すなわち建築士でなければ設計又は工事監理をしてはならない建築物の範囲（法第三条、表3-2）は、どのように決まったのだろうか。見ておきたい。

これが基準法の建築確認を要す範囲と一致して、ごく小規模までを含んだなら明快なのだが、そうはなっていないからである。また、資格を得る者の能力に幅がある場合、自ずとそこでは資格を級別にする必要が生じる。その結果、級ごとに業務を独占できる範囲の上限が異なることになるが、逆にその下限、

表 3-2 建築士の設計監理の範囲（建築士法第 3 条〜第 3 条の 3，1951 年）

<table>
<tr><td colspan="3">構　造</td><td colspan="3">木造建築物その他</td><td colspan="3">RC 造・CB 造・無筋 CB 造・煉瓦造・石造・鉄骨造</td></tr>
<tr><td colspan="3" rowspan="2">高さ・階数</td><td rowspan="2">階数 1</td><td rowspan="2">階数 2</td><td rowspan="2">階数 3 以上</td><td colspan="2">高さ≦13 m かつ軒高≦9 m</td><td rowspan="2">高さ>13 m 又は軒高>9 m</td></tr>
<tr><td>階数 2 以下</td><td>階数 3 以上</td></tr>
<tr><td rowspan="8">延べ面積（L：m²）</td><td colspan="2">L< 30</td><td colspan="2" rowspan="2">C:誰にでもできる(＊)</td><td rowspan="5">B</td><td>C:(＊)</td><td rowspan="3">B</td><td rowspan="3"></td></tr>
<tr><td colspan="2">30<L≦ 150</td><td rowspan="2">B:(＊)</td></tr>
<tr><td colspan="2">150<L≦ 300</td><td colspan="2" rowspan="3">B:1 級又は 2 級建築士でなければできない(＊)</td></tr>
<tr><td colspan="2">300<L≦ 500</td><td colspan="3" rowspan="5">A:1 級建築士でなければできない</td></tr>
<tr><td rowspan="2">500<L≦1000</td><td>一般</td></tr>
<tr><td>特建※</td><td colspan="3"></td></tr>
<tr><td rowspan="2">1000<L</td><td>一般</td><td>B(＊)</td><td colspan="2"></td></tr>
<tr><td>特建※</td><td colspan="3"></td></tr>
</table>

1. ＊：条例によって C が B に，B が C になることがある
2. ※：特殊建築物（学校・病院・劇場の類及び百貨店）の場合
3. 応急仮設建築物（建基法 85 条）は除外

出典：小宮賢一「建築士の設計と工事監理」『建築雑誌』66 輯，778 号，1951 年 9 月，23 頁

〝建築士に委ねることが法的に求められない建築物の範囲がどう決まったのか〟は、まさしくその範囲に当てはまる一般住宅の設計を考える上で見逃せないからでもある。

士法立案の前、建築法草案の検討時（一九四六（昭和二一）年一〇月）には、次の議論がある。

石川［知福《ともよし》 厚生省公衆衛生院 医学博士］ 住宅等をかえって建築士にやってもらいたいと考えるが如何。

本院［＝戦災復興院］ 総ての設計を建築士の手による事は望ましいが実施に困難を伴うと考えられる処から斯くした。(81)

同じく本格立案の以前、第二国会で内藤亮一はこう述べる。

第三国会ぐらいには建築士法という法案を（略）、民間における建築技術者をこの法律において規定いたしまして、いかなる建築物を建築いたします場合でも、最初はやはり市街地に限らなければ――農村の農家の建築までこの法律を適用するのは困難でありますが、少なくとも市街地におきましては、いかなる建築物も建築士の設計監督にあらざれば建築することができないというような建前をもちまして、一方建築士には建物の規模、構造、用途によりまして、一級、二級、三級くらいにわけまして、国家試験もしくは一定の資格によりまして、技術者に承認制あるいは許可制をとりまして、一つの権利を与える

（第二国会衆議院治安及び地方制度委員会　一九四八年三月二〇日）

最初は限定的になることは仕方ないが、最終的にはいかなる建物も建築士の手で。この考えは、内藤個人としては法ができた後も変わることはない。一方、法が成った第七国会での法案提出理由の中で、田中角栄は次のように説明する。

すなわち特殊用途の建物で三十坪未満のものまたは二階までの木造で九十坪未満の建物は、この規定ができてからも、だれでも設計または工事監理ができるわけでございます。従って一般木造住宅の建築等に対しては大きな影響を与えないのであります。

（第七国会衆議院建設委員会　一九五〇年四月六日）

実際には、「この範囲については、別に法律で定める」（第三条第二項、巻末資料1）とされ、のちの改正に委ねられることになっていたことは述べた。全てを記すのは煩雑なため、特に、上限に縛りがあり、結果的により小規模を対象とする二級建築士と、より簡便な構造物と考えられている木造に焦点をあて見ていく。

建築家たちの意見に得るものはないが、代理士たちは、範囲の決まる第一〇国会のさなか、衆参両院他、関係官庁に請願を出す[82]。そこには、この範囲の下限は、「木造の建築物で、階数三階以上又は一棟の延べ面積が百平方米以上のもの」とあった。第七国会での説明より拡げた形である。そこでの審議の一切は彼らの知るところだったから、彼らの実情に照らし、敢えて拡げて提案したのだろう。

建設省や地方はどう考えていたのだろうか。前掲前川資料に加え、同じくこのとき建築指導課にいた北畠照躬《てるみ》の旧蔵資料などをもとに、建築士法の構想中から見ていく。

まず、地方の意見がわかる資料は二つ。一つは、法の構想中、一九四九年八月のもの（表3-3）[83]、いま一つは、制定後、選考基準の構想中、一九五〇年八月のものである[84]。前者で構造規模に関する記述を拾うと、岐阜の「軽微な建築以外凡て」や、千葉の「二級は簡易なもの」、福岡の「二級　木造一〇〇坪未満」という要望がある一方で、中に

表 3-3　都道府県住宅主務部長の建築士公認制度に対する意見の概要

［昭和］24. 8. 10.
建築指導課

全都道府県が賛意を表していて，大阪の如きは単行法として至急実施するよう要望している．主な意見は次表の通りである．

府県名	資格	試験の種類	資格取得の程度等	業務の範囲
岐阜	1 級 2 級 3 級	…大臣　但し，全 …知事　て全国共 …知事　通試験		軽微な建築以外凡て
鹿児島	1 級 2 級		試験と経歴	
香川	1 級 2 級		詮衡を認む	
千葉	1 級 2 級		試験重点	2 級は簡易なもの
広島	1 級 2 級		2 級は大工棟梁程度	
佐賀 福岡	1 級 2 級			…特殊及び一定規模未満 …木造 100 坪未満
群馬 静岡				特定種類・規模に限る
山形			詮衡を含める	

其の他の意見
・鳥取・岐阜・広島　…………責任と義務を明らかにする
・青森・福島　…………………竣工迄責任を持たせる
・神奈川　………………………市建法の監督制度との関係に考究の余地多し
・和歌山　………………………構造強度等に関し詳細な規程をさけ，別に基準を定め，具体的設計は建築士に委せる．
・高知　…………………………行政法である［建築］物法に含むのは適当でない．
…………………………特定建築物（規則 143 の 1〜4 号）の設計監督は建設業法 26 条 1 項にいう主任技術者に限定する
・青森　…………………………緩和規定をなくして構造規定全部を適用するときは必要

出典：日本建築センター前川喜寛文庫所蔵資料

は群馬のように「特定種類・規模に限る」と限定するよう望む声もある。後者では、山形や鹿児島のように、一級の範囲の限定を望む自治体のある反面、二級では、愛媛の「範囲拡大木造一五〇平米以上」、鹿児島の「範囲拡大　木造一〇〇平米以上」など、拡げるよう意見するのが目を引く。これらから、おおむね、できる限り拡げ小規模までを含むよう求めていることがわかる。

建設省や識者の意見や案としては次のようになる。

一九四九年八月一三日、日本建築学会での打合せで、四会連合委員会に提出された建築指導課作成の資料（「建築士法制定上の主要点」）には、次のようにある。

三　建築士でなければ関与できない建築物

特殊建築物及び一定規模以上のものに限るか、又は軽微なものを除く凡てとするか、更に地域を限定するか

（前川文庫）

二つの異なる可能性が示され、まだまだどうするか定まっていない様子がうかがえる。

必ずしも範囲を示したものではないが、同年一一月一五日付けの資料（「建築基準法・建築士法　住宅局案に関する三会連合協議会」）での内藤指導課長の法案説明では、

図師［嘉彦］　二つに資格を分けた理由及び、分けたにも拘わらず資格が割合に接近している理由

↓「外国の例でも一つの資格であるが、このときは重要な建築にのみ限られている。しかし、一般の建築は木造の小規模のものであり、日本の状況ではこれの防災等を重視しなければならない。これを指導して行くためには建築士のみでは手薄なので、工務士［注：のち二級建築士に改称］の制度を設けた。」

（北畠文庫）

ここで資料に、↓「　」内は「当局側解答《ママ》」とあるが、説明者は内藤だから、内藤の発言であろう。より小規模な木造建築を重視したがゆえに建築士を二段階にして、その領域に携わる層を補強したいとの意向がよくわかる。

建築士の選考基準をどうするかについてもこの範囲との兼ね合いが問われる。一九五〇年七月二〇日の「建築士選考基準要綱案」には、

2　左の各号の一に該当する建築物の建築行為は一級建築士又は二級建築士の設計した設計図書によらなければこれをしてはならない。

二　木造建築物で階数三以上又は一棟の延べ面積が三百平方メートルをこえるものの建築

（前川文庫）

とあり、三階建て三〇〇平方メートルとなっている。田中説明と同じである。制定から日が浅いためだろう。とはい

え、これより前、七月一〇日の五会連合委員会議事[85]にはこうある。

士法第三条第二項の建築物の種類及び範囲を定める法律案について審議の結果、二級建築士の業務範囲の巾をもっと下に拡大することに大体意見の一致を見た。

（石原信之旧蔵資料）

同じく「建築士選考基準案」という資料に付された別紙にも範囲がある。作成日は不明だが、選考基準にある実務経験のみによる二級建築士の年数に「二〇年以上」とあるから、九月頃だろう。

2　一級又は二級建築士によらなければならないもの（1の一級建築士によらなければならないものを除く。）

二　木造の建築物で、階数二以上又は一棟の延べ面積が二百平方メートルをこえるもの

（前川文庫）

ここでは二階建て二〇〇平方メートルとある。すでに記したように、七月二〇日案から一〇月三一日の最終案にかけて、実務経験に偏った者の選考基準は厳しくなっていったから、結果から見れば、建築士の業務独占範囲を拡げた分だけ、厳しくしたことになる。範囲を拡げるならそれに応じて基準も甘くすべきと考えるが、当初のは甘すぎて、質の下がり過ぎることが懸念されたのかも知れない。

この後、決定をみた選考基準とは別に、範囲の下限は、翌年の提出に向けてさらに検討が続く。

五月、第一〇国会に出された改正法案の審議では、第七国会での田中発言との整合が問われることはないまま、改正は六月四日成立（昭和二六年法律第一九五号）。これによって「延べ面積が百五十平方メートルを超え、又は階数が三以上の建築物」となる。階数はともかく、面積はさらに拡がったことになる。それでも、佐々木更三（日本社会党）から「四十五坪［＝一五〇平方メートル］は農村では一般の大工を排除することになるのではないか。また、都会でも厳しすぎるのではないか」と、資格を得られない者の既得権侵害を危惧する声が出た（第一〇国会衆議院建設委員会　一九五一年五月二一日）。

地方の意見を建設省がどの程度付度《そんたく》したかわからない。しかし、ここで田中発言を含め、建設省の意見や案の推移

のできない範囲の決定経緯（下限，木造）

	▽建築士法制定		1950(S25)年		1951(S26)年
12月	4月6日	7月20日	8月	9月頃	6月4日
「内藤課長 病気中の横浜司令」	第7国会 衆議院建設委員会議録(法案提出主旨)	「建築士選考基準要綱案」	「建築士法施行に伴う当面の二三の問題について」『建築と社會』	「建築士選考基準案」	第10国会法律第195号
内藤亮一他	田中角栄	住宅局	内藤亮一	住宅局	−
(建築士制度について) 内藤課長の持論 特権的な建築物のみの質の向上ではなく，群小の庶民建築を向上さすこと	木造，3階以上又は300㎡以上のもの*(従って一般木造住宅の建築等に対しては大きな影響を与えない)	木造建築物で階数3以上又は一棟の延べ面積が300㎡をこえるもの*	(一般小住宅にまで強要することは，国民に負担となるとの意見が国会で述べられていたが) 私見としては，少なくとも市街地においては住宅の新築の場合にはこれを法律を以って規定することは妥当	木造の建築物で，階数2階以上又は一棟の延べ面積が200㎡をこえるもの*	(木造で) 延べ面積が150㎡を超え，又は階数が3以上の建築物*

をまとめると、内藤亮一は、一貫してできる限り小規模までをと主張するが、第七国会では範囲が狭まる（三〇〇平方メートル）。以後、ほとんどの住宅が外れる形のままではあるものの、第一〇国会での改正に向けて範囲は拡がっていった（一五〇平方メートル、表3-4）[86]。実際にはこの範囲は条例で定めるものとなったが、上位法でこのように定められた意味は大きい。

こうしてはじめ、それぞれ一万人・三万人と見積もられた[87]一級・二級建築士は、前述の通り一級で二万三〇〇〇人、二級で三万八〇〇〇人が誕生。範囲が三〇〇平方メートルから一五〇平方メートルになるにあたって、一万人から二万三〇〇〇人に、三万人から三万八〇〇〇人になったことになり、大づかみに言えば、範囲が拡がった分だけ人数が増えたことになる。確かにそれは、内田の主張「最初は甘めに」を実現したものだった。当初の案は甘すぎたものの、それをある程度保ち、厳しくし過ぎないことで、少しでも一般住宅を含める方向に向けたと言えるだろう[88]。しかしそれは、内藤発言にある、ごく小規模の建築までをできる限り含めようとするものではなくなった。建築物の大半が建築士の設計によらずともよいことになったのである。

もちろんそこには、制度をつつがなく始めるためやむを得ず

表 3-4　建築士でなければ設計監理すること

西暦（和暦）	1946（S21）年	1948（S23）年	1949（S24）年	
月日	10 月	3 月 20 日	8 月 13 日	11 月 15 日
資料	「建築法規調査委員会」議事録	第 2 国会衆議院治安及び地方制度委員会議録	「建築士法制定上の主要点」	「建築基準法・建築士法　住宅局案に関する三会連合協議会」
発言者・作成者等	石川知福・戦災復興院担当者	内藤亮一	住宅局担当者（伊東五郎・内藤亮一他）	内藤亮一
内容	石川：住宅等をかえって建築士にやってもらいたい 復興院：総ての設計を建築士の手による事は望ましいが実施に困難を伴う	最終的には全ての建築物に適用したいが，最初は少なくとも市街地では全ての建築物に適用	特殊建築物及び一定規模以上のものに限るか，又は軽微なものを除く凡てとするか，更に地域を限定するか	一般の建築は木造の小規模のものであり，日本の状況ではこの防災等を重視しなければならない

＊：建築士でなければ不可
出典：日本建築センター前川喜寛・北畠照躬文庫所蔵資料などより筆者作成

との判断もあったに違いない。また、選考に携わった前川喜寛が言うように、「全ての建築物に適用すべし等は考えてもいないし、又、法律論としても成り立たない」、「法で強制することと、裾野への拡がりを期待することは全く別の角度です」との判断もあっただろう[89]。

改正の直後、三宅俊治（建設省指導課、士法担当）は「将来は、建築物の設計及び工事監理は、原則として建築士でなければならないようになるのが理想であるが、現状では、未だそこまで参らないと思われる[90]」と書いた。やはり全てが含まれることが理想だと言うのである。

実際にこの範囲はその後まもなく一〇〇平方メートルに拡大（一九五七年）。また、実現しなかったものの、六〇年代後半には、さらに拡げるよう検討される。つまり当初漏れ外れた領域をできる限り網羅すべく動いていく。それでも、一人あたりの居住面積が三畳程でしかなく、二割の世帯に家すらなかった当時のこと、一般庶民の住宅は、言うまでもなく全てがここに該当した。木造であれば誰でもが設計してよい形で制度は始まったのだった。このように〝規模の小さな住宅までを含めたい〟との考えが運用開始時に果たされなかったことがこののち、法をあてがわれた建築家たちと行政の間に埋めがたい溝を生む。

建築家たちは、あたかも大規模・特殊用途を対象とするかの如く映ることになったこの法を、以後、ことごとく誤解していく。出来損ないの建築家法だ、と。[91] 法に託した行政、内藤の思いは、こうして伝わることのないまま虚空に消える。そして、法の執行窓口となる地方行政は、中央が当初廃止すら睨んだ建築代理士のこの範囲での活躍に、期待すら寄せていくのであった。

住宅と建築代理士

東京都知事の安井誠一郎は、一九五五（昭和三〇）年の『月刊建築代理士』で次のように述べた。

終戦後三、四年間くらいまでに建てられた住宅は御承知の通りほとんどバラックであります。（略）とにかく数だけは間に合せなければならないというので一生懸命やった。こういったような住宅が五年、七年を経過すると建てかえなければならない。（略）その上更に毎年四十万人もよそから東京へ入ってくる。その受入れの住宅ということもある（略）そこでこれから先も今年も財政の範囲において第一の重点的な政策として取上げられたのは住宅問題であります。[92]

この設計には、もちろん大工や建築主本人、その他法に通暁しない者によるものもあったが、建築代理士によるものも相応にあった。

都市建築物の八〇％を占める住宅、併用住宅の設計、工事監理が皆様の手でなされており、将来益々この傾向が強くなるべきものであるから、東京都の建築の運命は皆様の手に委ねられているといっても過言ではありません[93]

これは都で長く建築行政に携わった大河原《おおかわら》春雄が、東京建築士業会（東京建築代理士会の後身）に寄せた文である。そして、建設省の内藤亮一は、士法の参院通過直後、全日本建築代理士会連合会の設立祝賀の場でこう述べている（一九五〇年五月）。

建築を良くするには単に申請書を見て許否を決すると云うのでは完璧を期せない。建築技術者が主として行政を行わなければならないことは私の過去二十年間の結論であって、此の点全国建築代理士に望む次第であります。兼ねて主任建築技術者制度を立案したこともありますが今回建築士法が衆議院に於いて田中代議士初め議員の方々が非常に御尽力下されて参議院を去る四月二十六日に通過致しました。これが運営に当っては悪い処はどんどん改良して尤も民主的に運用される様に念願して居る。[94]

これは建築代理士に住宅設計者たることを期待するものではない。しかし、物の法だけでは不足、人の法との両輪が揃わなくてはと士法の実現を考え、またそれを小規模にまであてはめようとした者が法成立直後にした発言として興味深いため、敢えて引いた。ここで注目すべきは、「運営に当っては悪い処はどんどん改良して」と述べたことである。最初から完璧を期すことはできない。そのことを十分承知する様子がわかる。

また、内藤の一級下で、大学院修了後、同じく住宅問題が深刻だった大阪府に勤め、神奈川時代には部下でもあった中井新一郎（図3-8、東京都建築局技監）は、建築代理士たちに向け、こう述べた（一九五三年）。

現代技術の最先端を行くといえないような庶民的建築物、都民大方の小住宅というような面につきまして、設計上手続上の面倒をどうしてみるかということが私共としては重大に考えなければならない現状であると存じます。このような面倒にわれわれ役所の者がいちいち建築者の皆さんにお話をする機会が非常に少ないのであります。どう致しましても今日お集まりの皆さんにお話願い、書類の作成現場工事の監督等その後の色々な御心配を願ってやっていかなければならない現状であります。（略）数多い都民の実生活にどれだけ皆さんが密接な関係をもっているかと、又それがどんなに必要かということを考えます。[95]

内藤の薫陶を受けたに違いない中井の根差すところは住宅で、士法の枠を外れた庶民住宅への深い関与をこそ、代理士に期待したものである。より現場に近い地方行政は、このように彼らの活躍に期待をかけていった。代理士たちにも、そのことへの自覚があった。それは、彼らの団体の長を務めた織本道三郎（一九一六年東京高等工業卒）が、この頃、「技術の向上に依って社会的信用の獲得に努力し一方設計出願代理行為から進んで使用認可までの監理の責任を負い基準法の忠実なる協力擁護者たらんと努力致して居ります[96]」と記したことにもうかがえる。

すでに述べたように当初中央は、建築代理士を廃し、建築士に一本化しようとした。しかしその中央も、住宅が対象から外れる中で、制度が浸透し、建築士が実質的にこの部分を手がけるようになるまで、経過措置として、彼らの活用を認めるようになったのではないか。少なくとも住宅を重視したい内藤はそうだったに違いない。

図 3-8　中井新一郎
（1907-1976）

出典：「本会専務理事　中井新一郎氏逝く」『建築東京』12 巻，6 号，1976 年 6 月，6 頁

こうして彼らは申請業務の傍ら、住宅の設計者になっていく。

行政書士法の制定と土地家屋調査士法の改正

建築代理士とは、建築分野に特化した行政書士という形容もできる。では、行政書士はどのように生まれたのだろうか。簡単にたどっておく。

行政書士は、明治初年以来、司法職務定制によって司法書士とともに代書人に括られてきたが、一九一九（大正八）年、司法書士が法律になり（司法代書人法（法律第四八号）、一九三五（昭和一〇）年、司法書士法に改正）、翌年、内務省が代書人規則をつくるのに伴い、裁判所が管轄の司法代書人と、警察署が管轄の一般代書人に分かれる。この一般代書人が行政書士の公式の始まりと見てよい。

以後、司法書士に続けと法律化を目指して運動が始まり、一九三八年、第七三議会に議員提出で初上程。七四・七五議会に続けて上がるも、戦前には成立しない[97]。戦後、再び国会に請願がなされ、そんな中、代書人規則に倣う形で栃木・神奈川・福岡・京都・広島・山口などいくつかの県が、これを条例化する。こうした動きを受けて、行政書士法案は、一九五〇年に入って検討が始まり、第八国会（同年）より上程された。

建築士法の以前、全国を見れば、建築代理士のほか、行政書士的な者も建築の申請をした。行政書士資格とともに建築代理士資格を持つ者もいた。しかし、それまで主に建築代理士が担ってきた業務に、行政書士の参入を公式に認めかねない法案を国が構想している。このことは、地方の条例に基づく建築代理士にとって見逃すことのできない事件だった。建築の技術者を自負する彼らには、同一視されたくないという気持ちもあった。行政書士法の用意を知るや、全日本建築代理士会連合会はその年九月、対策委員会を置き(98)、法案に修正を求める運動を決定。衆参両院・関係官庁に働きかけ(99)、翌年早々、第一〇国会のさなか、請願書を出す(100)。

曰く「行政書士が机上において、素人である建築主の言うがままに図面を書き、書類を作成することは冒険の業で、恰も「盲人に道を尋ねる［ママ］」が如き結果を招来する」としたものは前向きに審議され、次の措置を得た。「建築代理士に関しては、この法律施行後でも、当分の間、条例の定めるところによるものとし、その条例は」「法律とみな」し、「その業務の範囲内には行政書士が立ち入ることができない(101)」。

条例が法律に勝ったと言うべき措置である。異例、画期的との形容がふさわしいこの解決はしかし、原案通りなら行政書士による建築確認申請を公式に認めることとなり、建築士制度を有名無実にしかねないものであっただろう(102)。建築の申請には他と異なる専門性が要る。その意味は、建築家にして建築士となった者でなく、代書屋に発して技術者の性格を帯び、そして建築士になった彼らの方が理解していた。なぜなら、戦前建築家たちはこの種の法から遊離していたからである。事実、この立法に対して、他の、建築士資格を得た建築家からのアピールはなかった。法令を足場としてきた代理士にして初めて勝ち得たものだった。

このとき彼らは、もう一つの法改正に向け動いていた。土地家屋調査士法（昭和二五年法律第二二八号）である。行政書士法案が初上程となった先の第八国会で、税制改革の一環で地方税法の大改正が成る（昭和二五年法律第二二六号）。これに伴い、不動産権利の基礎となる台帳にいっそうの正確さが求められ、専門の資格が必要となって、法ができた。それが同じ国会で成ったこの法律である。

建築士法の制定を受け、近い将来自ら建築士になることを前提に、代理士たちはまずその五月、衆院法制局参事の福原忠男に会見を求め詳細をつかみ[103]、続いて、同院議長その他関係各方面に要望書を出すなど始める[104]。その主旨はもちろん、この法律でいう土地家屋調査が、条例によって自分たちが行ってきた現場測量と、建築士法によって加わった建物の調査を指し、それは、（来年にもなれるはずの自身を含む）建築士が行うに足ると主張するものである。そしてまた、それに配慮した条項を法に盛り込むべく要望するものだった。

第八国会での運動は、それが会期二〇日の臨時国会だったこと、そこでは地方税法の審議に力点が置かれたこと、開会まで余裕のない状態での運動だったことにより果たせず終わる。そのため彼らは、法の改正か、これからできる政令で便宜を図るよう、法務府や建設省と交渉する。翌年二月には、請願を衆参両院に出し、第一〇国会での建築士法改正の審議の中で改めることに成功。次の一条を追加させるのである。

3　土地家屋調査士法（昭和二十五年法律第二二八号）の一部を次のように改正する。

第三条第三号を第四号とし、第二号〔＝測量士又は同士補となる資格を有する者〕の次に次の一号を加える。

三　建築士となる資格を有する者[105]

〝建築士は土地家屋調査士に無条件で登録できる〟という改正に、当の建築代理士会は大いに沸いた[106]。しかし、こうしたやり方、すなわち建築士法を改正する法案によって、上げられてすらいない土地家屋調査士法を改めたことはアンフェアな印象を与え、東京土地家屋調査士会副会長の大友萬《よろず》は、この直後、国会の別委員会の席で、不満も露に苦言を呈した（第一〇国会参議院法務委員会　一九五一年五月三一日）。

士法の昭和三〇年改正

続いて彼らは建築士法の別な改正にも乗り出す。

戦前も戦後もいわゆるモグリ営業を行う者はいた。しかし、建築士法はこの問題をいっそう複雑にした。それまでの建築代理士に加え、建築士という申請代理者が登場したからである。

ここに至って、事務所登録をすることなく建築確認を出す建築士が現れた。登録のあまりの少なさに、建設省が周知に努めたほどである。これに対して、建築代理士から建築士になった者は、同じ建築士であるにもかかわらず、建築代理士であることによって確認申請の取り扱いに応じて営業税[107]が課されていた。そしてその課税は、ちょうど建築士法ができた一九五〇（昭和二五）年度からシャウプ勧告により地方税が増すにあたり、増えていた[108]。

さらに、建築士法に書かれた「報酬を得て設計又は工事監理を行うことを業としようとするときは事務所の開設の届出をしなければならない」（第二三条）を、あくまでも設計や工事監理をする場合に限ると見る者も現れ、建築行政を統べる内藤亮一は「そうしたアブレは大いに摘発して正者を保護せねばならぬ[109]」と語ったが、単に代理業務のみを行う場合にはモグリが公認されたかに見られていく。こうして代理士出身の建築士たちの不満は募り、改正に向けた行動へとつながる。東京建築代理士会は一九五四年、満場一致でこれを決め、年末には請願書を書く。

しかし、この運動はあえなく頓挫、となる。翌年七月、代理士会の理事会で、全面的に否決されるのである。理由は「参議院議員のT［＝田中一］先生に相談した。然るにこの改正のみにては国会通過の見込みはなかろうとのことで、他に景物的条文をつけ加えた、而もそれが一部人士のもとで一夜作りの案であった[110]」と語られた。

本旨たる法第二三条の改正には、みな賛同した。しかしそれすら、建設省が、「例規を見れば＝現在でも設計を業とする建築士が、例えば十坪以下の建物でも設計図（配置図を含む）を書いて代理すれば事務所開設届が必要である＝を単に法文化したにすぎず。届出制を登録料を払って登録制にする。と云うだけで何等の新鮮味も利益もな」いと指摘したことも影響した。然らばと加えた条文が、「罰則に於いては東京都建築代理士条例その儘の条項を網羅したに過ぎない」「極めて短時間の中に作り上げた」稚拙なもので、それは「同時に危険極まるもの」に見えた。それゆえの否決だった。

資格の有無で考えれば、建築士である／ない、建築代理士である／ない、の組み合わせで四つのパタンができるが、〝建築士であって非建築代理士である〟者のみを糾弾しようとする姿勢が会員には強かった。しかし、その中から、「非建築士で非代理士の設計業者内職常習者を寛容に放置して」しまうことの方がむしろ問題だと言う者が現れた。原案での安易な改正は、「建築士でもなく代理士でもない」「野放組」の取り締まりの役には立たず、逆に、代理士の生命線である「木造一、二階建なれば［誰でもできる］延一五〇平方米以下の設計又は工事監理」を「代理士の業務でなく、建築士の業務」となさしめ、かえって「大きな負担と束縛を」負うことになりかねないと警告したのである[111]。

ところが、代理士会がいっとき断念したこの改正は、同じく乗り出していた日本建築学会・日本建築士連合会の後押しも受け、また、数度の交渉により建設省の賛成も取り付けていたためだろう。このとき開会中の第二二国会を通る[112]。

こうして彼らは、二三条の業務に、設計と工事監理だけでなく、「建築工事契約に関する事務、建築工事の指導監督、建築物に関する調査若しくは鑑定又は建築に関する法令若しくは条例に基く手続の代理」の追記を勝ち取る。改正は八月成立（昭和三〇年法律第一七三号）、要求は叶う。とはいえこれは必ずしも彼らの成果とは言えない。会員からは、「省みて昭和三十年の建築士法改正運動に際しては」、「当時の理事会は無策、無責任で会員を唖然たらしめ[113]」たと非難も出た。しかし、この時の改正が、のちに彼らの団体の性格を変えることに繋がっていくのだった。

このように彼らは、強い団結の下、ときには政治家を動かし、主張を実現した。懇意にする者を議会に送り込み、あるいは自ら出て行った[114]。積極的に政治に訴えることによって、一九五五年当時、会員わずか六〇〇でしかない建築代理士会（東京）は、しかし十分に圧力団体たり得た。そして、政治と深く繋がろうとする姿勢は以後も保たれ、昭和四〇年代の建築設計監理業法の運動にも、遺憾なく発揮されていく。その姿は、ともすると一匹狼を気取る建築家とは対極とも言えた。その頃の建設省の資料に、「主として、地方建築士事務所及び建築代理士、代願を行う建築士事務所の所長を傘下に有し、地方・中央政界との連繋が深い[115]」と書かれたほどだった。彼らの特徴の一面と見られていたのである。

5 建築代理士から建築士へ

条例の廃止

建築士法制定の前後、ふさわしい技術者の不足や既得権の保護は、かえって建築代理士条例の制定を促した。けれど、建築士ができる業務と比べると、その制約は際立っていた。建築士にとってはほんの一部でしかない申請や、法から漏れた領域を預かることが主になっていた。そのため、彼らの仕事は否応なく縮小の途をたどっていく。

その漏れた領域を、技術的な側面でも支えた代理士は、相応に評価すべき存在ではあった。しかし、いかんせん地味だった。また、彼ら自身、東京ではすでに一九五二（昭和二七）年、「本会七百五十名の会員中、その九〇％までは何れも一級もしくは二級建築士[116]」となっていたから、その意味はなきに等しいものになっていた。

建築士の選考が一段落つくと、代理士たちの間に条例の存否を問う議論が起こる。機関誌『月刊建築代理士』は、同年、「建築代理士条例　存続の可否について――会員の声」とする欄を設け、声を募った。その第一回に、田村七五郎が世田谷支部の総意として次のように述べた。

一、建築士法を改正して建築代理士条例を廃止すること

二、漸定の措置として建築代理士試験を中止すること

理由

建築代理士条例では建築代願の業務は何人であっても建築代理士の免許を受けなければならないこととなって居り、従来は独占的の地位にありました。（略）条例が廃止されれば［誰でもが］一五〇平方米以下の建築代願行為をしても差し支えないこととなるのは当然である。而したとえ一五〇平方米以下の建築物であっても何等建築の知識経験の無い行政書士として代願行為をさせても好いと云うことにはならない。建築基準法の施行されない山の中の農村ならいざ知らず、六大都市は勿論都市の形をして居るところに於いては其の弊害の及ぶところ甚大である（略）。建築士法に建築代理士条例の精神を総て包含（略）せしめ願届行為は建築士たるものでなければ出来ないことにしたならば建築代理士条例の如きは必要がない(117)

曰く建築士法を改め、建築士でなければ設計監理できない範囲を下方に拡げ、代理士条例の精神を全て込める。その上で条例を廃止すべきという。法から漏れた木造一五〇平方メートル以下が彼らの生命線で、それを死守しようとするものである。これはまた、このとき別に挙がっていた建築代理士会の存続をどうするかという問題にも通じ、建築士会に一本化し、発展解消すべきという含みを持つ発言でもあった。

これに対して翌号には次の文が寄せられた。

建築士及び建築代理士の性格と見られるべき条文を読んで［建築士法は］職業法でなく、資格法であるということがわかりました。次に「建築代理士条例」を読んでみますと、（略）代理行為を認める職業法である（略）。とすれば此の二つ字句といい、精神といい、既に別個のものであるということに気がついたのであります。（略）重複した法例は、法律簡素化の意味からも、

何れかを撤廃した方が好ましいわけであります。けれども（略）要はその主旨の方向が違うのであれば、高度化された今日の社会に於いて枝葉末節を拡大視して、問題視するに当りません、それと同じように、建築手続が、建築士、建築代理士、共に代理行為が出来るとしても、それらの真の目的が全く別のものであるならば、代理士条例の撤廃をするに及ばない[118]

会内はかく入り乱れたが、建設省はどう見ていたのだろうか。建築指導課の井上宗治は翌年、こう書いた。

建築士が建築手続きを行う方が設計――建築手続代理と一連の業務として行うことができますので、設計は建築士に、建築手続は建築代理士にというように別個に依頼するより好都合であり、行政庁もまた受理、審査の場合前者による方が取扱いに何かと便宜でありますので、建築士による建築代理を重視しておるのであります。ここにおいて建築代理士制度は一応その歴史的役割を完全に果して、建築主及び行政庁の便宜と利益のため及び建築代理制度一元化のために、その機能を建築士に譲り、発展的解消の段階にまで進展してきたものと見ることができます。[119]

これには代理士会が、「言論は自由であるが、早まれるお説はいたずらに業者間を混乱させる以外に何物でもない[120]」と反発。とはいえ、建設省は、すでに役割を終え、建築士に一本化すべきと捉えていたのであった。

それから数年を経、昭和三〇年代に入った頃、ついに条例の廃止が始まる。建築士の普及に伴う代理士の有名無実化を理由に謳って[121]、中には、すでに効力を失った条例をまとめて廃止する条例に放り込んだ県もあった[122]。そこには、確かに代理士が建築士に鞍替えしていた実態もあった。加えて一九五七（昭和三二）年の法改正（法律第一一四号）も影響した。

ここでは建築代理士に影響する変更が二つなされた。

一つは、建築士でなければ設計監理することのできない範囲の下限が一〇〇平方メートルになったことである。二級建築士の集まる全日本建築士会（図1-4）が、「一五〇㎡《ママ》では余りにも範囲が少ないとして参議院議員、田中一を動かし[123]」て成立させた。一般には建築士の業務独占範囲が拡がったことを示すが、この範囲は、長く建築代理士が活躍の場にした部分でもあった。

もう一つには、このとき、「建築に関して一〇年以上の実務の経験を有する者」を、試験を経ずに二級建築士免許を受けることができる、としたことがある。この時に限り採られたこの措置によって、新たに六万もの二級建築士が誕生したのである（図1-2）。「二級建築士大量免許により、従来の信用が攪拌されつつあり、長い経験のある会員が之等と十把一とからげに陥らんとしている」[124]・「二級建築士が大量に簇出《そうしゅつ》して建築行政面にも混乱を来たし」[125]たと批判も出たものの、進む代理士の減少をさらに進める役を果たした。

廃止にあたり、「建築士を持たない者については、同条例の規定は、当分の間、なおその効力を有す」など但し書きも付くにはついた。[126]しかし、それが次第に忘れられ、しばらくののち建築代理士として確認申請を出しに来た者があり、「一体その資格は何だ」と庁内で話題になったと逸話の残る県もある。[127]

ともあれ、時期の違いは、対象がいつ消滅したか、その見極めをどうしたかによる。京都では、一九五五年に行われた近畿六府県建築主務課長会議での申し合わせ（「建築代理士のみの資格にて営業している者も少数ある関係から、同条例の廃止は困難だが建築代理士を将来なくしていくため所要の改正をする」）を受け、直後、登録に二年の期限を設けた。[128]時期を見極めるためである。そこで把握されたのはわずか一〇人でしかなく、このように条例は残っても目的を離れ、既得権保護の性格をさらに強めていく。

建築物法時代に九割を占めた建築代理士の申請もこの時期激減したわけだが、その設計はどうなっていたのだろうか。いま少し言及しておきたい。

一九六六年、建設省は確認申請に記載された設計者を分類した（表3-5）。俗に〝四号建物〟（基準法第六条第一項第四号に当たる建築物）と呼ばれる建物には、建築士の業務独占範囲から外れる、規模の小さな木造住宅を含むが、これを見ると、その四号建物のうち、建築士の関与の最も薄い部分すら、建築士による設計が大半である（表中の太

表 3-5　確認建築物の設計者等の分類

建築基準法上の分類	%	建築士法上の分類	%	建築設計者の資格分類	%	建築設計者の資格分類に占める建築士の割合(%)
建築基準法第6条第1項*1 第1～3号の建築物 106,341件	15.8	士法3条該当*3	6.9	一級建築士	6.9	100.0
		士法3条の2該当*4	8.5	一級建築士	5.1	100.0
				二級建築士	3.4	
		上記以外	0.4	一級建築士	0.1	75.0
				二級建築士	0.2	
				資格なし	0.1	
建築基準法第6条第1項*2 第4号の建築物 560,401件	84.2	士法3条該当	0.2	一級建築士	0.2	100.0
		士法3条の2該当	25.6	一級建築士	10.8	100.0
				二級建築士	14.8	
		上記以外	58.4	一級建築士	15.8	**68.8**
				二級建築士	24.4	
				資格なし	18.2	
計 666,742件	100.0	小計	100.0	一級建築士	38.9	81.7
				二級建築士	42.8	
				資格なし	18.3	

確認件数は昭和39年度のもの．建築士法上の分類，設計資格分類は，新潟・石川・広島・島根・福岡の抽出

＊1：概ね次の通り．特殊用途，木造で3階建以上又は延500㎡を超えるもの，木造以外で2階建以上延200㎡を超えるもの

＊2：上記以外の建物．概ね小規模のもの

＊3：一級建築士でなければできない設計又は工事監理

＊4：一級建築士又は二級建築士でなければできない設計又は工事監理

※：本資料は，1966（昭和41）年に企画された建築士法改正にあたり作成されたもの（日本建築センター前川喜寛文庫所蔵資料）に，筆者が右端「建築設計者の資格分類に占める建築士の割合」の項を加えた

字＝六八・八パーセント）。標本となった中ではこのときまだ福岡に代理士条例があった。けれどもこの結果は、制定から一四年を経たこの時期、すでに建築士による設計が法の範囲を超えて広く外へ及ぶようになっていたことを示すものと言えるだろう。

その意味でこれは、やはり、建築代理士の歴史的役割が終わったことを実感させるデータなのだった。

都市建築研究会の結成

建築代理士の、個人としての動向だけでなく、団体の動向も見ておきたい。どのようにでき、どう展開していったのだろうか。東京を例に見てみる。

大正の建築物法施行にあたり、なじみの薄い建築の法の徹底を期して、警視庁や所轄の警察署が市街地建築物法

講演会を開いた（図3-9）。この講演会は、配られたチラシに「家をお建ての方へ　家をお持ちの方へ」とあり、建築主・設計者・請負業者の別を問わず、広く一般市民までを対象としていた。

当時の『建築週報』（警視庁建築課）から開催記録を見れば、初めは思いのほか入りが悪い。聴衆の記録を取り始めた落合小学校での講演会（一九二二（大正一一）年六月二日）では、五〇〇名の会場に一五〇、六月四日の千駄ヶ谷小では二五〇〇に対して四〇〇、「大雨のため」と注記のある一〇日の大久保小では五〇〇に対して四〇、といった具合である。

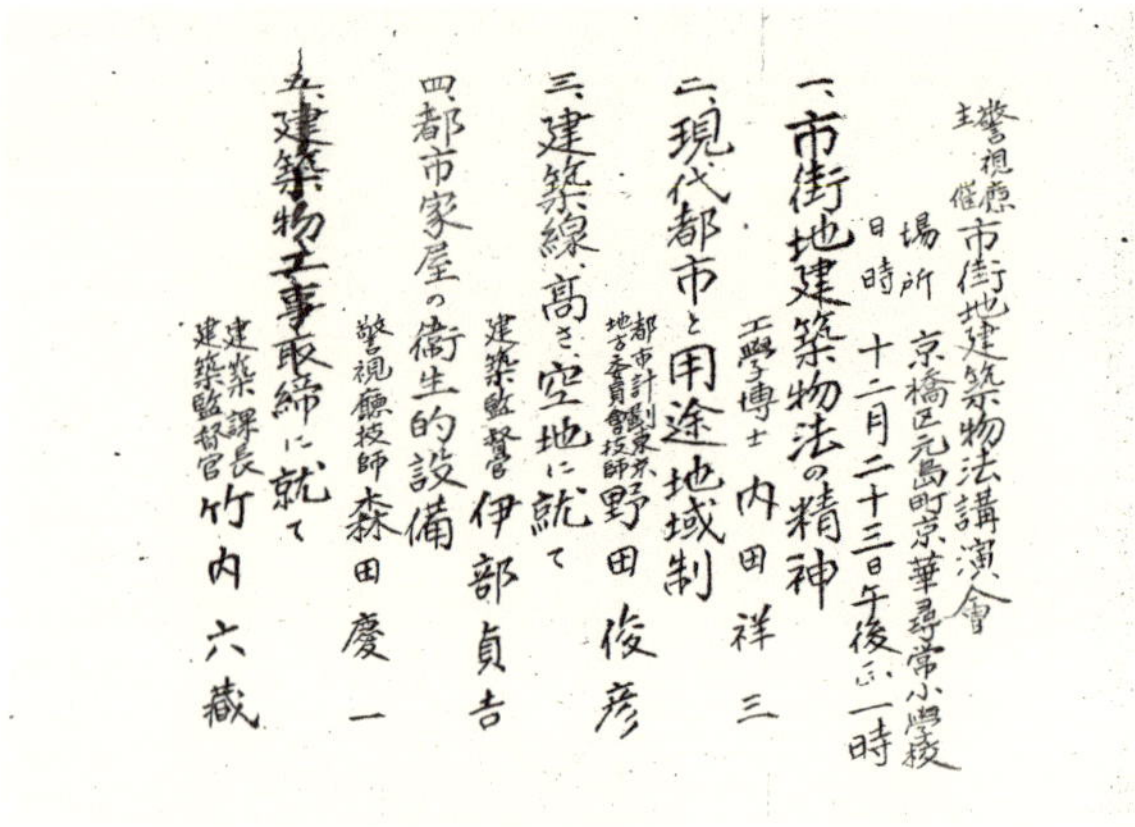
警視庁主催　市街地建築物法講演會
場所　京橋区元島町京華尋常小學校
日時　十二月二十三日午後一時
一、市街地建築物法の精神　工學博士　内田祥三
二、現代都市と用途地域制　都市計画地方委員會技師　野田俊彦
三、建築線、高さ、空地に就て　建築監督　伊部貞吉
四、都市家屋の衛生的設備　警視廳技師　森田慶一
五、建築物工事取締に就て　建築課長 建築監督官　竹内六蔵

図3-9　市街地建築物法講演会　ビラ（1920年）

東京都公文書館内田祥三文庫所蔵資料

長く続いたこうした状況が一変するのは、その月末二六日の王子町役場からで、この回の講師に内田祥三の名があるから、テコ入れの意味があったのだろう。以後の安定した参加者につながる。

一般を対象にしたこの講習と並んで、内務省と警視庁は、大工・家屋管理人・建築の出願代理人に向け都市建築講習会を開く。同じ時期、耐火建築物の普及のため耐火建築講習会（六～八月）も開いているから、これらに費やした労力は察して余りあるが、それはともかく、一九二一年一一月一日より三週間の日程で行われた第一回の都市建築講習会は、一五〇の定員に対して七六一もの応募があり、選考を要す盛況ぶりだった。

講習は、警察講習所を会場に日曜・祭日を除き連日夕方六時半から三時間、立法に携わった内田祥三・笠原敏郎らが講師となって行われ（表3-6）、三週間後の二一日には一一四名が修了。この修了者が発起人となって、二八日、

表 3-6　都市建築講習会の講義科目

科　目		時　間	講　師	
建築警察		1.0	松井茂	警察講習所長
都市計画の意義		2.5	山縣治郎	内務省都市計画課長
建築物法総論		2.5	笠井幸一郎	警視庁保安部長
同各論	用途地域	2.5	内田祥三	東京帝国大学　工学博士
	建築線	1.5	笠原敏郎	内務技師
	高及空地	5.0	森田慶一	警視庁技師
	構造設備	12.5	伊部貞吉	警視庁技師
	防火地区	2.5	野田俊彦	都市計画地方委員会技師
	其他事項	2.5	野田俊彦	都市計画地方委員会技師
関係法令		2.5	吉村哲三	内務省事務官
手続方法		10.0	竹内六蔵	警視庁建築課長
計		45.0		

※：講師は第１回のもの
出典：『建築週報』26 号，1921 年 10 月 11 日より筆者作成

都市建築研究会を創る。名称は酷似すれども、この四年前、都市問題研究のため内務大臣後藤新平が創った都市研究会（現都市計画協会）とはまるで異なるこの会は、主旨から言えば建築代願人の集まりではないが、結果的に代願人がほとんどを占めたようで、これが建築代願人の最初の団体となる。

会報（図３-10）の出た翌年四月には、講習会は三回が終了。会員は三八六名を数えた。以後講習は、一九二三年六月までに六回実施、一〇〇〇人が修了したと伝えられる[129]。会の初代会長には山縣治郎（内務省都市計画課長）、副会長に笹井幸一郎（警視庁保安部長）、理事に竹内六蔵（同建築課長）が置かれ、以後、一〇年にわたり内務省・警視庁関係者が会長・理事長を務めた。

この都市建築研究会について、内田は次のように語る。

> 東京に都市建築研究会が生まれたのも長岡［隆一郎］局長のときであったかと思う。元来当時の建築は昔からの所謂大工の棟梁に依って設計実施されていたものが頗る多く、これ等の人々に建築法規の実際を了解してもらうことが、法規の執行を円滑ならしむるのに効果が大きいという訳で、警視庁の竹内［六蔵］課長が中心となってこの会が出来、長岡局長自身が会長となって、発足したように記憶する。この会は屡々《しばしば》法規に関する講習会を開催し、参加者も中々多く、大きな効果を挙げたものであった。少し

図 3-10 『都市建築研究會會報』創刊号（1922 年）

藤森照信氏所蔵資料

あとになってからのことであったが、都市建築研究会の懇親会が小石川の植物園で開かれたときなどは、野田俊彦君が新調のしるしばんてん、もも引姿で会場に現われ、多数の出席会員の中にまじって大いに懇親の実をあげたことなどもあった[130]。

一九三〇（昭和五）年八月、建築代願人規則ができるや、代願人たちは、都市建築研究会を解散、警察署ごとに建築代願人組合を創る。「当時僅かに設立されていた帝都建築代理士会や深川建築設計協会等を訪問して参考資料を集め、逐次建築代願人組合が公認されて、お互いに法令の研究と技術の向上に努め[131]」、一二年後の一九四二年、建築代願人組合連合会に改組、警察署単位の団体でなくなる。

警察署ごとの組合は、規則がそう求めたからで、京都では、制定の翌月、所轄ごと五～一三名の組合員によって、計九七名の京都工務協会ができている[132]。その後、東京では、代理士規則への改正に伴い、単一組織、東京建築代理士会（一九四三年、図1-4）に改組。戦後、府県単位の代理士会の全国組織を、士法が第七国会に上がる直前立ち上げ、全日本建築代理士会連合会と命名したことは先に述べた。

すでに代理士の数については述べたが、組合にはどれほどの会員がいたのだろうか。

東京では、終戦までは断片的な記述によるしかない。そこでは、「本会は往時会員一千名を突破したこともあったが、戦争の末期から終戦直後にかけては、「疎開や被災等のため」僅かに百五十名内外に減じ[133]」たとある。また、統計の残る一九四八年以後では（図3-11）、士法の成る一九五〇年に一つのピークを認める（七一〇名）。それでも、加入が任意だったこともあって、こののち、〝代理士条例をどうするか〟とともに、結成されていく建築士会（各県建築士会やそれを束ねる日本建築士連合会のこと）を横目に、〝代理士会をどうするか〟が、議論になっていく。

建築士事務所の団体へ

建設省の意向としては都道府県に各一個の士会を設立し、その後全日本の連合会を作ることが望ましい[134]とのこと、そこで現在の日本建築士会も発展解消して一本になる決意をされた、吾代理士会も全員これに参加されるよう、特に建設省からの希望があった。（略）斯く考えると従来代理士のみに依って行われ、都内唯一の団体としての吾代理士会も単にクラブ的な存在になりはしまいか、私は会の将来を思うとき、その維持が頭痛の種となるであろうことを憂うる次第である。[135]

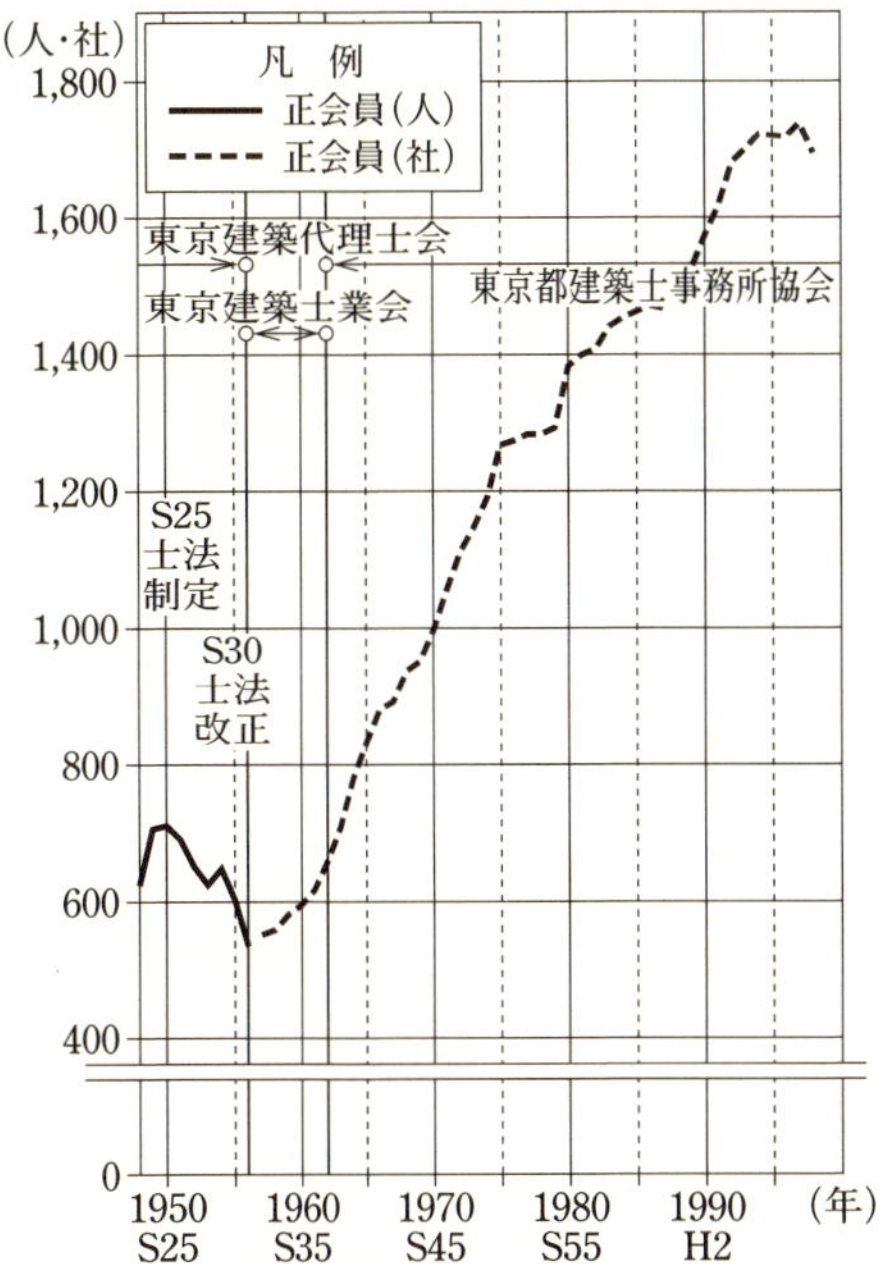

図 3-11　建築代理士会会員数（東京，年末現在）

出典：東京都建築士事務所協会『設立 50 周年記念誌』1999 年より筆者作成

建築士の選考問題が終息に向かう頃、各県で建築士会結成の動きが始まる。[136]この頃から、代理士たちは、建築士会に入るべきか否かという議論とともに、拠り所だった代理士会をどうしていくか議論を始める。何しろ建築士になれば代理士よりも遥かに幅広い仕事ができるのだから、多くはそこに留まることに意義を感じなかった。そのため、先の図に見る会員数は、士法の施行後、下降の一途をたどる。

全日本建築代理士会連合会役員会の席上、建設省内藤課長の挨拶の一節に、地方条例による建築代理士から法律に依って施行される建築士になられた諸君は玆《ここ》に資格が向上された、従って代理士会から建築士会に加入されることは水準の向上であることを自覚され、今後建築士会が設立された暁は進んでその会員となられることが望ましい……と実にその通りである。(137)

建設省からも新たにできる建築士会への全員加入が求められた。こうした動きに対してまず、一九五一(昭和二六)年七月、東京建築代理士会の会長になった宇井方一が、建築士会への発展解消は、主旨としては総じて明快と認めながらも、両会の性質を比較したなら判断はそれほど容易ではないと語った。(138)

このとき選択肢には、次の三つがあった。

一、建築士会設立に当り建築代理士会は解散して建築士会一本となるか。
二、建築代理士会は現在の儘存続　別に建築士会に加入するか。
三、建築代理士会を現在の儘として建築士会には加入しないか。(139)

建築士会(連合会)の誕生を建設省が後押しする状況から言って、三は論外だった。全国に範を示していち早い結成を期待された東京の思わぬ躊躇こそあったが、岩手・千葉・福島と発足は続き、愛知では官民協力のもと代理士会が建築士会へ発展を遂げており、(140)流れはできつつあった。

残り二つの間で東京建築代理士会は揺れる。

二団体の並存に反対し、代理士会館を建築士会の事務所に提供してもよいから一本化すべしと言う者もいた。また、並存させれば会費を二重に負担することになり「何もこの不況時代に今更入会金を払い、そして会費の二重負担をして行かなければならない理由がどこにありましょう」と、発展解消を訴え、解消後「必要あらば同志相寄って倶楽部的のものを組織することが至当」とする者もあった。(141)

しかし、幹部はおおむね慎重で、建築士会の規約草案が「登録者（一・二級共）は正会員。未登録者及び建築代理士は准員」[142]と発表になっても、例えば会長の宇井は「仕事の範囲とその職場とを考慮した時、そこに二重人格的存在を、うまくコントロールしなくってはならない。眼前に展開した洋々たる大海を望見した嬉しさの余り、軽率なスタートをしてムチャクチャに駆け出したとしたらば、その結果はどうであろう?・」[143]。特徴を失うことへの懸念を示すとともに、代理士のまま残る者を見捨てるのはいかがなものか、と言うのだった。

また、のちに宇井の後をうけ会長となる長田正雄（副会長、のち東京建築士会で活躍）[144]は、建築士会に入る者の業種が建築に関する多種多様なものとなることを予測し、会員たちに、加入をまずは勧める。その上で、士法制定にあたり圧力団体であり得た〝建築代理士のため〟という目的の特化した会は、その特色のゆえ存在自体に意味があると主張、「想うに代理士会を急速に解散する必要はない。解散するにしても時期の問題であり、建築士会設立後の道程を見極めて後慎重考慮の上で解散可なれば解散に、存続の要あれば存続することが賢明ではないだろうか」と述べた[145]。

日本建築士連合会の結成にはしばらくの時間を要した。そのことも論争を長引かせた。またそのさなかにすら、いくつかの県で代理士条例が新たにでき、代理士会が創られ[146]、事態は複雑になっていった。

それでも、まず、幹部たちが解散に消極的だったこと。また、この時期の会員を分類すれば、「㋑願届のみの専業者　㋺設計に伴う願届　㋩請負設計に伴う願届　㋥設計又は請負業として不便があるから代理士資格組合に加入するもの　㋭其の他の立場及び考えによるもの」がいたが、このうち、㋑（願届のみの専業者）が三〇〇人ほどもいた[147]。これが大きかった。

この三〇〇人は、〝法のエキスパート〟を自負してはいたが、実のところ、多くは選考では建築士になれなかった者であり、あるいは、建築士にはなれても代理士あがりの自分たちにどれほど建築士としての仕事が舞い込むかを憂う者であった。つまり、いわば代理士会を拠り所に期待する者たちだった。

このように意見が飛び交う中、一九五二年二月、東京建築士会が結成。東京建築代理士会は、いよいよ身の振り方を迫られる。三月、宇井は「本會の在り方」という一文を『月刊建築代理士』に寄せ、「昨今若い大工さん出の二級建築士で、簡単な建築確認書類を提出する者が相当数あるようではありますが、複雑なもの、規模の大きいもの、工場その他特殊建築物に至っては、どうしても多年の経験者所謂代理士のエキスパートでなくっては出来ない仕事であります。旧日本建築士会、設計監理協会の人々と雖も、法規の点手続の点においては、遠く吾々には及ばないのでありますかように考えましたとき、決して吾々東京建築代理士会存続の意義がなくなるとは思われません」と意志を明確にする。[148]こうして存続が決まるのである。[149]

それでも、申請業務への特化は、会員の減少を食い止める策にはとうぜんならず、次第に、団体を維持するため、性格の変更が余儀なくされていく。

一九五五年の改正はその契機となった。これによって、建築士事務所の登録が増えることになるからである。そしてもはやこの時、会員の九五パーセントが建築士となっていた彼らにとって、代理士会の名にこだわること自体に意味がなくなっていた。

自らあり方を問い続けた代理士の団体は、ここに至って、かつて「役割を終えた」とする建設省の井上宗治に時期尚早と抗した声を、「思えば三年前井上君の提唱された解消論が、現在そのような機運に達したことであり、同君の先見の明に満腔の敬意を表する」と改め、[150]翌年、東京建築士業会に改称、設計事務所の団体という新たな性格を打ち出す。[151]それ以前より、資格団体でなく職業団体と主張していた彼らにとって、ふさわしい転身と見るべきだろう。そして、これを機に会員は、一気に増に転じる（図3-11）。

ところで、この士から業への変化は、実は、条例の名にもうかがえた。一九五〇年以後のものは、半数が業を冠した（図3-4）。また、茨城のように建築代理業条例に改める県もあった。これは、もともと代理士の資格（資格法）

と営業の規制（業務法）の両面を備えたものを、業務法であることを強調すべくなされたものだった。資格が、建築士事務所の管理建築士に似て、それによって事務所として業を行ったためで、むしろ個人の資格にしておくよりは、事務所を対象とすべきと考えられるようになったのだろう。建築士の浸透の中で、このように条例の面からも、建築代理士は性格を資格から業へと移していたのだった。代理士の団体から事務所の団体へという変化は、条例にすでに用意され、それが会員の減少と士法の改正の中で現れたものでもあった。

こうして、建築士法よりも早く始まり、国が定めた建築士と並んで存在した、地方が定めた建築代理士という制度は、建築士が浸透していく中で存在の意味を失い、存在そのものがなくなったことで廃止された。そしてその団体も、個人としての建築代理士が建築士に転じるのに伴い、業（事務所）への純化を遂げていったのである。

（1）例えばアメリカでは、現在でも同種の職業がエクスペディターの名で成立している。

（2）簡単に言えば、特殊用途のものや大規模なものには認可を要する申請、その他には届出が、工事にあたり地方長官になされるよう求められた（市街地建築物法第一六条、同施行規則第一四三条・第一四四条）。

（3）新名種夫「建築事務所は何處へ行く」『建築と社會』一三輯、九号、一九三〇年九月、九三―九六頁

（4）市街地建築物法の施行は、制定翌年四月が予定されたが、「こんな煩瑣な法規で家屋建築を縛るのは考えものだ」とためらう原敬総理の机に長くしまわれ勅令裁可に手間取り、八ヶ月遅れた（「内田祥三談話速記録（五）」『東京大学史紀要』二三号、二〇〇五年三月、七二―七三頁・前田多門『山荘靜思』羽田書店、一九四七年、二八頁）。

（5）赤﨑弘平「明治期建築規制研究の動機と初動研究の動向」『建築法制史研究からみた建築基準法の問題と課題――わが国の建築法制史研究の手引き』日本建築学会建築法制委員会法制史小委員会、二〇〇〇年九月、一七―二八頁

（6）伊藤憲太郎「建築の昭和史④　昭和の建築とその発展1」『建築と積算』一五一号、一九八二年一〇月、一二―一五頁

（7）一九三二年に東京帝大卒業後、警視庁に入った鈴木和夫は、その頃の申請に対する一般の反応について、「「相当の学歴、職歴を持ち少なからぬ仕事を手がけてゐる建築家」さえ、「随分やかましいんですね」、「負けて頂いて助かりました」という台詞が口をついた」と残した（「随想」『建築行政』二輯、三号、一九三八年九月、七―九頁）。

（8）藤内久登「京都府建築行政小史（1）」『京都府建築士会会報』一四号、一九六〇年一二月、二二頁
（9）長谷川政吉・和田甲一・森田慶一ほか「建築行政の今昔を語る」『京都府建築士会会報』一一号、一九五七年六月、一五―二〇頁。藤井忠義の発言。
（10）ここで代書人は「他人の委託を受け、文書、図面の作製を業とする者」（第四条）。なお、規則は一九二〇年一二月廃止（警視庁令第四〇号）。
（11）沢居伊作「建築代理士今昔物語」『月刊建築代理士』四五号、一九五五年九月、二―三頁
（12）桜井全衛「一つの提案」『月刊建築代理士』四四号、一九五五年七月、三頁
（13）注（8）前掲
（14）「土木建築界彙報　建築代願人の悪徳を取締る」『建築業協會月報』六巻、八号、一九二四年八月、一〇七―一〇八頁
（15）警視庁「違反建築ト代願人」『建築世界』二二巻、四号、一九二八年四月、七〇―七三頁
（16）石橋絢彦「建築物法の施行に就て（三）」『土木建築　工學』八巻、六号、一九二一年六月、四五―四九頁
（17）藤内久登「京都府建築行政小史（2）」『京都府建築士会会報』一六号、一九六二年一一月、五三頁
（18）注（9）前掲。和田甲一の発言。
（19）日本建築協会は、京都・東京の順にできたことを認識していた。
（20）B・K・生「建築士の營業収益税賦課《ママ》問題に關する一二税務當路者の所見を讀みて」『日本建築士』三巻、五号、一九二八年一一月、四二―四四頁
（21）「建築代願に就いての注意」『日本建築士』七巻、四号、一九三〇年一〇月、一四五―一四七頁
（22）「建築時言」『日本建築士』七巻、四号、一九三〇年一〇月、一四八―一五一頁
（23）東京都建築局指導課『條例解説　建築代理士の責務』東京建築代理士会、一九四九年、三頁、和田文庫。なお、このとき都内には九〇〇人いたから、一人あたりでは月一〇件となる。しかし、手数料は上限が決められたことを思えば、建築の代願だけに頼る経営は困難だったに違いない。注（11）前掲には、その悲哀を語る文が残る。
（24）小宮賢一「その後の建築基準法と建築士法」『建築雑誌』六五輯、七六九号、一九五〇年一二月、一―五頁
（25）建築師取締規則（康徳八［昭和一六］年新京特別市令第二四号、石原信之旧蔵資料）。なお、これより前に中国東北部では、日本建築士会の構想に倣った法を編む動きがあり、堀越三郎がアドバイスのため大連・新京を訪れるなどしたものの、成らなかった。

(26) ただし京都も以後の改正で試験となる。一方埼玉では、一九四八年に試験制度をやめ、資格選衡委員会の選衡となる。

(27) 警視庁建築課建築相談担当「建築相談　建築代願人試験細目に就て」『建築世界』二七巻、五号、一九三三年五月、五一—五二頁

(28) 前川喜寛「建築行政」『建築雑誌』一一五輯、一四六二号、二〇〇〇年一一月、一四—一七頁

(29) 前川喜寛氏のご教示による（二〇〇六年四月五日）。

(30) 石井長「解説　建築代理士業務料金の認可に當りて」『月刊建築代理士』二三号、一九五〇年一月、六—七頁

(31) 注（27）前掲

(32) 今井忠「第一線の戰士に對向するもの」『建築行政』六輯、二二号、一九四二年九月、四一—四四頁

(33) 注（23）前掲書、五五頁

(34) 『昭和24年度建築代理士一件綴』・『昭和30年建築代理士関係件』など、京都府立総合資料館所蔵資料

(35) 清水錠次郎「連合會結成に就て」『月刊建築代理士』二五号、一九五〇年四月、三頁

(36) 「条例等見直し調査票A（廃止）」一九八四年、山口県建築指導課所蔵資料

(37) 注（23）前掲書、四一頁

(38) 注（23）前掲書、九—五二頁

(39) 「建築代理士試験の経過」『月刊建築代理士』四七号、一九五六年二月、一頁

(40) 条例・規則のない県にも建築代理業を営む者はいたから、そうした県では、彼らに対して法的規制がなかったことになる。

(41) 長屋貞雄「建築代願人公認制度の必要性に就て」『建築行政』一輯、二号、一九三七年五月、四二—四三頁

(42) 注（23）前掲書、九—一〇頁

(43) 伊東伸郎「「建築代理士」の名稱に就て」『東京都公認建築代理士会月報』三号、一九四八年八月、一頁

(44) 最終的には一九四八年の改正で、普通地方公共団体の議会が議決しなければならない事件に「条例を設け又は改廃すること」が追記された（第九六条第一項第一号）。

(45) 市街地建築物法施行細則（昭和二二年都令第七号）・銅使用制限に依る手続等に関する件（昭和一八年都令第六号）・防火改修規則施行規則（昭和一八年都令第六号）・工場建築調査規則（昭和二一年都令第三一号）

(46) 三輪恒・下総薫「私の戦後住宅政策史　炭鉱労務者住宅②」『住宅ジャーナル』一九六七年八月、二八—三四頁。具体

的には出張所に派遣された者を活用して一〇府県に建築部を設置した（一九四九年八月三一日）。
(47) 山口県建築代理業条例の制定趣旨説明（注（36）前掲）。
(48) 桐生政夫「地方記事――東京都」『建築行政』七輯、一二六号、一九四三年一二月、三一頁
(49) 『昭和24年度建築代理士一件綴』、京都府立総合資料館所蔵資料
(50) 石井長「物法竝に代願人規則の施行を顧りみて」『月刊建築代理士』二〇号、一九四九年一〇月、二頁
(51) 「理事會議事要錄――第二回」『全日本建築代理士會連合會報』五号、一九五〇年九月、一―二頁
(52) 棟木桁平「建築士法案に就て」『月刊建築代理士』一九号、一九四九年九月、一頁
(53) 宇井方一「難行を辿った建築士法案の經路と全日本建築代理士會連合會の結成」『全日本建築代理士會連合會報』一号、一九五〇年三月、二一―四頁
(54) 棟木桁平「建築代理士に呈す」『月刊建築代理士』二一号、一九四九年一一月、二頁
(55) 「誌上討論會――課題 建築士法案をどう見るか」『月刊建築代理士』二一号、一九四九年一一月、一―二頁
(56) 注（54）前掲
(57) 注（54）前掲。宇井方一「中間報告 二題 建築士法案の見透しと建築會館清算の結果」『月刊建築代理士』二二号、一九四九年一二月、二―三頁
(58) 長田正雄「團體の威力」『全日本建築代理士會連合會報』三号、一九五〇年七月、一頁
(59) 順に、東京建築代理士会「建築士法案に関する請願」一三五六号、一九五〇年二月一四日衆議院受理・近畿建築代理士会連合会「建築代理士の登録資格に関する請願」一五〇六号、二月二〇日同・東京建築代理士会「建築代理士の登録資格に関する請願」一五九五号、二月二三日同
(60) 注（29）前掲、二〇〇四年一〇月二三日
(61) 内藤亮一「變革に直面した我が國建築行政」『建築行政』四輯、一五号、一九四〇年一一月、三―七頁
(62) 建築学会はじめ民間四団体による、建築技術者の資格制度調査に関する四会連合委員会結成の動きが、ようやく一九四八年七月に始まることからもわかる（「建築技士制度調査に關する連合委員會の設置」『建築雑誌』六三輯、七四二号、一九四八年七月、四四頁）。
(63) 内藤亮一「建築士法施行に伴う當面の二三の問題について」『建築と社會』三一輯、八号、一九五〇年八月、一四―一六頁

(64) 天城太郎「通信　建築士の選考・考査に就て」『月刊建築代理士』二七号、一九五〇年六月、二頁
(65)「これがほんとのてんやわんや」『全日本建築代理士會連合會報』三号、一九五〇年七月、四頁
(66)「本會――建築士資格調査委員會解散」『全日本建築代理士會連合會報』四号、一九五〇年八月、四頁
(67)『『メモ』より』『月刊建築代理士』二七号、一九五〇年六月、四頁
(68) 深川巴世「建築士無考査　選考基準案に就て」『全日本建築代理士會連合會報』五号、一九五〇年九月、一頁
(69) 注（29）前掲、二〇〇四年一一月五日。内田の意見は住宅局の原案を支持する形でなされたものだという。
(70) 立脚点は異なるが、この前年、西村好時（日本建築士会）は「今の資格［案］では、建築士では余りあますぎる。重要建築物を設計する力のないものに、その資格を与えることになりはしないか」と限定的にすべきと述べた（『建築基準法・建築士法　住宅局案に関する三会連合協議会』一九四九年一一月一五日、北畠文庫）。同会の、戦前からの主張の延長にある意見である。
(71) 内藤亮一「現行建築士法から見た建築士――二・三の批判に答えて」『建築雑誌』六八輯、七九五号、一九五三年二月、一一―一四頁
(72) もちろん、設計監理以外の経験も認められた（昭和二五年建設省告示第一一六二号）。
(73) 建設省建築指導課『建築士選考基準要綱案』一九五〇年七月二〇日、前川文庫
(74)「第一回委員會　無考査判定基準」『全日本建築代理士會連合會報』五号、一九五〇年九月、二頁
(75)「建築士会連合会の誕生」『創設25年の歩み』日本建築士会連合会、一九七七年、一三頁
(76)「一級建築士考査に望んだ　A氏に感想を聴く」『全日本建築代理士會連合會報』八号、一九五一年四月、三頁
(77)「建築士選考考査問題集」『建築雑誌』六六輯、七七七号、一九五一年八月、附録一―三〇頁
(78) 注（29）前掲、二〇〇四年一〇月二七日
(79) 中田政美「建築基準法及び建築士法について」『建築行政』二巻、一号、一九五二年一月、一頁
(80) 渋江菊蔵については、渋江幸雄「建築士第一号　渋江菊蔵の思い出」『建築士』五四巻、六三九号、二〇〇五年一一月、一六頁
(81) 村松貞次郎「建築士法の制定まで」『近代日本建築学発達史』日本建築学会編、丸善、一九七二年、二〇九八頁
(82)「請願書」『全日本建築代理士會連合會報』七号、一九五一年二月、四頁
(83) 本表にある「全都道府県が賛意を表し」の他、この時期の建築士法への地方の賛否には、「賛成二五県に対して、反対

や研究の余地ありが三」とするものもある（小宮賢一「建築基準法制定の前後（下）」『土地住宅問題』六三号、一九七九年一一月、五〇—五八頁）。
(84) 建築指導課「建築士法に関する都道府県の主要意見」一九五〇年八月一〇日、前川文庫
(85) それまでの「建築技術者の資格制度調査に関する四会連合委員会」に全日本建築代理士会連合会を加えたもの。
(86) なお、初期の各県の事例は、高木任之「《建築士読本》22万人の建築士《その5》業務量の特集」『建築士』一六巻、一号、一九六七年一月、三二—三五頁
(87) 「建築士法に関する質疑応答案」一九五〇年頃、前川文庫。この綴りは第七国会の想定問答集（案）である。
(88) 内藤亮一「回顧と希望——退職の御挨拶にかえて」『建築行政』二巻、六号、一九五二年一二月、一—三頁
(89) 注（29）前掲、二〇〇四年一一月五日
(90) 三宅俊治「建築士法」『住宅年鑑1945-1950』建設省住宅局編、彰国社、一九五一年、九六-九七頁
(91) 「士法は書き足りない、基法は書き過ぎ、そして両方とも分かりにくい」（前川喜寛「建築士法・建築基準法制定当時の事情と基調」『建築と積算』二六巻、三二三号、一九九六年三月、五四—五六頁）とされるが、こうしてさらにその曖昧な性格が強調された。
(92) 安井誠一郎「挨拶」『月刊建築代理士』四六号、一九五五年一一月、一頁
(93) 大河原春雄「建築士業会の将來」『東京建築士業報』五〇号、一九五七年八月、三頁
(94) 『全日本建築代理士會連合會報』二号、一九五〇年五月、三頁
(95) 中井新一郎「祝詞」『月刊建築代理士』三八号、一九五三年一二月、三頁
(96) 織本道三郎「新年の御挨拶（過去、現在、未来）」『東京建築士業報』六七号、一九六〇年一月、二頁
(97) 行政書士法の制定運動は、日本行政書士会連合会50周年記念事業実行委員会編纂『行政書士五十年史』二〇〇一年に詳しい。なお、同書の考察は、一九二九年の警視総監から内務省警保局長への問合せが東京での規則制定の契機となったことをうかがわせる。
(98) 注（51）前掲
(99) 「理事會議事要錄——第四回」『全日本建築代理士會連合會報』七号、一九五一年二月、二—三頁
(100) 全日本建築代理士会連合会「行政書士法第一條改正に関する陳情書」八三号、一九五一年一月二六日衆議院受理など。
(101) 第一〇国会参議院地方委員会　西郷吉之助の修正案説明（一九五一年二月六日）・同院本会議（同月七日）　岡本愛祐

（地方行政委員長）の報告。

（102）もちろんそれでも、建築士の業務独占となる範囲外からは、行政書士は排除され得ない。なお、確認申請代理業務に対しては、以後も行政書士会より要望が続く。

（103）「全建連版」『月刊建築代理士』二七号、一九五〇年六月、四頁

（104）「その後の經過」『全日本建築代理士會連合會報』五号、一九五〇年九月、一頁

（105）建築士法の一部を改正する法律（昭和二六年法律一九五号）

（106）長田正雄「回顧八年」『月刊建築代理士』四二号、一九五五年三月、一頁

（107）営業収益税法（大正一五年法律第一一号）第二条の代理業に該当。なお、直接には条例に基づく課税である。

（108）「顧問に安井先生を迎えて　建築士法に納税問題に　新顧問に期待する處は大」『月刊建築代理士』二四号、一九五〇年二月、二頁

（109）宇井方一「本會の在り方」『月刊建築代理士』三二号、一九五二年三月、一頁

（110）「建築士法一部改正の運動を断念する」『月刊建築代理士』四四号、一九五五年七月、二頁

（111）大坪新「建築士法改正案を見て」『月刊建築代理士』四四号、一九五五年七月、二―三頁

（112）この運動については、田村七五郎「建築士法一部改正案　国会通過迄の経過報告」『月刊建築代理士』四五号、一九五五年九月、一・五頁

（113）大坪新「会の動き　アンケート　理事に就任して」『東京建築士業報』六三号、一九五九年九月、六頁

（114）岡本辰義「議員さん兼代理士」『月刊建築代理士』四一号、一九五四年一二月、六頁

（115）「主なる建築関係団体の現況」一九六六年六月二〇日、前川文庫

（116）注（109）前掲

（117）田村七五郎「轉換期に於ける世田谷支部の總意を訴える」『月刊建築代理士』三一号、一九五二年一月、二頁。なお、これに対しては建築代理士でもある行政書士から反論が寄せられた（一行政書士「田村君に答える」『月刊建築代理士』三二号、一九五二年三月、三頁）。

（118）石倉倉吉・鈴木伊佐夫・岡本辰義「現在に於ては尚必要である」『月刊建築代理士』三二号、一九五二年三月、二―三頁

（119）井上宗治「？に答える　建築代理士」『建築士』二巻、一二号、一九五三年一〇月、二一頁

(120) 長田正雄「建築代理士解消論に答える」『建築士』三巻、二一号、一九五四年七月、一八頁
(121) 例えば、『東京都議会都市計画環境保全委員会速記録第二号』(一九九二年二月二〇日、七―八頁)での平野智次郎(都市計画局総務部長)の趣旨説明や「神奈川県建築代理士条例を廃止する条例」に付された提案理由(「定県第91号議案」『神奈川県議会9月定例会会議録』一九七一年九―一〇月、四四頁)。
(122) 廃止条例の制定順に、群馬・徳島・鳥取・長崎・佐賀・福岡・山口・京都の八府県。つまり三割半が効力を失った条例をひとまとめにしての廃止である。
(123) 注(29)前掲、二〇〇四年一一月五日
(124) 中沢甚平「理事の経験者は会の発展に就て如何に考えるか　アンケート」『東京建築士業報』六四号、一九五九年一〇月、六頁
(125) 注(113)前掲
(126) 例えば、兵庫県建築代理士業条例を廃止する条例(昭和三九年条例第五四号)。
(127) 茨城県建築指導課のご教示による(二〇〇四年八月一九日)。
(128) 『京都府建築代理士条例の一部改正について　昭和三十一年五月四日建築課起案』京都府立総合資料館所蔵資料　なお、この時期、他に広島でも期限(二年)を設けた(昭和三〇年条例第四七号)。
(129) 設立50周年記念誌部会編『設立50周年記念誌』東京都建築士事務所協会、一九九九年、一一頁
(130) 内田祥三「市街地建築物法の回顧」『建築行政』一巻、一号、一九五一年五月、一一―八頁。「初代会長が長岡」というのは、内田の記憶の誤り。
(131) 企画部編集委員会編「十年の思い出」『東京建築士業会報　10周年記念特集』五一号、一九五七年一二月、二八―四一頁
(132) 注(17)前掲、五五―五七頁
(133) 棟木桁平「奮起の秋」『月刊建築代理士』三四号、一九五二年八月、一頁
(134) これが内藤亮一の構想だったという(注(29)前掲、二〇〇四年一一月五日)。
(135) 天城太郎「建築士會に對する私見」『月刊建築代理士』二八号、一九五一年七月、二頁
(136) 「建築士會の經過」『月刊建築代理士』三〇号、一九五一年一一月、六頁。この五月、建築学会で開かれた四会連合委員会に端を発するという。前年九月、役割を終えたとされる同委員会だが、以後も活動があったことになる。

(137) 長田正雄「建築士會を如何に見る――會員の聲3　私はこう見たい」『月刊建築代理士』三〇号、一九五一年一一月、一―二頁
(138) 宇井方一「就任に當りて」『月刊建築代理士』二八号、一九五一年七月、一頁
(139) 注(137)前掲
(140) 笑鬼生「建築士會はいつ生れる?」『月刊建築代理士』二九号、一九五一年九月、三頁
(141) 城北の一会員「私の見た建築士會」『月刊建築代理士』二九号、一九五一年九月、二頁
(142) 中澤生「建築士會結成についての私案」『月刊建築代理士』二八号、一九五一年七月、一頁
(143) 注(138)前掲
(144) 長田正雄「將に設立されんとする東京建築士會に望む」『月刊建築代理士』三〇号、一九五一年一一月、一頁
(145) 注(137)前掲
(146) 条例のない北海道でも実態を反映して建築代理士会が設立された(「地方の動き」『全日本建築代理士會連合會報』七号、一九五一年二月、八頁)。
(147) 警鐘生「建築士會結成促進を望む」『月刊建築代理士』三〇号、一九五一年一一月、六頁
(148) 注(109)前掲
(149) 宇井方一「挨拶」『月刊建築代理士』三三号、一九五二年六月、一頁
(150) 棟木桁平「東京建築代理士会の会名を変更しては!」『月刊建築代理士』四五号、一九五五年九月、一頁
(151) 長田正雄「〈東京建築士業会〉の名のもとに」『月刊建築代理士』四八号、一九五六年五月、一頁

第四章　内藤亮一と建築士法と住宅

室戸台風による住宅の被災（1934 年）
出典：中澤誠一郎「大阪府下に於ける風水害調査報告」『建築雑誌』48 輯，592 号，1934 年 12 月，1379 頁

1　庶民住宅へ

内藤亮一とは誰か

戦後、建築士法制定の立役者となった建築行政官内藤亮一（図4-1）とは誰か。不思議なことに、建築士法についてはたいてい、〝西洋の建築家法と異なる〟、そのことが漠然と語られるばかりだった。

その結果、この法が戦後、制定までにどういう過程を経たか、そこに触れたものこそあるが、多くは、西洋の建築家像を日本に実現しようとした戦前の日本建築士会の法制定運動の敗北と、戦後の諸団体の検討がどうなされたか、また法案の上がった国会でどんな議論があったのかが、わずかに考察された程度だった。

したがって、それがどのように発想され、どうして現在の形になったのかについては、せいぜい建設業者への配慮で、と語られるか、東京帝大教授で建築界に大いに影響力を持った佐野利器や内田祥三が戦前の法案に反対したためその意向に沿うものとなった、と言われるのが関の山だった。あるいは、それでは不足、と少し気の利いた者が、田中角栄が自身初の議員提出法案として成立させたことに目をつけ、提出者として彼がどう国会で説明したかを探るに留まった。

その結果、そこでは、立案者の意図が明らかにされることはなかった。

おそらく、戦後の検討が広く建築界より代表を集めて行われたため、それは毒にも薬にもならない、諸団体の利害調整の産物としか捉えられなかったのかも知れない。西洋と同じものを望む立場から、それが実現できなかった理由を、こうした場所に託したのだろう。要は、〝立案者の意図が〟と言う方が野暮で、実はそこに立案者がいたとはとうてい考えられていなかったのである。法は行政がつくる。そのことが常識だった時代を探るにもかかわらず、である。ここまでに述べてきた成立の背景を見れば、この法はやはり行政がつくったと言うべきもので、田中の説明も行政の敷いた路線の上にある。つまり立案者はいるのである、行政の中に。それが本章で扱う内藤亮一である。

あるいは長く立案者不明のまま過ぎたのは、当の内藤が、それを諸団体の協議の成果だと強調したことも影響したに違いないのだが[1]、その言葉は、彼の立ち振る舞いに照らせば、謙遜でしかなかった。

図 4-1　内藤亮一
(1905-1983)
伊東紀久子氏所蔵資料

筆者は、前章までに、行政の猛反対が一貫して続いたと考えられてきた終戦までに、当の行政にも建築士法に期待する声が上がっていたことを示した。それでも、その一人であり、戦後、立案の中心に立つ内藤は、なぜそうした主張をしていくことになったのか。戦後どのように牽引したのか。成立後、この法の行く方をどう考えたのか。それらについては、ここまでの論述ではいささか心許ない。

そこで、ここではそれを彼の生涯に照らして見ておきたい。それによって、結果的には全編を通して、〝わが国の設計者の法律が、なぜ西洋と違うものとなったのか〟を明らかにしようとする本書の目的が果たされるはずだからである。

ところで、村松貞次郎は、『日本建築家山脈』(一九六五年)でこう記した。内藤の名の現れた数少ないものの一つである。

> 昭和十年前後の大阪府は、中沢誠一郎を課長に、その下に多くの俊秀を擁して市街地改造の大事業をやっていた。その成果は今日で

も高く評価されている。荒木［正巳］・和田［登］のほかに内藤亮一・中井新一郎・村井進・稗田治・元吉勇太郎らがおり、高橋寿男も愛知県土地区画整理研究会から中沢に招かれて来ていた。亀井幸次郎もいた。中沢誠一郎を中心とする戦前の大阪府グループは、やはりひとつの山脈を形成するものとなろう。(2)

その頃を知る西山夘三《うぞう》（京都大学教授）も同様に述べ、(3)また、戦後横浜市でその下にいた田中祥夫《よしお》が、『建築行政』誌での内藤に関する記事を論文で触れるなどしている。(4)とはいえ、内藤亮一とはどんな人だったのか。そのことすら、全く知られていないのである。これまでほとんどなされることのなかった、建築行政分野の人物研究への反省も踏まえて、(5)本章では、彼の歩みに即して建築士法の成立を見ていく。

『二十世紀ノ形態ノ問題』

一九〇五（明治三八）年一二月一八日、内藤亮一は、名古屋市に、内藤利兵衛《りひょうえ》・ときの間の、五人兄弟の長男として生を受けた（図4-2）。晩年は古美術品の目利きとして徳川美術館に勤めた父だったが、家系は代々商家で、利兵衛の代では、米商ないし酒商や自転車商などを営んでいたという。母のときは、名古屋では料亭界の四天王と言われた近直《きんなお》の娘に生まれた。味にうるさかったという内藤の舌は、母譲りのものだったに違いない、と娘の紀久子は言う。三人の弟妹は、次男の康二が大学頃まで生きたのが長命であったようにそれぞれに夭折したが、すぐ下の妹よし子は、盛岡に嫁ぎ、九〇歳という長寿を得た。

自身は幼少より学に秀で、中学こそ希望する愛知県第一中学（現旭丘高）に失敗するものの、東海中学（現東海高）を経て一九二七（昭和二）年、第八高等学校理科甲類（現名古屋大）を卒業。四月、東京帝大建築学科に入る。その頃には父の株での失敗から家計は傾き、入学間もない七月には母を亡くす。経済的に苦しい内藤は、母方の伯父のもとに寄寓、従兄弟の家庭教師をしながら学生生活を送ったという。

大学三年の暮れ、提出した卒業論文は、『二十世紀ノ形態ノ問題　電車、自動車、乗合自動車、ニ関スル一研究』（図4-3、一九二九年）という。序にあたる「はじめの言葉」には、「車体を建築の方面から、それも構造よりむしろ意匠計画の方より研究してみるのが本論文の主題目であったが、中頃にして、何かしっかりした立場を築いて後、意匠計画を論じたいと思って、先ず二十世紀のフォルムの問題一般につきしらべる事となり」とある。つまり、近代の乗物である自動車・電車・船舶などのカタチの問題を、機能や美との関連において論じたものである。中には「ル・コルビュジェの理論」なる一章が設けられ、また、掲げられた、前川國男『ル・コルビュジェ論』・宮崎謙二『ル・コルビュジェ　建築藝術へ』・板垣鷹穂『機械と藝術の交流』などの参考文献に明らかなように、「住宅は住むための機械[6]」と説いた気鋭の建築家ル・コルビュジエに大いに影響を受けた論文だった。二級上の前川國男に象徴されるこの世代の特徴と言えるだろう。

図 4-2　少年時代

伊東紀久子氏所蔵資料

巻頭にある、卒論に対する自身の評らしきものには、「殆どスクラップブック然としたものが出来上ったが、色々教えられる処もあり、未完成のままながらうれしい気もする」、とある。スクラップブック的でありすぎたと反省するかのようである。

確かに論文には、写真や文献からの図の転載が多い。そうしたことが、資料を集めただけで未消化だとの反省につながったのだろう。しかし、図版の効用は言うまでもなく大きく、むしろ現在なら、思考をビジュアルに表現したと好意に受け止められもする。おそらくこうした反省は、内藤という人間の、何事によらず緻密で、やり遂げずには気が済まない性格の一端を示すもののように

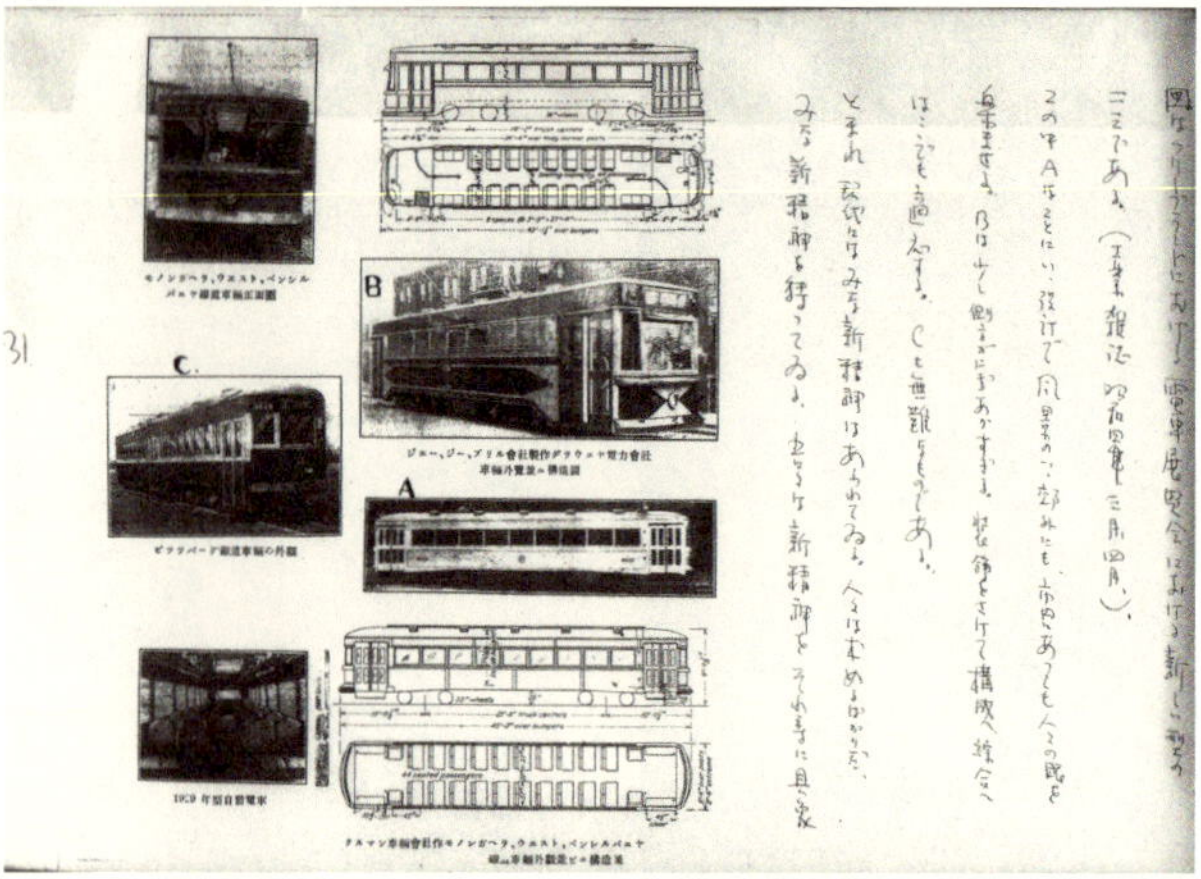

図 4-3　卒業論文『二十世紀ノ形態ノ問題　電車，自動車，乗合自動車，二関スル一研究』（1929 年）本文の一頁

東京大学建築学科図書室所蔵資料

思える。

ところでこの卒論からは、のちに行政に進み設計と縁遠くなるのは、決して意匠に興味がなかったからでないこともわかる。論文は「とまれ、現代にはみな新精神はあふれてゐる。人々は求めるばかりだ。みな新精神を待ってゐる。吾らは新精神をそれ等に具象化する任務もあり、それ等を楽む事も出来る。之が二十世紀の形態への道である」と結ばれる。新しい時代のデザインを考えたいと願う、若々しい気概に満ちた文である。

住宅問題との出会い

内藤たちの世代は、景気に呪われた世代だった。

第一次世界大戦以来、未曾有といわれた好景気も、一九二〇（大正九）年を境に反動期に入る。関東大震災後の建設業界は、実態としては不況を訴える者のいる一方で、新聞は好況と報じ、「建築設計の事務所がよさそうに見えるので代書屋さん抔《など》が建築事務所と看板を掲げ(7)」といった具合で、いきおい建築学科への進学も増える。そうした進学にもかかわらず、一九二八（昭和三）年から景気は滞り、卒業の頃には世界恐慌によって就職すらままならなくなっていく。小津安二郎がその様をコメディタッチで描いた映画『大学は出たけれど』が封切られたのは一九二九年秋。そのとき大学で卒論に取り組む内藤は、まさにその渦中にあった世代なのである。内田祥三の指揮で震災復興が進む本郷の東京帝大キャンパスでは、被災した旧工学部本館の瓦礫の片づけを終えて着工した「工学部一号館」（土木・建築学科棟、一九三五）が、内閣の財政緊縮の煽りを受け、建て方の済んだ鉄骨剝き出しのまま放置されていた。

そのせいだろうか。同級生も多くが官界に進んだ。満洲国にいた葛岡《くずおか》正男、文部省で学校建築を預かった中尾龍彦や商工省で活躍した伊藤憲太郎はじめ、一九五〇年の五葉会（昭和五年卒業者の同窓会）名簿(8)を見れば、二四名の同級生は、中央・地方、営繕・行政を問わず、半数が官庁勤務になる。もちろん彼もその一人となった。

一九三〇年三月、大学を卒えた内藤は、五月、同級の宮脇晴美とともに大阪府に建築技手《ぎて》として奉職（図4-4）。これが、こののち三二年にわたる官吏生活のスタートとなる。

最初に籍を置いた警察部建築課は、明治に大阪が他に先駆けて建築行政を始めて以来、長く責任者たる立場にあった池田實（一九〇四年東京帝大卒）はすでに民間に出（一九二四（大正一三）年）、自ら建築事務所を開いていたが、その薫陶を受けただろう平井三郎（地方技師）が課長津田敏雄（一九〇九年同大卒）の下におり、林豪蔵（一九二七年同）などが課員に名を連ねた。一九三二（昭和七）年には、建築意匠の世界に大きく足跡を残した分離派建築会のメンバーと同級でありながら、学生時代から池田に行政実務の教えを請うことを望み(9)、そのとおりに池田時代を大阪で過ごした中澤誠一郎（図4-5、一九二〇年同）が課長として戻ってくる。この当時の府建築課の雰囲気は、村松によるものを先に引いたが、まさに〝山脈〟と言うべき環境が形成されていた。

稗田《ひえだ》治は、当事者の立場で回想する。

> 私は、昭和八年に大学を卒業して、（略）その翌年、大阪府警察部建築課に採用されることになり、八月一〇日に「任大阪府技手」の辞

図 4-4　大阪府時代

伊東紀久子氏所蔵資料

図 4-5　中澤誠一郎
(1896-1986)

出典：中澤誠一郎「オリンピック後の都市整備」『建築士』14 巻，148 号，1965 年 2 月，17 頁

令を頂戴した。（略）当時、同課には、夫々特色を持ち、個性に富んだ若い仲間が大ぜいいて、まことに、多士済々の感があった。大学は必ずしも同一ではないが、卒業年次が昭和八年の者も、後から加わった私を入れて、計七名となった。まもなく、昭和八年卒業年次の仲間を中心として、木曜会という親睦会が誕生した。一緒に喰べたり飲んだりというだけのものではなく、時には、課長を始め、建築行政の先輩の方々にも出席していただいて、定められたテーマについて、レクチャーをきき、或いは論議を交わすという一種の勉強会であった。(10)

学究肌の中澤の下、課員がみな意欲に燃え、取り組む様がうかがえる。

ところで、第二章で見たように、一九二五～三〇（大正一四～昭和五）年は、建築士法が建築界で最も活発に議論された時期だった。期せずしてそんな騒ぎを目にしながら学生時代を送った内藤は、士法の制定を夢見た一人だった。(11)同じ世代には、同じく制定を願いつつ学生生活を送った者もいた。例えば、山口儀三郎（一九二八年東京高等工業卒）はこう述べている。

建築士法案が始めて帝国議会に提出されたのは、（略）丁度私が建築家を志願して其の学習に入った時である。私は法案の内容を知る前に先ず、建築士なる文字から極めて感じの良い印象を受け、何か自分の行先がハッキリした様に覚え勉強の張り合いが出来た。該法案の内容を知るに及んで医師、弁護士等と対比し一層自ら自重し該法の実現を希った。(12)

西洋に伍した建築家の法律がわが国にもできようとしている。その動きは、それだけで、建築を学び始めたばかりの学生が夢を見るには十分な出来事だった。

あるいは、意匠を研究した卒論に続く卒業計画『ＧＫ医科大學設計』（図４－６）は、そうした心情の発露だったかも知れない。しかし、そのように淡い想いを抱いた世代も、職に就き、建築界の現実や社会の実際に触れる中で、先進国はともかく日本の、自身を取り巻く世の実情を踏まえると、どうも提出されている法案ではうまくいきそうもないと実感するようになる。

実務に就いた内藤が早々に味わう感慨は、自身の回想からうかがうことができる。

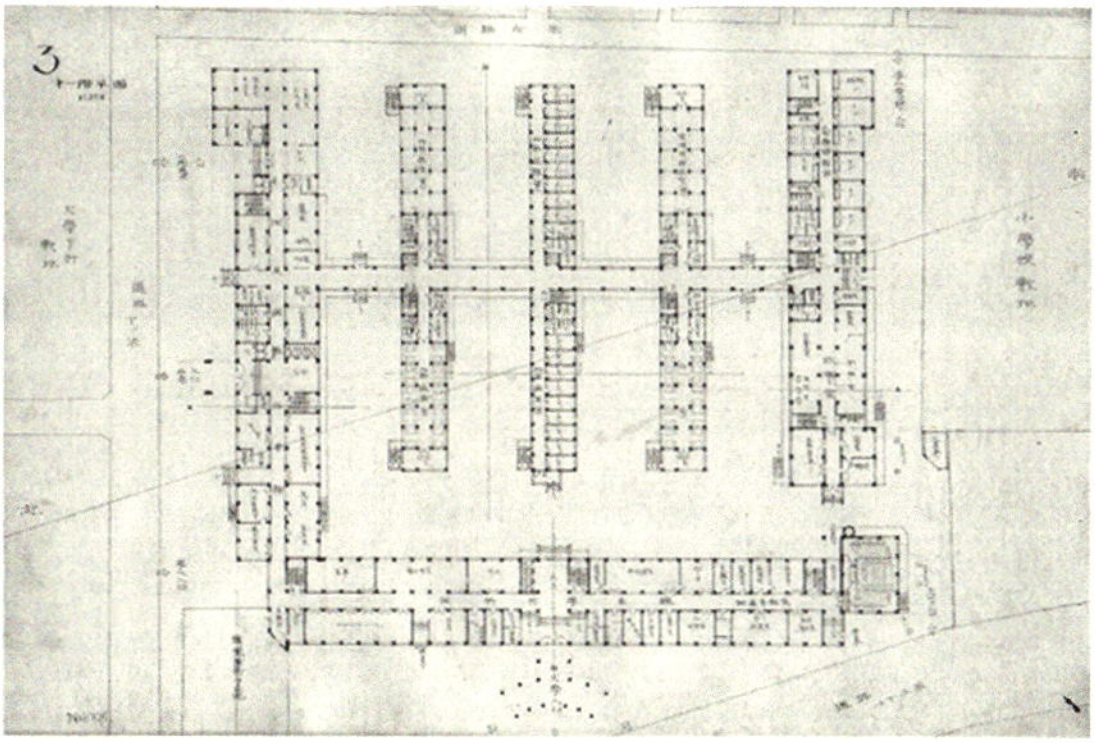

平面図

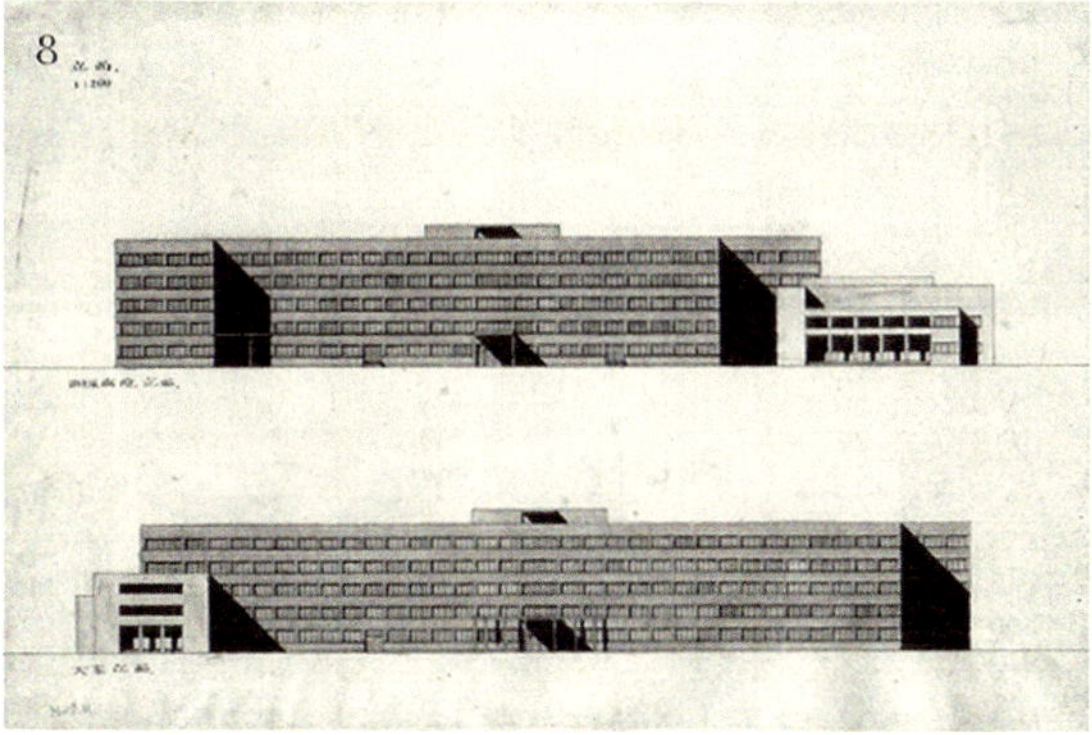

立面図

図 4-6　卒業計画『GK 医科大學設計』（1930 年）

東京大学建築学科図書室所蔵資料

GK とは「慈恵」のこと(13)．震災復興により建て替えの進む東京慈恵会医科大学を選んでの校舎と病院の計画である昭和五年大阪府において建築行政へ第一歩を踏み入れた私は、一、二年後、都市建築物の改善が如何に根気を要する仕事であるか、否むしろそれは百年河清を待つに等しいものであるとして、ある時は自分の仕事に絶望をすら覚えたこともあった。（略）中心部の担当者はともかくとして、市の周辺部の担当者は建売の木造平屋建築と如何に取り組んで見ても、市街地建築物法関係規定限度一ぱいの建築相手ではこれをどうすることもできない。遂には法令そのものの逆効果すらを感ぜられるような仕末であった。(14)

当時、大阪の住宅問題は熾烈を極めつつあった。不衛生から低い空き家率(15)に至るまで、様々に困難を抱えていた。明治中期より「極めて不健全な膨張、発展を余儀なくした。保安上危険な、また有害な都市(16)」と評す者もあった。大学を出たばかりの青年内藤は、多くの俊英に囲まれながら、深刻な社会問題と化していた住宅問題に、その最先端の地で取り組むことになる。

「建築課がどんな仕事をするところか見当も付かないで這入った」彼は、こうした建築行政官にとってエリート教育と呼ぶにふさわしい環境で実務の教育を受けたのであったが、日々、「申請書類を見たり現場検査に出たり」する中で直面するどうしようもない現実に、次第に、鬱々とした思いを抱えていく。ことに彼が懐疑をすら覚えたのは、物の規制に偏った建築の法のありようだった。

そこで彼が主に扱っていた長屋建の貸家や建売住宅は、確かに「空地もあり、その他構造も市街地建築物法には適合しているが、およそ学生時代に考えていた住宅とは余りにもかけ離れたものであり、こんな住宅の産婆の役目をしているのではやり切れない(17)」。

どう抗すべきかと考え、まず「都市計画とか法規が悪いからであるとしてアメリカの都市計画や、建築法規などひろい読み」するが、どうにもならない日々は続く。そんなさなか、一九三四（昭和九）年九月二〇日夜半から翌日にかけて西日本一帯を室戸台風が襲う。当時未曾有の、そして今でも枕崎台風（一九四五年）・伊勢湾台風（一九五九年）とともに昭和の三大台風に数えられるこの台風では、全国で九万を超える家屋が全半壊、二七〇〇もの死者が出た。

『大阪市政70年の歩み』は、その日の市下をこう伝える。

> 屋根の瓦は浮き上がるとみる間に、まるで広告ビラをまくかのように高く舞い上がり、電柱家屋は、大音響とともにつぎつぎに倒れる仕末であった。そのうえ不幸なことに大阪湾の水位が急激に上昇し、遂に潮水は二十ないし三十センチメートルの白波を立てて、急速に臨海地区に侵入した。これがために逃げ遅れた人たちが高潮に呑まれる悲惨事があちこちでおきる（略）こととなった。ために本市の死者及び行方不明者九百九十名、重軽傷者一万七千名、全壊八百戸、流失三百戸、半壊三千戸のほか浸水家屋実に本市全戸数の二十五％に及ぶものであったが、ことに臨海地帯の産業施設や港湾施設は全く致命的な被害をうけた[18]。

四天王寺の五重塔は跡形もなくなり、多くの木造小学校が倒れ、送電鉄塔はくの字に折れ、川は吹き寄せられた艀《はしけ》の残骸で埋まった。

先に記した村松の言う「昭和十年前後の大阪の市街地改造」はおおよそこの後。大正後半に始まった事業は、御堂筋など表通りの美観と経済的利用・防火地区の防火推進のため主要街路沿いの建物の最低高さが定められたこと、また、地下鉄網の構築が進められたことに代表され、恐慌などで後退を強いられながら、一九三〇年代後半に結実する。

遡ることわずかに三年、内藤の上にいた玉置豊次郎は、建築物法は、大規模・特殊用途の建築物よりはむしろ小建築物・小住宅の向上に寄与し効果があったと評したが[19]、このときの被害は生易しいものではなかった。罹災の翌日から、課員たちは分担区域を決め、それぞれに状況の把握にあたる[20]。内藤はこのとき、自ら検査に臨んだ建物がことごとく倒壊しているのを目の当たりにするのである（図4-7）。

> 私は災害の一週間程前に大阪の郊外の理研アルマイト工場の木造建築物の竣功検査を係員とともに実施しましたが、災害調査に行ってその工場建築が完全に倒壊している現場を見た時、自分は何のための書類審査をしたのかまた現場検査をしたのかと、

図 4-7　室戸台風による住宅の被災（1934 年）

出典：中澤誠一郎「大阪府下に於ける風水害調査報告」『建築雑誌』48 輯，592 号，1934 年 12 月，1379 頁

大阪府の報告書にある写真．写真にたしなみのあった内藤が撮影したものかも知れない

あと仕末をしていた工場長に対して会《ママ》わせる顔もなかった(21)

のちにこう語っている。

それによって彼は、物の規制を進めることもさることながら、それだけでは十分でないことを痛感する。ことに木造の庶民住宅への「近代建築工学の参与は余りに惨め」で、「学問技術の恩恵を万民に浸潤せしめる」(22)必要に思い至り、そのための方策を模索するようになるのである。

府建築課はこの反省から、すぐさま土台と基礎・柱、柱と胴差・軒桁、軒桁と小屋梁などを金物で緊結、筋違を入れるなど補強策を図示した木造住宅の構造標準を発表。(23)啓蒙と普及のため、中澤以下、建築系技官たちは、翌年にかけて、大阪の各地を講習のため飛び廻る。(24)この経験が、のちの建築基準法の政令検討の際、木造の筋違規定（令第四五条）を、「適当に斜材を入れること」とした建築学会の参考原案に、「大工がこれでわかるか！」と激怒、より具体的な案の作成を部下に命じたエピソードにつながる。(25)地震対策に目を奪われていた建築界、わけてもこのとき怠慢と名指しで批判された構造学者たちにとっても、この風水害の衝撃は大きく、以後、終戦まで続く木造研究のきっかけとなった。(26)

直後内藤は、日本建築協会の談話室で建築士会の機関誌『日本建築士』を目にする。(27)

そんな時期に（略）「日本建築士」をひろい読みしているうちに、当時日本建築士会がわが国においても建築士制度の必要性をとなえて、法律制定に大きな努力をはらわれている様子を知ることができた。（略）反対の意向があることについては、私なりに理解はできた。しかしながらどうして内務省当局が推進する側と反対側の意見を調整して、何らかの結論を見出すことができないのか、とその点はよく理解できなかった。

続いて、議会に上がった法案と議事を手に入れ、検討を進める。その中で、建築士会の推す大規模・特殊用途の建築物を専業で設計する者をのみ建築士とみる法では、自身の直面する現実を打開する手がかりにはなり得ないとの思いを強くすることになる。

しかしながら、私は当時国会の委員会での法案審議の議事録が転載されているものを読んで、何か割り切れないものを感じた。建売長屋は当時のわが国の政治、経済、文化の一つのシンボルでもあって、建築士法が制定されたからと言ってにわかに建売長屋が改善される理でもないことはよく解っていたが、わが国に建築士の制度が生れたならば建築行政の上で何らかのプラスにはなるであろう。どうして内務省当局はこの問題に消極的なのかといった感じを禁ずることができなかった。

そして、「建築士制度の問題については、私なりに何時の日かこれに取組んでみたい」と考えるようになっていくのである。それは、「間もなく満洲事変以来日本建築士会の推進もさたやみとなり、建築行政も建築資材の統制など別の方向にすすまざるをえない状況」になっても、秘めた思いとして沈積していく。

大阪と建築士法

関西の建築界にできた日本建築協会が、団体として建築士法案にどう応じたかについてはすでに述べた。その中心地、大阪で建築の行政に携わる者たちは、これに対してどんな意見を持っていたのだろうか。

日本建築協会の会員は、請負業者を中心とする建築業協会とは異なり、必ずしもこれに異を説くばかりではなかった。ごく初期にすら、代書屋の横行を見て、「日本建築士会の主唱するとは別の立場から、法定の建築士会を内務大

図 4-8　池田實
（1878-1950）
出典：日本建築協会『日本建築協会80年史』1999年，102頁

臣が主管して、権威のある建築士の事務所が公認せられる必要[28]」があると言う者もいた。そうした態度は、会員にして、長く大阪の建築行政を牽引した池田實（図4-8）にも認めることができた。

池田は、一九二一～二六（大正一〇～一五）年度には理事にあるなど、協会の中枢にいた。その池田は、「遺憾なのは日本ではまだ建築技術家が重視されてゐないことだ」としながら、「建築家が〝芸術家〟として象牙の塔にあってこもってゐる罪である。もっと前線に躍り出して大衆の建築に対する知識啓発に努力すべきではないか」、「建築士法案を見ても不徹底なところが多々ある。建築士とは事務所を持って設計ばかりしてゐるのでは〝ヌエ的〟になる。現場へ出て監督してもよいじゃないか。設計はするが実地に指揮しないのでは医者が診察はするが注射しないのと同断である[29]」（一九三九（昭和一四）年）と述べ、やはり専業かどうかにこだわる案でなく、違う可能性を訴えた。

翌年にも池田は、建築行政協会からその道の先達として「何が建築界全体の最も緊急重要な問題か」と問われ、箇条書きで次のように答えている。

（1）建築界の統合画一、即ち独立部門としての確立。
（2）建築士及建築書士の職能に関する法的制定と其の取締。
（3）建築施工業（土木建築請負業の分立）の法的制定と其の資格。
（4）建築材料業を（衣食に対する住の意味に於いて）建築工業として一部門を確立し、建材の規格統制と材能の改善研究及建材業者の制限。

（5）建材に関する原料及製品の配給統制。
（6）建築技術者の教育改善と熟練工及徒弟の養成。
（7）建築材料研究機関の設置。
（8）防火地区の完備促進。
（9）住宅政策の急施。
（10）建築会議の開催。
（11）建築行政の一貫的統制及官公庁等の営繕事務の合同。
（12）建築行政の重点主義。(30)

これは、国民の一致団結こそが是となる総動員体制の中で、建築界として何ができるかを考えてのものであろう。なぜなら、住宅政策を「急施」としながらもその順を、建築士や建築書士より遥かに低く置き、それ以上に建築界の再編統合をまず説くからである。我慢すべきものは後回しにという時代に立ち入ったことを認識してのものである。それでもやはり、建築士制度を具体的にどう実現するか、手立てが披露されることはなかった。

これには、「商売に直接に関連する事柄については、陳情などもするけれども、純粋に政治的な問題については、積極的に発言することを好まない」(31)など言われる大阪の気質も影響したかも知れない。あるいは、几帳面な趣味人で知られ、平素よりモーニングを愛用した池田に潜む、東北生まれの表現下手があったかも知れないが、しかし、〝ではそれをどう実現するか〟に言い及ぶ者は他にもなかった。さらに言えば、その立法が何に資するかにすら、〝大衆の啓蒙〟といった建築家たちの主張の範疇に留まるものや、戦時に求められた〝国家の新体制のため〟という抽象的なもの、〝事務簡捷〟という行政に利するといったものばかりで、より広く社会を、その底辺までを見据えて言う者はなかった。

底辺にある庶民住宅の生産と技術の問題に、むしろ逆の方面から主張する者はいた。大工の養成によって対処しようというもので、この時代、多く出た意見だった。従来の建築生産を踏まえれば、とうぜん現れる発想である。関西で建築行政にあたる者たちの対談でも上がった（第二章5節）。

内藤の建築士法に対する最初の表明は、一九三七年。この対談はそれより四年も後である。同じ境遇にいた中にも、具体的な方策を講じ、世に問う者はなかったことになる。おそらくは、直面する現実に問題のあることを認識し、何らかの対処の要ありとまで至りはしても、解決のための具体的な手段として、建築士法に可能性を見出すには至らなかったということだろう。

大連市建築規則に依る主任技術者検定規則への注目

日本の、内地の建築界が建築士法案の是非で大揉めになる少し前の一九一九（大正八）年六月。日本が租借した中国東北部、大連で、一つの注目すべき規則ができていた。

大連市建築規則に依る主任技術者検定規則である。

この以前わが国では、内務次官芳川顕正が委員長を務める東京市区改正委員会が、文豪で知られ、公衆衛生を専門とする軍医森鷗外を交え、コーネル大を出て大蔵省の営繕を束ねた建築家妻木頼黄《よりなか》に編ませた東京市建築條例案（一八九四（明治二七）年）に、早くも設計者としての建築師の言及がされていた。[32] また、こののち東京市長尾崎行雄の依頼を受けて建築学会（中心に曾禰達蔵・中村達太郎・内田祥三ら）が七年かけて編んだ同名の東京市建築條例案（一九一三（大正二）年）にも建築技師の名でその資格が盛り込まれたことはあった。いずれも案である。

前者では、「建築専門の学士及建築調査局に於いて其の定むる程度に随い認可したる者に限」り建築師として（第一九条）、建築の「届書には其の工事を監督する建築師の連印を要」し（第六条）、「建築をなさんとするときは必ず建築師をして工事を監督せし」め（第一八条）、「建築師は其の監督せる工事全般の責に任ずべし」（第二〇条）と、後者では、いわく建築技師とは、「建築学を専修したる者にして建築局の試験若くは認定を経たるもの」（第四条第二項）で、「普通地区に於いて建坪五十坪以内高二階以内のものにして普通構造のもの」以外の建物は、「図面、仕様書及構造強弱計算書には建築技師之に署名すべし」（第九条）とされた。

前者は右に述べた通り妻木の構想で、後者はこの部分の起稿担当者に長野宇平治の名が見えるから[33]、ともに建築家であるがゆえの着想と言えるだろう。妻木の案は資料を添えて建築学会に預けられ、後者はその蓄積を手がかりに着手となる。そのまま引き継いだ可能性もあるが、長野が敢えてこれを残し、発展させたことも考えられる。

後者の記述の登場（一九一一（明治四四）年）[34]と、以後の建築物法に至る消去（一九一七〜一八（大正六〜七）年）[35]が、民間の建築士法への機運を高め[36][37]、日本建築士会が最初の私案を編んだばかり（一九一九年三月）の時期。ちょうどその頃、海を越えた大連では、次の抜き書きに見るような設計者を念頭に置いた規則ができ、運用が始まっていたのである。

大連市建築規則［大正八年関東庁令第一七号］
第三条　本令中用語の意義左の如し
　五　主任技術者　建築技術に関し関東長官の検定を経たる者を謂う
第六十三条　主任技術者は工事の設計並施行上に関する一切の責に任ずべし
図面仕様書及構造強度計算書には主任技術者之に署名すべし
主任技術者自ら工事を監督すること能わざるときは工事監督者を定め届出ずべし
第六十八条　工事監督者にして不適任と認むるときは関東長官は其の改任を命ずることあるべし

大連市建築規則に依る主任技術者検定規則［大正八年関東庁令第一八号］

第一条　左の資格の一を有する者は検定委員の銓衡を経て無試験にて第一級主任技術者たることを得

一　帝国大学工学部建築学科を卒業したる者

二　高等程度の工業学校建築科を卒業し二年以上実務に従事したる者

三　建築に関し前号同等以上の学識経験ありと認むる者

第二条　左の資格の一を有する者は検定委員の銓衡を経て無試験にて第二級主任技術者たることを得

一　高等程度の工業学校建築科を卒業したる者

二　中等程度の工業学校建築科を卒業し三年以上実務に従事したる者

第三条　三年以上建築技術の実務に従事し且検定試験に合格したる者は第二級主任技術者たることを得

前項の検定試験は中程度の工業学校卒業程度に依る

第九条　主任技術者は大連又は其の附近に住所若しくは事務所を有するに非ざれば其の業務に従事することを得ず(38)

日本初のこの制度は、最初であるがゆえの混乱も知られる。資格を設計者のみならず施工者にもあてはめながら、取得にあたり学歴に重きを置いた。それが、結果として、建設を急ぐ支配地の建設を逆に滞らせたのだったが、ともあれ民間に動きのなかった土地に、こうしたものが内地より先に、しかも官主導で生まれたのは、何とも皮肉であった。(39)

大阪はこれに大いに関心を示し、公布となるや、関西建築界の指導者たる片岡安《やすし》（一八九七年東京帝大卒）や、池田が『日本建築協會雑誌』に、片岡は「大連市建築規則に就て――建築技師に対する壓迫(40)」、池田は「「大連市建築規則」批判(41)」と題して寄せた。

片岡は、「大体に於いて都市建築改善の旨意を以って編成されたるものなれば、吾人は其の施行の急速に断行されたるを慶賀し、同行政庁の勇気を称賛するを惜しまぬ」としながら、細目に「見逃すべからざる二三の欠陥の存在するを憾とする」と述べた。批判は次の点であった。

①関東長官が不適とした場合には技術者を改任、すなわち前任者の「退去」まで求める条項はいかがなものか。②建築のように社会に普遍的にあるものを、特定の技術者に委ねるのは問題ではないか。③規則の内容はあまりに単純で、帝大建築学科卒業者なら無経験で資格を得られる規定は不条理。そして、④設計報酬に最高率が定められたことである。最も高額の「工費五千円の住宅で五・六九％」という報酬を「低率なるは実に驚くべき」と嘆き、むしろ定められるべきは最低率とする片岡は憤慨を隠すことなく、「専門職業に対する一種の侮辱」と述べる。建築家としてこの問題に日々直面するがゆえの意見だろう。

池田の文は、批判というよりは批評である。学生時代から製図が大嫌いで、法律に興味があったと語る池田らしく、行政の立場から、またのちに日本建築協会独自の草案に携わる者の視点で、用語の定義とその意味に言い及ぶ。例えば、「規則中に『家屋』『建築物』『住家』『家』（之は室の誤植か）という様に種々な語を混用しあるが、其の用語の法律的意義は、明確を欠いで《ママ》居る」といった調子で。それでも「第五号に『主任技術者』なるものを重要視したのは大英断であって、吾人は双手を挙げて大賛成の意を表する」と技術者を尊重する条文の盛り込まれたことを素直に評価した。

池田にとって大阪は、失意の都落ちの場所ではなかった。大学を出るさい大阪行きを打診する教授の中村達太郎に、答えを軒並み渋った同級生たちにとってはそうだったが、池田にはそうではなかった。「東京の空気が嫌いで何とかして東京を逃げたい」と思う中の僥倖、渡りに船の申し出だった[42]。そのため、水を得た魚のごとくふるまい、草創の建築行政を率いた。

府建築課に及ぶ池田の影響を思えば、この時期、大阪はこの規則に注目したに違いない。

その後、同じ中国東北部、満洲国で一九三三（昭和八）年公布された国都建設局建築指示條項（大同二年国都建設局批示第一号）に、一定規模の建築物は用途や構造に応じて建設局長の認めた技術者の設計・監督によることとした条項が含まれた。実質的に法令と同じ効力を持つものとして機能したようで、[43]当時、建築学会の機関誌『建築雑誌』[44]も報じたが、大阪で話題になった形跡はない。また、そうした大連・満洲[45]のある一方で、植民地となった朝鮮や台湾では、国家による規則の類いはできなかった。[46]

海の向こうでは続々と、そしてその報も次々に、というなら別だが、そうではなかったわけだから、彼らが、池田の退職後までも、大連の規則に注目し続けたことはよもやあるまい。それでも、士法騒動もひとまず落ち着いた一九三〇年代半ば、これは再び意識に上がった、に違いない。

そのきっかけとなったのはこの記事ではなかったか。

ル・コルビュジエの下で修行し、このとき満洲国首都警察庁にいた牧野正巳（一九二七年東京帝大卒）が、大連を訪れた報告を『建築行政』に寄せ、「大連市は」、「主任技術者検定規則も設けられ、代願人制度よりも一歩技術的に進んだ取扱をしてゐる点が注目される」と紹介するのである（一九三九年一二月）。[47]

そしてこれが、このとき兵庫にいた内藤を刺激する。彼がこの規則に言い及んだ時期に照らせば、そうなる。おそらく、彼は直ちにこの実態を調べただろう。牧野は文中に「関東州の建築行政は関東州庁警察部保安科で扱って居り、営繕課長小園貞助技師が兼任を以って主管してゐる。詳細は同技師に」と照会先を記していたし、牧野の近くには同級生の葛岡もいた（営繕需品局）。内藤が常々必要な資料を探す労を惜しまなかったことは、商工省による建築統計の実施にあたり（一九三六年）、明治以来のそれを調べたことや、[48]のち建設省時代、本務の傍ら、近代日本最初の建築規制を調べたことにうかがえる。[49]

こうして内藤は大連の規則を頭に置き、後の引用で示す「神戸へ避難したる某外国人建築家が［兵庫］県へ建築士の登録を求めに来庁した際、取り換わしたる二三の談話」で耳にした上海[50]の様子や、後述する青島の規則に力を得て[51]、「むしろ建築士法が主で市街地建築物法は従たるもの[52]」とすら考えるようになる。

一級・二級、発案者は誰か

大連の主任技術者規則には、もう一つ注目すべき点がある。

現行建築士法と同じく数字による級別を採る点である。このため、すでに先学瀬口哲夫がこの発想の原点が大連にありそうだと推察している[53]。世界にあまり見られない級別の建築士のルーツを探る意味で、法成立までを眺めてみたい。

まず、設計者の法の構想としては、最も古いものに、先に記した妻木による東京市建築條例案（一八九四年）と建築学会が編んだ同名の案（一九一三年）があるが、これは級別ではなかった。その六年後、大連の規則で、突如として級別が登場する。大連市建築規則（大正八年関東庁令第一七号）自身は、そのとき建築物法の草案に携わっていた内田祥三が、自分たちの草案を参考にしたはずだと語る[54]。世界でも早い採用を意識しつつ編んだ用途地域制が、わずか二ヶ月後に大連でも盛り込まれたことを挙げて、そう言った。しかし、技術者についてはそこには含まれていなかったから、この級別自体は、大連独自の発想と見ねばなるまい。

とはいえ、なぜ級別の発想が登場したかについては、対象を拡げたことが、資格を得る者の持つ技術に幅を生み、自ずと一方に上限を設け、区別の明示が迫られたためと考えるより他はなく、さらにそれがなぜ数字による級別だったのかは、それ以上に明らかでない。

大連ののち、大正末には、建築業協会でも「我国の現状［を見れば］、建築技師に非ずして家屋を建築し得る者は沢山ある」、「我国の如き後進国では一時の便法としても此の類の低級建築士が必要ではあるまいか[55]」と低級枠取り設けの要が説かれる。以後、昭和に入って先の牧野が大連の特徴として級別を指摘。そして一九四〇（昭和一五）年、内藤によって大連の「如く之を第一級第二級、要すれば第三級迄分類するの要あり」[56]と語られる。開戦後も例えば建築行政協会内で、建築士制度を定め、かつ「階級を設けるの要あり」[57]とされ、こうした中で醸されていく。

そして戦後、戦災復興院が「建築法草案」（一九四七年）に建築士と建築工事士の名で盛り込み、続いて翌年、第二国会での「建築士には建物の規模、構造、用途によりまして、一級、二級、三級くらいにわけまして」（衆議院治安及び地方制度委員会　一九四八年三月二〇日）との発言が内藤よりあり、そして第七国会の前年には、再び建築士と建築工事士、あるいは建築士と工務士の名を冠すようになる。しかし、ならば法の名を「建築士・工務士法」とすべきと指摘もある中、佐野利器が工務士の意味を問いただす。

佐野　建築士と工務士という名は何か違ったものという感を与える。

↓「建築士補など補という語をつかいたくない。」

佐野　区別しないでもよいのではないか。少なくとも同種でないという感を与えるような名は反対である。一級・二級、又は甲・乙としたらどうか。

（「建築基準法（住宅局案）に関する懇談会記録」一九四九年一〇月二六日　北畠文庫）

↓以下は住宅局の回答。つまり、そこから出席した伊東五郎・師岡健四郎・内藤亮一のいずれかによるが、内藤によれば佐野はこうも言ったという。

佐野先生が建築士と工務士はどう違うんだということで、こちらのほうは大学、専門学校卒の建築士だと、しかし民間には大工さんで木造なんかそうとうな設計とか、工事なりできるひともあるから、そういうひとは工務士という名称にする、といったようなことをわたくしが説明したんです。そうしたら佐野さんから、それは君！…なんていわれて一喝くって、ちぢみあがった[58]

これとは別に「土木の方が技術士法案のようなものを作って、工務士という名称を使いたい。だから工務士というものは、建築士法には入れないでもらいたい」と土木側の要望もあった。これによって建築士・工務士を捨て、一級建築士・二級建築士に落ち着くのだが、これを田中角栄の法案趣旨説明に従えば「教職員免許法の先例」となり、この答弁のため用意された質疑応答案には、「将来は類似の資格については級別の傾向にあるのでこの名称を採用することが妥当と考え」[59]た、とある。建築界の外への通りのよさを考えてのことでもあった。

つまり級別となった現行建築士法は、直接、大連を参考にしたわけではない。それでも、内藤に即して言えば、大連に倣ったとの表現は間違いではあるまい。建築士・工務士案が却下された時点で、佐野の言葉にあり、また記憶に刷り込まれていた大連の、一級・二級が採用されるに至った可能性は十分に考えられるのである。

住宅問題の技術的解決策としての建築士法

内藤　少なくとも、今まで建築というものを一つの矢張り建築物を有機的に見るということが比較的閑却《ママ》されて居たようで、最近そういう方面に、非常に単一のものとしてよりも群としてのことが考えられ、（略）寧ろこれからは有機的に行かなければならぬと思います（略）。一方住宅問題も現在の庶民住宅というようなことが比較的閑却《ママ》されて居たんではないか。（略）その点建築家にも多少怠慢の謗を免れない（略）。

西山［卯三］　僕は考えますが、日本の建築生産は二つの主要なる部門に別《ママ》れて居ると思う。その一つは（略）大ビルディングの生産。之に対して片方に古い技術と古い生産法をそのままを踏襲して来た大部分の建築がそうである。数多い群小の建築、そういう二つに分かれるんじゃないかと思う。（略）漠然と「建築」というものに対して「建築家」を考えるよりも、二つの領分に夫々建築家というものがどういう風に働くべきものであるかということを考えなければならない（略）。ところが建築及び建築学の此の進歩が残された国民大衆生活に重大なる関係を持つしかもそれが建築生産の九割以上を占めてゐる、住宅建築と云うものが全く放置されてゐるということを意識、無意識裡に忘れられて居るんじゃないかと思います。[60]

この対談は、『建築と社會』誌の新春企画として、関西の官庁・学校・事務所を代表する若手を集めて一九三七

（昭和一二）年一月に行われたもので、同誌三月号に掲載された（図4-9）。第二章で触れた、ブルーノ・タウトの建築家観を批判した西山夘三（図4-10）と内藤に、確かに接点のあったことを示すものである。ちなみに、西山のタウト批判はこの直後、四月号の『建築雑誌』に載った。

一九三三年に京都帝大建築学科を出た西山は、内藤よりも学年で三つ下で、このとき同大大学院生。内藤は前年、大阪から兵庫に異動していた。

西山は後年、この座談会を、「この方が［同じ頃、建築学会が主催した］「日本の建築様式」といったドロ沼の常識論争になってしまった芸術談議よりも、はるかに有益だった[61]」と振り返る。この少し前、大阪府建築課にいる同窓の荒木正巳や和田登から、大阪に大量に建設されつつある長屋が、通り庭を持たないなど、それ以前とは明らかに異なる奇妙な形式を持つことを教えられ、庶民住宅の住み方調査に手をつけ始めていた。それまでの建築学が決して扱うことのなかった庶民住宅の研究からはじめて、のちに建築計画学の嚆矢として名高い存在となる西山にとって、以後の方向を探る上で重要な会だった。

もちろんそれは内藤にとっても同じであっただろう。西山たちの、社会科学的なアプローチの研究を知りながらも、それは「頭のよい連中」のやっていることと見ていたというから[62]、距離を持っていた風もある。しかし、同じ時代の同じ場所での取り組みに影響しあうところがないはずはない。この議論では、個でなく群で有機的に見るべきと説く点に内藤の特徴を見る。それでも、庶民住宅に先端技術が反映されないことが何より問題で、その技術を駆使するのは他ならぬ建築家だが、その対象とする建物は階級分けして考えるべきと語られ、意見の一致をみている。

座談会から半年、内藤は同じ『建築と社會』に「建築行政事務に關する二三の問題に就て」を寄せる（一九三七年一〇月）。これは、建築に関連する法規が、防空法（昭和一二年法律第四七号）によって複雑化する中で、すでに安達謙蔵内務大臣時代（一九三一年）より懸案となって久しい建築行政手続きの簡略化をいかに図るかを論じたものである。この中で彼は建築士法について最初の意見を記す[63]。

非営利住宅は僅かに一一・八％（略）、他の八八・二％（略）は何れも営利的目的を以って生産せられてゐるのであり、更に之等は何れも小資本により小量的に生産せられるもの多く、又特に後者は所謂建築家のその設計、工事監督に何等かの関与せるものの少なく（略）。かくの如き実状のもとにあって、（略）全体の九〇％等に対しては、むしろ更に取締強化の要あり、之等は或いは一定の建築家に依って設計監督されるか、又は大資本によって大量的に計画生産せられるか、更に根本的には或いは住宅会社法の制定、又は国家と其の団体の住宅建設によりて、質的には之等営利的住宅を向上せしめ、量的には之等営利的住宅を減少せしめるの方途の講ぜられざる限り、その建築の手続の簡易化、事務の簡捷化は望まれない（略）。現在にては、九〇％の［営利的］住宅建築を標準として建築の手続を要求し、又取締りが行われてゐる実状であり、残余の一〇％に対しては或いは当を失したものもあり得る理であり、住宅建築に対する手続の簡易化、

図 4-9　建築と社会とを語る座談会風景（1937 年）

出典：荒木正巳・内藤亮一・西山夘三ほか「建築と社會とを語る座談會」『建築と社會』20 輯，3 号，1937 年 3 月，63 頁

図 4-10　西山夘三
（1911-1994）

出典：西山夘三記念すまい・まちづくり文庫『昭和の日本のすまい』創元社，2007 年，口絵

事務簡捷化要望の声の全部でなくてもその多くは、これ等一〇%の［非営利］住宅建築関係者より発せられるものと想像せられるのである。

兵庫県に於いてはこの声に応じて一戸建住宅建築の増築、一部改築、所謂緩和適用区域に於いては新築も同断（略）その取締りを現場主義とし、手続は必要事項を記入したる紙片を以ってする案、及び区画整理地区内の建築手続の簡易化を目下考慮中である。

神戸市内に新築竣工した住宅を営利と非営利に分け、営利住宅、すなわち借家が圧倒的に多い様を指摘し、現実にはこうした借家に問題が潜むことを考えたなら、単純に事務手続きの簡略を図ろうとするのは危険だとした上で、ある程度限定して、特定地域に建つ非営利、すなわち持家の一戸建てについては、取り締まりを現場中心にして、手続きの簡易化を考慮中と言う。続けて、

建築士法案と結んで、次に住宅建築以外の一般、工場、事務所等の建築物に就いては、――これは勿論前記住居建築物に就きてと言えることであるが――筆者はその建築手続の簡易化、事務の簡捷化への対策の一つとして之を建築士法案と結び付けて考慮したい。（略）これは敢えて大工場に限らず、一般建築行為に対しても、若し監督官庁の承認したる建築士――勿論建築技術、事務、法規に通じたる――が設計監督の任に当る場合に於いては、取締りの一半を建築士の自治的監督に委任し、その取締りを主として現場主義とすることと考えられ、その出願手続も、もしかかる建築士により行われるとすれば、簡単に簡捷に取行われることは想像に難くはなく。（略）法規は益々複雑化の傾向にある時、一般建築は勿論、住宅建築と雖も建築士をして参与せしむるを一部分としたる建築士法の制定は、建築行政の事務の上からも要望してやまない次第である。

勿論これだけが事務の簡捷化を解決する唯一のものとは思わないが、丁度本文起草中、今度の時変により、上海より神戸へ避難したる某外国人建築家が県へ建築士の登録を求めに来庁した際、取り換わしたる二三の談話に依っても、この建築士法の制定がこの問題解決上不可欠のものであることの確信を深めることが出来たのである。

（太字は原文のママ）

曰く〝一般建築はもちろん、住宅建築にも建築士を参与させるために建築士法があるのは良い〟と述べる。ここでの住宅建築とは戸建てを中心とした非営利住宅である。西山との話題に上がった庶民住宅たる長屋（借家）までも、ではないが、極力対象を広く捉えようとする様子もうかがえる。

しかし、自身の立場を踏まえて、だろう。あくまでも主題は法手続き簡略の方策で、建築士法に対しては控え目だった。それでも、慎重かつ細心、懸命と評すべきであろう。というのも、大正時代はともかく、この時期にはまだ、行政の立場で士法の要を署名つきで説く者はなかったからである。また、法的な事務を負わせることを念頭に置きながら、このとき始まっていた建築代願人にでなく建築士をその任に当たらせるよう考えていたことも注目に値する。そして何より評価すべきは、このときここで計画中と述べる設計者の制度を、戦時下の神奈川で実施に移したことだが、これについては後述する。

内藤は続いて一九四〇年一一月、『建築行政』誌に「變革に直面した我が國建築行政」を寄せる。このとき建築行政協会の幹事県、兵庫の担当になっていた彼は、行政全般をいかに刷新するかを語る中で、建築士制度について述べた。第二章に示したその内容を簡単に繰り返せば、①物の法だけでなく、人の法も必要。②それは、庶民住宅への技術参与のためにこそ必要で、③単独の法とするか、物の法を膨らませて盛り込むかは、可能性の問題。また、④級別で設ける必要もあり、⑤これまでにも届けさせていた設計者の名前を、より積極的に活用する意味でも、⑥行政の簡捷のためにも、制度を設けるべきだ、となる。

庶民住宅のために建築士法が必要。そして、それを行政の省力にも活用する。これが大阪を経験した内藤が得た結論であった。かつてコルビュジエに影響を受けた学生は、行政の実務の中で、庶民住宅に目覚めたのである。

内藤はここに至る経緯を、「曩《さき》に商工省伊藤〔憲太郎〕技師より建築業を組合法の下に統合するの抱負を聴き、最近又愛知県堀井〔啓治〕建築課長及び同課前岡〔幹夫〕技師より建築の生産を産業部門の一つと考え、設計監督業、請負業、材料業、大工業、左官業等の各部門を所謂産業報国の理念の下に統合するの腹案を傾聴し、啓発せられ」て、と語る。内地に先んじた大連の規則に触発されてのことでもあっただろう。

戦後、建築士法の立案を横に見ながら、主に建築基準法の立案に内藤の下で携わり、以後、長く戦後の建築指導行政の屋台骨を支えた前川喜寛は、その頃のことを次のように述べる。(64)

少なくとも士法制定にからんで見る限り、内藤主張［注：第四章2節に後述］が重要だったと思う。府県は積極的な意見はなかったと記憶する。内藤意見の内容はArchitect法でなく、建築技術者法（しかも基法施行の一環といったものでなく）であり、日本の建築をどうするかということが原点であった。

内藤さんは、住宅については、むしろ法規を離れて、社会体制の中で作り上げられていくことを期待されたと思う。要は法的強制にするか、受皿を作って浸透を待つかということは飽くまで法律論であって、これによって住宅に関する関心が薄いとは直ちにならない。

いろいろ薫陶を受けたが、氏から住宅についての積極的な発言は聞いた記憶がない。しかし、それをもって氏が住宅に関心がなかったとはいえない。私自身、小宮さんの下で、住宅企画課で、戦争直後の住宅政策に関係した。小宮さんが士法・基法制定で指導課に変わられてすぐ、私も指導課にひっぱられたが、希望条件として、次の段階では住宅企画課へ戻してくれとした位に関心があったから、内藤さんが何か住宅問題に触れられたら、必ず印象に残ったと思うが。

終戦直後、「居住密度について一番熱心だった」(65)と言われたほど住宅難の解消に燃え、そのため、指導課への異動に不満を漏らした前川は、そうした自身の目に、内藤の住宅への関心は際立ったものには映らなかったとする。それでもその一方で、

建築基準法で住宅をどう位置づけているかを参考に述べた方が分かり易いと思う（建築技術者の住宅関与について法的にどう考えるかという命題の検討の参考として）。

基法を見る人は普通〝建物〟規制としてしか見ないが、法検討等に当っては、住宅は日本の建物の過半を占めること、しかも都市の主要構成部分であること、特に生活の基盤であること等から、住宅は最大要素と位置づけている。そして住宅群自体に大きなうねりを持つこと等から、〝最低基準〟として法律がどこまで立ち入るべきか（逆に立ち入っていけないか）は全く独立した検討課題としていた。(66)

住宅がいかに重要かは、［今では］一般技術者は勿論、建築主事、建築基準法担当職員さえ気づいていない。

内藤さんの念頭に住宅が大きくあったことは当然である。

建築の法に占める住宅の位置づけを知る者であれば、住宅を大きく考えるのは当然だ、と言うのである。

2　建築士法の制定

建築士制度の試み　内藤亮一の神奈川

一九四一（昭和一六）年夏、内藤は建築課長となり、兵庫から神奈川へ移る。大阪時代に結婚した妻の元と、長女の紀久子、長男隆夫、次男國夫、三男博夫の四人の子供たちを連れて。

結果として内藤が夫婦で骨を埋める横浜への異動は、予期せぬ形で訪れた。発令は時期的には定期のもので、また入省後の年数は課長になるところにも来ていた。それでも、予期せぬ、と言うべきものだった。というのもこれは、前任で、大学で二級上の吉村辰夫が、五月、在職中に病没する不慮の事態によって訪れたからである。

亡くなった吉村は、その前の夏、内務省から初代技術官課長として異動したばかり。迎え入れた知事松村光磨とは、都市計画東京地方委員会時代に、内務省都市計画課長や計画局長の立場で緑地行政をともにした仲で、松村が「不思

図 4-11　神奈川時代

伊東紀久子氏所蔵資料

議な縁で[67]」と語るように、この神奈川は三度目のめぐり会いだった。吉村が得意とする都市計画ではなかったが、わずかに九ヶ月、建築行政分野で力を発揮しようとした矢先であった。

　不意にとはいえ、内藤にとって神奈川は願ってもない場所でもあっただろう。

　というのは、例えば一九〇九（明治四二）年、大阪で、東京よりも先に、従来の長屋建築規則から一歩進んだ建築取締規則（府令第七四号）を実施する際、当時の知事高崎親章は、内務省や警視庁（東京）の反発にずいぶん憂慮したという[68]。それまで地方の規則は、警視庁が内務省と打合せて編んだものの焼き直しとなるのがしばしばだった。大阪は、膝下にある警視庁ほどの緊密さはかなわず、そのためこの公布が、それらを差し置いたことになるのではないかと懸念したのである。

　これに見るように、行政に関して何をするにも中央・東京の顔色をうかがうことを強いられた大阪と異なり、地理的に中央の動向を得やすく、都市の規模の面で東京ほどに問題もなく、かつ中央の意向に過度に左右されずに済む。その意味でもよかった。

　さらに知事として彼を迎えた松村は、計画局長時代には建築行政協会の顧問を務め、一九四〇（昭和一五）年春、第七五議会で建築士法案に対して「提案の趣旨は洵に御尤も」と答えた、あの松村光磨、その人だった。松村は、議会閉会直後、神奈川に転じていたのである。まさか一課長の人事に知事が介入することはあるまいが、かつて「当時警視庁は人材多しと言う状態であったが」、「その先頭に立つものは吉村君」とも「警視庁出身の若手の旗頭[69]」とも言われた吉村に代わる人材には、相応の者が求められたはずで、それゆえの人選だったと考えたい。ちなみに、『建築行政』に内藤が、士法について持論を開陳したのはその一一月。松村の答弁の半年後である。士法を考える機会のあった知事の下で働くことは、その実現に意欲を持つ内藤にとって好都合でもあった[70]。

その、異動した神奈川で、内藤は兵庫以来温めてきた想の実現に向け動く。大阪で苦楽をともにした中井新一郎が一足先にそこにおり、平野忠雄が直後に動いてきたことも有利に働いたかも知れない。のちに横浜の建築行政を支える長野尚友や小岩井直和も若手の技手でいた。

規則が公布となったのは、一九四二年一二月である（県令第一一六号[71]）。「予め知事の承認を受けたる主任建築技術者」を「建築物の設計監督の責に任ずる場合に」は、役所に出す申請書に添える「設計書並びに建築図面（配置図を除く）を省略すること」ができる、とした。一九八三年の士法改正で盛り込まれ、二〇〇六年の士法改正からしばらくのあいだ廃止が取り沙汰された〝四号特例〟（基準法第六条第一項第四号に当たる小規模木造建築物で、建築士の設計によるものは、建築確認の手続きが一部簡略化できるという規定）に似たものである。

同じ年の一〇月、蔵前会館で開かれた建築行政協会役員会[72]の席では、やはり建築行政事務の簡素化のため、建築士の採用が話題に挙がっていた。神奈川の規則は、そこで同じく意見に出た「構造規定其の他個別的規定の簡素化[73]」や、従前からの持論である庶民住宅への技術波及を直接に期待したものではない。むしろ、行政事務の簡略・軽減の性格を色濃く持つ。しかし、兵庫時代の主張にはそれも含まれ、発想は通じる。

例えばそれは、この実現の仕方にもある。これは、建築物法を改め膨らませる形、すなわち、先にも述べた、地方行政は建築の申請や工事について必要なことを定められるという規定を活用して設けたものである。一県で定められるのは規則がせいぜいである。よって、要を訴え、建築物法を膨らませるか、単独の法とするかは可能性の問題とも説いた彼にとってこれは、地方の一官吏としてできる範囲での〝建築士法〟を実現したと言うべきものなのであった。

施行後、内藤は、「建築行政は中央の諸施策に俟つべきもの多々あるは素よりであるが、地方庁建築行政の臨機の処置を要すべきもの亦僅少ならざるを念うものである」、「之が当初の目的は筆者の持論であった〝建築士〟の制度を県限りに於いて採用し」たものだと述べた[74]。県限りでの建築士制度の試行を十分自覚しての言である。もっとも、地方でもできることとはいえ、戦時下であったから実施できたとも言える。まずはこれを、工場や事業場の建築主任者に適用することから始めたのは、当然の成り行きだろう。これに続く「時に若干の事故は已むを得ざるものあり」との言葉に、その後押しを見る。生真面目な法の執行を、全職員の前で知事（近藤壌太郎）から、「軍需生産を拡充しなければならないとき、法規をたてにとって軍需工場の建築にむずかしいことをいう県庁員がいる」と批判されたのが身に堪えてのことでもあった[75]。

なおこれは、設計者に裁量を与えたものだったためか、実施に批判の跡はない。特殊な状況下だったこと、工場からになったことに加え、一般への周知が及ばなかっただろうことも少なからず影響していようが、図った便宜が抵抗なく受け入れられたためでもあるだろう[76]。

この時期、内地に同種のものはなく、わずかに事務簡捷の目的で提出図面の軽減を図った府県[77]のほかには、代願人規則の如きものしかなかった。それを踏まえたなら、内藤によるこの規則は、日本内地初の設計者制度と呼ぶべきものである。

国民総力戦の中、家族を相模湖へ疎開させ、自身は国民服のまま役所の机で仮眠をとった記憶が言わせたのか（図4-11）。堅実に足跡を残したはずの二〇年を振り返って、戦後、内藤は「私の建築行政の最初の一〇年、つまり若い頃は懐疑の時代であり、低迷の時代であつた。次の一〇年間は戦時から戦後にかけての無駄と言えば無駄な仕事であった[78]」と総括した。しかし、懐疑と無駄という雌伏のときに得た蓄積は、基準法と士法の立法に携わるに際して一気に花開くことになる。

建築法草案

終戦直後からの中央行政を中心とした建築士法の検討の経過はすでに『近代日本建築学発達史』（一九七二年）に詳しい。しかし、そこに書かれた月日を追うと、ともすると検討は滞ることなく進んだように思えてしまう。果たしてそうだったのだろうか。ここからしばらくは、当事者が抱いた印象に照らして、進捗を見ていく。

戦後の行政による建築関連法案の抜本的検討は、敗戦の翌夏はじまる。これは、復興を進める中で、「是非理想的な都市計画をやろうじゃないか、理想的な都市計画をやるためには、建築行政上問題点が二つありまして、その一つは」、「集団規定の抜本的な整備をやらなきゃいかんじゃないかと、それには市街地建築物法の大改正をやらなきゃいかんじゃないかということ」。もう一つは、「それに適合するようにどんどんバラックが建ってゆくのをコントロールしてゆかなきゃいかん」。「最初のやつに比べますと、かなり現実的なんですけれども、そういうことをまずやらなきゃいかんということで、それが戦後の建築行政の第一歩」（小宮賢一、図4-12）と考え、始まった[79]。

作業に名を連ねた建築の技官には、草案を発議した伊東五郎（戦災復興院監督課長）と、入省後の見習い期間をその下で学び、師と仰ぐ小宮賢一と、小宮とは大学で同期の竹内佐平治がいた。いずれも、終戦までに建築士法に言及している点が興味深い。

小宮は、この草案について、「はじめは［建築物法の］一部改正のつもりだったが、たまたまその年の春、新憲法の草案が平がな口語体のスタイルで発表されたところだったので、私がこれをまねて何条かの見本を書いてみたら、これが意外にうけて、いっそのこと全面改正で行こう」となり、「案を持ちよって議論しているうちに」、「皆がこうありたいと考えていることをすべて取り入れた理想案を作ってみる、そしてその中から、当面出来ることをとりだして立法化する」ことになった結果、建築士制度も、戦前「議員提出法案として上程されたいきさつがあり、建築界か

図 4-12　小宮賢一
(1911-1990)

出典：小宮賢一「御挨拶に代えて」『建築行政』7 巻，35 号，1957 年 2 月，2 頁

らも要望されていたので、ここに入った」とする。[80] それまでの市街地建築物法にはなかった建築協定や防火建築事業（防火地域内に耐火建築の共同建築を建設する事業法で、今日の都市再開発法のようなもの）とともに伊東の発意で盛り込んだのだという。[81] 戦前より終戦にかけての省内での高まりを受けてのものであろう。

　建築士法が戦後構想されることになったのは、ＧＨＱの指示があったから、という神話が根強くあった。[82] 立案の本格開始にあたっての四会連合委員会の設置はＧＨＱの示唆によるというから、[83] 理解と後押しはあったに違いないが、しかし、この発言からはむしろ、行政の自主的な発想によって、それが盛り込まれていったことがわかる。内藤の数度にわたる提言や、建築行政協会での意見といった戦前からの流れが背景にあり、すでに、法をつくることは、行政にとって全く自然な流れとなっていたのである。

「連日停電と空腹に悩まされながら残業を続け[84]」、休日すら返上して伊東の杉並の自宅に集まり、芋をかじりながら行われたこともあったという精力的な作業によって九月末までにまとめられた案は、一〇月、「建築法案要綱試案」として、建築界の学識経験者による「建築法案調査委員会」（委員長に笠原敏郎。なお、本来なら委員に連ねられるべき内田祥三の名は、このとき内田が、終戦時に東大総長を務めたことがもとで公職追放中のため、ない）に付託。二ヶ月の審議ののち決定。翌年一月、戦災復興院建築局によって「建築法草案」と名づけられた。

　その議事は、部分的には委員会に出た石原信之（日本建築士会）の旧蔵文書から『近代日本建築学発達史』に収められたが、復興院では石川允《まこと》（前川とは大学の同期。東京都建設局長・都市計画家、石川栄耀《ひであき》の子。のち筑波学園都市の計画に携わる）がその全てを、『建築法草案審議会質疑』（図3-7）と題し纏めていた。前川喜寛は「この資料は私が指導課へ移ったとき、前任の石川允から、これ一冊だから大切にということを加えて引き継ぎました」と語る。この中の建築士に関する部分は興味深い。具体的な条文は第五章で再びこの草案を取り上げる際に掲げることにして、ここではそれに対する議論をできる限り引いておく。

［一九四六（昭和二一）年］十一月二十五日（月）　本委員会要旨速記　自、午後一時　於、復興院

石原［信之］（建築士は何をするものであるか、又主務大臣の許可を得なければならぬ事などは法の中へ書いた方がよいと思う。）

笠原［敏郎］　建築士と同等以上のものは登録せずに、建築出来ぬことになるが資格のあるものが設計出来ぬと言うことはどうかな。抜け道がない。建築士の商売をしてなくて、しかも資格のある人なんか困る。

本院［＝戦災復興院］　この法は業務規程でなくて資格法に限る積りだからそういう人も免許を受けておけばよい。

鈴木［敬一］　命令の方に書けぬか。

菱田［厚介］　建築士の名前を貸すものが多くなるだろうから、建築士の設計及び建築士の認める……としたらどうか。

中沢［誠一郎］　構造計算なんかそうなる。計算したものを裏書するだけで責任は建築士がとる。それを設計と解すればよい。

本院　始めはそれも含めて、設計管理とした。所がそれを設計と云えばよいと言うことで設計にした。ただ印を押すだけではどうも、矢張り見てゐて、ちょっと直すとか相当立ち入らねば困る。

菱田　今迄の建築監督官の仕事をしてくれればよいの意だろう。

本院　それもあるがもう少し積極的に考えてゐる。例えば特別地区とかに関係をもたして、文化的に。

菱田　建築士の職能が法令［案］の第一と命令［案］の第一では範囲がちがう。

本院　ちがう。それで資格法に限定して書き直そうと思ってゐる。

菱田　［命令案の］第一［に］は都市計画を含むか。
本院　その点について、住宅営団で話をした時にも建築士の職能の中に都市計画的なものを入れろとの意見があった。
菱田　具体的に云えば、工場の設計をして届出でやって行く。その時に用途地域なんかを知ってゐなければならぬとするか。知らずにやって用途地域に合わなかった時は建築士の責になるか。資格審査の時に都市計画が問題となるか。
本院　なる。少なくとも建築法に含まれていることは知っていなければならぬ。
本院　個別規定に関するもの、重要でないもの、ある程度判定になるものは建築士にまかす。
中沢　それはちがう。届出になろうと何になろうと、法文の中にあることは遵守せねばならぬ。許可認可を要すると言っていないもの、それは建築士に□□す。
菱田　集団のまとめ方も建築士の職能の中へ入るのか。
本院　主として個々の建築物についてのみ責任がある。
本院　防火地区になってゐる時　木造をたてたとすると施主に責任があるか、建築士にあるか。
本院　それは両方にある。
中沢　そんなことは両方とも知ってゐねばならぬという訳だね。
本院　資格について、学歴・職歴の如何を問わず、国家試験一本でやれとする説もあるが
石原　［資格与件に実務経験二年以上とあるが］二年と言うのはどうか。もう少し長い方、少なくとも五年位がよくないか。
中沢　［資格与件に書かれた］　実務研究の意味は？
本院　設計の研究ということはあり得るのか。実務も学校の先生が時々設計するなんてのはどうなる。
藤田　［次郎］　設計現場の全般的な経験がなければならぬとの意ではないか。
本院　例えば強度計算は出来なくても、全般的に眼をくばりまとめることができるようになればよい。要するに二年以上たてばよいと云うことになる。

藤田　最小限五年はいるだろう。又二階級にしたらとの意見もある。
本院　始めは二階級にしてあった。それでははん雑なので一つにした。
菱田　外国のはもっと強度《ママ》が高いんでしょう。
中沢　学会ではもっと程度の高いもの、今の建築士程度のものにして貰いたいの意。
浜田［稔］　建築士の設計を要する建物の中に小さい店舗などが含まれていぬのはおかしい。現在の都市はこういう小さい建物が集まってできているので、之等の集団が、災害のもとをなしたり、或いは美観を損なったりしてゐる。
本院　それに対しては、工事管理者でやってゆこうとした。何故国家試験にせんかといわれた時にそれに対抗するものがあるかどうかということを検討して頂きたい。つまり国家試験制度にしてもそれに通るものは大学出ばかりだ。だから大学の権威を認めて学歴制にしたといいきれるかどうか。それに関連してもっと程度を上げるか或いは低く~~な~~広く~~な~~やるか。或いは国家試験でやる立前にして、過渡期的に学歴による審査制にするか。その点についてお願いしたい。
石原　アメリカのは試験制で詮衡することになっている。
浜田　矢張り二段位にして一級は国家試験によりレベルを上げる二級は今より□とレベルを下げてローカル的なものにする。
二級は頭梁級位□下げ□
菱田　すると何がはねられるかということになる。
中沢　どんな工事でも工事管理者がいるか。
本院　それ［＝工事管理者を要さない工事について］は第二十一［条］にある。
　工事管理者は施工者の代表なのか。設計士なのか、どんな責任を持つのかはっきりしない。
工事管理者の責任は設計のあるものは設計書通りやる。設計書のないものは建築法規に合うようにやるという所にある。
そういうものも、設計者とよぶことにすればよい。
笠原　建築士会の方ではどういう御意見か。

石原　将来は矢張り国家試験制度になるのではないかと思っている。
鈴木　建築士を二種類に分けるようにしたらどうか。
中沢　工事管理者を入れて三種類だ。
（前川文庫）

法の性格・業務責任の範囲・経験・階級など様々な角度から、日本でどのような制度を始めるか議論していることがわかる。

そのためか、当初まとめられ、叩き台となった建築法案要綱試案には、建築士に設計専業を求め、請負業などの兼業を禁じる条文すら盛り込まれた(85)。建築家たちが求め、内務省は一顧だにしなかった、あの一九二五（大正一四）年の建築士法案と同じものである。

建築士制度の試み　小宮賢一の青島

建築士に設計専業を求める規定。建築法草案の叩き台となった建築法案要綱試案に、これを持ち込んだのは誰か。行政のここまでの流れを見れば奇異ですらあるこの規定は、なぜ盛り込まれたのだろうか。

作業に携わった建築の技官には、伊東・小宮・竹内がいたと述べた。それぞれ建築士法について戦前発言しているから、このいずれかと見て間違いない。

まず、伊東である。伊東の発言は、自身の意見を述べたのではなく、彼が当時いた都市計画課の様子を語ったに過ぎない。前向きであったには違いないが、置く。では竹内はどうか。竹内のものは、建築士に設計のみならず技術者全体を求めたものだから、竹内だとすれば宗旨替えにも等しい。よって竹内もないだろう。最後に小宮である。小宮は、彼が中国の青島に派遣され編んだ建築規則を記した文で、可も否もなく触れたに留まる。そのため、一見、小宮もなさそうに見える（いずれも第二章5節を参照）。

しかし、この青島の規則を仔細に見れば、俄然、眼差しは小宮に向く。と言うのも、そこでできた三つの法には、物の法である青島特別市建築物取締規則と同施行細則のほか、建築技師業務執行規則という人の法もあるのである（それぞれ民国三一［一九四二］年公布令第一〜三号。以下、いずれも「青島特別市」は省略する）。[86]

この建築技師業務執行規則の主な条文は次のようになる（巻末資料5に全文を掲載）。

青島特別市建築技師業務執行規則［民国三一年公布令第三号］

第一条　本則に於いて建築技師と称するは建築物又は工作物に関し其の設計申請手続の代理及工事監督を為す者を謂う

第六条　建築技師は本市に於いて左の各号に掲ぐる業務を営み又は其の代理を為すことを得ず

一、建築、土木請負業

二、建築、土木材料販売業

三、建築物、又は土地の売買若くは其の周旋

四、其の他建築、土木に関する一切の営利事業[87]

まさしく、日本建築士会が望んだ法そのものである。ドイツの開発に始まり、その影響の根強い青島の実情に応じたものに違いない。

青島の規則は、一九三八（昭和一三）年より再び日本の占領下となったこの土地の、都市計画とその関連法規の立案を興亜院に求められてできた。一九四〇年秋、内務省から、都市計画課長の山内逸造を筆頭に、建築関係者では、安部和夫（第二技術課、一九三八年東京帝大卒）・金井静二（都市計画東京地方委員会、一九三三年東京美術学校卒）と小宮が派遣され、従前の青島市暫行建築規則に代わるものを編んで。

小宮はこれについて豊富に手稿を残した。[88] しかしそこでは、自身の案が「略そのまま容れられて「青島特別市建築物取締規則案」が出来上が[89]」った、と建築物取締規則が自らの原案に基づくことを明言するのみで、建築技師業務執

行規則への関与は一言もない。

それでもこれは小宮によるものであろう。それは、一つには、小宮が立案を明言する建築物取締規則と、この建築技師業務執行規則の発想の仕方による。

建築物取締規則は、この当時なりの理想を求めたものだった。ことにそれは、集団規定に盛り込んだ、未開発地域を建築禁止にし[90]、また一定規模の開発を許可制としたように[91]、乱開発の抑制に積極的な点に見られるが、一方の建築技師業務執行規則も、西洋の建築家の姿を一つの範と見たもので、ともに理想を求める点で通じる。

そしてもう一つには、レベルの低い方に合わせることを強いられがちな法の弱点を補うため、物の法（建築物取締規則）に、標準と考えられるものを参考として示し、その採用は設計者に委ねる――能力のない者はそれを指標に設計する半面、優秀な者にとっては裁量が与えられたことになり、より力を発揮できるようになる――とした裁量付与条項を設け[92]、その傍らで、「故意に違反するものに対しては強権を発動し得る如く法的根拠」をつくる、と書いたことがある。その法的根拠とは「建築技術者の資格等につき適正な制限を設ける[93]」こと、つまり人の法を定めることだ、と言うのである。

裁量を与えると同時に資格をつくり規制する。物の法と人の法を連携させてこそ効果が期待できるという考え方は、従前の日本建築士会の案に見られないのはもちろん、この頃にはまだ、行政にも内藤亮一のように士法に関心の強いごく一部にしか持つ者はなかった。小宮が青島に赴いた当時所属した防空研究所の所長菱田厚介はその一人である。

現地市公署建設局計画科の主任でこれを制定に導き運用にあたった小泉浩（技術専員）や、ともに青島を訪れた安部や金井が編んだ可能性も考慮すべきだが、小泉の名は士法に声を上げた者には見当たらず、安部・金井は建築技術者の法制には結びつきにくい。安部は大学を出たばかり。入省後一年を過ごした新潟から本省に転じて間もなくのことだし、金井は、この二年前、先述の吉村辰夫とともに上海を訪れ、青島と同種の都市計画に携わってはいるものの、そこで立案した法に建築技術者に関するものはない[94]。戦後、指導課に籍を置いたりするが、この頃は一貫して都市計画畑なのである。

それも考えたなら、周囲で建築士法が研究された都市計画課時代、物の法しかない現場の不条理を味わった兵庫、物の法と人の法の連携を説く菱田の下にいた防空研究所といったように、士法について考え得る環境にあった小宮が、その要も認めて原案作成を牽引したと見るのが自然であろう。

おそらく彼が明言を避けたのは、内務本省やその出先（防空研究所）にいて、建築行政に影響力を持つ内田を意識したためではないか。まして、小宮の入省は、内田の世話による。当時の就職はたいていそういうものではあったが、晩年まで手稿にそれを記した心情からは、存在の大きさがうかがえる。なおさら慎重になったに違いない。

ともあれ、こうして小宮は、ドイツの影響深い青島で、専業設計者の法として建築技師業務執行規則を編み、その施行にあたり、「一種の建築士登録制が実施された[95]」と書いた。戦後、士法実現の一翼を担った小宮は、内藤同様、戦前、自ら〝建築士〟制度と呼ぶものを考え出していたのである。治外法権のある土地でのことで、日本人への適用はなかったが[96]、市公署を通じて運用を知ることはできる。それで十分と考えた試みでもあっただろう。

そして戦後、その青島での試みを発展させて、やはり理想を目指した建築法案要綱試案に、伊東の理解のもと盛り込んだのだった。具体的には、資格に専業設計者としての建築士と施工技術者としての工事管理者を用意、これを二つの柱とし、それぞれの資格与件、類似の呼称使用の禁止、業務独占範囲なども加え、青島の規則に比べ、大きく充実を図る形で。

このことは、結果的には、戦前からの行政の態度に照らせば言行不一致ではあった。そのため、この案の出現は、「敗戦・解放、その反動としての民主主義的ポーズのあらわれ[97]」か、と推測されもしたが、小宮に照らすなら、西洋に範を求めたときの一つの理想には違いなかった。

その一方で、戦前、建築士に専業を求めた日本建築士会も、この時期、彼らの主張を白紙に戻したかのごとき、専兼を問わない案を醸した(98)。

奇妙な捻じれである。とはいえ両者はともに、全てが灰燼に帰した焼け跡の中でこれからを考えようとするときに、ごく自然に現れた、むしろ健全な反応でもあるだろう。しかし、どんなに頭を白紙に戻しても、漂白し切れない現実には何がしかの色が残る。こうして、行政が編んだ中で極左に位置するこの案はほどなく却下され、兼業の可否を問わない建築士と建築工事士に収斂されて、建築法草案は脱稿された。

最後の帝国議会となった第九二議会（会期：一九四六年一二月～翌年三月）では、

（問）　建築士法制定について何か考えているか

（答）　建築物の質的向上を図るには法令による建築取締りのみでは不充分であって、これが設計に当る建築士の資格と身分を定め、その責任を明らかにする制度を法制化する必要があると考えております

（戦災復興院『帝國議會質疑應答資料（第九十二議會）（一）』前川文庫）

との質疑応答が用意された。それも、それ以前に、構想を盛り込んだ草案が検討されていたのだから、当然である。しかし、携わった小宮がこれを「研究的作業(99)」と言うように、一九四七年の通常国会提出も予定された(100)建築法草案は時期尚早で、そこからしばらく検討は止む。

伊東はその経過を次のように述べる。

一昨年笠原先生を委員長とする建築法調査委員会を設けまして新しい法案の立案審議を進めて戴いた結果、「建築法」の草案を得ました。この法案の内容はゾーニングについては純粋地域制や特別区域制をとり入れ、防火建築の促進については共同建築事業実施に必要な土地の収用を認めることとし、その他建築物の改善向上のために建築士の制度を設けるなどがその主なる点でありました。

この法案は経済状態などから見て未だ機が熟しなかったと申しますか、国会に提出するに至りませんでしたが我々としては更に検討を加えた上、なるべく早い機会に提案する運びに致したいと思っております。[101]

「機が熟さない」[102]とは具体的には何か。内藤はそれを「質よりも、むしろ量の確保に急を要し、主として建築資材の不足の理由により」と説明するが、小宮はこう伝えている。

建築法草案の原案がほぼ出来上がった昭和二一年一一月半ごろ、この作業の推進者であった伊東五郎課長が住宅課に移り、その後任に鳥井捨蔵課長が来られた。鳥井さんは戦時中内務省で机を並べていた先輩なので、私はますます張りきって建築法草案に没頭していた。そこへ突然（略）ＧＨＱから、建築統制を府県を通じてでなく、国が責任をもって実施せよ、という指示が来た。鳥井課長はＧＨＱに対して、戦災復興院は商工省等のような地方出先機関をもっていないので、それは困難であり、やはり都道府県知事に委任することが適当である、と説明したが、相手は、現在の臨時建築制限令による都道府県の取締りは、まことに手ぬるくて、実効が上っていない、ガバナー〈知事〉は権力に弱くて信用できない、出先機関がないなら、必要な増員を認めるから、早速作ったらよかろう、といって取り合わなかった、という。さてそれからは、建築局内は建築法どころのさわぎではなくなった。またそういう時には色々と事件が重なるもので、一二月二一日には南海道に大地震が発生して和歌山県の新宮市などが被災、二三日には外郭団体の住宅営団がＧＨＱから閉鎖機関に指定されるなどがあって、それらの対策に追われて、文字通り盆も正月もない忙しさになった。[103]

その他事務の繁忙で休止が余儀なくされたという。

日本建築学会・日本建築士会・日本建築協会・全国建設業協会の四会からなる「建築技術者の資格制度調査に関する四会連合委員会」が、建設省を交え建築士法の検討を始めるのは、一九四八年一〇月（第一回委員会）から。そこからいくつかの案ができたことを前掲『近代日本建築学発達史』は明らかにする。しかしそれらもどうやらまだ本格的な開始と見るべきではない。というのも、「本［昭和二四］年度に於ける建築士法制度問題は、その前半期に於いては官民ともに、前年からの調査研究が主で、特に報告する程のこともなかったようであったが、後半期の初め頃から活気を呈して来た」[104]との言葉もあるからである。つまり建築法草案以後、二年以上にもわたる時間が、勉強に充てられたとでも言うべき停滞だったのである。内藤はその停滞が終わりに差しかかる頃、両法の主管課、建築指導課の長になる。

本格化する立案　炭鉱住宅課を経て指導課へ

炭鉱住宅は、戦後、戦災者越冬住宅・余裕住宅や過休住宅の強制使用に次いで、復興にあたり必要となった住宅である。

破滅の一歩手前にあった日本経済に起死回生のメスを入れようとする政策の一環で、全ての資金・資材・労務をまず鉄と石炭に集め、その波及効果によって逐次全産業の復興を図っていくことが試みられた。いわゆる傾斜生産方式である。これによる生産復興の一つとして、一九四六（昭和二一）年末より復興金融金庫融資による炭鉱労務者住宅の建設が、二年半にわたり最優先順位をもって行われた。

それゆえ担当部局は多くの人員を擁した。そのころ戦災復興院炭鉱住宅課に籍を置いた三輪恒《つねし》は、「そっくり「住宅」金融公庫に移れるくらいの人数がいて、金融公庫の指導部は炭住でかなり中心勢力を占めるくらいいた」[105]と述べている。

内藤はまず横浜で占領軍進駐の設営をこなし、続いてその炭鉱住宅課に移る（一九四七年九月）。四ヶ月後の一月、建設院と改まった元の戦災復興院の建築局監督課長に、二月からは指導課長も兼ねる。この間、第一国会で炭鉱住宅について答弁（参議院鉱工業委員会　一九四七年一二月二日）、第二国会で火災防止のための建築制限の趣旨説明に立っている（一九四八年三月二〇日）。先に示した「建築士には建物の規模、構造、用途によりまして、一級、二級、三級くらいにわけ」の言はこの時のものである。

一見めまぐるしい異動を続けたように見える内藤の戦後だが、やはり、住宅と建築指導行政がつきまとう。

そして、一九四八年九月、晴れて建築監督課長を解かれ、のちに建築指導課と改まる指導課の長となる。神奈川へ逆戻りの話もある中[106]、「建築局は資材統制で散々国民の悪評を流している。住宅を看板にしよう[107]」の一声で看板を住宅局に掛け替え（一九四九年六月）、「非常にねばり強く、人事でも、仕事でも、結局自分のいう通りに運んでゆかれた。誠に不思議な実行力を持っておられた[108]」と評された局長伊東五郎の人事によって。その周囲には、かつて兵庫で一緒になった小宮賢一が課長補佐として、大阪時代をともに過ごした村井進（一九三三年早稲田大卒）が、隣の監督課長に動いていた。そして、一九四四年に東京帝大を卒業後、一年の民間（佐藤工業）勤めと軍務を経て戦災復興院に入った前川喜寛（図4-13）も、住宅企画課を経て、前任の石川に代わり企画一係長として同課にいた。

前川がこの異動を、「私も指導課にひっぱられたが、希望条件として、次の段階では住宅企画課へ戻してくれ」と語っていたことはすでに述べた。このときを、「時は今だという気持ちであった[109]」と述懐する内藤にとって、腕を振るいやすい環境の、その素地が整えられていた。

図4-13　前川喜寛
（1919-　　）
日本建築士会連合会所蔵資料

さて、建築基準法と建築士法。この二法の立案は、どちらが先に始まったと見ることができるものではない。とはいえ、いったん休止した立案が再開、本格化したのはいつだったのだろうか。山下寿郎は、一九四九年春頃の記憶として、こう記している。

翁［＝中村傳治］と、翁の後を承けて日本建築設計監理協会の会長であった私との二人が、ＧＨＱに呼び出された。もっとも、建設省の内藤亮一技官から予告されていたので別に驚きもしなかった。ＧＨＱの担当官から、建築士法を制定することについて詳しく意見を求められたので、こちらも真剣に話をしたことを覚えておる。[110][111]

内藤や小宮は次のように述べる。[112]

内藤　では最初に何故基準法を制定することになったかをお話しましょう。あれは終戦後の日本には大火や水害等の災害が非常に多く、しかも、特に地方小都市や農村が多くありましてね。当時、これらの中には市街地建築物法も何も適用していなかった所が多かったのです。このようなことから出て、（略）市街地のみならず全国的にもう少し建築物について、先ず災害防止の点からも必要最小限度の規制をする必要があるということになったわけです。これには、市街地建築物法を改正してもよかったのですが、名前が市街地建築物法ではどうも具合がわるいので全面的に改正したらどうかと、偶々《たまたま》個人的にも考えておりましたし、又かつて（略）立案された建築法草案もこれと同じような主旨だったのでした。この考えには当時の伊東局長も賛成であり、一方資材も未だ多少窮屈ではありましたが段々緩和されて来ましたので法律の改正も此の辺がチャンスではないかということがあったのです。（略）まあこんな様な考えもあって、一つ新しい法律を作ろうということになったわけです。

長澤［誠］　取りかかったのは、昭和二四年の春ですね。私が七月に来たのですが、その時には、もう大部企画も進行してましたから。

小宮　確か春頃からぽつぽつ始めて、夏頃には毎日蚊に喰われながら夜遅くまでやりました。それで一応建築指導課の案が九月末頃でき、それをもとにして一〇月始め各府県とか関係各省とか建築学会などの意見を聞いたりしました。

しばらくのあいだ滞っていた基準法・士法の本格的な立案が始まったのは、一九四九（昭和二四）年の中頃。内藤は、こうしたところに、前年、動いてきたのだった。そしてこの内藤の参画によって、士法の実現は、いよいよ現実味を帯びていく。

内藤はまず、二法の立案をＧＨＱに内々に打診、承諾を得る[113]。続いて、義理堅いことに、基準法が市街地建築物法の全面改訂となることから、旧法に尽力した内田祥三らの下に挨拶に訪れる[114]。内藤にとって内田は、終生にわたり尊敬する師、あだや疎かにできない存在だった。

そうして始まった立案は、課長の内藤と、補佐の小宮、事務官の川島博（一九四三年東京帝大法学科卒）と、このために設けられた特別班が実動の中核となった。特別班には内藤のいる本課とは別に部屋が用意され、班長の長澤誠（課長補佐、一九三七年東京帝大卒）の下、前川喜寛（企画第一係長）・笹田喜代（企画第二係長）・北畠照躬（技官）・福本彰（技官）・大林順一郎（技官）・前田藤男（事務官）・白石巌（事務官）・定方啓（雇）・古和田雅子（雇）が作業にあたった。条文の膨大さからいずこでも作業は基準法がほとんどとなったが、〝では、士法は？〟と言えば、四会連合委員会で九月、成案となったものを叩き台に、別室の長澤が中心となって、本課にいる内藤・小宮と打合せ、各方面との折衝をこなしつつ、川島の協力を受けながら、ほぼ一人でまとめていた[115]。

二法のごく短期間での立案を可能にしたのは、建築法草案での議論と成果があってこそでもあったが[116]、物資不足のこの時代、電話もなく、燃料不足が生んだ輪タクを使って折衝に出向き、冬場には書き損じをダルマストーブに放り込んで暖をとりながら進められた。印刷すら手書きのガリ版で、各省打合せ・次官会議・閣議と、会議ごとに要る膨大な資料づくりに、痛みで指が動かなくなる者も出た[117]。指導課一課に留まらず村井のいる建築監督課も巻き込み進められたというから、熾烈を極めたことがよくわかる。まさに総力戦。「戦場以上でした」とは前川の言である。小宮は振り返って、「昭和二四年夏から翌年の冬にかけての約一年半ほとんど無休というハードワークであった[118]」、北畠は「省内でも一番忙しい課でした。私たちは、現在の迎賓館の場所にある内閣法制局［注：当時は法務府法制意見局］に二年間ほどかよいつめました。みんなで原案を書き上げたときは、本当に肩の荷がおりたことを実感しました[119]」と述べている。

小宮　伊東局長を中心に当時次長だった、師岡〔健四郎〕現局長や村井さん等で局長室で案を練ったのが一一月か一二月にかけてでした。内藤さんが役所の帰りに横浜駅で怪我をされたのは、その頃だったでしょう。

内藤　私の記憶では、本気で考えだしたのは、「秋風身に沁む候」で、確か一〇月頃で、ぐずぐずしておれんというような気持で少し夢中になり過ぎて怪我をしたんですね。今一寸思い出したんですが、あの頃基準法をやるには先ず指導課に一つ有力なスタッフを作らなければならないということで人を集めたわけで、あの頃だったね、笹田喜代技官が亡くなったのは。笹田君は特に用途地域のことをやってもらう積りで都市局から来てもらったんですが、何しろ、用途地域関係の原案作成が殆んど彼の一手に背負わされて無理をしたんで、とうとう病気になって休んで了ったんですね。

前川　病気になったのは八月半ばで、九月八日が命日です。

〝大改正をやれば誰かは倒れる〟という言い伝えがある。建築物法の大改正であるこの作業は、まさしくそれを地で行くものとなり、基準法中の用途地域の項を担当させるため招いた笹田は病没[120]、内藤自身も考えるのに夢中で通勤電車を降りる際、足を踏み外し連結器に挟まれ大怪我を負った。

「仕事のことなら夜中でも眼をさましてメモする」[121]内藤は、そんな療養の床からも日々部下に指示を送りつけた（図4-14）。一綴りにして『横浜司令』と付けられたそれは、仔細に見れば、〝指令〟を〝司令〟に改題。GHQの承認なしには法案を国会に上げられなかった当時、彼らにとってGHQという司令部は目の上のタンコブ。何かと気になる厄介な存在だった。指示書の〝司令〟への改題は、GHQの他に、内藤の住む横浜にやかましいもう一つの司令部がある、と課員たちが揶揄したものである。

笹田の病没と内藤の怪我にも触れた同じ対談では、その後の転身に対する考え方もわかる。

村井〔進〕　僕は、臨建規則の改正でこちらの方はタッチできないでいたら内藤さんが汽車から落ちて怪我したんで、伊東局長からお前も忙しいだろうけれども少し手伝えといわれて、内藤さんの処へ行き原則的な事を聞いたりしてね。

小宮　内藤さんが怪我で休まれている間、横浜のお宅から頻々と手紙が来てね。〝又来た。横浜指令が〟ってわけで。（笑声）
前川　あの時は困ったですね。課長の指令を欠席裁判で蹴るわけにも行かず。
村井　横浜指令を取り入れるわけにも行かないんで僕に行ってくれという、あれは？
北畠　あの時の横浜指令は、今でもとってありますよ。（笑声）内藤課長は建築行政の現場主義を強調され、そういう信念から局議の案に反対されたのです。局議案が一般建築物の現場検査を簡略にしたのは一般庶民建築の質的改繕《ママ》はゼロであり、この法案の主旨はなくなる。――という強硬な指令が来ましたよ。
内藤　私が現場中心主義で検査をやかましくいったのは、アメリカの法規にラス検査というような検査まで含んだ種々の検査が書いてあって、これを取り入れようとしたのが少々行き過ぎたんで。

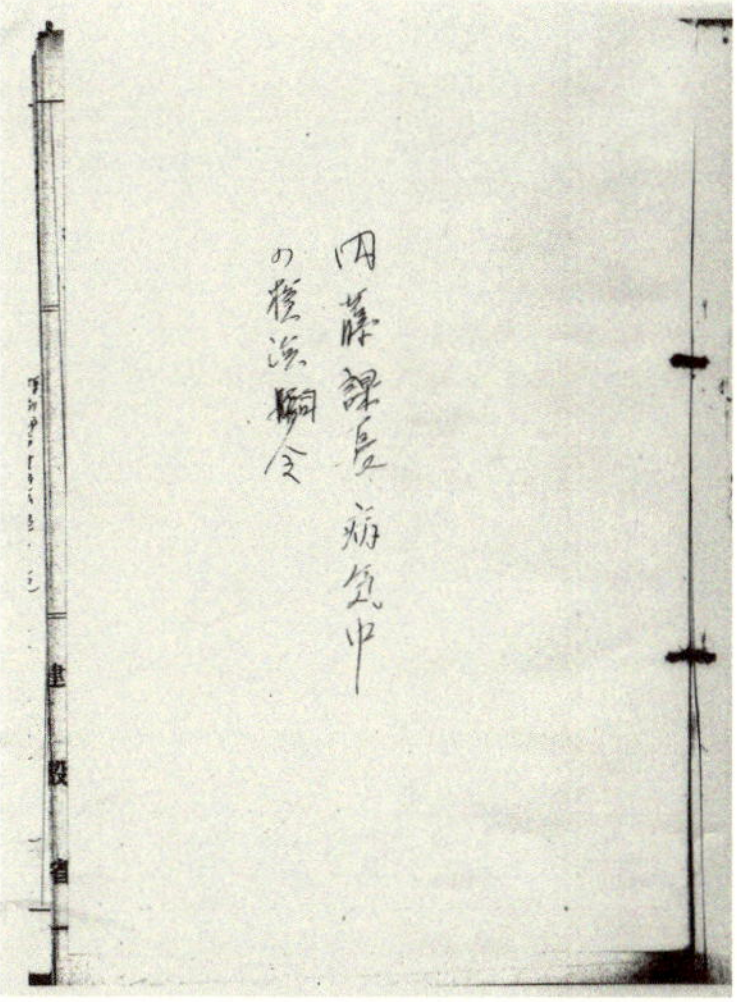

図 4-14　『内藤課長 病気中の横浜司令』
日本建築センター北畠文庫所蔵資料
部下たちが“指令”を“司令”へと書き換えた姿に，内藤の立法への思いを垣間見る

内藤は、もちろん、庶民住宅の設計だけが建築士によってなされれば十分と考えたわけではない。大規模・特殊用途の設計も、また、それら全てへの監理の重要性も訴えていたから、行政による検査とはいえ、現場をおろそかにする姿勢には反対せざるを得なかった。また、現場中心主義というのも、その後の転身がそうした考え方によることを裏付けるものとして聞くべきでもある。ちなみに、こうした姿勢は、腹心として立案にあたった小宮も持っていた(122)。

同じ方向を向いた精鋭が、内藤を迎え、あるいは内藤によって招かれていた。基準法・士法の同時立案は、こうした環境こそが可能にした。小宮はのち、この作

業を振り返って「局長も課長の内藤亮一さんも、建築法規のベテランなのに、細かいことはあまり口を出さず、そのかわり外部への根回しをうまくやってくれたので、我らはただ法案づくりに打ち込んでいればよかったから、気は楽だった[123]」と記した。

図 4-15 『建築士法案資料』

国立公文書館所蔵資料
日本建築士会が戦前集めた諸外国の建築家法（案）の集積

諸外国の法規は？

市街地建築物法の草案の際――正しくはこれより前の東京市建築條例案の草案にあたり――建築学会が曾禰達蔵を委員長として、諸外国の建築物の法令を研究すべく、一七もの国、四〇もの都市から法令を入手、翻訳、参考にしたことは知られる。建築基準法・建築士法ではどうだったのだろうか。

国立公文書館の資料に、『建築士法案資料』がある（図4-15）。これは、表紙に「戦災により本書一部を保有するのみ御高覧済の後は御返還を乞う」とある。中身は一九三七（昭和一二）年の『日本建築士』創刊一〇周年記念号はじめ、日本建築士会が蒐集し続けた諸外国の建築家の法律（案）の綴りである。つまり曾禰達蔵のパートナーだった中條精一郎は、戦前の法案作成にあたり、建築物法のときと同じ作業をしていたことになる。

文書の移管元は総理府。戦災復興院から移されたものであろう。よって筆者は、これが、建築法草案ないし建築士法立案の際に、建築物法のときと同じく参考にされたものと考えていた。それによって、戦前の建築士会の努力も戦後に活きたのだと推測したのである。

しかし、前川喜寛は、「この資料は見たことがありません」[124]と言う。建築基準法では、小宮は、「内藤さん御自身も誰から入手したのか思い出せないそうだが、GHQからユニフォーム・ビルディング・コードというアメリカの建築基準法規を一冊もらって来て、この本と、前に私たちの作った建築法草案とが、今回の作業の唯一の参考資料となった」[125]と伝える。しかし、これについても前川はかく語っている。

基準法についてもアメリカのUniform Building Codeを手分けして要約し、参考にしましたが、これも法案はすべて事前にGHQの承認がいったため、むしろ、その承認手続を円滑にするための参考とした位です（余り参考になりませんでしたが）。基［準］法・士法についても、当時、外国資料は余り手に入らなかったことは［筆者の］御指摘の通りですが、むしろ基本的には、建築物というものは、その地方の気候、風土、民情に最も密着したものであること、建築生産（技術を含め）の社会体制が、極めて地方性（国情といったことを含め）日本というものから出発しています。[126]

「真似てはいけない位に考えてい」たとも言う。つまり、基準法も士法も、欧米先進国の制度は外部、すなわちGHQへの説明のために学習された程度で、それが参照されたことはない、と言うのである。それは内藤も同じだっただろう。この頃、「仕事の上で想を練るようなときに何時も思い浮かぶのは伊東忠太博士の建築史講義のはじめのことば「建築はその国土その時代の気候風土、宗教文化、政治経済、科学技術等の結集されたものであり、表現されたものである。」ということである」[127]と残している。

「私自身もできることであれば欧米先進国の建築士制度をわが国においても創設したい」[128]としながらも、日本の実情を踏まえると推すことはできないと考え、現実的な解決策によって実現を図ったが、その背後に、脳裏に刻まれた日本最初の建築史家伊東忠太の教えがあったことになる。

そうは言っても、それまでの建築物法にはなかった法の目的（第一条）をどう書くか[129]。これは大きなことだったに違いない。療養をこれ幸いと、ユニフォーム・ビルディング・コードの第一章を翻訳。適用範囲を明確にする姿勢を

図4-16　北畠照躬
（1923-　　）

出典：北畠照躬『うたかたの50年　建設省50周年・ベターリビング25周年に寄せて』うたかたの50年編纂委員会，1998年，口絵

参考にすべしと、早速、課員に送っている。[130] 政令にあったものを移し、旧法より遥かに分厚くなった建築基準法に、それでも「法律で定める基準は一つの標準にすぎないのであって、地方自治体の自主性によってこの基準を再検討する機会を与える」のだ、と〝基準〟の付加にこだわった[131]背後にはこの作業で得たものがあったのかも知れない。

こうした姿を北畠（図4-16、一九四七年東京帝大卒）は、「内藤さんは、病気療養中にアメリカのＵＢＣ《ユニフォーム・ビルディング・コード》を翻訳して参考にするくらい仕事熱心であると同時に部下に対して愛情と統率力の持ち主でありました」[132]と述べた。以後、手分けして完成したガリ版刷りの翻訳本『一九四六年版　アメリカ合衆國標準建築規則』（建設省住宅局、一九四九年）の表紙に「翻訳者　内藤亮一」と書かれたのもそうした課員の心情を表したものであろう。

基準法が先か、士法が先か

一九四九（昭和二四）年、翌年の提出に向けて、住宅局では三つの法案を編んでいた。基準法・士法と住宅金融公庫法（昭和二五年五月六日法律第一五六号）。担当は住宅企画課　課長前田光嘉）である。建築指導課は、このうち二法を受け持っていた。この年後半から本格化した作業は、暮れに向かって日増しに多忙の度を増していた。

事件は、そんな中、起こった。

局長の伊東（図4-17）と課長の内藤が、基準法と士法のいずれを優先するかで対立したのである。[133]

伊東は〝基準法を先に〟、内藤は〝士法を先に〟制定すべきと、両者一歩も譲らなかった。内藤の主張は極めて明快。「基［準］法は建物という物の最低性能確保だけ。日本の建築を良くするためには、どうしても人に関する制度の確立だ。これは今を置いて無い(134)」。建築物の法はひとまずあるし、建設業者の法はすでにできている。基準法は一年先に送ってでも士法を(135)。

そう言われると、内藤に分があるように思えてしまう。北畠は、「内藤さんが私によく話していたことは、医療法と医師法が連携されているように建築も建築規制法と建築士法が連携する必要があるということでした(136)」と言い、物の規制だけでは不十分という、室戸台風で味わった絶望が決定づけた考えの反映を裏付ける。

一方、伊東のものは、背景がわからなければ理解しにくい。

小宮は先に、建築法草案以降、建築関連法規の立案が休止に追い込まれた原因に、臨時建築制限令による建築統制を府県でなく国が直轄せよとＧＨＱからの指示があったことを挙げた。

そこで、直轄のための機関として戦災復興院の出張所を各府県に置き、認められた二〇〇〇人の建築監視官などの増員に、解散させられた住宅営団の若手や大学新卒者を充てた。職員は出張所と府県の併任となり、こうして地方建築行政組織は、中央に丸抱えにされながらではあるものの、このとき建築課のない県には適当な人材が送り込まれ課ができるといったように確立への歩を踏み出す。建設院が建設省に昇格する頃（一九四八年七月）になると、低迷を続けた経済も立ち直りを見せ、統制の緩和が始まる。その中で、統制の出先として設けられた出張所は廃止が決まり、大方の職員は出張所から地方の建築課へ身分を切り替

図 4-17　伊東五郎
(1897-1960)

出典：日本建築協会『日本建築協会80年史』1999年，139頁

え、大きな府県では住宅課や営繕課などを集めて建築部（都では局）ができた[137]。

資材の生産が順調にいくようになる中、翌年にかけて統制はさらに緩和縮小、全面撤廃が時間の問題となったこの段階に至って、それは表面化した。

統制のお蔭で整備拡充、三〇〇〇を擁すまでになった地方の建築行政組織は、中央の丸抱えのゆえ、財源も国が賄い支えていた。よって、統制全廃となれば、当時の苦しい地方財政では、とうてい組織は維持できない。二年余りかけて築いたものが崩壊してしまう。急ごしらえで未熟練者が多くもあったが[138]、組織は一度崩せば復元は容易でない。そこで、統制撤廃の予想されるその年度内に、市街地建築物法に代わる法をつくり、財源の裏付けのある建築行政を確立しよう、というのが建設省内での一致した意見だった。

つまり、基準法を年度内に通さないと、建築行政自身が成り立たなくなる。伊東はそれを恐れ、どうしても基準法にこだわったのだった[139]。事実、基準法の作業は、急ぐのを目的に、「技術的基準を市建法の内容を引継[140]」ぐことを原則とし、法の原理や性格の変更にもっぱら傾注した。多くを議会を経ない政令・省令に頼り、「大幅な運用権限を行政庁に委任し、重大な権利義務の対象である建築物の取り扱いを実態として担当官の裁量に委ね[141]」たことで、民主憲法と地方自治という新しい時代の理念にそぐわなくなった点を抜本的に改め、「国民の権利を規制する事項はすべて法律に具体的に書[142]」く。それが主な作業となった。そこにはまた、長期にわたり存在する建築物の性格と、GNPの一割を占める建築産業に与える影響に照らして、技術基準の変更は最小限に留める配慮もあった[143]。

いずれが正とは言い難い。

問題は、一課で二つの法案を抱える業務過多にあった。このため案じた伊東が、「政府提出でなくて田中［角栄］先生に頼め」と提案。内藤が田中を「神楽坂に招いて、お願いしたら、例の〝よしゃ、よしゃ〟で[144]」瞬く間に決まり、民間四団体からの要望による議員提出へ動いていくのだが、もちろん内藤も、伊東の主旨自身には同意していた。

局長は〝次に回せ〟と言う。これに、リスクを負っても、〝士法を先に〟と返す。上司と真っ向から対立してまでの信念があったことに注目すべきである。もとより「何事によらず奥歯に物のはさまった事は大嫌い思ったことはズバズバ言い切る、正しいと思ったらテコでも引かない[145]」のが信条の彼には、正しいと信じるものがあったのである。内藤が士法に執念とも言える意志を持っていたことは、そのとき身近にいた小宮[146]や前川が証言する。ここまで見たように自身がいずれは携わりたいと考え、「昭和二三年九月に建設院建築局の指導課長に任命され、建築物の質に関する事務を担当することとなった際、目標の一つは市街地建築物法の全面改正であり他の一つは建築士法の立案であった[147]」と抱負を持って異動していた。

大阪時代から長年にわたってその立案を夢見、そればかりでなく、具体的なビジョンを示し続けた内藤は、やはりその責を負うべく選ばれたのだった。まさに夢の実現が許される者にそれが託されたと言うべきであろう。

第七国会の閉会は当初三月末を予定した。にもかかわらず基準法（三月一日閣議決定）は、四月に入ってもGHQの裁可が下りず、関係者をやきもきさせた。前年のうちに、アメリカの法に比べて未熟だが将来の発展の基礎としてまずはこの程度で、と了解された士法とともに、基準法についても、主旨はもとより、日本の産業の現状を踏まえ制定を急ぐことへの理解はあった[148]。それでも遅れたのだった。しかし、小林與三次《よそじ》（文書課長、のちに読売新聞社主。正力松太郎の女婿）の「延期されるから大丈夫だ[149]」との読み通り、五月まで延びた会期の中で審議に付され成立（四月二七日提出、五月二日可決）。一方の士法は四月四日提出、一二六日可決。そしてともに五月二四日公布となる。

専業設計者の法でなくなった士法によって内藤は、翌年五月、第六〇九号で一級建築士を登録。一一月には、建築指導課が資格検定事務をする必要から、フリーパスでの建築主事第二号になる（第一号は伊東、以下、三号村井、四号小宮[150]）。

直後、「わが国においては科学技術の進歩が本当の意味において一般国民大衆のものとなっていないこと、即ち建築の科学技術が一般国民建築に導入されていないことが「戦後わずかの間に相次いだ災害による建築物の大量滅失の」原因の一つとして指摘されなければならない。建築士法は、科学技術を建築物に導入することを一つの方策として立案されたものである[151]」と語った。欧米の建築家の法律とは異なる、わが国独自の建築設計監理等の技術者の法律は、こうして成った。

日本の建築家は「須く科学を基本とせる技術家であるべき[152]」を持論とし、「建物を建てると云うことは夫れ自体が一つの行為であって」、「強いてそれを分割す可きものではない[153]」と述べて専業設計者に限った大正の法案を蹴り、建築設計監督士法案への改名を求めることで〝その他の建築技術者の資格は考えなくてよいのか〟と言ったに等しい佐野利器の主張に、代理申請や監督を担うことによる行政の事務簡捷への期待を添え、そこにＧＨＱの理解と、住宅問題の解決という内藤亮一の思いを乗せて実現されたのである（図4-18）。住宅問題を乗せてようやく。

まさに〝これでもか〟である。しかしこういう形でなければ、わが国にこの法が生まれる余地はなかった。こうで

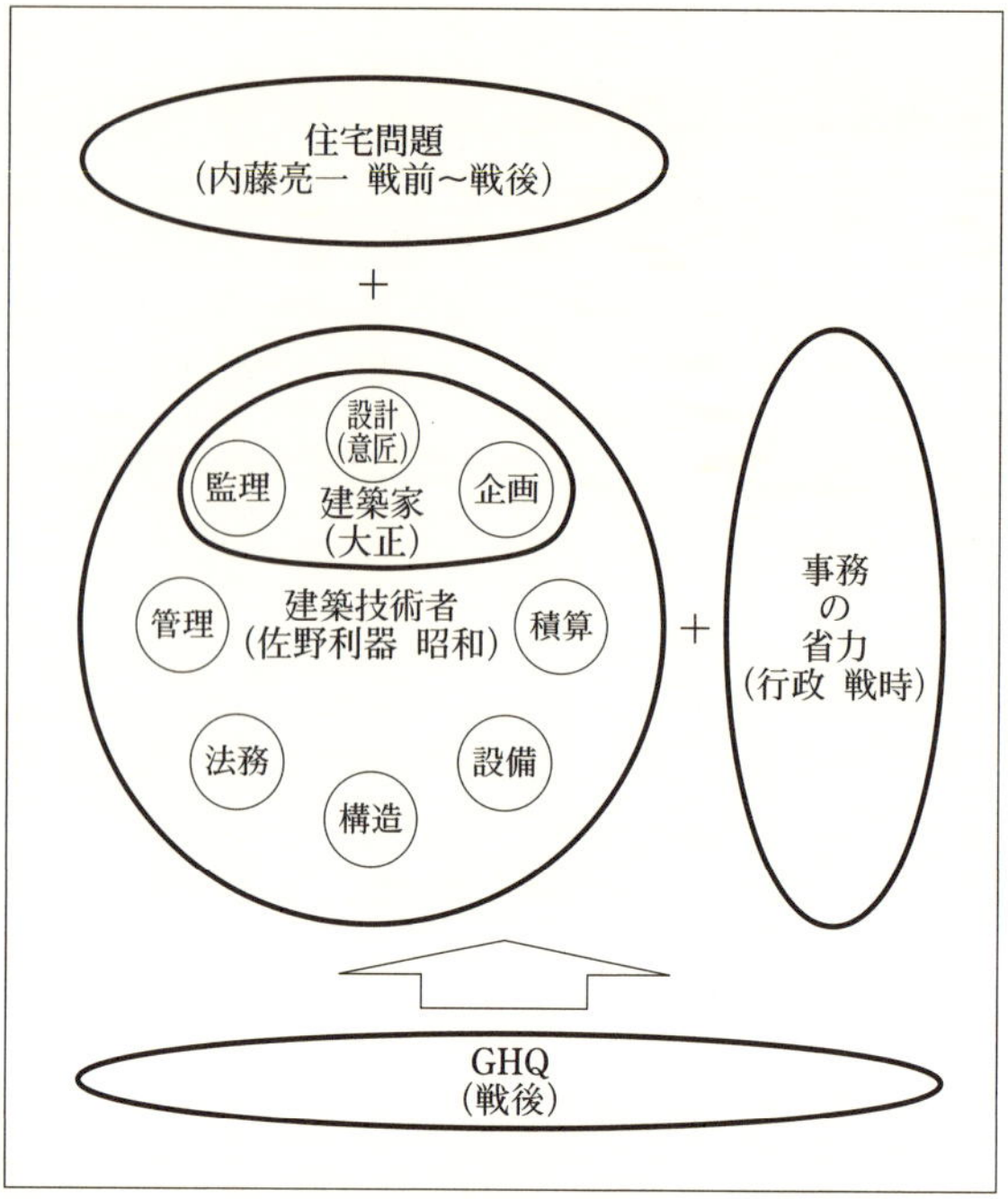

図 4-18　建築士法の成立

建築士法は，設計専業の建築家のみを見た大正の法案では成らず，建築技術者全体が建築士という佐野利器の意見に，行政事務の省力への期待と内藤亮一の住宅問題の視点が加わり，戦後，占領下の GHQ の理解があってようやく成立に至る

なかったなら、戦前よりあった建築代願人に毛の生えたものにしかならなかったかも知れない。少なくとも行政の省力に対しては、そのときすでに代願人があったのだから。

しかし、その難産の末の法律も、誕生の翌年には早くも廃止論が起こる。[154]

終戦以来毎年、三〇〇もの法律ができていた。一九五二年に至っては三五八である。戦前では多くて一〇〇、近年でも二〇〇を超えることは滅多にない。こうした乱立ぶりに、整理を目的とする委員会が内閣に置かれ、そこで、雨後の筍の如く生まれ、数えれば三〇以上にもなった士師法も話題となり、[155]建築士法も整理の検討対象となったのである。[156]

後年、内藤は「やはり第七国会で議決されていてよかった、もう一、二年おくれていたら法律制定に相当の困難さもあったであろう」[157]と振り返った。試練を経たからこその言葉である。

この基準法と士法の成立直後、突如として始まる朝鮮戦争に向けて東京からGHQの主力をなしていた米兵は目に見えて減り、建築界は特需に沸き立ち、奇跡的な復興を遂げていくことになる。

3　建築行政官からの転身　都市計画、そして住宅へ

建築指導課長からの転身

基準法・士法の制定から二年経ち、建築士の選考が一段落ついた一九五二（昭和二七）年一〇月、内藤は建設省を辞し、横浜市の建築局長に転出する。

ほとんど全ての府県から反対された、基準法の執行体制を市町村にまで降ろし、行政庁の範囲を拡大したことがど

う出るか。そのことを「自ら第一線でやって見せる[158]」と言い、「法律つくって号令かけるばかりじゃ建築行政の推進にならん[159]」とつくった責任を果たすべく、現場で見届けるため選んだ転身だった。

建築主事を市町村にも置く方針は、小宮は、基準法が閣議決定したのちの、GHQの修正勧告によるとする[160]。しかし、その前年秋、建築学会で佐野利器・内田祥三・北澤五郎・菱田厚介ら識者を集め行われた「建築基準法（住宅局案）に関する懇話会記録」には、次のやりとりが残る。

菱田〔厚介〕　元にもどるが、本法の施行は市町村にした方がよいのではないか。

↓「各種の事情を考えて一応県とした。シャウプ勧告がでたし、将来は当然こうなるであろう。」

菱田　いいにしろ悪いにしろ、市に任せないと建築が浮かばれない。

↓「根本の都市計画が任されていないし、財源の面倒から見てやらなければならない。人の経費もまだ見れない。」

内田〔祥三〕　今やると、消防のように、どうにもならなくなる。

↓「今の考えを更に進めると立法自体が市の自治にまかせることになる。」

菱田　アメリカなどではこうだ。

↓「却ってGHQコンストラクション自身が、防災を知事にさえまかせたらいけないという意見で、GS〔＝Government Section：GHQ民政局〕の方はばらまく案である。」

（北畠文庫）

引用文の↓「　」内は、住宅局（伊東五郎・師岡健四郎・内藤亮一）の回答である。このとき菱田が市町村に建築主事を置く案を示すが、住宅局は及び腰で、まずは従前の府県に留めようとする内田に同調、以後、翌年の勧告まで、譲らなかったことになる。やがて廃止となる統制事務職員の配置転換をはかるためにもそうしておく必要があった。

もちろん住宅局としても、GHQの地方行政重視、市町村重視の姿勢を思えば、予想できただろう。しかしいざ勧告がなされると困難は目に見えていた。内藤は、市町村までとなると建築行政の足並みが揃わず混乱を来たす、小さなところでは適切な吏員を置くことができないなどを挙げ交渉するが、聞き入れられることはなかった。やむなく勧告は局長決裁で呑み、法案は提出。自身、ふさわしいと考えた姿ではなかったが、いざやるとなれば運用が気になり、受け入れた責任を取っての転身となった。

上司の伊東も、すでに前年、井上新二（一九二一年東京帝大卒）の急逝でできた穴を埋めるため大阪市の建築局長に転じていた[161]。伊東は中井光次《みつじ》大阪市長の要請、内藤は「一〇年余り住んでいる横浜市からの交渉を機会に[162]」で、具体的には〝スポーツ市長〟と呼ばれた平沼亮三に「都市計画をやらしてくれるなら[163]」と条件をつけてのものだった。

この措置によって府県と市が揉めた例は多い。神奈川県と横浜市も、このころ両者の間には特別市問題[164]を抱え軋轢もあって難航も予想されたが、内山岩太郎知事の英断で、県部長の鈴木和夫と市局長の長倉謙介が協議を進め、一九五一年一〇月、建築行政の移管が実現。それまで営繕部隊だけだった横浜は、このとき初代建築課長に長野尚友（一九三六年横浜高等工業卒）を据え[165]、県から出向で増員を得るなど、体制を整えた[166]。それでも十分とは言えず、申請の一割が違反建築となっていた[167]。一〇〇万都市のつつがない行政執行のため、法をつくった張本人にして神奈川と縁のある内藤の獲得は念願だった。移籍にあたっては、設立に導いた日本建築士連合会より、はなむけに記念品が贈られるオマケがついた。

自身が遺したものから横浜市時代を見れば、神奈川県時代の後始末といった後ろ向きなもののある傍ら、全国建築主事会議の議長団・建築主事資格検定試験委員・中央建築士審議会委員などを務め建築関連法規の全国での運用を眺め、市の建築のトップとして、同じく法規の運用はもとより、住宅政策や都市の復興と不燃化、そして公害や再開発といった新たに登場する問題に身を粉にしてあたり、また、非常勤で講義に赴き、ときどき基準法・士法制定当時のことを交え稿を寄せるものだったように思える。どこにでもちょっとした〝天皇〟はいるものだが、「〝内藤天皇〟と呼ばれていた」とは、この頃を知る田中祥夫の証言である[168]。

図 4-19　防火建築帯模型（中区羽衣町附近）

出典：横浜市建築助成公社『横浜市建築助成公社二十年誌』1973 年，26 頁

「営繕はズブの素人で[169]」と語りながらも、成長を見守った日本建築士連合会では会誌のデザインにまで口を挟んだというから[170]、この時期は、学生時代に戻り、設計への興味もぶり返していたかも知れない。

横浜　接収解除地の戦後復興

火事になれば一夜にして灰燼に帰す木造都市を、燃えない都市にすることは、戦後、日本の建築界の最重要課題となっていた。横浜へ移った内藤は、まずこれに取り組む[171]。一面が焼け野原となり〝牧場〟とまで言われた関内を含む一帯を、鉄筋コンクリートの町並みとすべく奔走するのである（図4-19）。

戦災地を中心に、二一三万坪もの広大な土地とそこに残るわずかな建物の多くが占領軍に接収された横浜は、講和が成ったのちも、遅々として進まぬ解除によって、「日本一遅い復興」と揶揄されていた。「スペシャルサービスクラブ」の名で使われた伊勢佐木町の「不二家」（設計：アントニン・レーモンド、一九三八）のように、昭和三〇年代になっても返還されず、訴訟になったものもあった。その一方で既成市街地を含む復興は、はなから困難が予想されてもいた。

しかし、ここに至る自らの二〇年を「無駄」と語る内藤は、「『夢よもう一度』と言う理であるが、かつてはかない夢よりは夢そのものも素晴らしいからこの夢全部が夢に終わるようなことにはしたくない[172]」と固く心に誓い、いくつかの施策を利用して、のびやかに都市の将来像を描いてみせた（図4-20）。

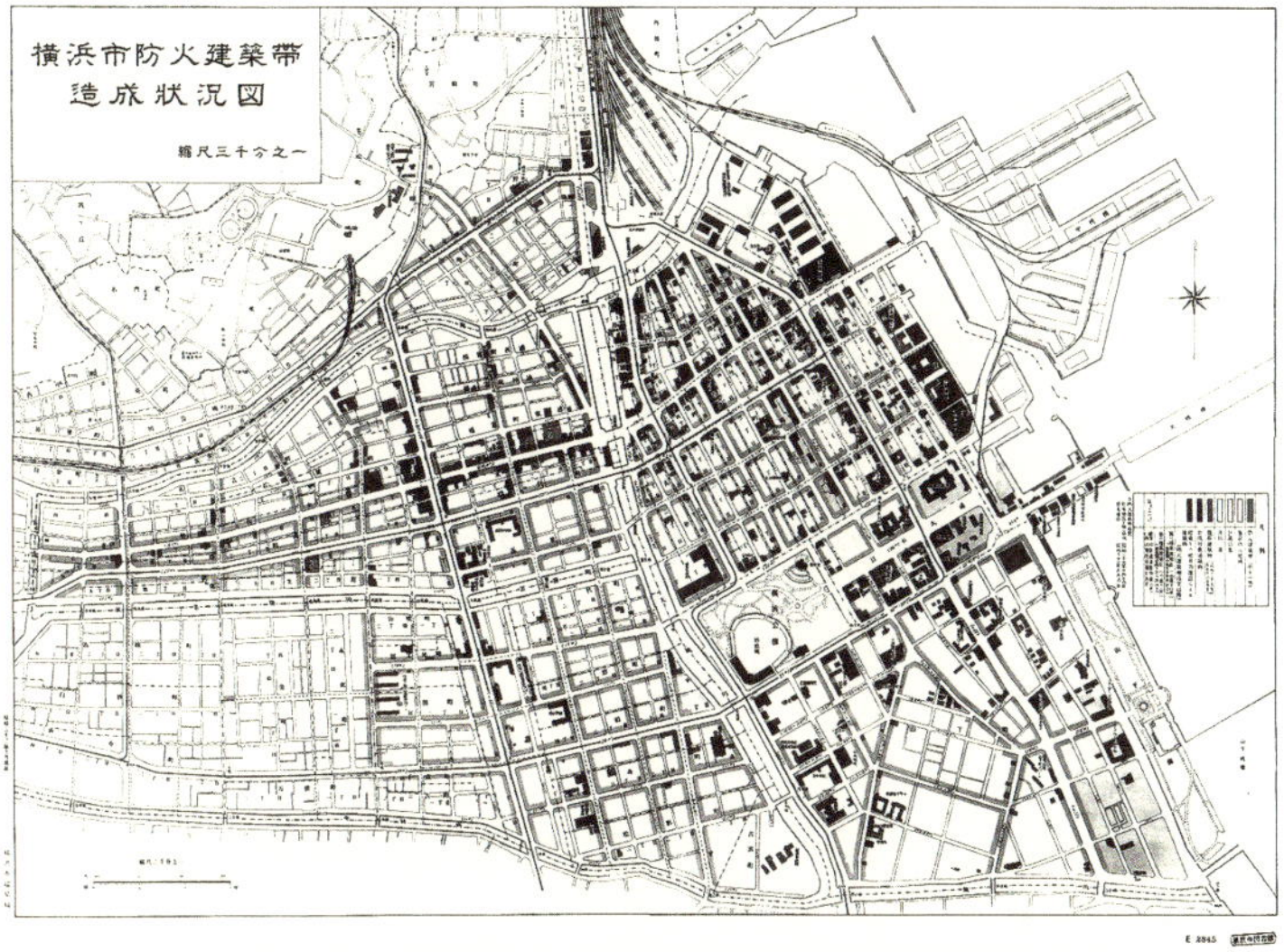

※：図中の■は耐火建築物，道路際の■の帯は防火建築帯指定範囲

図 4-20　横浜市防火建築帯造成状況図（1958 年）　横浜市中央図書館所蔵資料

ハンブルグの復興計画を参考にしたとされる横浜の防火建築帯は，極めて面的に指定された

移籍の五ヶ月前、耐火建築促進法（昭和二七年法律第一六〇号。のち防災建築街区造成法（昭和三六年法律第一一〇号）に引継）ができる。これは、道路境界から奥行き一一メートルの範囲に、三階建て以上の耐火建築物、つまり燃えない建物を帯状に並べ、防火建築帯を造り、それによって都市の不燃化を図ろうとするものであった。一一メートルという奥行きが建築物法時代の路線防火地区の六間の読み替えであることにうかがうように、都市の主要な街路に面する一定範囲の建物を火事に強くする路線防火の発想自身は、明治はおろか古くからあって、しばしば試みられてはたいてい尻すぼみに終わってきたが、日本中が徹底的に焼けて何もなくなった今度こそは、というわけである。

同じ頃、国際港湾都市横浜の早期復興を目指し、大蔵省から、この年より三年で八億円の貸付が決まる。これを受け、県と市は、耐火建築物の建設資金の融資機関として横浜市建築助成公社を設立（一〇月。理事長に内藤前任の市建築局長長倉謙介）。移籍にあたり助成公社理事も務めることになった内藤は、資金を接収解除地の健全な復興に充てるため、この法を利用した二つの策を考えた。一つは共同建築の奨励、もう一つは共同住宅の奨励である。

共同建築は、もともとの間口二〜三間の敷地に、そのまま二〜三階建ての建物が並ぶのは、市街地の有効利用や都市景観の面で好ましくない。そこで、数人の建築主による間口一〇間以上のまとまった建物が建つようにしたい、というもので、そうした方式を採る者には融資に便宜を図るものである。

共同住宅は、①一部のビジネス地区や商業の適地は別として、市街地に事務所や店舗ばかりが建つことは、将来これらの過剰を来たすおそれがある。また、②住宅対策の面から見ても宅地を都市の周辺にのみ求めるのでなく、むしろ都市部に建てたい。そのため、一階は店舗、二階は店舗経営者の住宅として、その上の三〜四階に共同住宅の併置を勧めるものだった。

内藤は同じく理事となっていた神奈川県住宅公社も活用し、助成公社の融資による建物に住宅公社の賃貸共同住宅を載せた共同建築の実現に向けて動く。これなら、横浜の市街地に、間口の広い、まとまった規模の中層建物による整った町並みが造れる。

しかしその実施には、自ずとかなりの地主の共同が必要となり、それゆえ、土地を巡る諸権利の調整が避けては通れない難関となって立ちふさがる。県住宅公社の畔柳安雄（一九二六年中央大学専門部中退、管理課長兼用地課長）は、振り返って、「内藤氏は、度々公社に足を運んで私達にその構想を聞かせ、時にはヨーロッパの市街地の様子を話したりして公社としての案の作成を督促され」たと語る。しかし、「他人の土地に地上権も設定しないで賃貸住宅を建て、将来公社の権利をどういう工合に確保できるか等々考えれば考える程難しい問題が累積している」と検討するほど出てくる困難に、「内藤局長にいくら責められてもどうにもならない」事態に陥るが、当の内藤は「俺は技術屋だからそういうことは判らない。それを考えるのが事務屋だ」とあきらめようとしなかった(173)。

内藤にとっては、西山夘三と京大の同級で親交の深い石橋逢吉《おうきち》が、創設当時から県公社にいたことも心強い要素にあっただろう。石橋は、基準法と士法の立案の頃、協力関係にある建築監督課にいてよく知る間柄だった。けれどそれ以上に、「都市の不燃化その他、都市計画、住宅建設、建築規制の主要目的を解決する制度が今日程必要とし且つ制度確立のチャンスとして今日程適した時はない[174]」と考えていたのだからあきらめようはずもなかった。困り果てた畔柳が思案の末に編み出したのが、土地の所有や形状はどうあれ、建物の屋上を共同住宅の敷地とみて、それを公社に賃貸する方式だった。

一九五三（昭和二八）年度より始まった融資の申し込みは、しかし思わぬ低調ぶりをみせた。耐火建築促進法によって、耐火建築物を建てる者には、木造とする場合との差額の半分を国・県市が補助、加えて、市助成公社がさらにその差額の残りにも配慮、結果的に「木造建築物を建てる資金が用意できる人々には、それだけで耐火建築物が建てられるように[175]」と考えたにもかかわらず、である。

物流の拠点である港湾を接収された横浜の経済はこのときすっかり疲弊していた。接収が解除になったからといって、荒涼とした土地に戻っていきなりビルを建ててみても商売の見通しが立たないことや、三階建て以上としなければならないことで嵩む建設費への懸念から敬遠されたのである。

それでも、改良を加えていく中で次第に、〝共同ビル〟、あるいは〝下駄履き住宅〟と呼ばれ、この普及の起爆剤にと考案した〝建築コンクール[176]〟や、自ら「朝早く、役所に出勤前に共同化の説明に廻った[177]」斡旋のもと軌道に乗っていく[178]。その模様を、実施から四年を経たころ石橋は、「地上権の設定なしに建てるとは不安ではないかという質問は常に受けるが、今のところ第三者対抗の方法はないが、建主の善意を信頼して一時を糊塗しているわけで、横浜市に関する限りこの方法は歓迎されているとともに、地上権を欲すれば大部分壊れたであろう[179]」と述べた。畔柳は、「この考え方には相当の無理があることは始めからわかっていたが、それ以外に横浜市や助成公社の要請に応えるいい知

図 4-21　弁天通三丁目共同ビル（1953 年度融資）

設計：創和建築設計事務所，2005 年筆者撮影

恵は浮かばなかった」とする一方で、関東大震災後に後藤新平が検討させた幻の共同建築物法に似た発想と岡田周造（元住宅営団副理事）に指摘されたと喜び、また、「土地が無い無いというが、知恵を働かせば空中にも土地は求められるではないか」と田中一参院議員に評価された、とも語る。[180]

もちろん、自己資金による単独での建設を望む者は絶えず、また土地への執着には抗しがたくもあり[181]、さらに、関内は徐々にビジネス地区の性格を強め、もとより従たる共同住宅の建設は否応なく歯止めが掛けられていく。[182]そうした難問を抱えながらも、住宅金融公庫法による支援も用意され[183]、昭和三〇年代初めには県住宅公社が六〇五戸の賃貸共同住宅を供給していたことに見るように確実に普及、定着して、関内は今日に見る一種独特な雰囲気を持つ町並みを備えていく。

この施策は、前述のように当初、半年ほど空廻りした。そこに、元商工会議所会頭の原良三郎が県公社の相談に応じて「弁天通三丁目共同ビル（原ビル）」（図4-21、一九五四）を実現。こうした事例は、公社によって「日本初の市街地共同ビル」[184]・「最初の下駄ばきアパート（店舗併存住宅）」と語られていく。

しかし、これはもちろん、共同での建築という意味では初というわけではない。関東大震災の復興期に先駆的な事例はあり、内藤自身、それに倣ったと告白する。[185]戦後も、すでに京都で府住宅協会が店舗併存の形で建ててもいた（一九五〇年）。また、防火建築帯による都市の開発は、共同建築の推進がいわば前提でもあった。

こういったことを踏まえ、横浜の先駆性と価値を考えるなら、それは次の二点に集約されるだろう[186]。

①この時期、防火建築帯を指定した中には中小都市も相応にあった。そのため、一部の大都市を除けば、指定はメインストリート一本のみであったり、距離もさして長いものではなかった[187]（図4-22）。それらの都市では、点で建設される耐火建築物を、共同建築も交え、わずかな帯に連続させることで事足りたのである。市街地居住の方策としての共同住宅を意識する必要がなかった。

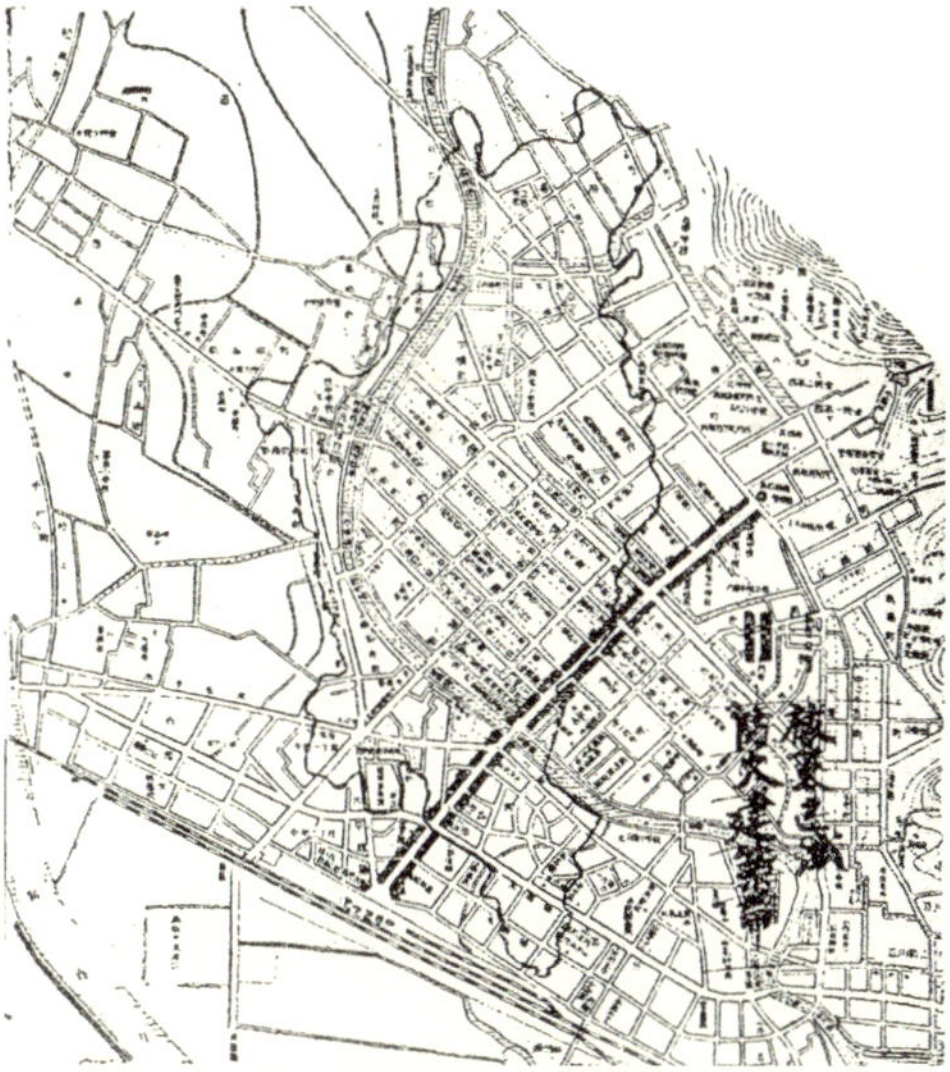

図 4-22　地方都市の防火建築帯（鳥取市）

出典：『建築行政』2 巻，4 号，1952 年 7 月，46 頁
指定第 1 号となったこの鳥取に見るように，多くの都市で防火建築帯はメインストリートにわずかな“線”を描くに留まった

そのような中で横浜は、内藤が「点から線へ更に面積へ[188]」と言うように早くから面を考えた。自ずと、共同建築の推進のみならず、その中身を熟慮する必要があった。それが商業用途ばかりでなく、住宅もあってこそ都市という考え方を打ち出すことにつながり、共同住宅を意識することになっていく。

ちなみに、横浜より遥かに指定距離の長い東京や大阪では、官庁やオフィス街が中心で、多くの場所で性格があらかじめ明確になっていた。その意味で横浜より明快だった。また、指定は粗く線の集合に留まり、比べて横浜は遥かに密に面である。建築物の沿道配置によって、街区を欧米によくみる中庭型の構成としようとしたことも含め、意図的だった様子が読み取れる。ドイツ、ハンブルグの復興計画を参考にしたとも言われる。[189] 戦時下に街区の中央を間引いた建物疎開以後、中庭がより強調された計画に、図的なアナロジーを見て発想したのだろう。

横浜の防火建築帯指定は内藤の着任からわずかに二週間後。建設省時代から「接収解除、復興助成などについても本省で協力[190]」したとされるが、その関与がどこまであったかはわからない。

②従前の区分所有に対する民法の規定は、戦後、復興が進むにつれて、「はなはだ不備でありまして、区分所有者相互間の法律関係が不明確であり、また、建物の共用部分の管理等に対する配慮の欠けている点も少なくなく、建物の区分所有に関する法制を早急に整備する必要がある」（法務大臣植木庚子郎《こうしろう》の法案趣旨説明　第四〇国会衆議院法務委員会　一九六二年二月一六日）と捉えられるようになっていた。その不備の解消を期して一九六二年、民法の特別法の形でいわゆる区分所有法（建物の区分所有等に関する法律（法律第六九号））ができる。横浜の価値は、それ以前に、また、戦前のいわば一企業ともいうべき復興建築助成株式会社による細々としたものとも異なり、市や公社が推進役となって、民法の解釈を拡大し、建物の上下層で所有者を分け、大掛かりに実現して見せたことであった。

都市の不燃化や共同建築と内藤の関わりについても触れておこう。

一九五〇年四月、第七国会衆議院本会議での建築基準法通過の際、「都市建築物の不燃化の促進に関する決議案」が全会一致で決まる。これは、議員たちが、都市の不燃化と共同建築の促進を図るべく、政府の具体的措置の実施を求めたもので、[191] 基準法の成立に際して出た決議だから、内藤も知る立場にあった。それ以前より、建築学会でも都市不燃化促進委員会を置き、基本方策を立て、実現に向け研究していた。この委員になっていた内藤は、一九四九年、こう述べている。

新築建築物に対する今一つの重要な防災対策として耐震耐火建築、具体的にいえば鉄筋コンクリート建築の普及、更に都市不燃化の問題も市街地建築物法の完全施行と同時に併行して推進しなければならない事項である。

これについては、国又は地方公共団体から補助金とか助成金を拠出する方策が一部から要望されている。この方策が不必要とは思われないが、現在の国並びに地方財政の状況を判断すれば、特別の場合――例えば数人の地上権者が法令の定めるところにより共同建築を実施する場合等――は別として、今はその時期でなく、むしろ鉄筋コンクリート建築が単に建築物の各種災害防止の上からは勿論、国家経済的にも個人経済的にも木造建築物より有利であるとの国民の認識の上にこれが普及推進が行われるべきものと思われる。(192)

ここでも言い及んだ共同建築については、一九五二年、建築行政協会の座談会「都市計画と建築(193)」に飛び入りで参加、内田祥三や笠原敏郎らと関東大震災での困難と今回の採用の肝要を語っている。

このように、不燃化も共同建築も、彼の中では、終戦直後より懸案となっていた。それを思えば、畔柳にも、全くの勝算なしに投げたのではなかったかも知れない。また、移籍にあたり都市計画に携わりたいとした希望は、受け入れ側にとって渡りに船で、招聘は、基準法と士法をつくった手腕を買い、新たな建築行政最前線での活躍に期待しただけでなく、そうした背景への評価があってこそ、であろう。

先に示した横浜の防火建築帯の完成予想模型は、建設省と横浜市の共同制作。それぞれの担当は住宅局建築防災課（耐火建築促進法の主管課）と建築局建築課である。(194)建築防災課はかつての建築監督課、「基［準］法の防災関係、調査統計を扱」い、建築指導課とは「基法政令制定に両課一体といってよい位」の関係にあった。(195)つまりこれは旧知の村井進（建築防災課長）と内藤が造らせた模型である。彼らの耐火建築物による町並みの実現に向けた意気込みを知るのである。

図 4-23　横浜市庁舎（1959 年）

出典：「横浜市庁舎――中間報告」『近代建築』1960 年 6 月，74 頁
撮影：平山忠治

建築のプロデューサーとして

設計に関してはいくつかのエピソードが明らかになっている。といっても、自ら設計者となったわけではもちろんない。むしろ建築局長という立場上、実質的なプロデューサーとして、である。部下を率いて実現し建設大臣表彰（一九五七（昭和三二）年）となった市営楽老団地や、桜ヶ丘団地などといったものもあるが、ここでは、開港百年記念の目玉事業にと企画された「横浜市庁舎」（図 4-23、一九五九）と「横浜市立市民病院」（図 4-24、一九六〇）について記しておく。

公共建築は官公庁の営繕部隊が自前で設計するのがまだまだ当たり前だった時期に、「元来、建築の設計というものは、こちらからお願いにいくべきものだ。医者でも弁護士でもそうだろう」[196]と言い、民間に依頼すべきものは依頼する、と委託を厭わなかった内藤を象徴する事例である。

一九五六年、学識経験者から、今井兼二（早稲田大教授）・中村順平（元横浜高等工業教授）・佐藤鑑《あきら》（横浜国大助教授）、市の代表として、田中省吾（助役）・津村峯男（市会議長）を審査員に据え[197]、「横浜市庁舎」の指名設計コンペが行われた。横浜市にとって戦後初めてのコンペである。「ストックホルム市庁舎のように何十年後の今なお市民から限りなく愛され、市民の誇りとなっているような市庁舎の生れ出ること[198]」が期待された。

前川國男・松田軍平・山下寿郎・村野藤吾に、地元から吉原慎一郎を加えた五者が指名、二ヶ月半で用意された基本設計案に対して、この時代にしては慎重な五回にわたる審査の結果、村野藤吾が選ばれた[199]。移籍直後、建設地選定の頃からこれに携わっていた内藤は、事務局として任にあたり、審査に名を連ねることはなかったが、前川國男を敬愛し、自宅近くに建つ「神奈川県立音楽堂・図書館」（一九五四）を高く評価する[200]一方で、娘の紀久子によれば、「昔から村野さんの作品が好きで、そのために設計をお願いした」と語っているから、その関与が実際どうあったかはわからない。ちなみに、山下案を担当した池田武邦は、このコンペについて、「横浜［市庁舎］が村野さん、新潟が佐藤武夫さん、やっぱり新潟にしろ横浜にしろ、「うん、やられた」という感じがしたんですよ。やっぱり相手の方が良かった[201]」と記した。

図 4-24　横浜市立市民病院（1960 年）

出典：『建築文化』1960 年 11 月，37 頁　撮影：村沢文雄

「渡辺翁記念館」（一九三七）以後、終戦を挟んで長く沈黙を強いられた村野が、「広島世界平和記念聖堂」（一九五四）で示した復活を確かなものにしたコンペとなった。「開港百年記念事業として記念性も要求される建築には、ただ斬新であるというだけでは不充分である。斬新であるがゆえに価値のある建築は時代の経過と共にその価値は漸減する[202]」とは、振り返っての内藤の言である。

「横浜市立市民病院」は、留学から戻り、事務所を立ち上げて間もない芦原義信（一九四二年東京帝大卒）を抜擢してのものである。芦原はその頃をこう残している。

［「中央公論ビル」が竣工し、］さて、その次にやることがなくなって困ったなあっていうときに、われわれの先輩で、内藤亮一さんという方が（略）当時横浜市

の建築局長をしておられまして、実は、やることがなくて困っているんだといって遊びに行った。「君、病院やったことあるか。」っていうから、「いや、そんなものやったことない。」と。「なかなかいいことをいう。面白いね、君は。じゃあ一つ病院やってみたらどうだ（笑）。普通、何かやったような歯ぎれの悪い話をするけど、全くやったことないなんていうのは面白いね。」というので、市民病院の設計をやってみなさいということになりまして、やったわけであります。[203]

「中央公論ビル」（一九五六）の建築学会賞は一九六〇年。「市民病院」の設計の始まる一九五七年にはまだ、官庁工事の実績はおろか、まとまった規模の経験すらないに等しい芦原と、実績重視の役所の発注体制を考えれば、大胆な起用である。建築基準法の立案の際、「先ず指導課に一つ有力なスタッフを作らなければならないということで人を集め[204]」たように、事にあたる上で適任者を選ぶことにぬかりのない半面、見込んだら任せる肚の太さがわかるエピソードである。

長く芦原の事務所で番頭役を務め、芦原が教授で東大に出ている間には所長を務めたほど信望の厚かった東大吉武泰水《やすみ》研究室出身の守屋秀夫（一九五八年入所）との仕事の最初期にあたるこの病院は、結果として、建築業協会賞を得、成功をもたらすことになる。

のちに内藤自邸の建て替えに携わる大矢根雅弘（一九五一年東大卒）は、ちょうどそのころ、独立にあたり内藤のもとを訪れている。当時の内藤の設計者選定に対する考え方を、やはり「設計は、技術を買うんだから、入札ではなく、こちらから依頼をするものだというポリシーだった[205]」と語った。こうした姿勢は受け継がれ、横浜は〝ユニークな自治体〟と評されていく。

ところで、この時期に内藤は、欧米を二ヶ月（一九六〇年）にわたり日本生産性本部の一員として周遊する（図4-25[206]）。

若き日にニューヨークやシカゴの高さ制限に関する論文[207]を書きはしたものの、初めての欧米である。このころ市の施策としてスラム・クリアランス事業を始める中で、スラム防止に役立つ宅地分割条例を探るという課題を得ていた[208]。都市再開発によってこれを一掃する方法もあるだろうが、何よりまずスラムの卵を産みつけさせないことだ、と考えるようになっていたのである。先進国の住宅政策や都市行政を肌で知る必要を感じていたに違いない。それまでの建築や都市に対する関心に加え、このことが、のちの学位論文への布石となっていく。

図 4-25　日本生産性本部アメリカ視察団（1960 年）

出典：日本生産性本部『アメリカの住宅建設計画——住宅建設計画専門視察団報告書』1962 年，5 頁．内藤は後列右から 4 人目

この視察の成果は、『アメリカの住宅建設計画』（一九六二年）と題する五九四頁という大部の資料にまとまる。

前年の二つの視察団は、それぞれアメリカの建設産業と建設機械化をテーマとしたが、いずれも成果はあっさりとしたものだったから、なおさら充実振りがうかがえようというものである。一二名の同行者の約半数が建築の技術者で、鳥井捨蔵（第一住宅建設協会）のような旧知の名も見えるから、気の置けない者たちが、好奇心を発揮して動き廻ったことが、功成った者たちの慰労然とさせなかったのだろう。

ダラスでは伊東五郎の訃報に接するといったこともある中[209]、この間内藤は、連日家族に手紙を送り、視察の稿をしたため、かつ精力的に細かな字で克明にメモをとっている。その記録からは、日常とは異なる場所で得た感慨が伝わる。例えば次のようにある。

アーリントンある銀行の地下にて、Home Builder の代表（市議）

と州の協会のアーリントン代表者の挨拶をうける。次いでWashington D. C. の本部で作成した16 mmのHome Builderの仕事の宣伝映画を見る。フランクリン大統領の言った言葉に「自分の家を持つ国民は滅びない」という意味のものがある

（ダラス、七月二一日、内藤亮一の手帳　内藤紀子氏所蔵資料）

一九六一年三月、工事中の横浜文化体育館で事故が起こる。

西洋の窓口として、明治以来様々なスポーツを受け入れてきた。そんな横浜に欠けていたのが屋内競技施設で、市民が心待ちにしていた。その完成を間近に控え、大屋根全体が突如数メートルほども落ちたのである。日曜の夕方のことで幸い怪我人こそなかったものの、復旧には数ヶ月を要し、こけら落としに招致したレスリング世界大会の開催も断念せざるを得ない事態に、組織の長として責任をとるべく、内藤はこの完成を待っての勇退を決意する。すでに助役候補に数えられるほどの名物局長となって久しい一方で、「役人は常に辞表を懐にして事に当たる」[210]ことを旨とし、事実、建設省時代より事に臨んではしたためたものだったが、用意したものは受理されず、請われて完成を待つことにしたのだった。

そして、建設省時代から都市計画を教えて縁のあった横浜国大に、ちょうどその前年出来たばかりの工業教員養成所に職を得る。市を退くにあたってあったいくつかの声がかりにも「役所勤めが長いので……」[211]と躊躇した彼を招いたのは、大阪時代を共にした林豪蔵だったに違いない。林は一九三一年、横浜高等工業に転じ、工業教員養成所の創設にあたり工学部から異動、待ち受けるかのようにいた[212]。かねがね「市役所を退職したら大学院の学生となって都市計画と建築法規の著述をするのだ」[213]と語っていた内藤にはありがたい申し出だった。

大学へ移ったのちは、江国正義（一九一九年東京帝大卒）の方針に基づく学閥によらない教授陣がつくる自由な雰囲気の下で[214]、引き続き講義を持ちながら、新たに研究に没頭する生活が加わるはずだった。

零点の土地政策に抗す

一九六八（昭和四三）年五月、内藤は学位論文『建築規制による宅地制度の合理化に関する研究』を母校東大に出す（表4-1）。

これは、この直前までに発表したいくつかの論文をまとめたものである。急速な都市化に伴う宅地の混乱を建築規制によってどこまで整備し得るかを、日本だけでなく海外との比較も加え実証的に論じたものだった。

ちなみに、日本の都市計画研究の立ち後れを痛感していた内藤は、「研究はまず外国の文献による情報の収集である、幸いにして過去数年間に多くの文献を集めることができたが、文献もハーバード大学の「チャールズ・モンロー・」ハール教授の土地法等法律関係書と工学書が半ばしている[215]」と語るように、着任後、文献の蒐集に努めた。それは、建築研究所から彼の招きで後釜に座った入澤恒《ひさし》（一九四三年東京帝大卒）が、誘われた際、図書をたくさん買ってあると言われたと回想するほどだった。論文はそうした努力の結晶である。

入澤が「当時でも今日でも都市計画上の重要課題」で、「近年都市計画の学術論文に地道な制度論が多くなってきた傾向にあるが、それらの先導的な論文をなすもの[216]」と評する論文は、主査：高山英華、副査：丹下健三・本城和《まさ》彦《ひこ》・日笠端《ただし》・井上孝によって審査に付され、一〇月、学位を得る。「折角大学にいるのだから、老骨に精を出して研究をしている」と謙遜して語るその一方で、論文を清書した紀久子によれば「学位のない教授では学生に笑われる、と気にしていた」内藤にとって、念願の学位だった。

研究について自身では次のように述べている。着手した動機がうかがえる。

> 養成所における私の研究の内容は、一つは当時住宅金融公庫融資住宅が都市のスプロールの原因の一つになっていることの実証と、今一つは一般的に都市のスプロールを防止する法的規制の研究であった。

表 4-1　学位論文『建築規制による宅地制度の合理化に関する研究』（1968 年）　目次

		頁
序　章		1
第1章	現行土地関係法における宅地の技術的要件	7
1-1.	土地関係法における宅地の定義と解釈	8
1-2.	土地関係法における宅地の地目返還と宅地の技術的要件	12
1-3.	建築基準法等における宅地の技術的要件	16
1-4.	宅地の技術的要件の基本的事項	22
1-5.	総括	25
第2章	現行土地関係法における宅地の技術的要件の評価	27
2-1.	建築基準法等における宅地の技術的要件制定の経緯	28
2-2.	建築基準法等における宅地の道路関係要件の評価	33
2-3.	建築基準法等における宅地の排水関係要件の評価	44
2-4.	総括	50
第3章	土地利用計画における宅地の技術的要件	53
3-1.	土地利用計画について若干の考察	54
3-2.	微視的土地利用計画実現の手法と宅地の技術的要件	69
3-3.	総括	78
第4章	生活環境の質の評価等における宅地の技術的要件	81
4-1.	生活環境の質の評価における宅地の技術的要件	82
4-2.	宅地造成事業における宅地の技術的要件	87
4-3.	不動産評価における宅地の技術的要件	99
4-4.	総括	102
第5章	宅地の技術的要件の法的規制の限界とその具体的提案	105
5-1.	宅地の技術的要件の法的規制の限界	106
5-2.	宅地の技術的要件の具体的提案	123
5-3.	総括	140
結　章		143
参考文献		155

※：審査の段階では，ここに参考論文：『横浜市における住宅金融公庫一般個人融資住宅実態調査とその分析』が添付

折りしも建設省では都市計画法の全面的改正を意図していて、同省に設置されていた〝宅地審議会〟の土地利用部会で改正の骨子について審議していた。私は幸いにもその部会の臨時委員となって審議に参画できることとなった。そして都計法改正に私の研究の主旨の一部を生かすことができたことを幸せに思っている(217)。

この時期の内藤の手帳やスクラップブックには、土地行政・日照権などの記事が膨大にある。同じく、戦前より終戦を挟み行政の立場で建築に携わった者には、建築単体でなく、むしろかなり都市を俯瞰した視点で学位を得た者もいる。自身も「今後

建築屋はもっと、建築物ばかりでなく、都市計画的な面に入って行って、都市美の推進に活躍してもらいたい[218]」と述べ、都市の問題には少なからぬ関心を持っていた。横浜への移籍もそうした関心からのものだったことは触れたが、その思いはさらに強くなっていた。

それは、前川國男の設計による皇居脇への超高層ビル（東京海上火災ビル）の計画がきっかけとなった「美観論争」の際、建築審議会の都市景観委員会の席で、都市は時代とともに変わっていくものとする建築家の委員を向こうに回し、丸の内の景観は、「二〇世紀的都市計画の上からは過去のものということができるが、一九一九年都市計画法、旧市街地建築物法制定以来現在まで何十年の年月によって形成された一つの歴史的なシェイプであることは、紛れもない事実である[219]」と自説をぶったことにもうかがえる。この発言の意味するところは、パリやロンドンを目指して街づくりがはじまったはずの、一国の首都を象徴する都市空間が、いつの間にかマンハッタンを目指すことになってしまった今日、改めて顧みられて然るべきものであろう。

しかし、それでも内藤にとって都市計画とは、交通問題でも衛生問題でもなく、宅地の問題であって、「土地政策が住宅問題の根底[220]」とする彼には、住宅に収斂されていくべきものだった。

右に引用した文のスプロールについて内藤は、「郊外へスプロールする住宅の半分はスラムになる[221]」と、以前より考えていた。基準法をつくり、その運用を現場で見守ることを責務とする中で、具体的に動いていく社会を目の当たりにしたとき、住宅問題の解決には、法に定めることでは不足が過ぎた。それを痛感し、住宅対策のために土地行政に関心が移っていったのである。学位論文の研究のさなかに著した論文の一節にはこうある。

宅地開発は地方行政にとって重要なテーマの一つでありながら、筆者はかつて横浜市建築局在職中この宅地開発行政については大きな壁につき当った。国の施策に俟つべき基本的な事項が解決されていないので、地方行政だけではついに満足できるような改善の方法を見出すことができなかった。（略）横浜市退職以来三年、筆者はその専門の都市計画特に建築規制の上からこの宅地制度の問題に取り組んできた。しかし問題が大きいだけに未だ結論を得るには至っていない[222]。そして、これを念頭に置いたなら、横浜市時代の内藤を評して「住宅行政に手腕をふるった[223]」との形容もあるように、その根底には、やはり都市における住宅を、行政がどうしていくのか。そのことが常にあったことがわかる。

この時期の発言には、注目すべきものが二つある。一つは、『建設タイムス』に寄せた「日本ははたして一等国か 住宅問題を中心として[224]」。もう一つは、『建築行政』での対談「日本建築行政の位置――欧米を訪ねて[225]」である。前者は、このときの衆議院議員選挙で自民・社会両党がともに公約に掲げた住宅対策「一世帯一住宅」を、この「政策は目標としては結構なことであって、それ自体についてだれも異論ないことである。しかしながら問題はこのスローガン自体にあるのではなく、これを実現するための具体的政策の内容が何かということである」と述べ、具体的な方策の欠如を指摘する。続けて次のように記す。

わが国においては、頂点に属する住宅のデラックス化が見られる反面において、スラム化が予想される底辺の住宅が放任されているために、質の格差が拡大の傾向にさえある。

多くの建築家或いは建築評論家たちが関心を寄せているのは日本の住宅の頂点に属する高級アパートとかファッションモデル的な一部の個人住宅のデザインにある。彼等は底辺に属する木造の民営アパートの如きは建築でないと無視していないまでも殆ど無関心のようである。

多少の関心を寄せる向きがあっても、これら底辺の住宅は何れ都市再開発の対象となるものとしてあきらめているようである。私自身も時としてこれらの住宅に絶望感をいだく、しかしこの現状を放任しておいていいかどうかを反省させられている。

戦前の主張を、再びそのまま引き出してきたかに見えるほど、自身の中に、変わらず住宅にどう取り組むかが掲げられていることを知る。また、

わが国の住宅問題にはより重要且つ困難なその他の部面をもっている。それらのうちで最も基本的なものとして宅地の価格対

策、広くはわが国の土地政策の確立がある。（略）この土地利用制度の確立は都市計画と住宅問題の基本となるもの（略）。「一世帯一住宅」はビジョンではあるが抽象的モデルではない。まして実行プログラムがなければこれは計画とは称し得ない。

問題に対して、それを抽象的にでなく、具体的にどうするか。内藤はこれを終生考え続けた人間だった。

そして後者において、

ところで、建築行政からいったら何等国くらいかというと、だいたい国民所得並に三等国だな。又建築行政を部門別に分けて……（略）。第一はビルディング・コード、つまり建築物の安全と衛生の法規。それからゾーニング（地域制）。ハウジング（一般住宅政策）。土地政策、土地といっても農地じゃなくて宅地政策。最後は住宅地区改良とか、防災建築街区造成とか再開発のようなものの関係の法律制度だ。

では、第一の建物の安全と衛生規制は、（略）耐震の規定と耐風の規定とかは相当進歩しておりますね。（略）優良可のうち良はとれると思う。まあ、七〇点というところか。その次はゾーニング、ゾーニングは日本にないわけじゃないけれども、いまの文明国の水準からいえば、これは可はつけられない。五〇点以下で結局不可でしょうな。私は四〇点。それからハウジングはどうかというと、まあ五〇点でかろうじて可ということかと思う。ちょっと甘い点かも知れない。その次に、今度は一番いけないのが、〇点に近い宅地政策、サブディビジョン（土地分割）も入れて。とにかく日本は、農地山林と宅地の区別がついていない、たんぼに土を埋めたらそれで宅地になるんだもの。

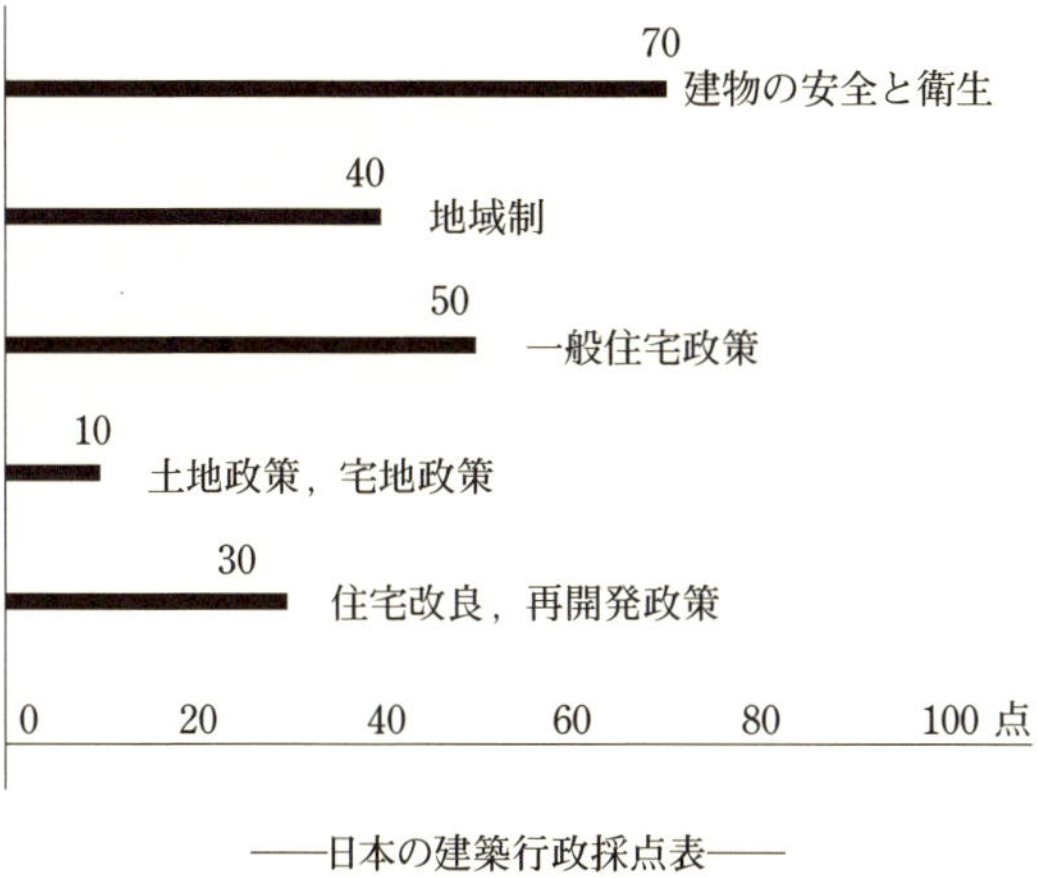

図 4-26　内藤による「日本の建築行政採点表」（1962 年）

出典：内藤亮一・前岡幹夫・日笠端ほか「座談会　日本建築行政の位置──欧米を訪ねて」『建築行政』11 巻，2 号，1962 年 2 月，7 頁

日本には宅地のコントロールというものは殆ど無いということ。でも何かはあるから、せいぜい一〇点くらいかな。これは一番点数が悪い。それからスラム・クリアランス、都市再開発、これは何点つけるか。これもまあゾーニング以下で三〇点くらいがいいところだろう。まだ子供だから大人のやるようなことはちょっと早い。（笑声）（図4-26）

土地政策は〇点。最も立ち後れた問題と指摘するのである。それを踏まえると、住宅問題を解決する立場から土地問題をどう考えるか。これを、学の世界に身を置く立場で何ができるか、何をすべきかを考えた、その結論が学位論文を著すことだったのではないか。研究のきっかけとなった〝郊外住宅はスラムの温床ではないか?〟という問いが、やはり等しくその背後にあったと見るべきであろう。

4 晩年

退官、そして技術士

内藤は、大学教授時代をこう振り返る。

当時私は力の半ば以上を研究にそそいでいたので、学生諸君に対する一般的な教導或いは学生諸君との人間的交流には不充分であったのは卒業生諸君にお詫びしなければならないと反省している。（略）既述のように私の工業教員養成所の六年間の生活は自分の念願であった都市計画と建築法規について研究生活をおくらせていただいたことを感謝すると共に、平素は学生諸君と特に人間的な交流はなかったが、たまたま一ヶ月のストライキを通じて人生経験を得ることができたことも今となっては感謝している。[226]

退官にあたって、「若手から最終講義をすすめられたが、こと改めて話すこともないのでやらないつもりだ」と語った。これを報じた新聞はこうした態度を「異色」と評した[227]。長男隆夫の妻、紀子の回想によれば、学生が荒れた中での教授という職にいささか嫌気がさしていた風でもあったという。

そう。内藤が奉職した時代、世はまさに大学紛争の真っ只中にあった。横浜国大の紛争は、その走りと言うべき時期に起こった。彼のいた弘明寺《ぐみょうじ》キャンパスもストで教室が封鎖されたが、それを露骨に非難するでもなく、むしろ造反にも一理あると見て、学生の側に立った解決を惜しまなかったと言われる。「建築学科の教員は総じてリベラルな立場をとっていたが、なかでも内藤先生はその中心であった[228]」とは同僚だった野村東太《とうた》の言である。この少し前、次男の國夫が東大法学部自治会議長として六〇年安保闘争の渦中にあった身としては、そうした態度を取ったのもうなずける。

それでも、やはり本意ではなかっただろう。対策会議に追われ、研究室に出入りできず、しばしば研究に差し障りが出て苦痛だったと漏らした。最終講義をしなかったのも、その影響かも知れない。

その内藤を報じた記事に、続けて自身が語った言葉には、「近代マンションや高層建築だけでなく、四畳半一間の木造アパートにも建築学を取り入れる必要がある」とある。全体の奉仕者の立場から広く建築を見、やはり足りないのが住宅への対策だという透徹した行政官の視点だった。

退官後、私大に移る者もいる中、大学からは身を引き市の各種審議会の委員として、また県庁時代からの友人だった山田島吉（元県土木課）が興した測量会社、実工技術開発の顧問を務めながら、その一隅に間借りのような形で横浜都市開発研究所を開く。この小さな拠点では、「ここでは研究だけをし、年に一冊ていど著書を執筆することと、コンサルタント的活動[229]」を予定したという。横浜国大時代にも「多年の習慣から自宅ではおちついて読書とか執筆のできない私にとっては、大学での研究室がただ一つの仕事場所であり、書斎である[230]」と考えていたから、それで十分だった。

しかし、そうしたことばかりでなく、この年、新たな挑戦をする。技術士である。建築や都市に関して高い見識を持つ内藤であれば、それは当然とも言うべき選択だった。試験委員としてたまたま答案に接することとなった入澤は追悼の記にこう書いた。

昭和四六年だったかと思うが、私が試験委員を仰せつかっていて、長文の論文を記述させる問題を採点していると、一人だけ満点の飛びぬけた成績の受験者が現れた。それ以上に驚いたことは、二次試験の口頭試問となって入室してこられたその受験生が、退官されたばかりの内藤先生であった。普通は一人について三〇分から一時間の口頭試問を行うのであるが、成績抜群の大先輩だけに、こちらの方が恐縮してしまった。質問というよりは若干の話題をお話しているついでに、失礼ながら先生はどの程度受験準備をされたのかお聞きしたところ、ご自分で重要と思われる課題を多数考えられ、それらについて一つ一つ、長文の論文を書かれていたと聞いて、先生の何事に対してもなされる御熱心さ几帳面さには全く敬服したものであった。[231]

高度な専門知識を持つ技術者の証である技術士。これは新たな資格への挑戦ではあったが、基準法・士法の制定までが職業人としての前半生としたなら、後半生の集大成となるもので、一線を退いたこの時だからこそ、得ておかなければならないものであっただろう。為してきたことの確認のためだったに違いない。

行方しれずの自伝

一九七三（昭和四八）年、内藤は自宅の建て替えに踏み切る。

神奈川県から戦災復興院への異動にあたり、官舎住まいをやめ、横浜に土地を求め住んでいたが、「子供たちが住んでるマンションというものに私もいっぺん住んでみたい」[232]という妻のたっての願いによって。自分たち夫婦と、娘・息子の家族と、教え子で和同建設を営む長井邦夫他四名との共同出資によるコーポラティブ方式で、である（図4–27）。

図 4-27 自邸（1975 年，建築コンクール受賞資料）

長井邦夫氏所蔵資料．不燃化と共同化への思いは，自宅の建て替えにあたっても遺憾なく発揮された

きっかけは妻の願いで、むしろ、「自分は役人なのに、そんな分不相応なものを建てるのは……」と躊躇した。それでもいざ動き出すとなれば、そこには、それまでに得た知見が注ぎ込まれたことは疑いない。まず彼は、これを耐火建築物にすることを考えただろう。当時を思えば選択の余地のなかった市街地の木造を、「所信に反する」として、不燃化への「協力には、やぶさかでないよ」と語っていた内藤にとってこれは、絶好の機会だったからである[233]。そして、計画の中身を考え、建設の方式に思いをめぐらし、コーポラティブ・ハウジングに至る。

コーポラティブ・ハウジングとは、自ら住む家を建てようとする者が、組合を作り、共同で事業計画を定め、土地の取得、建物の設計、工事発注その他を行い、住宅を得、管理していく方式である。より正しくは頭に「血縁以外の者も交えて」と付すべきであろうし、また共同住宅にもなるだろう。とはいえ、初期のものは無自覚に造られ、どれが最初かを探るのは難しいが、共同で土地を求め共同住宅を建てたという意味で最初と目されるのが、「朝日が丘コーポ」（一九六七）である。[234] つまり、内藤の自邸は、今日まだ日本で四〇年ほどの歴史しかないコーポラティブの、導入間もない時期にあたる。先進的な方式がそれとなく試みられているあたりに、思いの込められ方を見る。

さらに方式への注目の早さを見るなら、内藤のそれは、建て替えよりもかなり前からだった可能性がある。先に触れた訪欧米時（一九六〇年）の手帳にはたびたび「Cooperative」の文字が登場するのである。一八世紀後半のイギリスに発生した共済組合の仕組みを住宅取得に応用したことに始まるこの方式も、各国に伝わる中で独自の発展を遂げる。そのため、実際には欧米のものとのちに日本で呼ばれるようになるものとは仕組みが異なるとされるが、例えば、七月六日にはニューヨークで工事中の建物をいくつも見る中でこれを見学。直前、書店に立ち寄り、予習のため「Co-op. Housing の本を買[235]」ったと綴る。

内藤自邸よりも早く建築家が試みたものには「コーポラティブハウス千駄ヶ谷」（設計：山下和正ほか、一九六八）がある。しかし山下によれば、コーポラティブへの注目は彼のロンドン時代からのものではなく、「帰国後、日建設計勤務の際、アトリエ5の［ハーレンの集合住宅（一九五九～六一）等の］作品に刺激を受けてのもの[236]」というから、注目自体は早くない。先の県住宅公社の畔柳がそこに目を向けるのも、「［昭和］三六年頃、この法律［区分所有法］の原案ができたとき」というから、これもまた然りである。

内藤たちの早さがうかがえる。「住宅行政に手腕をふるった」真骨頂が密やかに発揮された試みであろう。その採用は、実際には分譲も含め、多くの検討を経た上でのことで、最初から方式ありきだったわけではないが[237]、かつて進めた防火建築帯への共同住宅の建設に込めた、都市の中心部にいかに住むかという発想や、学位論文のきっかけとなった〝郊外住宅はスラムの温床ではないか？〟という問いが、やはり等しく背後にあった。

設計を大矢根雅弘に委ねた建物は、一九七四年の夏、完成する。大矢根は、「設計にしても現場にしても、順調に行ったという印象しかなくて、かえってあまり記憶にない」と振り返り、設計にあたっては、「私としては、ずっと上の先輩ですし、内藤先生が理解できないような案をつくることはできませんでしたし、そういう案をつくるつもりもありませんでした」と語る。これは、大矢根の常の姿勢でもあった。話を持ちかけられたときの言葉は、「市の方に独立をしたい者がいて描かせたプランがあるんだが、見てくれ。どう思う?」というもので、それを、「余りにも個性を出しすぎているような案でした」と語っているから、個性が強すぎて受け入れ難く、依頼が行ったのだろう。[238]

完成した自宅は、翌年、神奈川県建築コンクールで住宅部門の最優秀賞を受ける。事由を見れば、共同出資による建設、すなわちコーポラティブの採用が評価されてのものだった。[239]

しかし、妻に請われた建て替えから一年にも満たない翌春、内藤はその妻を失う。スキルス性の胃癌である。先立たれ、翌秋の叙勲(勲三等旭日章)の場に夫婦で臨むことの叶わなかった内藤は、晩年を、引き続き市の嘱託などをこなして過ごしたが、一滴飲んだだけでも赤くなるほどアルコールは弱かったにもかかわらず、肝臓を患う。異変を感じて受けた診断の結果は、〝非A非B〟。今でいうC型肝炎である。若い時の、おそらくは基準法と士法構想中の、怪我の処置がもとで患ったものとみられる。

そこに至って彼が思ったのは、自身の人生を総括することだった。

足のむくみや血圧のチェックを怠ることなく体調を気にしながら、かつての部下、清水久雄(横浜市建築局主幹)を自宅へ呼び語り聞かせた。家族が「口述筆記」と呼ぶその作業は、毎週月曜、決まって行われた。紀久子はそれを、「病気に気力が奪われて書こうにも書けなくて歯がゆかったんでしょう」と語った。几帳面で、日々克明に手帳に綴る内藤が、書きたくても書けない。その辛さは、体調の不良にも増してイライラを募らせただろう。清水が時間に遅れようものなら、怒り出すありさまだった。

一年にわたり行われた作業はしかし、まとめ上げられることはなかった。

正しくは、語った内容はいったん書き起こされはした。「テープ起こしがおおむね終わって、お話の段階では随分と断片的なお話ばかりで、とりとめがなくなっていましたのを、多少手を加えて文章にして、その原稿をお届けしたと思ったらお具合が悪くなられて、そうこうしているうちにお亡くなりになった[240]」。

つまり初稿を渡したのだという。私的なものとの意識もあって、原本だった。しかし渡されたというその事実を、家族の誰もが知らなかった。書き起こしたのは、清水の下にいた石郷岡《いしごうおか》俊美（横浜市住宅計画課主査）だったが、先年他界。テープのありかもわからなくなっている。

その口述で清水が唯一記憶に留めているのは、「過去のことを話すというのは何だけれども……」という語りはじめと、「田中角栄が建築士の第一号」という言葉である。田中は、法制定後、「一級建築士にしておいてくれ[241]」と秘書を通じて伝え、内藤は、戦前より土木建築請負業を営んではいたもののあくまでも土木が中心だった経験から、何とか建築経験を拾いあげ資格を与えた[242]。その番号は、選考の合格証では確かに一号だったが、すでに述べたように最終的な登録は一号ではない。

当時選考事務に携わった北畠は、「選考の作業を終えて合格者の整理をしている頃、私は、内藤課長に呼ばれて「田中先生は、建築士法制定の第一の功労者であるから、合格証書第1号にして起案して欲しい[243]」と言われ、合格の一号としたものの、登録に当たっては「最後は事務的にやりました[244]」と語っている。

功に報いる気持ちの一方で、こうした経緯には資格の品位に対する一定の慮りがうかがえる。また、こうした経過を思えば、士法が議員立法になるにあたりほぼ唯一なされた、土木学科出身者にも受験資格が与えられるという要件の付加は、中央工学校土木科出身の田中が、提出を引き受けるに当たり、自らも建築士になりたいと考えてのことだったとの推測も可能だろう。それでも、〝第一号の伝説〟は、田中が自ら語り[245]、内藤すらが語ることで、選考の合格一号が登録の一号と勘違いされ世に伝わっていくことになる。

結果的に、内藤亮一の総括は、他ならぬ内藤自身によってなされることとなった。

一九八〇年、『建築行政』誌に、「ひとつの反省」(246)と題する文を寄せる。基準法と士法の施行三〇年にあたって、制定を知る一人として、つまり初代の指導課長として稿を求められてのことであった。知る限りこれが絶筆である。そしてこの文は、行方知れずとなった自伝よりも、内藤という建築行政官の人生をよく象徴する。

ここで内藤は、「建築・住宅・都市計画各行政の基本は究極的には土地問題にあると思う」。「土地問題の解決をはかる機会が二度あったと思っている。その第一は、戦後G・H・Qによる農地解放すなわち大地主と小作人の制度を改善した際であった」。「第二の機会は都市計画法の全面改正の際（昭和四三年六月）であった」。「筆者は土地利用委員会の専門委員を委嘱されていた。その際に、すべての開発行為は許可制とすることと、市街化区域、同調整区域等の区分いわゆる線引きは道路・下水道等の公共施設の整備と未整備を基準とすることなどを提案したことがあった」と述べる。つまり、学位論文の研究で得た知見を活かすべく具申したことがわずかな採用に留まったことを嘆くのだが、それゆえに「土地問題の将来については悲観的である。従って建築・住宅・都市計画の将来についても明るい見通しをもつことができない」と結論づけている。

そして、建築士法については、

いつ頃であったか、建設工業新聞の紙上で、当時の日本建築家協会の会長が〝日本の建築をだめにしたのは日本の建築士制度である〟との批判を読んだことがある。
ずいぶんひどいことを言う会長だと不愉快であったし、反論を試みたい気持ちもあったが、前記の欧米先進国でできることが、どうして日本でできないかの見地からすれば、日本でも欧米先進国なみの建築士制度を樹立するべきかも知れない。
筆者は個人的には先進国なみの建築士制度が樹立されることに反対ではない。これで日本の建築・住宅の水準が上がれば結構なことである。しかしながら、日本建築家協会の会員は、はたして一般の国民の戸建て住宅に手を貸すことができるかどうか、その向上を図ることができるかどうか疑問がある

と、変わらぬ主張を説く。その半面、立案に携わった者としての反省も忘れず、「現行の建築士制度は、その試験・登録など事務に追われながら、建築物の質的向上にどの程度役立っているか。つまり労多くして効少なしと批判されたことを認め、「施行後三〇年を経過して、現行制度が建築物の質の向上にどの程度効果があったかどうか。その評価はまた各方面の専門家、特に建築士との何らかの関連をもった建築主などによって論議が重ねられるべきであろう」と述べた。

一九八三年三月二八日、日本の建築士制度の生みの親、内藤亮一は肝性昏睡によって眠ったまま亡くなった。基準法と士法立案さなかの怪我が、三〇年を経て彼を奪ったことになる。士法に夢を見た学生時代から勘定して五〇年。このとき、それまでの一級・二級に加え、木造と設備という新たな枠をつくる改正が国会に上がり、制度が新たな展開を見せようとしていた。その審議のさなかであった。

内藤は毎年手帳に履歴を書き綴った。その中には必ず、「建築基準法・建築士法制定」が記された。彼にとって二法がいかに大きなものだったかがわかる。彼の大学入学後の人生は、終始、建築にまつわる物と人の法によって動かされ続けたことになる。そして、広範な視点から全体の奉仕者たる行政官として建築を見続けたその根底には、やはりいつも住宅があったのである。

（1）　内藤亮一は、「「建築士法」は官製であると」「批判もありましょうが」、「われわれとしてはあれは四会連合委員会で民主的にやって戴いたものが原案だと考えている」と述べる（内藤亮一・中村傳治・石原信之ほか「「東京建築士会の抱負」を語る」『東京建築士』一巻、一号、一九五二年七月、四―一〇頁）。

(2) 村松貞次郎『日本建築家山脈』鹿島研究所出版会、一九六五年、九九頁
(3) 高橋寿男『建築／住宅／都市計画』西山夘三編、相模書房、一九六二年、七―八頁
(4) 田中祥夫『明治前期における建築法制に関する研究』早稲田大学学位論文、一九九一年、一七頁
(5) 少ないながらなされたものに、例えば越沢明氏が小宮賢一について記したものがある（「内務省が設計した住宅地 常盤台と小宮賢一」『都市をつくった巨匠たち――シティプランナーの横顔』ぎょうせい、二〇〇四年、二一九―二二三頁など）。
(6) ル・コルビュジエ、吉阪隆正訳『建築をめざして』鹿島出版会、一九六七年。原書出版は一九二三年。
(7) QQ生「建築界は好況でない」『建築と社會』八輯、一〇号、一九二五年一〇月、六〇―六一頁
(8) 内藤紀子氏所蔵資料
(9) 中澤誠一郎・竹腰健造・池田達雄ほか「池田實氏を偲ぶ」『建築と社會』三一輯、七号、一九五〇年七月、四六―四七頁
(10) 稗田治「村井君の思い出」『建築行政』九五号、一九七四年一〇月、五三―五五頁
(11) 前川喜寛氏のご教示による（二〇〇四年一〇月二三日）。ただし、管見の限り、自身で記したものでは、この問題に目覚めたのは大阪時代とする。
(12) 山口儀三郎「建築士法案一考」『建築と社會』一九輯、九号、一九三六年九月、八―九頁
(13) 伊東紀久子氏のご教示による（二〇〇四年九月二四日）。
(14) 内藤亮一「素晴らしき哉 明日の建築行政――若い人への期待は大きい」『建築行政』五巻、四号、一九五五年七月、三―四頁
(15) 三パーセント以下になると需給がスムースでなくなる空家率は、戦中期に向け全国的に〇に近づくが、例えば一九三六年の大阪は二・九〇パーセントで、東京の三・三六パーセントを下回っていた（本間義人『産業の昭和史5 住宅』日本経済評論社、一九八七年、九四―九六頁）。
(16) 伊藤憲太郎「建築の昭和史① 建築と統計」『建築と積算』一四六号、一九八二年五月、八―一二頁
(17) 内藤亮一「回顧と希望――退職の御挨拶にかえて」『建築行政』二巻、六号、一九五二年一二月、一―三頁
(18) 大阪市編『大阪市政70年の歩み』一九五九年、八九―九〇頁
(19) 玉置豊次郎「不良住宅と市街地建築物法の改正」『大阪土木建築業組合報』一四〇号、一九三一年八月、二―一〇頁

(20) この模様は例えば、西島勇「建築行政30年の回顧」『建築行政』八巻、四四号、一九五九年、一一―一七頁
(21) 注(17)前掲
(22) 内藤亮一「變革に直面した我が國建築行政」『建築行政』四輯、一五号、一九四〇年一一月、三―七頁
(23) 大阪府建築課「木造建築物ノ構造標準」『大阪土木建築業組合報』一七八号、一九三四年一〇月、三九―四二頁
(24) 「木造建築の構造標準に關する講演會狀況」『大阪土木建築業組合報』一七九号、一九三四年一一月、四〇―四一頁などによる。
(25) 注(11)前掲、二〇〇四年一〇月二七日
(26) 竹山謙三郎『物語　日本建築構造百年史』鹿島出版会、一九八二年、八五―八六頁
(27) 内藤亮一「建築士法制定の経緯について――そのいくつかの思い出」『大阪府建築士会会報』三〇号、一九六三年三月、四―六頁
(28) 注(7)前掲
(29) 池田實「草創時代の大阪府建築行政」『建築行政』三輯、一〇号、一九三九年七月、七八―八二頁
(30) 「建築行政に對する各方面の聲」『建築行政』四輯、一五号、一九四〇年一一月、三五―三七頁
(31) 吉富重夫「大阪の政治と行政」『大阪』有斐閣、一九六二年、一三〇頁
(32) 大橋雄二「建築士制度と構造安全の確保に関する考察」『日本建築学会構造系論文集』四三九号、一九九二年九月、二三―三二頁
(33) 「東京市建築條例案起稿顛末報告」『建築雑誌』二七輯、三二三号、一九一三年一一月、五五八―五六五頁
(34) これは一九一二年一一月二九日の草案より現れ、以後修正はあるが一貫して記される。
(35) 「東京府建築取締規則」(一九一七年)や「建築取締規則草案」(一九一八年)では、技術者については設計者の住所・氏名の記載に留まり、そのまま市街地建築物法に至る。
(36) 山口廣「日本建築士会:職能とイデオロギー」『新建築学大系5　近代・現代建築史』彰国社、一九九三年、四〇四―四〇五頁
(37) 逆に建築物法の起草に携わった内田らをして建築士法否定の意志を固めさせた可能性もある。
(38) 西澤泰彦『日本植民地建築論』名古屋大学出版会、二〇〇八年、四六〇―四六三頁
(39) 西澤泰彦『海を渡った日本人建築家』彰国社、一九九六年、一八一―一八五頁。なお、こうした不具合解消のため、規

則は施行三ヶ月にして実務経験を加味する形に改められた。

(40) 片岡安「大連市建築規則に就て――建築技師に對する壓迫」『日本建築協會雜誌』二輯、七号、一九一九年七号、二―九頁

(41) 池田實「「大連市建築規則」批判(上・下)」『日本建築協會雜誌』二輯、一〇号、一九一九年一〇月、二―一四頁・二輯、一一号、一九一九年一一月、二―二五頁

(42) 池田實・鳥井信・平井三郎ほか「座談會　建築行政の初期」『建築行政』四輯、一六号、一九四一年四月、一一―一八頁

(43) 注(38)前掲書、三二二頁

(44) 「時報　滿洲國都建設局指示條項」『建築雜誌』四七輯、五七五号、一九三三年九月、一二九七―一三〇三頁。他、これに触れたものに、牧野正巳「滿洲國建築取締概況」『滿洲建築雜誌』一九巻、一号、一九三九年一月、三五―三六頁

(45) 牧野正巳は、この頃ハルビンでも、大連の主任技術者と似た、「市公署登録の技師を聘して監督並に其の建築上一切の責任を負わしむる規程」を持った規則(同市民政部訓令)が定められたとする(「滿洲國に於ける建築行政概況」『建築行政』三輯、一二号、一九三九年一二月、二―六頁)。

(46) 朝鮮については鄭淳英氏(二〇〇六年一二月一四日)の、台湾については新田龍希氏(二〇一〇年三月一一日)のご教示による。なお、地方の規則類については、まだ調査の余地が残る。

(47) 注(45)前掲

(48) 内藤亮一「黎明期のわが國建築統計」『建築と社會』二〇輯、一号、一九三七年一月、六〇―七一頁

(49) 滋賀県建築課「建築規制の制度は滋賀県が日本の元祖」『建築行政』二巻、三号、一九五二年五月、四五頁

(50) 上海では、一九二七年一二月、建築師工程師登録章程ができている(村松伸『上海　都市と建築一八四二―一九四九年』PARCO出版、一九九一年、二五二頁)。内藤が耳にしたのはこれのことであろう。

(51) 内藤亮一「建築士法と建築基準法――その緊要性とその主要点について」『建設時報』二巻、六号、一九五〇年六月、一一―一三頁

(52) 注(17)前掲

(53) 瀬口哲夫「日本の建築士法⑤　大連市建築規則と主任技術者検定規則の登場」『建築ジャーナル』一〇〇三号、二〇〇一年一二月、五四―五六頁

(54) 内田祥三「市街地建築物法の回顧」『建築行政』一巻、一号、一九五一年五月、二―八頁
(55)「建築士法案評論如何」『建築業協會月報』七巻、八号、一九二五年八月、一〇九頁
(56) 注(22)前掲
(57)「協會記事　建築行政協會役員會」『建築行政』六輯、二三号、一九四三年一月、七八―七九頁
(58) 石原信之・内藤亮一・前川喜寛ほか「座談会　士法・士会の成立ウラ話と将来」『建築士』一二巻、一二四号、一九六三年二月、四二―五二頁
(59)「建築士法に関する質疑応答案」一九五〇年頃、前川文庫
(60) 荒木正巳・内藤亮一・西山夘三ほか「建築と社會とを語る座談會」『建築と社會』二〇輯、三号、一九三七年三月、六三―七七頁
(61) 西山夘三『生活空間の探究――建築学入門(上)』勁草書房、一九八三年、四〇六―四〇八頁
(62) 注(17)前掲
(63) 内藤亮一「建築行政事務に關する二三の問題に就て」『建築と社會』二〇輯、一〇号、一九三七年一〇月、四八―五二頁。この後、内務省での建築監督官会議(一九三九年三月)で、「大都市には営利的建築物多く検査を厳重にする必要あり、建築士法案を制定し取締まりの一部を之に委ねる方法もあ」るという発言が出たことが記録されている(「全國建築監督官會議報告」『建築行政』三輯、九号、一九三九年五月、二六―四一頁)。発言者は定かでないが、営利住宅と建築士法を結びつける発想から見て、内藤によるものであろう。
(64) 注(11)前掲、二〇〇四年一〇月二七日
(65) 三輪恒・下総薫「私の戦後住宅政策史　炭鉱労務者住宅②」『住宅ジャーナル』一九六七年八月、一八―二四頁
(66) これについては内藤も同様に述べている(内藤亮一「建築基準法施行一年――その回顧と展望」『建築行政』二巻、一号、一九五二年一月、三―八頁)。
(67) 松村光磨「追憶　吉村君を惜しむ」『建築行政』五輯、一七号、一九四一年六月、一―三頁
(68) 注(29)前掲。池田實がロンドンの条例などを参考に編んだこの規則は、結局、キタの大火(一九〇九年七月)を機に実施。
(69) 北澤五郎「愚痴一二」『建築行政』五輯、一七号、一九四一年六月、五―六頁
(70) ちなみに、それ以前の付き合いに不明はあるものの、横浜市時代の内藤は松村と昵懇だったという(田中祥夫氏(元横

浜市）のご教示による（二〇〇七年六月二日）。
(71) 施行は翌年一月。なお、松村はこの時、すでに東京府知事に転出（一九四二年一月）。
(72) 同会役員会は、顧問・理事・幹事・『建築行政』の編集委員で構成。内藤は神奈川着任後の一九四一年一〇月より同会理事。
(73) 注（57）前掲
(74) 内藤亮一「地方建築行政の行き方に就て」『建築行政』六輯、二四号、一九四三年六月、一―四頁
(75) 注（17）前掲
(76) 奥村胖「地方記事　神奈川縣」『建築行政』七輯、五号、一九四三年九月、一〇―一二頁
(77) 例えば石川では「出願図書は出来得る限り簡易ならしめ認可申請の場合に於いても建築物種類又は規模に依り規定の図書の一部を省略する事に細則改正に当り之を改めたり」（「地方記事　石川縣」『建築行政』二輯、二号、一九三八年六月、五三―五四頁）。
(78) 注（14）前掲
(79) 小宮賢一「建築基準法制定の前後と施行後の問題点」『建築課職員研修会テキスト』大田区建築部、一九七五年二月一三日、小宮文庫
(80) 小宮賢一「建築基準法制定の前後（上）」『土地住宅問題』六〇号、一九七九年八月、四二―四九頁。建築法草案以後についても、「法の立案はすべて自主的に行われ、GHQからは、法案の事前承認の段階で、二、三別の点で修正を勧告されたにすぎなかった」と関与や強制を否定する。
(81) 注（79）前掲
(82) 例えば、市浦健は、「昭和二十五年に建築士法が発足したいきさつは、GHQの中の建築関係者が、日本にも欧米などと同様建築家のための資格を法律で制定しようとしたことからスタートしたといわれている」（「士法改正と設監業務法1」『日刊建設工業新聞』一九七六年八月一八日）とする。戦後、戦災復興院特別建設部時代に携わった占領軍家族住宅の建設はじめ、様々にGHQと近い関係にあった市浦がこう語ることからも、〝GHQの指示説〟の根強いことがわかる。
(83) 村松貞次郎「建築家の職能確立への道」『日本科学技術史大系17　建築技術』第一法規、一九六四年、五三九頁
(84) 注（80）前掲
(85) 村松貞次郎「建築士法の制定まで」『近代日本建築学発達史』日本建築学会編、丸善、一九七二年、二〇九四―二〇九

七頁

(86) 青島特別市建築物取締規則については、岡辺重雄氏が触れたものがある(『一九七〇年建築基準法改正で不採用とされた集団規定(地域制)案の今日的評価――集団規定(地域制)と都市計画・土地利用計画的発想との連携に関わる論点の沃野』東京大学学位論文、二〇〇七年)。

(87) 青島建築技師協会編纂『青島特別市ニ於ケル建築物取締關係法規類集』一九四四年、三七―三九頁

(88) 小宮賢一『最終講義2　建築基準法制定の前後』一九八四年一月二八日など、小宮文庫に残るいくつかの手稿による。

(89) 小宮賢一「青島の建築取締規則に就て」『建築行政』六輯、二一号、一九四二年六月、二二―二四頁

(90) 第一条　本則は市長の指定する区域に之を適用す但し第三条、第三四条、及び第三五条の規定は青島特別市の全区域に適用す。第三条　市長地方計画施設、又は其の他の重要なる公益施設の用途として留保したる境域内には建築物を建築することを得ず、但し市長特に支障なしと認むるときは必要なる条件を附し其の建築を許可することを得

(91) 第三五条　建築物の敷地として一ヘクタール以上の土地を開発せむとするものは別に定むる様式に依り市長に申請し許可を受くべし。これは一九六八年に大改正となった都市計画法(法律第一〇〇号)を先取りしたものと言えるだろう。

(92) 第二九条　建築物の構造設備は別に定むる青島特別市建築物設計施工準則を規準とし保安、衛生其の他支障なきものと為すべし。廃止となった建築基準法第三八条や今日の性能規定に似たものと言えるだろう。

(93) 小宮賢一「地方計畫及び都市計畫に於ける建築統制の具體策(梗概)」『建築學會論文集』二九号、一九四三年五月、三五六頁

(94) 吉村辰夫「上海新建築條例に就て」『建築行政』三輯、一〇号、一九三九年七月、一一―一五頁。なお、金井が青島について記したものに、「青島を一見して」『都市美』三三号、一九四一年一月、一五―一六頁があるが、法令については触れていない。

(95) 注(89)前掲

(96) 建築物取締規則については、在青島総領事館より同名の規則(館令第一号)として同日公布、日本人にも適用された。

(97) 注(85)前掲書、二〇九五頁

(98) 注(85)前掲書、二〇八八―二〇九〇頁

(99) 小宮賢一「建築基準法制定30周年にあたって」『建築行政』一二〇号、一九八〇年一一月、一七―二一頁

(100) 小宮賢一「戦災復興」『近代日本建築学発達史』丸善、一九七二年、一一一一頁

(101) 佐野利器・内田祥三・笠原敏郎ほか「市街地建築物法回顧座談會」『新都市』三巻、六号、一九四九年六月、二一―二六頁
(102) 注(51)前掲
(103) 小宮賢一「建築基準法制定の前後(中)」『土地住宅問題』六二号、一九七九年一〇月、四三―四九頁
(104) 「日本建築士會　昭和24年事業成績報告(24年1月―12月)」『日本建築士』三六巻、四号、一九五〇年四月、三頁
(105) 注(65)前掲
(106) 注(17)前掲
(107) 注(11)前掲、二〇〇五年一二月二一日
(108) 鳥井捨蔵「伊東さんを悼む」『建築行政』九巻、五一号、一九六〇年九月、二五頁
(109) 注(27)前掲
(110) なお、GHQで誰が、どのような議論をしたか。また、担当者のバックグラウンドはどういったものだったかなどについては不明が多いが、窓口は経済科学局のアール・スタネック中将で、「ロサンゼルスの建材屋の番頭」だったという(川島博・大本圭野「公営住宅法の成立過程」『[証言]　日本の住宅政策』日本評論社、一九九一年、二六八―二七〇頁)。
(111) 山下寿郎「中村伝治翁を憶う」『日本建築家協会ニュース』二四一号、一九六八年二月一五日、三頁
(112) 内藤亮一・長澤誠・川島博ほか「〈座談会〉建築基準法制定当時を語る。」『建築行政』三巻、六号、一九五三年九月、一―一三頁
(113) 注(103)前掲
(114) 田中祥夫「近代建築法令の起源を求めて」『建築法制史研究からみた建築基準法の問題と課題――わが国の建築法制史研究の手引き』日本建築学会建築法制委員会法制史小委員会、二〇〇〇年、二九―三五頁
(115) 前川喜寛氏と福本彰氏のご教示(二〇〇四〜〇六年)や提供資料、注(110)前掲のすりあわせによる。なお、『職員録昭和二十四年九月十日現在』(印刷局、一九四九年、三七〇頁)によれば、このころ川島博は「庶務課課長補佐」とあるが、当事者によるものを優先した。
(116) 古藤田喜久雄・前川喜寛「対談　建築法規とその役割」『建築雑誌』一〇三輯、一二七八号、一九八八年一〇月、一六―二一頁
(117) 前川喜寛「復興の芽生えを頼りに　新しい建築基本法を目指して」『建築行政』一六二号(最終号)、二〇〇〇年七月、

三一―三九頁

(118) 注(99)前掲

(119) 北畠照躬氏のご教示による(二〇〇五年五月九日)。

(120) 用途地域などは間に合わず、都市計画法改正に合わせた改正に期待されることとなった。

(121) 「人寸評　横浜国大教授になった　内藤亮一」『住宅』一一巻、七号、一九六二年七月、四七頁

(122) 注(80)前掲

(123) 注(99)前掲

(124) 注(11)前掲、二〇〇四年一〇月二七日

(125) 注(103)前掲

(126) 注(11)前掲、二〇〇四年一〇月二七日

(127) 内藤亮一「建築物災害の現況とその防止對策」『建設時報』一巻、八号、一九四九年八月、一四―二〇頁

(128) 注(27)前掲

(129) 建築法草案以後、基準法制定までの法の目的(第一条)の変化については、岡辺重雄「法制史からみた「最低の基準」」『建築雑誌』一一九輯、一五二六号、二〇〇四年一二月、一二―一三頁

(130) 『内藤課長病気中の横浜司令』、北畠文庫

(131) 前川喜寛「建築基準法制定当時の状況と建築審査会」『50年のあゆみ――全国建築審査会長会議』全国建築審査会協議会、二〇〇四年、一二―二二頁

(132) 注(119)前掲

(133) 内藤亮一「建築基準法建築士法の立法過程と背景」『建築雑誌』八四輯、一〇一四号、一九六九年九月、五七五―五七八頁

(134) 前川喜寛「建築基準法の組立と建築士法」『建築防災』一五六号、一九九〇年一二月、三―七頁

(135) 注(27)前掲

(136) 注(119)前掲、二〇〇五年三月三一日

(137) 北海道・東京・神奈川・愛知・京都・大阪・兵庫・山口・福岡の九都道府県(ただし、京都・山口は新設後二年で廃止)である(神奈川県建築部『神奈川県建築部30年の歩み』一九七九年、五頁)。

(138) 注(127)前掲

(139) 建築行政は往々にして物の法律の方に目が行き、人の法律は後回しになる傾向にある(注(11)前掲)。そのことも影響しただろう。

(140) 前川喜寛「(建築基準法こぼれ話) 法律の「廃止」と「改正」」『建築防災』一九九四年一〇月、四四頁。もちろん、実質的に対象を民間建築物に限ったことで戦時下の官庁街に木造が建ち並んだ建築物法の反省から、基準法では官公庁の建築物も対象としたことをはじめ、異なる点は多い。

(141) 前川喜寛「建築指導行政・業行政」『建築雑誌』一〇一輯、一二四四号、一九八六年三月、二一―三一頁

(142) 注(99)前掲

(143) 注(140)前掲

(144) 猪瀬直樹『死者たちのロッキード事件』文藝春秋、一九八七年、二三二―二三四頁

(145) 注(121)前掲

(146) 小宮賢一「建築基準法制定の前後(下)」『土地住宅問題』六二号、一九七九年一〇月、五〇―五八頁

(147) 注(133)前掲

(148) GHQ Economic and Scientific Section, *CHECK SHEET Subject: Bill for Architects License Law*, 1949. 11. 17. 国立国会図書館憲政資料室所蔵資料

(149) 注(112)前掲

(150) 注(79)前掲

(151) 内藤亮一「建築士法施行に伴う當面の二三の問題について」『建築と社會』三一輯、八号、一九五〇年八月、一四―一六頁

(152) 佐野利器「建築家の覺悟」『建築雑誌』二五輯、二九五号、一九一一年七月、三―六頁

(153) 佐野利器「建築士法案は問題にならぬ――不必要にして幣害あり」『建築業協會月報』七巻、三号、一九二五年三月、一〇四―一〇五頁

(154) 建築士法廃止に関する当時の議論の考察は、山本正紀『建築家と職能』清文社、一九八〇年、二五三―二五七頁。なお、廃止論は建築基準法・建設業法にも及んだ(棟木桁平「何處え行く」『月刊建築代理士』三二号、一九五二年三月、三頁)。

(155) 多治見高雄「建築士制度雑感」『建築行政』一巻、四号、一九五一年一一月、二一―二二頁

(156) 内藤亮一「現行建築士法から見た建築士――二、三の批判に答えて」『建築雑誌』六八輯、七九五号、一九五三年二月、一一―一四頁

(157) 注(27)前掲。内藤はここで、「最も力になっていただいたのが当時の建設省の小林[與三次]文書課長で」、「廃止すべからざる理由書を自ら起案」されたと述べる。

(158) 注(117)前掲

(159) 注(121)前掲

(160) 注(146)前掲など。

(161) 「プロフィル　ゴルフ熱盛ん　大阪市建築局長　伊東五郎氏」『日刊建設工業新聞』一九五一年八月一五日・「人寸評　大阪市建築局長を退任された　伊東五郎」『住宅』八巻、九号、一九五九年九月、一四頁

(162) 注(17)前掲

(163) 注(121)前掲

(164) 大都市では府県と市の二重行政状態になるとして独立を訴える市側と、阻止すべく動く府県側との対立が、地方自治法(一九四七年)によって表面化した。最終的には同法の改正(一九五六年)により政令指定都市として実現。

(165) 「横浜市の初代建築課長　長野尚友氏発令」『日刊建設工業新聞』一九五二年一月二八日

(166) 鈴木和夫「当時を顧みて」『神奈川県建築部30年の歩み』一九七九年、一〇七―一一〇頁

(167) 「違反建築多し　横浜市建築局　3ヶ月間の実績」『日刊建設工業新聞』一九五二年三月四日

(168) 注(70)前掲、二〇〇七年六月二日

(169) 注(121)前掲

(170) 石原信之・大河原春雄・郡菊夫ほか「100号までをふりかえって」『建築士』一〇巻、一〇〇号、一九六一年二月、一四―二〇頁

(171) 横浜市の防火建築帯を活用した復興については、越沢明氏の成果がある(「住宅の復興と建設」『横浜　いま/むかし』横浜市立大学、一九九〇年・『日本の都市再開発史』全国市街地再開発協会、一九九一年など)。

(172) 注(14)前掲

(173) 畔柳安雄『住宅屋三十年』一九六九年、六四―七三頁

(174) 注(14)前掲

(175) 小岩井直和「戦後の横浜復興と長野尚友氏」『水煙会会報』九号、一九七九年一二月、一四―一七頁
(176) 内藤亮一「建築コンクールに思う」『建築コンクールの歩み』建築行政協会神奈川県支部、一九七二年、二頁。現在の正式名称は、神奈川県下優良建築物表彰。横浜市建築コンクール（一九五三年開始）に始まる。こうした賞は大規模・特殊用途の建築物が対象となりがちだが、規模を問わず対象としてきたことに特徴がある。賞を設けた内藤の意向も少なからず影響しただろう。
(177) J・F「雑感」『建築行政』七巻、三四号、一九五七年、一二頁
(178) 神奈川県住宅供給公社編『公社住宅の軌跡と戦後の住宅政策』一九九二年、三四―三七頁
(179) 石橋逢吉「横浜市共同ビル群建設5年」『建築と社会』三八集、一〇号、一九五七年一〇月、三六―四〇頁
(180) 注（173）前掲書
(181) 横浜市建築局『横浜市関内・石川駅周辺地区　市街地住宅建設適地調査』一九六二年二月、四〇頁
(182) 横浜市建築局『横浜市　関内駅前防災建築街区　基本計画概要』一九六三年三月、三―四頁
(183) 注（173）前掲書。住宅の〝下駄〟部分への融資は土地への融資と同じ意義があるとして、一九五四年度より基礎主要構造部に対する貸付が始まる。一九五七年にはこれが、中高層建築物に対する融資に改まる。
(184) 注（178）前掲書
(185) 内藤亮一「接収解除地を中心とする建築復興計画について」『新都市』七巻、一〇号、一九五三年一〇月、九三―九七頁
(186) その他、元町商店街での、建築協定を活用した壁面線の指定も比較的早いものとして指摘できる。
(187) 一九五六年九月の数字で、例えば第一号の鳥取は三・三キロ、横浜は、東京（一二・六キロ）・大阪（一九・三キロ）に次ぐ第三位の三五・一キロ。なお、横浜の指定長さは、耐火建築促進法ができた当初の路線防火地域一五・三キロが、五ヶ月後の一〇月、防火建築帯告示の際には二九・六キロに倍増。以後、指定は少しずつ増えて行った。
(188) 内藤亮一「再開発と稱するには程遠い――横浜市の防火建築帯造成について」『建築行政』七巻、三四号、一九五七年、三〇―三七頁
(189) 注（175）前掲。住宅局長の伊東五郎はじめ、内藤前任の吉田安三郎、内藤移籍後も建築指導課にいた小宮賢一など、建築行政のドイツ派とも言うべき人たちが情報提供をしていたものと思われる。
(190) 「横浜市建築局長に内藤亮一氏」『神奈川新聞』一九五二年一〇月五日

(191) 村井進「耐火建築促進法について」『建築行政』二巻、三号、一九五二年五月、二四―二六頁
(192) 注(127)前掲
(193) 石川榮耀・内田祥三・大村巳代治ほか「座談會　「都市計画と建築」」『建築行政』二巻、三号、一九五二年五月、二一―二二頁
(194) 日本建築学会編『店舗のある共同住宅図集』一九五四年。同書は、防火建築帯への共同建築推進のため編まれた。
(195) 注(11)前掲、二〇〇五年三月二五日
(196) 浜口隆一・村松貞次郎『現代建築をつくる人々《設計組織ルポ》』世界書院、一九六三年、二七四―二七七頁
(197) なお、審査員に設計監理の実務に携わる建築家がいないとして、日本建築家協会より改善要望書が出された(「本会記事」『設計と監理』二巻、八号、一九五六年八月、四五―四六頁)。
(198) 内藤亮一「新市庁舎について」『建築士さろん』一号、一九五六年、四頁、神奈川県建築士会所蔵資料
(199) 内藤亮一「横浜市庁舎基本計画案について」『建築士』五巻、五〇号、一九五六年一二月、二一―四頁
(200) 内藤亮一「美を求めることと醜を除くこと」『建築士』一二巻、一二八号、一九六三年七月、三二頁
(201) 「建築家・池田武邦　聞き書⑦　寝食忘れ、建築を問いかける」『建築ジャーナル』八九五号、一九九七年一月、二四―二七頁
(202) 鈴木正巳「戦後横浜市建築営膳組織の足跡」『横浜・都市と建築の100年』横浜市建築局、一九八九年、一八八―一九一頁
(203) 芦原義信デジタルフォーラム「芦原義信　東大最終講義　第4章　私の経歴」http://www.ashihara.jp/html/lect-0104j.htm
(204) 注(112)前掲
(205) 大矢根雅弘氏のご教示による(二〇〇五年三月二九日)。
(206) 生産性本部訪米団は八月五日、シアトルで解散。以後一ヶ月の旅程は欧州視察のための出張である。なお、内藤は戦前一度、九州出張の折り、上海に渡っているものと思われる。
(207) 内藤亮一「ニューヨーク市及びシアトル市の地域條令に於ける建築物の高さ制限規定」『建築と社會』一五輯、一号、一九三二年一月、四二―四九頁
(208) 「人寸評　生産性本部からコミュニティの視察に行く　内藤亮一」『住宅』九巻、四号、一九六〇年四月、二三頁

(209) 鳥井捨蔵「伊東さんを悼む」『建築行政』九巻、五一号、一九六〇年九月、二五頁
(210) 注(121)前掲
(211) 注(13)前掲
(212) 田口武一『横浜国立大学工学部五十年史』一九七三年、四五四―四六三頁
(213) 注(208)前掲
(214) 江国正義「草創期の横浜国立大学と私の回想」『水煙会会報』九号、一九七九年一二月、五―一〇頁
(215) 内藤亮一「私の書斎」『神奈川新聞』一九七〇年四月二三日
(216) 入澤恒「内藤亮一先生の思い出」『水煙会会報』一四号、一九八四年一二月、二〇―二一頁
(217) 内藤亮一「工業教員養成所建築学科在職のころ」『水煙会会報』九号、一九七九年一二月、一一―一三頁
(218) 注(112)前掲
(219) 内藤亮一「丸ノ内景観の将来についての私見」一九六七年頃、前川文庫
(220) 内藤亮一「池田首相の労をねぎらう」『毎日新聞』一九六二年一一月二七日
(221) 内藤亮一・前岡幹夫・日笠端ほか「座談会　日本建築行政の位置――欧米を訪ねて」『建築行政』一一巻、五九号、一九六二年二月、五―一五頁
(222) 内藤亮一「宅地開発行政の基本的事項について」『横浜市　調査季報』七号、一九六六年、二一―一一頁
(223) 紙名不詳、一九六二年五月、内藤紀子氏所蔵資料
(224) 内藤亮一「日本ははたして一等国か　住宅問題を中心として」『建設タイムス』一九六四年三月、一五頁
(225) 注(221)前掲
(226) 注(217)前掲
(227) 「ひっそり去る定年教授たち」『読売新聞(京浜読売)』一九七一年二月二〇日
(228) 野村東太「内藤亮一先生を偲ぶ」『水煙会会報』一四号、一九八四年一二月、二〇―二一頁
(229) 「人　横浜都市開発研究所をつくった　内藤亮一さん」『神奈川新聞(横浜版)』一九七一年四月二〇日
(230) 注(215)前掲
(231) 注(216)前掲
(232) 注(13)前掲

(233)「住宅界に働く人々――神奈川県」『住宅』六巻、一号、一九五七年一月、二三―二六頁
(234) 中林由行氏（全国コープ住宅推進協議会事務局長）のご教示による（二〇〇五年二月一六日）。
(235) 内藤亮一の手帳、内藤紀子氏所蔵資料
(236) 山下和正氏のご教示による（二〇〇五年二月一五日）。
(237) 注（13）前掲、二〇〇五年三月一八日
(238) 注（205）前掲
(239) 神奈川県・横浜市・川崎市ほか『昭和50年度 神奈川県下優良建築物表彰記念』一九七五年、一七頁、神奈川県建築指導課所蔵資料。なお、この時点で同県内では、同方式による「洋光台ハイツ」が前年、一九七三年に竣工。
(240) 藤田武氏（元横浜市）のご教示による（二〇〇四年一〇月一五日）。
(241) 猪瀬直樹「道路特定財源の起源と田中角栄」『日本人はなぜ戦争をしたのか 昭和16年夏の敗戦』小学館、二〇〇二年、二五五頁
(242) 注（11）前掲、二〇〇四年一〇月二七日。なお、前川氏は当時北畠照躬氏とともに選考事務に当たった。
(243) 北畠照躬「合格第1号 田中角栄さんと一級建築士」『住宅新報』一九九三年三月一九日
(244) 注（119）前掲、二〇〇七年一一月二八日
(245) 田中角栄・中山幸市・野村与曾市ほか『私の履歴書 第28集』日本経済新聞社、一九六七年
(246) 内藤亮一「建築基準法制定30周年にあたって ひとつの反省」『建築行政』一二〇号、一九八〇年一一月、一三―一六頁

第五章　建設業法の主任技術者と建築士

1　請負業取締規則の発生と技術者
2　伊藤憲太郎と主任技術者と建築士

関東大震災で倒壊した建設中の内外ビル（1923年）
出典：『建築雑誌』37輯，448号，1923年12月，口絵

1　請負業取締規則の発生と技術者

「建築士を設計・工事監理者と見る誤」とは

かくのごとくわが国独自の建築士法は成立した。

しかし、建築技術者の法全体を見渡せば、その前年すでに、〝主任技術者〟という施工を管理する技術者が、建設業法（昭和二四年法律第一〇〇号、巻末資料6）の中に誕生していた。結果的にはこれによって、〝建築技術者の法は、設計に対する建築士法と、施工に対する建設業法の両輪からなる〟[1]という理解ができていく[2]。そして、あたかも設計者法のように見えながら、それ以外にも資格を与える運用に、中途半端さが指摘され、不満がぶつけられることにもなっている。

けれどもここで一つの疑問が湧く。果たして〝その二つは本当に並列なのか？〟、また〝それは正しい認識なのか？〟。なぜなら、前川喜寛は、士法に込めた思いに照らしてこう述べるからである。

建築士を設計・工事監理技術者と見る誤が横行している。士法の目的、第一条「設計、工事監理等を行う」の「等」を見落し、更に第二一条その他の業務を念頭にしていない。この誤りは建築士会［連合会］幹部さえ犯している。建築士会が設計監理報酬に血道をあげて、この建築技術者とした捉え方を発展することに無関心であるうちに、建設業法等に別の体系ができ、今は何が何だか分からなくなっている[3]

「建築士を設計・工事監理技術者と見る誤」と。

つまり、内藤ら行政は、士法を、〝設計者の〟というよりはむしろ、〝広く建築技術者の〟ものと定めた。建築物の内容・品質を決定する行為の重要性に照らして設計監理を中心に据えはしたものの、あくまでも対象は設計監理等なのである。それを考えれば、この二つはむしろ、相応に重なりを持つものが、何らかの事情でたまたま両輪に見えているに過ぎないのかも知れない(図5-1)(4)。

別な言い方をするなら、建築士法は、先にできた主任技術者によって、結果として設計者法の色合いを強め、その一方で、のちに建設業法には、監理技術者や施工管理技士といった仕組みが、建築士とはさして縁のない形で整備されていく。こうした中で両者はともにそれぞれの色合いをさらに濃くし、その結果、あたかも両輪にあるかのような認識ができてしまったのではないか。

正しくは、それらは明確には分離されてはおらず、建築士から主任技術者がコブのように飛び出たものとなっているのだが、それはともかく、果たしてこうした推測は正しいのだろうか。

これを、逆に、「設計、工事監理等を行う技術者」と定める建築士法第一条の拡大解釈、すなわち、制定後の時間の経過に伴って起こった「等」の肥大化によって、当初の設計者制度の色合いが次第に損なわれた結果、とする見方もある。耐震強度偽装事件を受けた二〇〇六(平成一八)年の改正にあたり、国交省もそれを問題視して、士法を「制定された昭和二五年の姿に戻」そうとした、と言う者もいる(5)。

しかし、思い返してほしい。

内務省や佐野利器に見るように、〝建築士と言うなら設計以外の業務に携わる者も広く含まれるべき〟という主張が、戦前より根強くあったことを。そして、知る限り、制定に携わった行政にこの法をそのように狭く捉えた者はない。それを思えば、もともと設計者法として定められたものが拡大解釈されていった、とはならない。話は逆なのである。したがってその認識は、あったとするなら、制定後六〇年という時間の中で国交省内にできてしまった誤解と言うより他はない。

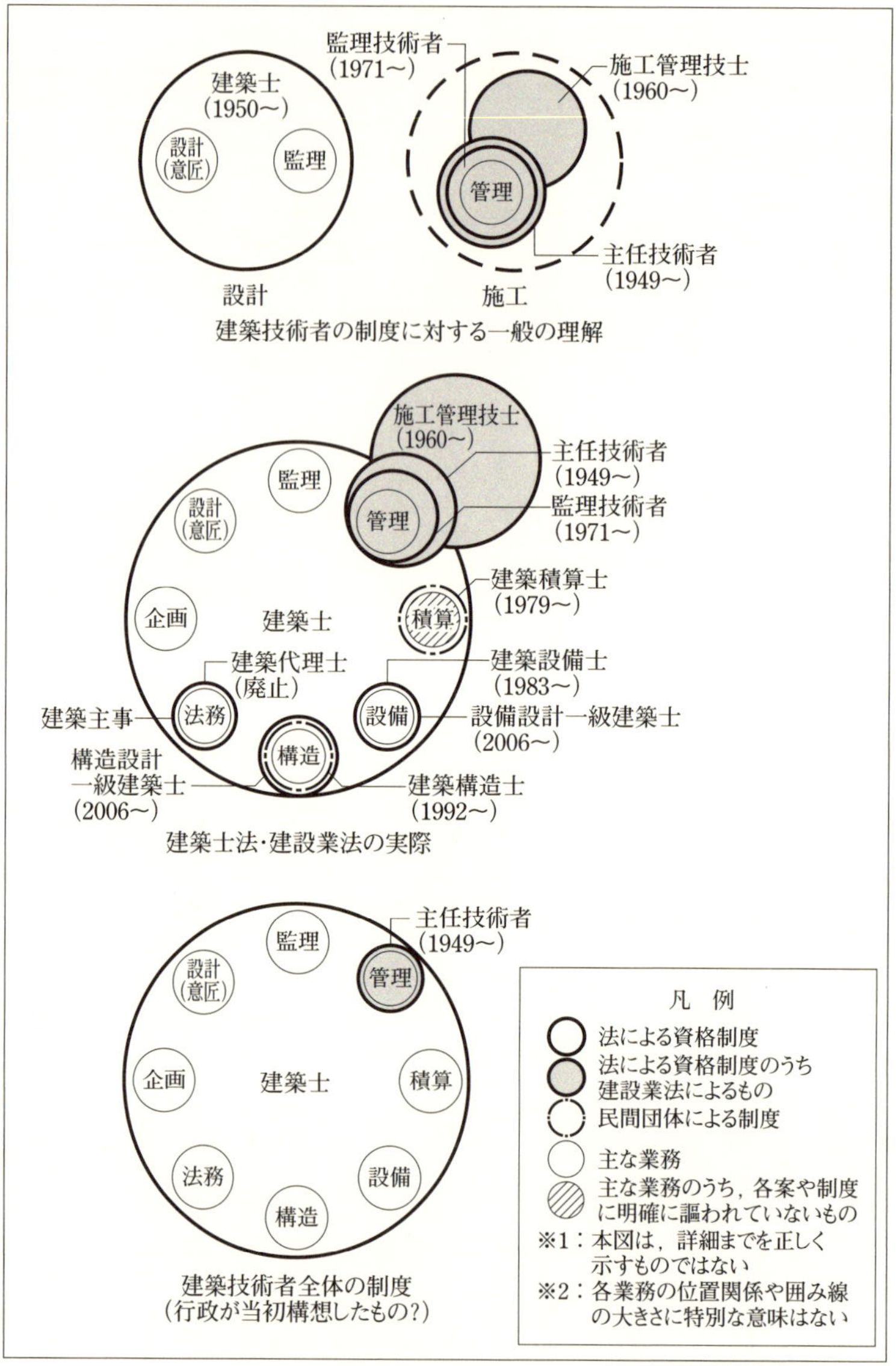

図 5-1　建築技術者の法制度体系に対する一般の理解と実際

行政は下をつくろうとしたが，実際には真中となり，一般には上のように見えているのではないか

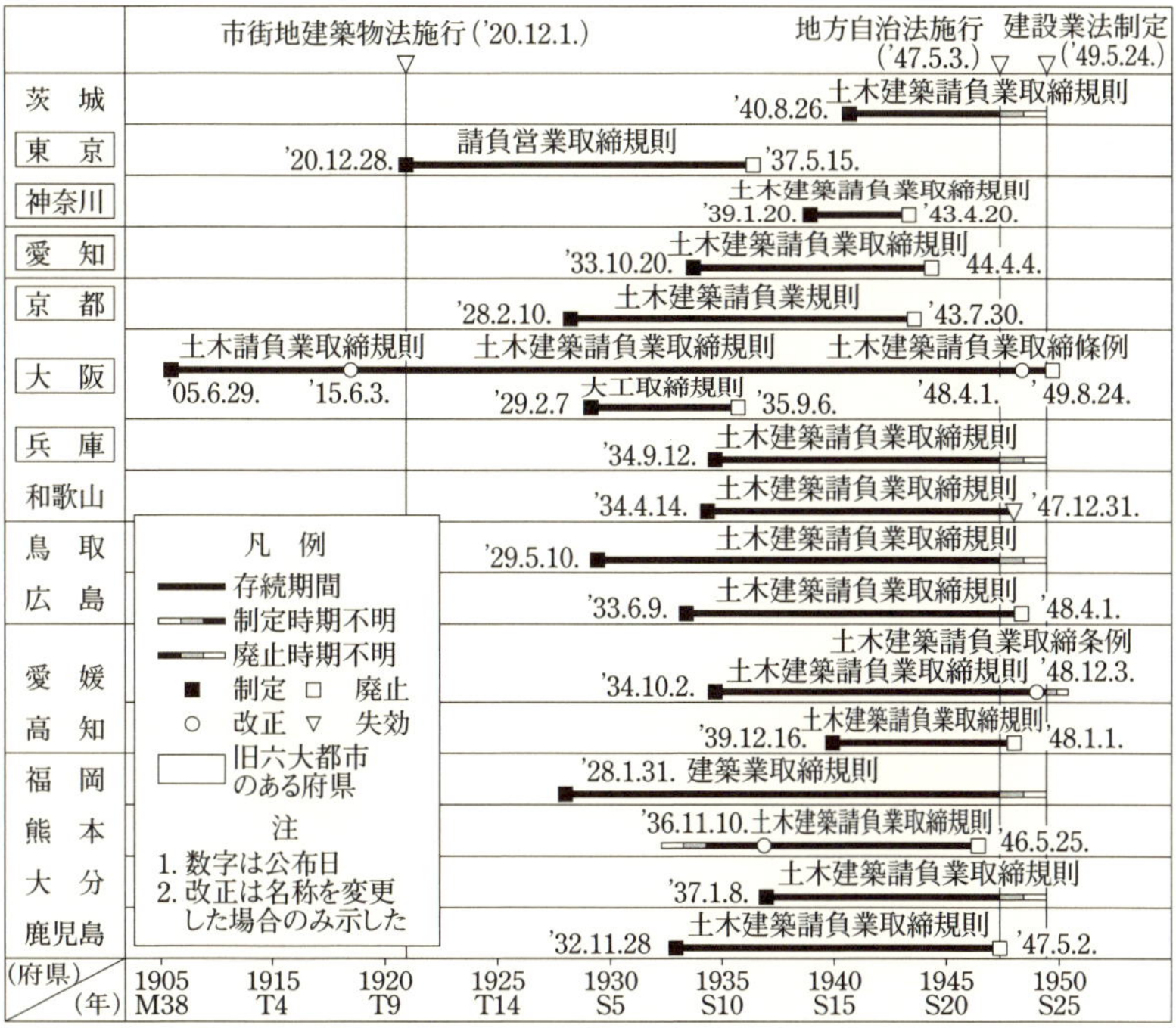

図 5-2 請負業取締規則の制定改廃(府県別)

出典:各府県の『公報』をもとに筆者作成.請負業者の法はこのようにできたが,これらの中に技術者の質に触れたものはほとんどなかった

では、建築士と主任技術者は、いったいどういった関係を持つものとして構想されたのだろうか。ここでは、〝請負業から建設業へ〟という呼称の変化に象徴される建設業界の近代化に焦点があてられる一方で、決して探られることのなかった主任技術者という制度の誕生を追いながら、そのことを明らかにしていく。

請負業取締規則と技術者

建設業法の以前、地方はそれぞれに請負業を取り締まる規則を定めていた。調べる限り(6)で一六府県が持ったこの規則(図5-2)を、『警視庁史 大正編』(一九六〇年)は、大正期の人口の都市集中が遠因となって請負業を営む者が増え、悪質な業者も散見され始めたのが機縁となった、と概括する(7)。建築主の保護のため、これらを登録によって行政の監督下に置き、請負契約や入札での不当な行為を防ぐことが眼目とされたのである。

地域に注目すれば、圧倒的に早い大阪（一九〇五（明治三八）年）の影響か西日本に多く、また、六大都市を持つ府県にできた。大都市に資本規模の大きな業者が多いためだろう。大阪の次は東京（一九二〇（大正九）年）だが、他は全て昭和に入って、である。東京が規則を定めた時ちょうど施行となった建築物法との関わりが意識されたに違いない。一九三八（昭和一三）年、熊本県建築工場課の古崎星雄は、土木建築請負業取締規則が自県にできるにあたり、工事に当たる者に対する規則は、建築物法の徹底に及ぼす効果が大きいと指摘。行政が全ての建物を遺漏なく検査することは不可能で、思うように増えない地方の建築行政吏員を考えたとき効果は大きいと述べ、推察を裏付ける。[8]

建築代願人や建築士も、同じ時期、同じ理由で期待された。しかしながら、こちらの制定は戦前よりはむしろ戦後に相次ぐ。その違いはやはり、直接に出来形を左右する施工に対する効果が、代願や設計に比べ、遥かに想像しやすかったことに尽きる。

規則の構成を大別すれば、請負業者の定義・営業許可[9]（登録・取消）・営業や工事での遵守事項・罰則・組合で、建設業法とおおよそ似る。[10]

この規則を論じたものに、『警視庁史』の他、中村俊一（和歌山県、一九三四年頃和歌山県立工学校卒）による「請負業者の警察取締とその指導」（一九三九年）[11]がある。ここで中村は、①〝土木・建築工事の請負を業とする者〟という程度の漠然とした定義について、一見、請負業者全体が対象に見えるが、実際には、大規模業者が念頭に置かれ、大工や左官など小規模業者が除外されていると言い[12]、こうした規定が、運用の中でこれを、資本の多寡で業者を区別するものとなって、結果、請負制度を強化し、小規模業者の下請化や業者の序列化を促す、と問題視した。

また、②その大規模業者は、技術はなくとも資本さえあればよく、実際の技術は小規模業者に負っていると指摘。そのため、規則は「技術上には何等の考慮を払っては居ら」ず、「仮に厳に励行されて居るならば相当の社会問題を惹き起こす性質が多分に蔵せられ」ているとまで言う。[13]

続いて細部を見れば、③似た点もあるものの、各県はそれぞれに異なる。また規則のある県もあれば、ない県もあって対応がマチマチといった状況で、中村は「規則そのものは一つの奇型的存在」と言う。もっとも、これに煩わされるのは複数府県にまたがり仕事をする業者の側で、不便を解消すべく、規則をそのまま法律に発展させた土木建築業組合法案を構想していく。

ところで、中村が言う、規則が「技術上には何等の考慮を払っては居」ないとはどういう意味だろうか。それは、この規則が、技術者の質をどう扱っていたかを見るとわかる。ほとんど何もないのである。詳しく見るなら、まず、従業員全般について、不適切者や身元不明者の雇用を禁じる府県は多い。また、「工事場を開設する場合には主任者を定めて警察に届け出る」よう定める県（鹿児島・大分）もある。「工事場」の意味が定かでないが、いずれにしても何らかの「工事場」を設ける際には、その責任者（主任者）を置けと求めるものである。建設業法でも、「同一都道府県内にあるその営業所の一に」（第二六条第二項）主任技術者を置く定めがあるから、その先駆けと見ることもできる。[14] しかし、この「主任者」には定義がない。つまり技術者でなければならないわけではなく、その意味でまだ未成熟な段階にある。他には、わずかに兵庫で、戦後、請負業の許可を受けるにあたり、条件を満たした主任技術者の設置を求めるよう定めたものがある程度だった（昭和二一年県令第一二九号）。

まさに、請負業の規則は、建築物法との関係が一方で期待されはしたものの、あくまでも目的は業者の取り締まりにあり、工事の質の確保については、おおよそないがしろといった状態だった。ことにその質の確保に本来最も寄与するはずの技術者に関しては、萌芽的なものに留まった。建築物法を根拠に、法令に違反するなど不適当とみなした設計者・工事管理者の交替を命じたいくつかの府県と併せても、[15] 建設業法の以前、地方における施工を管理する技術者の法整備は、極めて未熟だったのである。

2　伊藤憲太郎と主任技術者と建築士

東京の廃止と、その他の廃止

そのように設けた規則も、東京では一九三七（昭和一二）年、廃止となる。同じ頃、今井忠（群馬県、のちに警視庁）は、「実際やる施工者の教育」、特に「大工の教育に付いて」考察する中で、「建築［教育］普及機関を組織するためには、建築行政協会、大工組合、土木建築取締規則に依る組合等を利用することが必要」だと述べた[16]。ちょうどそのとき東京では、その組合をつかさどる規則が廃止されたことになる。多くの府県で規則は戦後まで続く。そうした中でこの時期の廃止は珍しい。なぜだろうか。

『土木建築　工學』誌はこう報じる。

大正九年十二月以来、土木建築請負業者資格許可制を採用して業者の取締りに当つてゐた警視庁保安部では、取締規則の徹底的実施と一般業者の知識人格の向上によって従来一部のものは市民から蛇蝎の如く嫌われ、これに関する犯罪事実も少くなかったのが最近漸次減少を来たし、警視庁管下五千人余の土木建築請負業者一般の資質向上が認められてきたので、愈々《いよいよ》五月十三日より資格許可制を廃止することとなった。さきに事務刷新並びに資格問題よりも人物重視の建前から舞踏教師試験を廃止して好評をうけたが、今度の処置も一般に好感を以って見られてゐる[17]。

曰く規則の効果があったので廃止したのだ、と。にわかには信じ難い理由である。

請負業者は、昭和初年の恐慌で停滞するものの、ほぼ常に増え、このとき五五〇〇余り。同じ頃一七〇〇弱の建築代願人と比べるなら三倍以上である（図3-6）。

廃止から七ヶ月。伊藤憲太郎（図5-3、一九三〇年東京帝大卒）は、建築行政は警察権を発動するよりはむしろ、指導助長に重点を置くべきと述べる中で、要する施策の一つに悪質な請負人の取り締まりを挙げ、「安心して工事を委託する事の出来る請負人を発見することは建築主の最も希求する所である。かかる請負人を明示して保証する事は、国民に対して与える恩恵は極めて大きい[18]」と述べた。

伊藤は、のちに商工省へ異動するものの、このとき警視庁建築課技師。行政にとって「保証」は、制度を設けることでこそ担保されるから、つまりこの言葉は、規則を廃止した者が、その直後に規則が必要と言ったことになる。廃止を誤りと判断してか、逆に、かつての規則は、望ましいものではなかったことを踏まえての弁となるだろう。

この規則への他県の意見はと言えば、前に掲げたように中村俊一（和歌山）は、得られる効果に疑問を呈している。東京は、そして伊藤はこの規則をどう見ただろうか。伊藤は、のちにこれを次の如く評した。

図 5-3　伊藤憲太郎

（1906-1987）

出典：伊藤憲太郎「戦時中のことども」『大阪建設業協会六十年史』大阪建設業協会，1970 年，207 頁

> 即ち請負業は特に信用を基底とする業である。何等の機械工具類も有せず、一人の技術者を持たなくとも施主の信用さえ得れば之を一式下請せしむる事に依って営業し得る。此の業態の是非は別として従来此の種のブローカー的役割を果たす業者も相当存在し得た訳である。恐らく本業に対しては暴力取締的意味しか持たない警察取締法令［＝請負営業取締規則］以外には従来何等の法令はなく、営業は全然自由に放任せられて来た。従って誰でも容易に本業を始める事が出来た。此の為業者の質は一般には低級であり、従って本業の社会的認識は極めて悪いものであった[19]。

当時の請負業は、技術者を雇わずとも信用さえあればできる程度のいかがわしいものと見られていた。そうした業界に設けた規則も、業界の評判を反映して、せいぜい暴力取締的な意味しかなかった、と言うのである。確かに「国の予算にも匹敵するような大産業でありながら」、被選挙権すら大正末になってようやく得たばかりの請負業は、産業の分類としても雑業の扱いで、建築でありながら、内務省でなく商工省が預かっていた。担当課すら「孤児」のごとくしばしばたらい回しとなるあり様で[20]、一人前の扱いを受けていなかったが、その規則もたかが知れる、と[21]。

東京と和歌山。場所こそ違えど、中身にさしたる違いはない。よって、東京では、もともと効果に疑問があったところに、一方で登録の急増があり、改めて有効性が問われ廃止したのだろう。

また、東京より早い一九三五年、大阪では大工取締規則を廃止。これは、従来の規則が大規模業者に独占させてしまっていた請負を、小規模業者の象徴である大工にもできるようにした結果である。『建築知識』誌は、その動きを、好意的に捉え、「「請負」の念願叶ふ大阪の下積み大工さん[22]」と題して、報じた。

その他に言及すれば、戦中の廃止は、第二次大戦の勃発とともに商工省が策定した「企業整理統合對策要綱[23]」や企業許可令（昭和一六年勅令第一〇八四号）によって、請負業も、国家主導で企業や組合の再整備が進む中で、地方が個別に規則を持つ意味がなくなったと判断したためだろう。また、戦後となると、存続の有無すらわからなくなるが、これについて『建設省十五年小史』（一九六三年）は、「新憲法施行と同時に、建設業を取り締まっていた府県令もすべて失効した。新憲法施行後においては、建設業を規制することを目的とする条例を定めた府県が二、三あったに過ぎない[24]」と記した。

戦前、行政が建築士の業務と考えたもの

一九四九（昭和二四）年、住宅復興同盟の『新建設』誌は、その五月できたばかりの建設業法を解説する中で、そ

こに盛り込まれた技術者の制度について、「工事施工の適正を確保するために技術者の設置が業者資格の一要素となっていることは当然のことであるが、企業内における技術者の位置というものが保証されていない。これは純技術的なものを尊重するという立場からすれば、更に社会的地位に於ける技術者制度を企業から分離して確立すべきものと考える[25]」と書いた。

まず、施工の適正には技術者の設置が当然の要素とする点が目を引く。続く言葉も興味深い。法に盛り込まれた主任技術者では足りず、別な制度を確立して、技術者の社会的地位を企業から分離したものとして保証しようというのである。住宅営団の労働組合に発するこの団体の性格を示すものと言えるだろう。

戦前の請負業取締規則と戦後の建設業法の違いの一つには、この技術者への言及もある。

施工技術者の法的規定を日本の旧支配地も含めた全域から拾えば、古いものには前に挙げた大連の主任技術者検定規則がある。これは、設計者を対象としたものでもあったが、施工を対象にしてもいた。一方、内地に当時これに類するものはなく、関東大震災後の一九二六（大正一五）年、『建築世界』誌は、このころ話題になっていた設計者としての建築士ばかりでなく、「施工士」も望むというコラムを載せた。

> 彼の建物［＝関東大震災で倒壊した内外ビル］は当時工事中とて（略）倒壊の原因は施工者の施工の粗雑に依るものとし或いは設計者の設計の誤謬と見られ各その責任を他にかぶせんとして争い遂に裁判沙汰に迄のぼった。その結果の如何は茲では述べたくない。施工者にしろ設計にしろ大きな立場からみたら同じく建築家ではないか。（略）如何に設計者が心血をそそぎ計算者は出来る限りの努力をついやしても結局施工者が粗雑であったらどうすることも出来ない。（略）
>
> 以上施工士、設計士、計算士を総体的にひっくるめて建築士とよぶのが至当であろう。設計する人のみが建築士でもなければ、施工者のみが大工乃至鉄筋や、土方ではない。すべての人たちが建築士として、よりよい建物をつくる責任を持ってゐる筈だ。
>
> 現在の建築士と言うのはどんな力を持ってゐるか知れないが唯所謂一つの広告的美名の肩書としてのみ活用するのであったら

建築家として恥ずべき事ではないか（略）。日本の建築界に於いて法律的に建築士として登録されたのならばその建築士の内、之をその専門に分けて前述の施工士と言うのをば施工建築士、設計士をば設計建築士、計算建築士と言った風に事を明瞭に分類しておく事は要するに各其の責任負担上いい事のように思える。

益々多事ならんとする建築界に於いて一日も早く施工建築士の出現を望む次第である。(26)

これは施工に、実際に携わる者を指すのか、管理に携わる者のことか。おそらく両者を混同したものだろう。とはいえ、こうした声はこれだけではなかった。しかし、それは行政を動かすほどにはならなかった。

大正末、建築士法の運動が始まるや、日本建築協会の池田實は反対を表明。ことにそれが昭和の修正案に向けられたことは述べたが、同じ文で池田は、請負業者が技術者を持つことの肝要も説いた。

建築請負業を営む者、又は之に従事する者が建築士たることを得ずと云うのも、余程考慮すべき余地があるので、請負業に従事するものは寧ろ建築士たる資格を与えることに何等不都合は無い（略）自ら建築士たるの資格を有つか、然らずんば、建築士たるの資格ある者を雇用するに非ずんば、建築請負業を開始することを得ずと、明らかに何等かの法律に於いて定めることが至当であると思う。何故ならば、所謂建築士の為すことは紙上に於ける設計と、口頭に於ける指揮命令に過ぎずして建築の実体を構成して行くものは、寧ろ建築請負業者の手中にあるからである。(27)

昭和に入ると、建築物法が建物の質に効あったとする者の傍ら、それでは不十分との指摘もあった。例えば、山内嘉兵衛（警視庁技師、一九三一（昭和六）年）は、建築物法では、「先ず初めに出願書類の調査を行う。そして中途検査、竣工検査を終えて、法規に適った家屋が出来上った事になる」が、「監督官としては単に法規の条項に照し合せて検査を行う丈けで、盗難の点から見て不適当な設計であっても、間取りの工合が悪くても、工作の技術に就いても全く吾不関焉《われかんせず》」だと書いた。しょせんこの法は、「都市建築として少なくとも之れ丈けの内容は持って居るべきであるという基準を示した教科書」でしかないのだ、と。(28)

こうした声の反映だろうか。この頃、いくつかの府県が独自に、建築物法の細則で、申請にあたり設計者・工事請負者・工事管理者の記載を求めるようになっていた。中には、先に記したように、不適当な場合には変更を命じるものもあった。また、請負業の規則に主任者のようなものもできた。こうした条文は、わずかにせよ建築技術者の法制化の試みが始まったものと見るべきだろう。けれど、せいぜいこの程度に留まり、戦前・戦中を通して、地方の規則でこれを明確に謳うものは現れなかった。

昭和一〇年代になると、鈴木忠五郎[29]（大阪府立今宮職工学校教諭）や伊藤憲太郎[30]のように、工事の実際を担う大工など技能者の免許資格の確立を説く者も現れたが、ここで問題とする技術者についても別の立場から言い及ぶ者が現れる。それは、例えば二章で掲げた、田中彌一の「建築行政の転換」（一九三八年）や菅陸二の「建築物法の新體制斷想」（一九四一年）に見る。先にはこれを、設計を中心に論じる必要から敢えて触れずにいた。今一度振り返れば、これらの中では、「建築士法による建築士と云ったものが出来たら、工事の施行《ママ》について或る程度信用して責任を持たせると云う方法もある」（田中）、「建築物法中に或いは単独法規として建築設計者、施工者の取締りを内容とする規定を設け建築物法や告示遵守の責任を負担せしめる。斯くすることに依って設計者、施工者の質の向上に資し得ると共に手続の簡易化も自ら得られるであろう」（菅）のように、施工についてもある。制度がもたらす適正な施工は、結果的に行政事務の簡捷にも資する、というのである。

また、警視庁の鈴木和夫（一九四一年）は、建築行政刷新に向けた提案の中で、設計と施工をひとまとめにして述べ[31]、さらに今井忠（一九四二年）も、

> 建築代願人の整理、設計者の資格責任、施工者の技術的責任資格を定め、強度健康な精神力を含む建築法の一本立てになって、証明書証拠の旧時代より、責任行政の国策に依って無駄をなくし、指導教養制度組織が必要になって来たのだ[32]。

と要に触れた。

この時期、行政は施工管理技術者の法を、設計者と同じ枠の中で構想しようとしていたのか、あるいはそうではなかったのか。ここまでの資料からすれば、大正の〝建築士〟法案に対する佐野利器の主張以来ずっと、それらの業務の別に有意な差を見出していなかったことになる。

また、建築士を級別にすべきと議論があったのと同じ理由で、一口に施工の技術者といっても、携わる建築物の規模や用途、業務の内容が多岐にわたることを考えれば、結果的には今日見るように級別はじめ多様な分類が求められただろう。しかし、のちの建設業法においてすら、それは制定後の時間の中で徐々につくられていくのだから、戦時下の、しかも行政にさしたる高まりを見ない中ではとうていできようはずもなかった。

その後、〝適正な施工の確保のため技術者の制度を〟、という声はプツリと途絶える。労働法の研究者で建設業にも造詣の深い内山尚三は、この頃について、「戦前は、政府が産業として建設業に注目したのは企業整備と労働行政上の問題のときだけで、それ以外は、まったく無視された存在であった[33]」と記した。招集や出征で目に付き始めた人的不足を、若年層を養成して補うべきとの声はあり、軍事施設や軍需工場の建設も確かにあった。その一方で、市井にあるのは、空襲の際の延焼を防ぐため、建物自身を火に強くするための防火改修か、空地創出のため建設とは逆の建物引き倒し（建物疎開）かといったところで、新たに建てられる物の質など望むべくもなくなっていた。一般庶民の窮屈な住宅事情を緩和するためできた住宅営団の住宅すら切り詰められていった[34]。

甚だしくなる資材不足が、それを云々できる時代ではなくしてしまったのである。

主任技術者という発想の胚胎

しかし、施工の技術者制度は、右に述べた、適正な施工が建物の品質や行政事務の簡捷にも資するなどといった立場からでなく、まさに内山が言うように、企業整備の立場から現れる。その動きはまず一九三九（昭和一四）年、従前の地方令（請負業取締規則）を国の法律とすべく試みた土木建築業組合法案の再上程に向けた打合せの中に。

六月。請負業の商工省での所管が化学局無機課——他課に属さないものは何でも扱う「雑品局雑品課」[35]——に移る。[36]それに伴い、陳情のため、日本土木建築業組合連合会（請負業団体）が訪れ、九月より打合せが持たれることになる。挨拶を兼ねたその第一回には、化学局より永田彦太郎（局長）・白井義三（課長）、そして前年警視庁から同省外局の臨時物資調整局に移り、この四月から無機課にあった伊藤憲太郎が出席。また連合会から原孝次（会長）・島田藤（副会長）・武富英一ほかの顔ぶれがあり、「所謂談合の話、適正価格の話」等が議題に出、意見を交わしたのち、「各地組合に於いて業者に付き調査したる請負業者数、請負額、納税額、技術者数に付き懇談」した。[37]

これは、新たに請負業を受け持つ無機課が、その実態を把握すべく調査を依頼したものである。請負業の実態把握はこの時期彼らの課題の一つで、伊藤自身、のち、東京都の誕生にあたり警視庁から移管した建築行政に要望する中でも、こう触れている。

> 建築行政の内容として防空も可、住宅も可、資材も可であるが更に産業としての土木建築業自体の把握に迄進んでほしい。産業としての土木建築業そのものをつかめば行政の凡ては解決する。[38]

目的もさることながら、この調査では、項目に技術者の数があるのが目を引く。伊藤は、警視庁時代より「つねづね自分の望が新しい建築行政機構の確立である」と語り、同僚の先に立ち機構改革要求書を出して、上司の建築課長石井桂《けい》に「度胆《どぎも》を抜かれた」と言わしめた革新的官吏である。[39] かつて規則運営の現場におり、その効果を否定的に見ていた彼にとって、規則と代わり映えのない法案は意味がなかった。再上程を目指すなら、資金さえあれば誰でも始められた請負業に、せめて技術者の条項を盛り込み、それを足がかりに近代産業としてふさわしい姿へと脱皮させる必要があった。項目に技術者の数を入れた意図はそこにこそあった。

この時期、伊藤は、南洋材の輸入や労務者住宅の供給、建材業の統制組合を統べる日本建設材料協会の発足といった建材行政に就いていた[40]。それまで建築の技官のいなかった商工省への異動にあたり、木造建築の統制を仰せつかった伊藤にとって、それが本務となるのは当然だった。その傍らで「意志強固で実行力があり」、「やるといったら何処までもやりとげる」[41]のが真骨頂の彼は、課題としてきた請負業の体質を改めようと懸命になっていた。当時「頭の中を往来したものは一般産業に比して極めて甚だしい業界の後進性を、この戦争という非常時を利用して、平時では出来ないこと、または出来にくいことを早急に実現して、その後進性を解消することであった」、「その遅れを取り戻そうと思い、あらゆる機会を利用した」[42]と残している。

そうした思いは、物の法だけでは不足、と人の法の要を説き続けた、大学で同級の内藤亮一を想い起こさせる。内藤自身がこの時期の伊藤の行動に啓発されたと語ることも注目すべきだが[43]、伊藤も内藤に同じ思いを寄せていた[44]。現実を踏まえた上で、あるべき方向へ社会を変えたいと願う若い建築行政官たちの真摯な取り組みをそこに見ないわけにはいかない。

なお、この打合せは、一一月まで、毎週二回、月曜と金曜の午前中一杯を割いて持たれたが、陽の目を見ることはなかった[45]。

その後、企業許可令の施行にあたり、請負業を許可営業とするなら、許可するかしないかの線引きをどうするかが議論になる。許可を受けられるか否かは業者にとって死活問題で、また統制組織には、大中小の業者、中央と地方の業者が混在するから、議論は百出。「決死の覚悟」の話し合いによって「希望する案が三案発生した」[46]。

その三案とは、

第一、日本土木建築工事組合連合会案　綜合請負業者たる者は過去三箇年平均施工高が三十万円以上の者であること。一名以上の資格ある主任技術者を要することなどが主な要件である。

第二、土木工業協会、建築［業］協会案　年間平均施工高を百万円。主任技術者は五名以上にすること。法人であって資本金は年間施工高の十分の一以上あることなど。

第三、東京土木建築工業組合案　年間施工高を五十万円以上とすること、主任技術者数は三名以上とすること、など。

ここに一定の資格のある主任技術者を請負業者に置くという案がいずれの案にも現れる。興味深いことに、各案に見る施工高や技術者の多寡は、各団体の業者の規模をそのまま投影した。こうしたアピールを受け、あるいはこうした議論をよそに統制計画は進み、こう公表されたという。

一・綜合業者と職別業者とを明瞭に区別する。

一・綜合業者たるの資格は、施工実績五十万円以上（年間平均）機器一万円以上、主任技術者四名以上の者であること。

一・前項の資格ある者は北海道、東北、関東、東海、北陸、近畿、中国、四国、九州の各地方ブロック別の統制組合員とすること。

一・年間施工実績一千万円以上、一定機器、主任技術者百名以上を有する者は中央統制組合の組合員とする。

一・地方統制組合および全国単位の職別組合は中央統制組合の団体会員とする。

一・府県単位の職別組合は地方統制組合の団体会員とする。

ただし、筆者にはこれらの案や令の出た時期は確認できない。筆者の得る資料は、次になる。まず、一九四二年六月、商工省は、化学局長名で全国知事に宛て「企業許可令第三條に依る事業開始許可申請書申達に關する件」（一七化第五六二二号）を通牒[48]。これは、企業許可の申請に添える書類を定めたものだが、そこで「保有技術者の総数並びに主任技術者数及び其の履歴書（学歴及び工事略歴）」を付すよう求めた。また同じ通牒にある「土木建築工事請負業に対する企業許可方針」で、以下の条件を満たした主任技術者を持て、とした。

土木建築工事請負業に対する企業許可方針

二、企業合同に依る事業開始の場合

4、主任技術者の保有[49]

左の各号の一に該当する工事技術者三名以上を保有するものなること

（イ）大学令に依る大学の土木科、建築科又は之に該当する学科を卒業し現場工事に付二ヶ年以上の経験を有する者

（ロ）専門学校令に依る専門学校の土木科、建築科又は之に該当する学科を卒業し現場工事に付五ヶ年以上の経験を有する者

（ハ）実業学校令に依る実業学校の土木科、建築科又は之に該当する学科を卒業し現場工事に付八ヶ年以上の経験を有する者

（ニ）（イ）乃至（ハ）に該当せざる者にして現場工事に付十年以上従事し工事主任として経験を有する者

同年移った企業局工政課でも引き続き請負業を担当した伊藤は、これを業界に説明。通牒は、直接には企業許可令と関係はないが、まだ研究中の企業許可令による業界再編の結論をただ待っているわけにもいかないため、差し支えのない範囲で定めた、と語る[50]。中でも「重大な点」に「技術者の数並びにその資格」を入れたことを挙げた。伊藤にとっては、東京での反省に基づき、技術を正しく建築物に反映する、そのことを念頭に置いたがゆえの採用だった。

この後、どういった通達類が出たか、多くは定かでない[51]。それでも、例えば、一九四三年の暮れ、関東土木建築統制組合などが、商工省やその廃止後を継ぐ軍需省の指導で作った『企業整備申請書書式』の記載要綱には、業者は「大学の土木工学科、建築学科又は之に該当する学科を卒業し現業工事に付一年以上の経験」のある主任技術者を最低一名置き、条件がそれに満たない技術者とともに、人数を届け出る、とある[52]。先に記した、戦後の兵庫で請負業取締規則に主任技術者の設置が盛り込まれたのは、こうした戦前・戦中の動きがあった後のこと。これらが影響したものであろう。

建設業法の成立に見る主任技術者

戦後、施工に携わる人の法を求める声は、まず民間から上がる。日本建設工業統制組合は、一九四六（昭和二一）年五月、「建設省設置意見書」を提出。そこには、建設省の目標として「建設工業法の制定」とともに、「技能労務者の養成確保並びに適正配置」が挙がった。事由には、「政府は戦時中に見た如き技能労務者の争奪を封じて、之が適正配置を図るべき的確なる措置を講ず」[53]べきとある。ただしこれは、ここまでに述べてきた技術者、ことに施工技術の管理をつかさどる立場の者でなく、むしろ、大工や左官といった直接的な技術を負う、技能者に対する言及と見るべきかも知れない。

図 5-4　建築法草案（1947 年）

日本建築センター北畠照躬文庫所蔵資料
終戦直後，戦災復興院は，これからの日本にあるべき建築の法の理想を求め，これを編んだ

一方官の動きでは、戦災復興院が同年八月より今後の建築関連法規の理想を求めて編み、一〇、一一月と識者を集め検討した「建築法草案」（図5-4、一九四七年一月）に現れる。この構想の過程は前に触れたから割愛するが、当初の案（建築法案要綱試案）には、建築士を、「建築士及び建築工事管理者」のように設計と施工の二本立てとする案のあったこと[54]、識者の意見に、建築士を扱う建築によって二種に分けるのでは不足で「工事管理者を入れて三種類だ」（中澤誠一郎）とあったことを

再び記しておきたい。また、以下に、成案となった同草案から建築士に関する主な条文を挙げておく。

第十一章　建築士及び建築工事士

第九十条　建築士は、建築の設計及び建築工事の管理を掌《つかさど》り、建築物の機能と構造の適正を図り、造形文化の向上に寄与することをその本分とする。

第九十三条　建築工事士は、建築工事の施工と管理を掌り、建築物の機能と構造の適正を図ることをその本分とする。

第九十六条　建築主又は建築工事請負人は、その建築工事について、建築工事管理者を選任し、その建築工事の管理を担当させなければならない。

建築工事請負人が建築工事管理者を選任するときは、建築主の同意を得なければならない。

第九十七条　建築士又は建築工事士でない者は、建築工事管理者となることができない。

第九十八条　何人も、建築工事管理者の選任のない建築工事は、これを施工することができない。

第九十九条　建築工事管理者は設計図書に基づき、工事の適正な施工と、工事現場の安全な確保を図らなければならない。

第百五条　建築工事管理者は、その管理する建築工事について、その着工、工事完了その他命令で指定する工程に達したときは地方長官に届出なければならない。

（北畠文庫）

九〇条に、建築士は「建築の設計及び建築工事の管理を掌り」とある。そして九三条を見れば、現在の二級建築士に該当する建築工事士が、「工事の施工と管理を掌り」と、むしろ施工の範疇にあることがわかる。しかし、それ以上に注目すべきは九七条である。それらの資格は、工事管理に携わる前提として持つべきものとなっているのである。ここで問題とする主任技術者とは、十分な経験と能力のある工事管理者である。その主任技術者と建築士は、根拠となる法が異なる。その結果、さして有機的な関係を持つことなく定められている。

これを踏まえたなら、つまり、成立した建築士法における建築士は、いわゆる建築家に留まらず、広く設計監理等に携わる技術者と規定されるが、建築法草案では、建築生産の二大業務をはじめとする技術者全体の性格を、より強く打ち出していたことがわかるのである。戦前、士法問題発生以来の行政の発想を受け継いだものと言える。

なお、この草案の脱稿寸前はじまった第九二帝国議会に復興院が用意した「質疑應答資料」（同年二月）には、先に記したように（第四章2節）、今後、「建築物の質的向上を図る」ため、「これが設計に当る建築士の資格と身分を」、「法制化する」ことが必要、とあって、建築士を設計者と見ており、建築法草案との差異がある。しかしこれは、他を捨てたのでなく、戦前から議論のあった設計者の法の用意があるかどうかが問われると予想したためだろう。

続いて、建設業法のもととなった「建設業法要綱（建設省試案）」（一九四八年）にも技術者の設置がこう謳われる。

第二　登録

一（営業）建設業は、業法により登録を受けた者でなければ、これを営むことができない。

二（登録の種類）

イ　登録は、甲種及び乙種の二種とし、甲種登録は建設省において、乙種登録は登録申請者の主たる営業所所在地の都道府県において、これを取り扱う。

ロ（甲種登録の要件）甲種登録を受ける者は、左の要件をそなえなければならない。（略）

（三）　学校教育法による大学（旧専門学校令による専門学校又は旧大学令による大学を含む。）において、建設工事に関する学を専修し、卒業した者又はそれと同等以上の学歴又は資格を有する者、若しくは実務の経験により、それと同等以上の技術を有すると認められる者一定数以上を技術者として有すること。

ハ（乙種登録の要件）乙種登録を受ける者は、甲種登録を受ける者以外のもので、登録申請者（登録者が法人のときはその役員）又はその使用人の少なくとも一人が、左の要件の一をそなえるものでなければならない。

（一）　学校教育法による高等学校（旧中等学校令による実業学校を含む。）以上の学校において、建設工事に関する学を専修し、卒業した者又はそれと同等以上の学歴又は資格を有するものであること。
（二）　法令による建設工事に関する免許又は技術若しくは技能の認定を受けた者であること。
（三）　建設工事に関する実務の経験が五年以上の者であること。(55)

このとき、建設業の担当は商工省から戦災復興院へと移っていた。預かって以後、都合八年、背負って歩いた伊藤憲太郎は、その模様をこう書いている。

昭和二一年の四月頃であったと思う。（略）始関［伊平］課長から突然こういう話が筆者にあった。（略）「戦災復興院の庶務課長が次官のところに来て、仕事がなくて困っているという話があり、自分（次官）は、うち（商工省）に建設関係の仕事があるから仕事をまわしてもよいといっておいたが、考えてみてくれ、とのことであったがどうだろう」と。（略）立話であったが、結局「現在進められている進駐軍工事が済むまで」という条件付きで、今日まで商工省がその時までやってきた建設行政部門をあずけることとした。こうは決めてもそれは気やすめで、役所の常として手放したことになるとは始関課長も筆者も暗黙の中に了解していたといえよう。(56)

前川喜寛はのち、建設省の目線で、「通産が後に大いにくやしがったそう(57)」と語った。

程なく始まるわが国建築界未曾有の建設ラッシュに、行政はおおわらわとなる。戦災復興のためばかりでなく、進駐軍施設もあって市場も激変した。戦前からの業者にニワカも含んだ新規参入が乱立して大混乱となるが、間もなく市場は一気に冷え込む。しかしそれによってさらに、不当な価格競争と不適切な工事が横行する悪循環に陥っていた。国民経済の再建に建設業の重要性は問うまでもない。

対策を求められた戦災復興院（計画局計画課）は、請負業の近代化を促す基礎法規の立法を目指して、一九四七年末より研究に着手する。作業は、翌年一月、同院が建設院になるにあたり、総務局長の中田政美が総務課の三橋《みつはし》信一（図5-5、一九四二年東京帝大法学科卒）に、「おまえは土建やを取り締まる法律を作れ」と命じて本格化、暮れから建設業を担当していた三橋は、直ちに二～三人を集め、取りかかる。「そこでいろいろ調べた結果、当時、業法というのは、ほかの業界を見ても証券取引業法だけしかない。これは参考にならん。それならアメリカはどうなっているだろうかと、資料を取り寄せたりして調べたのですが、州によって全部違う。そこで、これはほかに頼っていてはどうにもならん」、「何をどのように作れというご指示は全然なかった。これがまず苦労の始まりです」と語っている。日本の他業界の法も、アメリカ各州の建設業の法も馴染まないと見た三橋は、独自の発想による立法が必要と思うに至り、まず業者の数を調べ、続いて実態の把握に努め、問題を整理し、「前渡金をもらって逃げたり、瑕疵の多い建物を作ったり」、会社の名前に「組がついているのでテキヤと同じだと思われ」ていた業界を健全に育成する方策を練っていく[58]。それは同院が建設省（総務局建設業課）になっても続き、秋口までにまとめたものを、関係省庁に諮ったのち、暮れ一二月、前掲「建設業法要綱」として公表した[59]。

この要綱は、建設業法の直接的な根となった案とされるが[60]、当初予定した〝土木建築業法〟の名は、そのころ侮蔑的に使われていた〝土建業〟に通じ、「いかにも品がないではないかと思ったので、勝手に夢を託すような建設業法という名前を考えだした[61]」という思いとは裏腹に、業界はじめ各方面の評価は芳しくなかった。例えばそれは、盛り込もうとした業者の保護や双務契約の実現が、省庁間の折衝で時期尚早と除かれ[62]、戦前からの取り締まり色を残したものとなったこと[63]、総合業者を擁護し、職別業者を排除するものと疑念を持たれたところにもあった[64]。

図 5-5　三橋信一

(1920-2000)

出典：三橋信一「就任挨拶」『住宅』15 巻，7 号，1966 年 7 月，2 頁

翌年一月、日本工業倶楽部で開かれた法案の公聴会に出た伊藤は、業者の登録や請負契約のあり方に意見し、「登録を受け

るものの条件に資本金その他の項目があるが、建設業は信用を最大の要素として居るので、企業組織を構成する者の素質と企業体の経験であると思う。組織の大小、資本金の大小は問題にならない。現場主任者の数と経験とそれからその会社の営業年数施行実績のようなものが評価されると思う(65)」と述べた。戦前より業界の近代化に努めた伊藤はこのとき商工省資材課長。すでに担当は建材の分野一本になっていたが、この発言を最後に眼差しを来たる参院選出馬に向け、以後、建設業とは縁遠くなっていく(66)。

建設省は引き続き業界と折衝を続け、法案をまとめる。三橋は「何も知らないアメリカ人に、勝手なことを言われながら日参したのですが、幸いにも建設業法については、あまり言われなかった。その点だいぶ助かりました(67)」と言い、つつがなくＧＨＱの了解を得た建設業法はこうして第五国会に出され、一九四九年五月二四日、請負業から名を改めた建設業の法律が成った。

三橋はのちに、「大きいところが請け負っても自らは手を出さず、いわゆる丸投げをする。一括下請負がやたらに多かったし、丸投げで下請けした方の業者には、それだけの技術者がいるのかどうか疑問の場合が多かった。そこで主任技術者を置けという仕組みを作った(68)」と語る。当時、〝カリフォルニア州の制度を真似た〟と噂された法も、むしろ日本の実情を踏まえて構想したと言う。その発想の仕方は建築士法に似る。その一方で、戦前からの提唱者が戦後の立法に直接携わった士法に比べ、わかりやすさの点で劣る。

そこに残念さが残るものの、立案の中では、業界の取り締まりの歴史も調べ、「色々な方々からお話を伺いながら進めたと言い(69)、直前まで行政を預かった伊藤にも「教えを請うた(70)」。伊藤の戦時下の取り組みは、こうして戦後に受け継がれたが、法案の上がった第五国会を見れば、これは、趣旨説明（衆議院建設委員会　一九四九年五月四日）にこそ登場するものの、他には、わずかに衆院建設委員会で、参考人に呼ばれた進藤武左衛門（日本発送電副総裁・経団連理事　五月九日）が賛を表すに留まった。

このように施工の管理技術者については、ほとんど俎上に載ることなく建設業法は制定された。

曖昧なものへ

制定の翌六月、三橋（建設業課課長補佐）は、法を解説する中でこう記した。

> ［法に定める］登録を受けるには、積極的要件としての技術的要件（法第五条）と、消極的要件としての欠格要件（法第一一条）とを規定している。即ち、前者については、建設業者の最低の要件として、本人（略）又はその使用人の一人以上が一定の学歴又は経験を必要とすることとして居るが、建設工事の適正な施工を確保するためには些か軽きに過ぎる嫌いもあるが、この点業界の実状を余りにも遊離することを恐れた結果、最低の線をここに引いたわけであって、この点は、現在種々検討されて居る建築士等のいわゆるConstruction Engineerの制度が法制化された暁には、この規定と置き換えられるべきものと考えている。
>
> （略）
>
> （4）「技術者の設置」について
>
> 建設物の良否は、その施工過程の適否に依存すること極めて大きく、（略）ここにおいて、建設業者は、建設工事の施行に当り工事現場における工事施工の技術上の管理をつかさどる主任技術者を選定すると共に、公共性ある工作物の重要な工事については、特に専任の主任技術者を置かなければならないこととした（法第二六条）。
>
> 更に建設大臣の登録を受けた業者の営業所には、一定の要件をそなえる技術者を常駐させなければならないことを規定し（法第二七条）、営業所の技術的責任体制を整えることにして居る。これらの規定は、前述のConstruction Engineerの制度の裏付を待って、更にその意義を持ち得るようにすることを断して居るものである。[71]

ここには興味深い言及がある。すなわち、このとき、建設省と四会連合委員会で協議中の建築士法（Construction Engineerの制度）が成った暁には、建設業法に定めた、①登録を受ける者への技術者の設置（第五条）や②登録中請者の欠格要件（第一一条）は、これを置き換え、③主任技術者（第二六条）は、その裏付けによりさらに意味のあるものにされるべき、とあるのである。

ことに重要なのは、①と③である。

確かにこの委員会の、「建築技術者の制度の検討」という目的を思えば、それは本来、建設業法の草案以前に設けられるべきで[72]、また、設計とともに工事管理についても併せて考えられるべきだった。しかし、前川喜寛は、業法立案の際、主任技術者については「碌な検討がありませんでした[73]」と言い、事実、この場で建設業法が話題に上がったのも、わずかに留まった。

また、ここで建築法草案での技術者の位置づけと、三橋の記述には通じるもののあることがわかる。同一の法で定めるか否かの差こそあれ、同じ技術者の制度として有機的に関連づけることが意識されているのである。建設省の関連二課は、まずは簡単に定めてひとまずやり過ごし、続く建築士法の中で詳細に練り直すことを考えていたに違いない[74]。移管から日の浅いことも影響したかも知れない。そしてそのことによって、復興院から建設省に至る中で、技術者の全てを士法に包含する明快さを求める流れのあったこと、そうした流れが、建設業法ができて以後本格化する士法の構想の中で霧散したことがわかるのである。

どう消えたのだろうか。

まず、三橋の文の五ヶ月前、建設業法案が話題に上がった一月一〇日の第三回四会連合委員会では、意見交換の結果、建築士法案について次の結論がいったん出た。

1・建設業法案とは切り離して成るべく早く建築技術者の資格制定法案作成をすること。

2・前記法案作成に当っては設計と施工を分離し、本連合委員会としては先ず設計分野の法案作成を試みることとし、施工分野については建設業法に織り込む様努力すること。

（『建築技術者の資格制度調査に関する連合委員会　自昭和二十三年十月　至昭和二十六年三月』石原信之旧蔵資料）

建築士法と建設業法は分けて考え、建築士法では設計者についてのみ定める、と。しかしながら、これに続く翌月第四回の議事には、

予め配布の幹事作成「建築士法案」について逐条審議に入るに先立ちその構想につき更めて諸種意見交換の結果、施工分野に於ける建築技術者の資格規定も取入れて、例えば「建築技術者法」（仮称）の如き法案作成を試みることに意見の一致を見るに至り、このため松田〔軍平〕幹事及び橋本〔文夫〕委員に法文原案の再執筆を煩わすことに申し合せた。（同）

とあって、わずかにして撤回、方針の定まらないまま建設業法は制定、三橋の文に至る。

続いて、法成立後の八月、戦前から独自に法案作成を試みたこともあった日本建築協会は、建設省と四会連合委員会に、「建築士法起案ノ要綱」を出している。

建築士法起案の要綱

社団法人　日本建築協会

第一、建築技術者の資格は一元的であること

イ　この法案は、建築技術者に一定の枠と、只一種の枠とを定めて、この枠内の人々がその地位、環境に依って、次の事柄が出来る様でありたい。

この事は、従来もそうであり又現状もこの通りであることは明らかであるが、

広義の建築士
- 1・官、公庁、会社の主任技術者となり……
- 2・事務所の主任技術者となりは狭義の建築士……
- 3・建設業法による主任技術者となりは狭義の建築士……
- 4・主任技術者養成の教育者となる……………1．2．3．と交流する

（1・2……3・……）相対抗し又互いに交流す

つまり一箇の資格が、地位観点に依って四種の立場を採り得る融通性を保存したい。
（この立法で、これを明言せよと主張するのではない、只これを前提とし、含みとして組立てられることを主張し、且かかる一貫性が官、公民間乃至教育面にあることと理解したい。）

ロ　法律家を例に採って比較すると明瞭であろう

広義の法律家─┬→1・判事、検事となり……
　　　　　　　└→2・弁護士となる………｝相対抗し、又交流する

（国家試験司法科合格）

ハ　尚「教育者も建築士」というのは「非建築士が建築士を養成する」批難を避けるの意味
これは法律家、医師の教育者殊に専門科目について考えると明瞭と思う。

第二、建築士の分科、特徴（例えば、設計のみとか、現場のみとか、大工事のみ、木造のみとか）を予め規定する必要のないことは、法律家、医師の各分野が、広い弁護士、医師と云う言葉で統一されてゐるのを見ても判ると思われる（略）

第四、建築士の定義は第一に述べた一元的であること

イ　建築士一本建とし、建築士補等を除きたい（医師、弁護士も一本建）

ロ　（狭義の）建築士はこれをその「業務又は職務とするもの」に適用することを明らかにしたい
単に「設計……を行う者」とすれば、一切の設計は一般人に禁止することとなり、学校等の課程の設計も駄目という変痴気論を招くこととなるかも知れない。

ハ　従来の建築士の工事監理の外に、業者側の施工技術的管理をも一本にするものでありたい。従って「工事監理」という言葉は置き換えたい。

（前川文庫）

ここで協会は、「建築技術者の資格は一元的であること」を主張。法曹が同じ試験を経て弁護士・判事・検事となるように、建設業法の主任技術者も設計事務所の者も教育従事者も区別なく、また呼称についても、のちに二級建築

士と改まる建築士補との二本立てをやめ、全てを建築士に一本化するよう求める。ことに、定義を狭くすると「非建築士「である教育者」が建築士を養成する」矛盾が生じる、という意見は傾聴すべきだろう。設計事務所と請負業者が共存するこの会らしい主張である。

同月一三日、建築学会で行われた建設省と四会連合委員会による「建築士法関係打合」では、三つの話題が出、そのうちの二つに施工の技術者が現れる（1と3）。

「建築士法関係打合」――四会連合との

（二四・八・一三　於　建築学会）

1・建設業法の主任技術者との関係如何

2・文部省の学校基準法（案）の中に建築士でなければならないという規定が設けられる筈これとの協調如何

3・［建築法］草案の建築工事士はどうなったか、四会連合会は建築士と建築工事士を分けたい。

この場合、実務の練習は二本建でゆきたい（四会連合会として）。業務上相当の違いがあり、資格は工事監理を主とした試験、設計監理を主とした試験によってほしい。

［議論］

建築工務士という考え方は管理局で考えている、土木工務士と一緒にする方法もある。

士法に工務士を入れて一本としたい。例えば、土木は官庁工事が多いが、建築は、民間仕事だから、土木と切離すことも考えられる。物法に入れてもよい。

そうなれば技術者資格法という様な形のものにしなければならない。

現場監督というのは管理の方に近かったのではないか。

士法案では今、設計事務所でやっている仕事だから監理でよい。

業務に建築指導を入れて欲しい　指導は抽象的にかかなければなるまいが
建築と土木の設計のあらさの相違があるから、工務士を入れるとかえっておかしくなる。
測量法は物法と士法を一緒にした形であるが、この方がよいのではないか。
建築物法の方に建築士でなければならない業務を規定し結びつける。
（前川文庫　傍点は原文のママ）

資料には、いずれが質疑者でいずれが発言者かはない。それでも、この中では、建築士と建築工事士という二本立てを考える委員会側が、「業務上相当の違いがあり、資格は工事監理［注：これは正しくは工事管理である］を主とした試験、設計監理を主とした試験によってほしい」としているから、建築工事士には、引き続き施工技術者の性格が与えられていることがわかる。(75) その一方で、「士法案では今、設計事務所でやっている仕事」との見解も示される。他にも建設業法の主任技術者との関係をどうするか、土木までを含めるなら、建築士法でなくむしろ技術者資格法ではないか、など様々に意見が飛び交う。

この検討の背後に、佐野利器がいたことも影響しただろう。戦前の法案に、「どうも仕事の実体に添わない名前をつけるからいけない。今の所謂建築士の仕事として居る事は建築の設計並びに監督であって施工ではない。そういう事をやる人は建築設計監督士という名前を付けたらば良かろう。そうすれば建築士という名前は誰がつけても宜しい」、「夫れならば自分も賛成して宜しい」とした主張と存在感はいまだに健在だった。

しかしながら実は、この時期（八月）の法案には——知る限り、九日・二〇日・二三日・二九日の四案があるが——いずれも、条文を見る限り施工の技術者への言及はない。とはいえ、右の日本建築協会の文書もあるから、それをもってこの時点でこれを除くことが既定路線となっていたと見るのはまだ早い。

この頃のものと思われる意見書、「建築士法草案に對する意見具申」には次のようにある。

建築士法草案に対する意見具申

建築士法案は技術の進歩発達向上及び工事の現場、施工の責任と義務上、又一般社会民主主義の立場から総体的に観察し本法案は賛意を表するものである。

然しながら従来の土建界の思想から見て建築士たる資格を盾に中小企業者を喰いものにすると云う潜在性を強くすると考えられるので、此の点充分と御検討願いたい。特に工事の施工管理までの規程を設けることは現場工事を担当する建設中小企業者の施工上の運営に繁雑を来たす虞れが増加されるので此の点特に留意すべきである

（前川文庫）

これは、文中にあるように、中小建設業者から出た。法に工事管理が含められ、それをするのに建築士資格が要るとなると、中小業者の下請化を強め、結果として健全な経営を阻害するというものである。ここまで検討してきた案は、立場を変えれば、建築士を雇わないと施工業務をやってはならない、そう読めるものになっていたのである。諸団体の意見を聞きながらの取り組みとはいえ、大手偏重になっていたのだった。彼らにとってこの規定のあるとなしでは雲泥の差で、それを改めて欲しいと訴えたのである。雨後の筍の如く零細な建設業者の生まれていたこの頃を思えばやむを得ない意見である。

またこれは、間接的には施工の技術者と設計者とを制度的に分けることにつながるから、四会連合委員会の一員で、かつて専業の設計者のみを建築士とすべく運動した日本建築士会は、これに賛同しただろう。請負業の設計者を建築士とすることに納得していなかったはずの彼らにとって、工事の技術者まで建築士と認める案はとうてい受け入れられるものではなかったからである。八月九日案はともかく、一三日の議論を経た同月後半の三案は、これらを踏まえて編んだに違いない。

その後、例えば一〇月二六日に、佐野利器・内田祥三ら建築界の重鎮はじめ、石井桂・中井新一郎ら都の行政官を集めて建築学会で持たれた「建築基準法（住宅局案）に関する懇話会記録」を見ても、また、四会連合委員会での議論を受けて住宅局が編んだ法案に対して一一月に四度催された三会連合協議会においても、施工の管理技術者とその

制度についてはほとんど議論に上がらない[76]。

その一一月、建築学会での会合で「建築技術者の資格制度に関する調査要綱[77]」がまとまる。前述のごとく、この委員会の主旨から言えば、建築技術者全般の制度がどうあるべきか、体系的に議論されて然るべきだった。しかし、これまでの議論の中心はやはり設計にあり、施工については、それと絡めて、あるいは混同する形で、わずかに上がったに過ぎなかった。そうした経過への反省に基づき、ここでようやく両者の関係性に対する態度が明らかになる。

建築技術者の資格制度に関する調査要綱

※日本建築学会　24・11・2

国家は国民の生命財産の保護と健全な生活を確保するために建築物の災害を防止し、その機能を適正にして文化の向上を計らねばならない。この目的を果たすために科学的な教養と技能と実務の経験を持つ技術者に一定の技術的水準の資格を定めて法律を以って義務と責任を負わしめて建築の設計並びに施工の管理に当らしむることが必要である。

一・法律によって建築技術者の資格を制定すべきである。

（略）火災、地震、台風、等によって蒙る人命と財産の損失が毎年厖大なる額に上ることは衆知の事実であるが、その原因は旧来の非科学的な構造であるか或いは技術的に無責任なる設計又は施工に基づくものであったことは明らかである。現在は建築物法によって設計上の最低基準を定めて居るが、災害の防止は之だけでは不充分であって、法的に資格ある技術者に責任を以って設計、施工に当らしめその目的を確保する必要がある。

二・建築設計技術者と施工技術者の資格と責任に就いて

（1）建築技術には設計と施工との両面があるが故にこれらの資格も夫々これに適合した専門的知識と実務の修習が必要である。

（2）設計技術者に就いては今後法律（仮称建築士法）が制定され資格を定めて免許制によって設計上の責任と義務を負わしめ一定の水準を超える建築物については免許を有するものの設計でなければ工事の実施を禁止すべきである。
（3）施工技術者に就いては既に公布された建設業法に於いて主任技術者の資格が制定され実施されつつあるが、その資格水準については将来の問題として研究の余地がある。
（4）設計技術者と施工技術者との職責の限界は、設計技術者は意図されたる建築物を実施するために明確な設計図書を作成し設計図書の通りに実現するや否やを確認する責任を有し、施工技術者は与えられたる設計図書を誤りなく理解して建築工事現場に於ける施工技術上の指導と管理をなし安全正確に工事を完成する責任を有するものである。

三・建築設計技術者（仮称建築士）法の性格
（1）一定の資格ある者に免許を与え建築士（仮称）と称せしめ、設計に対して義務と責任を明確に制定すべきである。
（2）建築士（仮称）の業務は個人の資格と責任で行われその所属の如何によらない。（前川文庫　※部分はメモ書き）

施工の技術者については「将来の問題として研究の余地」はあるものの、「既に公布された建設業法に於いて」定められた、とある（二・（3））。

「建築法草案」以来の、建築生産の二大業務である設計と施工の技術者を一つの法の下に含めようとする動きは、建設業法ができるまでは確かにあった。しかしながら、遅くとも八月一三日の議論を経て、同月後半、三つの草案が編まれた頃には、二者を分け、有機的な関連付けをしない方針が既定のものとなっていたのだろう。そしておそらくこの要綱によって決着をみた。

そこには、法案は全てＧＨＱの承認を受けなければ出すことのできなかった当時の事情も深く関係しただろう。明らかに施工の範疇にある業務が士法に含まれることに難色を示されかねない。そのことが懸念されたからである。より「承認が受け易いよう[78]」に、との配慮である。

しかし、そうした対外的な方便はともかく、国内的な実《じつ》を見れば、そこにはまず中小建設業者保護があった。一元化を推した日本建築協会が翌年初め独自に編んだ草案(79)でも、士法には施工技術者は含まないものとなった。要綱を受け、また建設省と四会連合委員会の原案に則したのだろう。GHQに「Architects Law」、「Architect License Law」（図5-6）と説明された建築士法はこのとき、工事管理を外すことで、設計を対象とする法のごときものとなった。

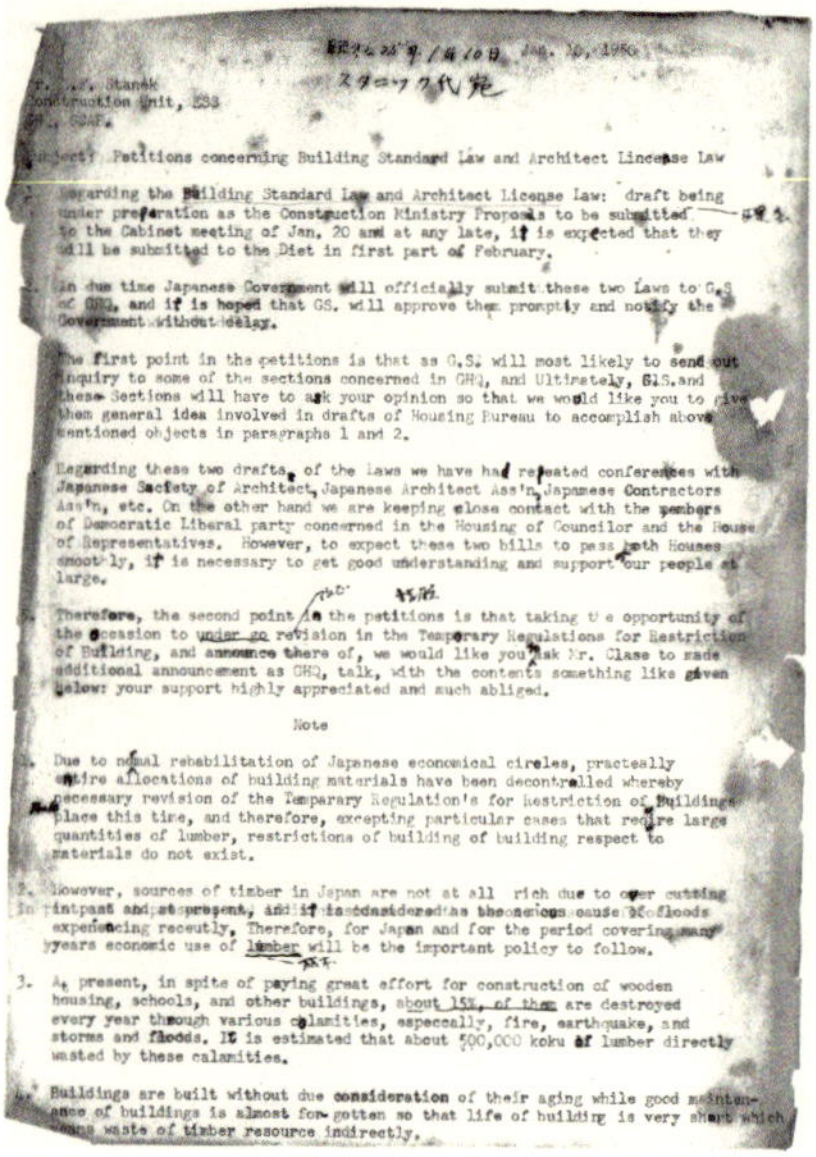

Jan. 10, 1950

Mr. E. F. Stanek
Construction Unit, ESS
GHQ, SCAP.

Subject: Petitions concerning Building Standard Law and Architect Lincense Law

1. Regarding the Building Standard Law and Architect License Law: draft being under preparation as the Construction Ministry Proposals to be submitted to the Cabinet meeting of Jan. 20 and at any late, it is expected that they will be submitted to the Diet in first part of February.

2. In due time Japanese Government will officially submit these two Laws to G.S of GHQ, and it is hoped that GS. will approve them promptly and notify the Government without delay.

The first point in the petitions is that as G.S. will most likely to send out inquiry to some of the sections concerned in GHQ, and Ultimately, G.S. and these Sections will have to ask your opinion so that we would like you to give them general idea involved in drafts of Housing Bureau to accomplish above mentioned objects in paragraphs 1 and 2.

Regarding these two drafts, of the laws we have had repeated conferences with Japanese Society of Architect, Japanese Architect Ass'n, Japanese Contractors Ass'n, etc. On the other hand we are keeping close contact with the members of Democratic Liberal party concerned in the Housing of Councilor and the House of Representatives. However, to expect these two bills to pass both Houses smoothly, it is necessary to get good understanding and support our people at large.

3. Therefore, the second point in the petitions is that taking the opportunity of the occasion to under go revision in the Temporary Regulations for Restriction of Building, and announce there of, we would like you ask Mr. Clase to made additional announcement as GHQ, talk, with the contents something like given below: your support highly appreciated and much abliged.

Note

1. Due to normal rehabilitation of Japanese economical circles, practeally entire allocations of building materials have been decontrolled whereby necessary revision of the Temparary Regulation's for Restriction of Buildings place this time, and therefore, excepting particular cases that require large quantities of lumber, restrictions of building of building respect to materials do not exist.

2. However, sources of timber in Japan are not at all rich due to over cutting in past and at present, and it is considered as the serious cause of floods experiencing recently, Therefore, for Japan and for the period covering many years economic use of lumber will be the important policy to follow.

3. At present, in spite of paying great effort for construction of wooden housing, schools, and other buildings, about 15%, of them are destroyed every year through various calamities, especcally, fire, earthquake, and storms and floods. It is estimated that about 500,000 koku of lumber directly wasted by these calamities.

4. Buildings are built without due consideration of their aging while good maintenance of buildings is almost for-gotten so that life of building is very short which means waste of timber resource indirectly.

図 5-6　基準法・士法に関するGHQへの請願
（1950 年，E. F. Stanek, GHQ Construction Unit 宛）

日本建築センター北畠照躬文庫所蔵資料
冒頭に「Subject: Petitions concerning Building Standard Law and Architect License Law」とある

この玉虫色の解決には、諸団体の意向をある程度汲まなければならない事情もあっただろう。日本建築協会は〃技術者全体が建築士〃という立場を推し、建築士会は〃建築士とはあくまでも設計者〃という立場を必ずしも譲ってはいなかったからである。それを古くから専業設計者の法に反対した建築学会や建設業者たちが警戒しながら見ていたのがこの時の構図である。

そうは言っても、滅多にまとまらない建築界が、小異を捨てて歩んでくれている。この機を逃しては、二度と再びこの法が陽の目を見ることはない。しくじれば、全てが水の泡。人の法をつくることへの責務を感じる内藤亮一としては、それだけは避けたかったはずなのである。

これによってこののち、施工技術者の制度である建設業法の主任技術者は、建築士とさして関係を持つことなく運用されていく。[80] 例えば、一九七一年には、従前の主任技術者に加え、特定建設業者が政令で定める金額以上の工事を請け負う場合に置く監理技術者ができる。[81] 遡って一九六〇年には、各種工事の専門技術者の検定制度（建設機械・建築・電気工事などの施工管理技士）も始まる。[82] 一方の建築士は、一九八三年には木造建築士とともに建築設備士が新たにでき、また先般、設備や構造設計の一級建築士が加わり、さらに、設計の実務にあたる者への規制の性格を強めて現在に至る。自ら施工、設計の性格を強めることもあるが、一方の存在が、他方の性格をより強調することとなった。

内藤は、横浜市移籍後の一九五四年、業法の主任技術者を建築士とすべきと語り、[83] 失った全体性の回復を訴えたが、すでに国を離れた彼の言葉に建築界が耳を貸すことはなかった。

こうした展開を前川喜寛が「今は何が何だか分からなくなっている」と評したことは本章冒頭に触れた。それは当時の社会状況を踏まえれば、実現でき得るものではなかった。けれども、現在の目で見れば、むしろ士法を一元的に建築技術者として定め、必要があれば、各業務に携わる者の制度が、——それが法によるか、民間の自主認定によるかは別にして——その上に設けられていくという方が、ありようとして明快だということも意味しているだろう。

建築士制度がどう浸透するかわからない中で、施工の技術者を除くことは、中小建設業者を保護し、かつArchitects Law の性格を与え、強調するためにも必要だった。しかし、一級・二級など合わせた総登録が一〇〇万を数える現在、それが戦災復興や高度成長、バブル期の建設ラッシュ、そして持家を軸にした住宅政策の産物だとしてもやはり、「設計、工事監理等」のままでよいのか、明確に建築技術者全体を謳うべきなのか、設計者に純化すべきなのか。資格そのもののありようが問われるべき時が来ている。

そしてそれは、決して、なし崩しに処されてよいことではない。

(1) 建築士とは依拠する法が異なることもあるが、要件を満たせばなれる主任技術者に対し、建築士は免許を要する違いもある。

(2) 松島俊之（日本建築士会連合会会長）が、「わが国の建築士法は欧米各国におけるアーキテクト　ロウと本質的に違った内容をもっています」、「この意義は建築生産に焦点があったためだろうと思います。そうだとすると設計、工事監理に限定することなく、施工技術に従事する建築士に対しても、建築士業務の範疇としてとり上げるべきではなかったろうか。建築物を発注する側としては、設計、工事監理、施工技術、この三位一体の優秀性と施工精度の高度化を期待するものでありますから、当然施工技術者は建築士でなければならない」（「建築士に話題を求めて」『創建』七巻、一号、一九七二年四月、一頁）と書いたように、一般に施工は建築士の業務に含まれないものと捉えられている。

(3) 前川喜寛氏のご教示による（二〇〇四年一〇月二三日）。

(4) つまり、建築士法（第二一条）の「その他業務」はかなり広範なものと見るべきではないか、ということ。

(5) 河野進「混乱と迷走を極めた建築士法改正騒ぎ」『建築家』二二一号、二〇〇六年一〇月、七―九頁

(6) 調査の余地の残る県に石川・岐阜・長崎・宮崎。なお、『日本土木建設業史年表』（土木建設業史専門委員会編、一九六八年）は岡山の制定（一九三一年）を記すが、県公報で確認できないため、ここでは除いた。

(7) 警視庁史編さん委員会編『警視庁史　大正編』一九六〇年、七四七―七四八頁

(8) 古崎星雄「土木建築請負業取締と市街地建築物法との連絡關係に就て」『建築行政』二輯、二号、一九三八年六月、二四―二五頁

(9) 請負業取締規則は登録制だが、建設業法は当初の登録制から、一九七一年、許可制に改まる。

(10) 請負業取締規則には建設業審議会に関する項目がなく、建設業法には組合に関する項目がないなどの差異はある。

(11) 中村俊一「請負業者の警察取締とその指導」『建築行政』三輯、一〇号、一九三九年七月、一八―二〇頁。他に、同「地方都市と建築行政」『建築と社會』二三輯、二号、一九四〇年二月、二〇―三二頁

(12) このため大阪では大工取締規則（昭和四年府令第九号）を設けた。

(13) ちなみに現行建設業法は、業者を一般建設業と特定建設業に分け、下請け保護の観点から、より高額な工事を請け負う特定建設業者に対しては条件を厳しく設定。他方、一般建設業には、かなり少額の工事を行う者まで含める。これは、こうした戦前の欠点を改めたものと見ることができる。

(14) なお、現場代理人については、一九七一年の建設業法改正（法律第三〇一号）で盛り込まれた（第一九条の二）。とは

いえ、明らかに技術者である主任技術者に対して、現場代理人は、単に現場の責任者で、技術者であることは求められていない。

(15) 例えば神奈川での市街地建築物施行細則改正（昭和一〇年県令第二九号）。その他については、内藤亮一「變革に直面した我が國建築行政」『建築行政』四輯、一五号、一九四〇年一一月、三一七頁

(16) 今井忠「地方技手の惱み」『建築行政』一輯、一号、一九三七年二月、三五頁

(17) 「請負業者の資格許可制の廢止」『土木建築　工學』二五巻、二七五号、一九三七年七月、四一頁

(18) 伊藤憲太郎「轉換期に於ける建築行政」『建築行政』一輯、四号、一九三七年一二月、一四—二一頁

(19) 伊藤憲太郎「土木建築企業の統制に付て」『建築行政』六輯、二三号、一九四三年一月、一—三頁

(20) 従来不明の多かったこの時期の請負業主管課の変遷については、伊藤憲太郎の旧蔵資料をもとに記された、片野博『法令と行政による建設業の取締と統制』九州大学出版会、二〇〇九年がある。

(21) 伊藤憲太郎「建築の昭和史②　土木建築業から建設業へ——建設業法が出来るまで」『建築と積算』一四七号、一九八二年六月、一一—一六頁

(22) 「「請負」の念願叶ふ大阪の下積み大工さん」『建築知識』一巻、七号、一九三五年一〇月、三二頁

(23) 商工省『特別室立案事項（二）』一九四一年一〇月、伊藤文庫。なお、これは国家総動員法（昭和一三年法律第五五号）に基づく措置である。

(24) 建設広報協議会『建設省十五年小史』一九六三年、二五九頁

(25) 「解説　建設業法について」『新建設』二号、一九四九年九月、二〇頁

(26) 「施工士の出現を望む」『建築世界』二〇巻、四号、一九二六年四月、一—二頁

(27) 池田實「建築士法の制定に就て」『建築と社會』一〇輯、一一号、一九二七年一一月、九—一三頁

(28) 山内嘉兵衛「建築することに對する建築物法の役割」『建築世界』二五巻、九号、一九三一年九月、三—六頁

(29) 鈴木忠五郎「土木建築技術工と免許試驗制」『大阪土木建築業組合報』一八年、一九五号、一九三六年六月、一七—二五頁

(30) 注（18）前掲

(31) 鈴木和夫「建築行政刷新の過程」『建築行政』五輯、一八号、一九四一年九月、七—九頁

(32) 今井忠「第一線の戰士に對向するもの」『建築行政』六輯、二二号、一九四二年九月、四一—四四頁

(33) 内山尚三『新版　建設業法の要点』清文社、一九八九年、二頁

(34) これについては、西山夘三『戦争と住宅——生活空間の探求（下）』勁草書房、一九八三年

(35) 伊藤憲太郎「戦時中のことども」『大阪建設業協会六十年史』一九七〇年、二〇七—二一二頁

(36) なお、それ以前の土木建築業組合法案に関する打合せは、同省工務局工業組合課と行っていた。

(37) 「土木建築業組合法制定促進委員會」『日本土木建築業組合聯合會　會務彙報』九四号、一九三九年一〇月、一二—一六頁、伊藤文庫

(38) 伊藤憲太郎「東京都廳建築課に望む」『建築行政』七輯、二六号、一九四三年一二月、三—四頁

(39) 石井桂「建築行政の逸材　日本建材協会々長　伊藤憲太郎氏」『日刊建設工業新聞』一九五〇年五月二〇日

(40) 加藤雅久・若木和雄・中村亜弥子ほか「戦後住宅復興における「新興建設材料」の品質確保に関する研究」『住宅総合研究財団研究論文集』三三号、二〇〇六年、三八一—三九二頁

(41) 伊藤憲太郎・吉田安三郎・小宮賢一ほか「建築行政座談会」『建築雑誌』七一輯、八三七号、一九五六年八月、四五—六〇頁

(42) 注（39）前掲

(43) 注（21）前掲

(44) 注（15）前掲。なお、逆に伊藤憲太郎が注（38）前掲に記した神奈川の工務官制度を準用した監督官配置制度の採用は内藤によるものである。

(45) ちなみに、伊藤の卒業論文は『都市住宅論』、卒業計画はこの時期にはまだ珍しい木造住宅地計画を扱った『田園郊外計畫　東京市近郊』である。こうした題材を選ぶ伊藤に内藤が力づけられたこともあったに違いない。

(46) 「土木建築業組合法制定促進經過報告」『日本土木建築業組合聯合會　會務彙報』九五号、一九三九年一一月、二三—二八頁、伊藤文庫

(47) 土持保・太田通『建設業物語』彰国社、一九五七年、三七—四三頁

(48) 「企業許可令第三條ニ依ル事業開始許可申請書申達ニ關スル件」『日本土木建築業組合聯合會　會務彙報』二一三号、一九四二年七月、三四—三八頁、伊藤文庫

(49) 組織変更による主任技術者の保有の場合も同一の基準。

(50) 「企業許可令第三條ニ依ル事業開始許可申請書申達ニ關スル件並民需土木建築用木材配給統制ニ關スル件説明」『日本土

木建築業組合聯合會　會務彙報』二一三号、一九四二年七月、五七—六四頁、伊藤文庫
(51) この時期の通達類に触れたものに、例えば、注(35)前掲書がある。
(52) 関東土木建築統制組合・東京土木建築工業組合『企業整備申請書書式』一九四三年一一月、二三—二四頁、伊藤文庫
(53) 土木工業協会・電力建設業協会編『日本土木建設業史』技報堂、一九七一年、四二五頁・四一七—四二一頁
(54) なお、その年末、日本損害保険協会火災技術部建築法規調査委員会が編んだ法案(「建築法案要綱」一九四六年一二月八日、内田祥三文庫)にも「建築士及び建築工事管理者」の項があり、そこでは建築士は設計者、建築工事管理者は施工の技術者を意味していた。
(55) 「建設業法要綱試案　作成に至るまでの經過」『建設時報』一巻、二号、一九四九年二月、二六頁・三一—三三頁
(56) 伊藤憲太郎「建築の昭和史③　建築の三要素と業界の整備」『建築と積算』一四九号、一九八二年八月、六—九頁
(57) 注(3)前掲、二〇〇四年一〇月二七日
(58) 三橋信一・内山尚三「建設業法制定当時の思い出」『建設総合研究』三八巻、一号、一九八九年一一月、三三—四三頁
(59) 注(55)前掲
(60) 他に、経済安定本部や全国建設業協会なども個別に試案を作成した(全国建設業協会『全国建設業協会沿革史』一九五八年、三二—三三頁)。
(61) 注(58)前掲。実際には、一九四四年にできた戦時建設団に見るように戦時下のことだろう。伊藤憲太郎は「戦争末期には」、「この用語を推奨している人がいた」(注(21)前掲)と言う。
(62) 「建設業法のねらい」『建設者』一巻、二号、一九四九年一月、七—八頁。従前の請負契約は片務性の強さが批判されていた。
(63) 注(53)前掲書、四二五頁
(64) 「親心?」『建設者』一巻、一号、一九四八年一二月、八頁
(65) 「建設業法案公聴會」『建設月報』二巻、二号、一九四九年二月二〇日、四—七頁
(66) 伊藤は、一九五〇年三月、通産省雑貨局建材課を最後に退官。四月、日本建材協会会長に就任し、六月の第二回参議院選挙に臨むもあえなく落選。以後、日本建設材料協会会長、日本建材輸出協会理事長、足利工業大教授などを務める。
(67) 注(58)前掲
(68) 注(58)前掲

(69) 三橋信一「これでいいのか建設業行政　発注機関の性格が強すぎる建設省」『建設業界』二六巻、一〇号、一九七七年一〇月、八―一八頁

(70) 三橋信一・川島博・鴻池藤一ほか「座談会　建設業行政の回顧と展望」『建設月報』三一巻、九号、一九七八年九月、六―二四頁

(71) 三橋信一「建設業法の概要」『建築雑誌』六四輯、七五二号、一九四九年六月、一六―二〇頁

(72) 建設業法の素案（建設業法要綱（建設省試案））が省内でまとまるのは一九四八年一〇月、四会連合委員会の設置は同月一五日。

(73) 注（3）前掲、二〇〇六年七月二五日

(74) 当然のことながら建設省内では建設業法立案中に、建築士法が構想されていることは知られていた。内藤亮一は建設業法の会議の席で、中田政美にそれを披露している（内藤亮一「建築基準法施行一年――その回顧と展望」『建築行政』二巻、一号、一九五二年一月、三―八頁）。

(75) 同日の別資料（「建築士法制定上の主要点」一九四九年八月一三日、前川文庫にも同様にある。ただし、「二つに分けておけば［建設］業法との調整が割合できるか。或いは此の方の手がきれて却って悪いか」とあり、逡巡する様子もわかる。ここには建築士の業務について「設計、認証、監理を原則とするが、代願その他の業務をどうするか」とあり、やはり検討の過程にあることもわかる。

(76) いずれも北畠文庫。なお、三会連合協議会は、日本建築学会・日本建築士会・全国建設業協会で構成。

(77) この要綱は、『近代日本建築学発達史』（丸善、一九七二年、二一〇七―二一〇八頁）所収の「建築士法（仮称）制定に対する建議」とほぼ同文。違いは、「建議」には提出者として「日本建築学会長　吉田享二」、宛先として「内務大臣・国会議長・両院建設委員長・建設大臣」が記され、また、前書きが幾分多いことである。「建議」の提出は九月末だから、内容はそのままに一一月まで保たれたということだろう。

(78) 注（3）前掲、二〇〇四年一〇月二七日

(79) 日本建築協会「建築士法草案について」『建築と社會』三一輯、一号、一九五〇年一月、三〇―三一頁

(80) 言うまでもなく主任技術者（監理技術者）になることのできる者の一つに建築士資格を持つ者が含まれるといった程度の関係はある。

(81) 建設業法の一部を改正する法律（昭和四六年法律第三一号）により、第二六条第二項。

(82) 建設業法の一部を改正する法律(昭和三五年法律第七四号)によって第二七条に定められた技術検定制度(建設省建設経済局建設業課『建設業法と技術者制度』大成出版、一九八九年、三一—三二頁・六一—六九頁)。

(83) 「関東甲信越建築士会ブロック会議」『建築士』三巻、二三号、一九五四年九月、二二—二三頁

第六章　市浦健と建築家法

1　抜本改正に向けて
2　市浦健と建築家法
3　二一世紀へ

1960年代の東京の一景
市浦ハウジング＆プランニング所蔵資料

1　抜本改正に向けて

建築士の活用を、事務所の法を、設計施工の分離を

建築士法に行政が託した思いには、然るべき設計監理者の一般庶民住宅への関与を期待した一面が見逃し難く横たわっていた。しかし、士法は、それが建築家の法でなかったがゆえ、ごくわずかのうちに、ことに設計監理に専業で携わる、〝建築家〟と呼ぶべき人たちから、強く改正を求められていく。

一九五〇（昭和二五）年の制定以後、こうした改正にまつわる動きは、①制定後まもなく、②六〇年代前半〜八〇年代前半、③九〇年代、そして④二〇〇六（平成一八）年の四度ある。おおよそ一〇年に一度に見えるが、それなりに波は大小ある。

このうち、最初の、①制定後間もなく、すなわち一九五七（昭和三二）年の改正（以下、昭和三二年改正）あたりまでは、いわば制度の瑕疵担保期間に起こった初期故障への対応で、この後、②六〇年代に起こった、士法の中の、設計を業として行う際の規定の不備を巡る騒動が建築界を割るほどの騒ぎとなるも、一九八三（昭和五八）年の改正（以下、昭和五八年改正）により、いったん終息する。そして③九〇年代には国際化という別な課題を得て二一世紀に至り、二〇〇五年暮れの耐震強度偽装事件を機に、④翌年の改正となり、今日に至るというのが、以後の六〇年である。

法の制定までをいくつかの視点から照射したこれまでの章からするとやや趣が変わるが、制定以後何が問われ現在に至るのか。これも示しておくべきであろう。そこで本章では、すでに触れた昭和三二年改正以後の五〇年を跡付け

るべく、昭和五八年改正までの建築界の動きを中心に述べ、必要に応じてその後現在までを概説する。

昭和三二年改正以後、抜本改正に向けた主な関連団体(1)(日本建築士会連合会・全国建築士事務所協会連合会・日本建築家協会。以下それぞれ、士会連合会・全事連・家協会と称することがある)の動向をそれぞれに記せば、まず、士会連合会は次のようになる。

のちに会長を務める松島俊之が、「欧米の建築士は architect である。日本の建築士は建築士と云うよりは、寧ろ建築技術士である」として「日本の建築士制度も、もう一度根本的な性格規定を考え直したいものである」(2)(一九五五年)と記したことに見るように、制定から日の浅いうちより、家協会のそれに似た声も上がりはするが、総じて穏健である。

士会連合会の取り組みは、設立の翌年、建設省より、士法全般への意見が求められたことに始まる。(3)その年末まとめた意見は、行政簡素化のための建築士の活用(建築確認の簡略化、建築行政事務の建築士団体への委譲)が中心となった。これはのちに、建築確認の数に対する建築主事の数のアンバランスが顕在化する中で深刻になる。しかし、この頃はまだそうした側面からというよりは、戦前の認可が確認へと変わっても、依然として〝お上〟意識が残る行政への不満からのものだった。

会員の市浦健《いちうらつよし》(一九二八年東京帝大卒)は言う(一九五四年)。

同じ問題を技術的に解決するに決して唯一つの方法しかないという場合は少なく、それ等の中で基準法に適合するのが又いくつか考えられるという場合は、建築士が選んだ方法が建築士の責任に於いて採用されるべきだと思います。もしこの場合確認される立場の人が訂正方法を指定される様な事になると、それは権限の乱用だといわれる恐れがあると思います。即ち私が最初にのべた様に、建築基準法が昔の建築物法と異なる点は「認可でなく確認である」こと、それも一定の資格のある「建築士」が設計したものを基準法の番人としての「建築主事」が確認するという点である事を、建築主事も建築士も充分銘記すべきと思います。（略）判りきった事が案外判り切ったように行われていない様です。(4)

右の意見提出を機に検討が始まり、一九五五年には、①建築士会の法的化、②建築士免許への登録有効期間の設定、③建築士の業務独占範囲の拡大、を求めるよう決議。内藤亮一（神奈川県建築士会）の助言に従い、建設省と連絡を取りながらの作業とすべく体制を整え、乗り出していく。

昭和三二年改正で前記三項目の実現を目指すが、①建築士会を法的なものとし、これに強制加入を求めるのは憲法違反としてトーンダウン。また②登録に期限を設けることも憲法違反と却下され、③の範囲の拡大だけが、他団体協力の下、木造の下限が一五〇平方メートルから一〇〇平方メートルへと改められた。

それでも、特にこの、①士会の法的化と強制加入（各県建築士会への所属義務化）は、こののち長く達成すべき悲願となっていく。その背後には、戦後全面改正された弁護士法（昭和二四年法律二〇五号）への意識があった。

弁護士法には、弁護士会に所属しなければ弁護士活動ができないとする規定がある。

実はこれは戦後新たにできたわけではない。戦前の士師法では団体への強制加入を求めるものは珍しくなかった。しかし民主憲法はこの再考を促し、医師会ですら解散命令が出、これをあきらめた。それがここには残ったのである。(5)

弁護士法の翌年できた建築士法にとって、これは大きかった。こうして弁護士への羨望は強まり、しかし彼我の差は決して縮まることなく今日に至る。

また、一時は断念した、②建築士の登録に有効期限を設けることも再びの念願となるが、これはむしろ当初の、〝試験合格後、登録するまでの期間に期限を〟ではなく、〝登録に有効期限を設け、更新制とすべき〟との主張がのちに現れる。登録後の実態や実数が把握できない状況を改めるための方策でもあって、近年に至るまで同会の達成すべき課題となる。(6) 加えて市浦の指摘に見る建築確認の簡略、言い換えるなら建築士への事務の委譲も念願に数えられていく。

一方の全事連は、代理士会の頃から改正に積極的だった。例えば一九五五年、建築士が業として設計監理等をする場合には事務所登録を要すべく法（第二三条）を改めるよう求めたことは、同会の性格の変更を促す契機となったものとしてすでに触れた（第三章4節）。

このように法令に長けたこの団体は、全事連への改組（一九六二年）以前より、「業務に必要な法令及び技術の研究」（定款）を団体の目的に掲げ、建築士事務所に関する法令整備に余念がなかった。彼らは、すでにこの頃より、士法から業務を行う事務所の項を切り離し、単独の新法に定め直すことを念頭に置いて研究に着手。そうした作業の果実である抜本改正の要望案が纏められたのは、一九六三年のことだった。(7)

そして、家協会である。

もちろん、〝庶民住宅を建築士の手で〟という法に込めた内藤の悲願が、制度をつつがなく始めるためという現実的な対応の中で見えにくくなったことも災いした。

また、同じく彼が述べる、「三割の建築家が如何に向上しても、あとの七割が現状から一歩も出なければ、日本全体のレベルは上がらない、だから全体を上げてゆこうというのが狙いです」(8)。「特級建築士とも称すべき人たちが日本全国に二〜三千人登録されたとしても、それは都市、特に東京大阪等の大都市に集中しているために、全国的な建築物の質の向上に役立つことの期待は制限される」。「建築士制度を国民の一部のものとしないで、国民全体のものとし所謂庶民建築まで及ぼすという立場からみれば」、「［一級で二万三〇〇〇人となった選考も］自分としてはあの程度でよかったと今でも思っています」(9)という言葉。ここに透ける発展途上国的な底上げの発想も快いものでなかっただろう。このときわが国は紛れもなく途上国だったのだが、制定された法は、建築家を自任する設計監理をもっぱら生業とする者にとって満足できるものではなかった。(10)それゆえ抜本改正の要望はやはり、民間から上がっていく。

士法構想のさなか勤務先のＧＨＱ、デザインブランチで草案を見た網戸《あみと》武夫（一九二八年横浜高等工業卒）は、「何気なく机の上のがり版刷りの小冊子を取上げてみると、日本において新たに建築士法を制定して、これを制度化するための草稿らしいことが、英文をたどたどしく見てゆくわたくしの目の中に飛込んできました」。「直感したことは「これはおかしい」、指導と提言とが占領者と被占領者の間に行われていた占領行政が当時のルールであるにしても、ARCHITECTという称号そのものの定義において両者の間に、全く共通の解釈が存在してないことに愕然とした」と記した[11]。エコール・デ・ボザールを出た中村順平に学び、戦前、法制定運動の中核、曾禰中條建築事務所にいた眼に、この法がおかしなものに映ったのもやむを得ないことだった。

また、そのとき四会連合委員会にいた松田軍平（一九二三年コーネル大卒）は、一九六六年、当時を振り返って、

松田　われわれはもう少し資格法だけで頑張るつもりだったのですが……。はじめのスタートから考えるといまの建築士法というものが［資格法と業務法の］両方を包含したあいまいなものになったことがいま災いしているんではないかと考えております。

藤井［正一郎］　そうすると、資格法だけにしぼってやろうと考えられた裏には、業務法というものをまたべつにつくるというお考えで……。

松田　そうです。先に建築技術者の資格をつくり別に業務法をつくるべきじゃないかということはそのときから思っていました。

藤井　ちょっと私わからないところがあるのは、戦前には建築士法というのは職能といいますか、業務法的なものを制定しようとしていたのにかかわらず、戦後になってなぜ資格法ということが出てきたんですか。

松田　それはさきほどいったように、社会大衆のためになるから戦後まず第一段階には技術のレベルを上げるべきじゃないかということが主体だった。ですからあれに業務法的な条文をまじえなかったらもう少しすっきりしたねえ……[12]。

資格法をまず定め、別途、設計監理を業とする際の法をつくるのが最善と考えていたと告白した。

〝資格法でなら〟という意見は戦前からあった。そして、戦災復興院が建築法草案に臨んで、「この法は業務規程でなくて資格法に限る積りだ」としたように、戦後確かに、士法は、純粋な資格法を目指して始まる。

しかし、作業に本腰が入った一九四九年八月一三日の案には次のようにあり、

六　営業

1・登録制か届出制度か

2・法人の場合

3・個人の場合　使用人として建築士を置けば営業を認めるか

（「建築士法制定上の主要点」前川文庫）

方針は定まらないものの、設計監理にあたりどういった形を想定するか検討が始まった気配が見える。続いて一〇月二六日の佐野利器の質疑には、

佐野　建築士法→資格と営業のみに関するもののみか、その人の従業している事業別は考えないか（請負とか官吏とかいうような）

→［＝住宅局側回答］「考えない」

（「建築基準法（住宅局案）に関する懇話会記録」北畠文庫）

とあって、資格に加え営業に関する項目の盛り込まれたことがわかる。

以後、三一日の案に「建築事務所」の章ができ、これについて松田が、「建築事務所の規定は資格法としての性格から［士法から］除外したらどうか」[13]と指摘するものの、いったん加わったこの章は、最終的に、「建築士自ら自由職業として設計又は工事監理を行おうとする場合」[14]を想定した「他人の求めに応じ報酬を得て設計又は工事監理を行うことを業としようとするとき」（第二三条）の一条を含んで残る。[15]この一条が、「思わぬ禍根を残すことになることを、当時、どれだけの人が予想し得たであろうか」[16]と、藤井正一郎はのちに往時に思いを馳せ、記した。

建築家にとって士法は、戦前、彼らが唱えた〝建築士〟の称号を官に奪われ、中身を骨抜きにされたものに映った。「庇を貸して母屋をとられ」た、「羊頭狗肉」だと言う者すらいた。[17] さらに士会連合会（創立当初は日本建築士連合会）の誕生に伴い、拠り所となる日本建築士会は解散に追い込まれもしたから、受難の連続でもあった。

この頃より、汚辱にまみれた〝建築士〟に換えて〝建築家〟を称し始めていた彼らは、捲土重来を期して、専業設計事務所の団体として残っていた日本建築設計監理協会を拠り所に予備的研究に着手する。それは、一九五五年のＵＩＡ（国際建築家連盟）加盟を機に、大事務所を中心とした戦前からの団体を個人に開き、[18] 日本建築家協会へと改まる中でも続く。その成果として、戦前の運動をまとめた冊子、『建築士法に関する資料（１）』を編むのは一九六〇年である。そこには、かつての機関誌『日本建築士』のみならず、『建築行政』の記事、「建築設計監督士の公認制度に就て」（一九三七年）すらあって、より広く総括しようとする姿勢がうかがえた。

つまり行政が何を考え法を欲したか。その原点を理解するチャンスは十分にあった。しかし、受け手の感性が伴わなければ、情報はまるで無価値となる。こうして法の第一条（建築物の設計、工事監理等を行う技術者）の、「等」に込めた意味の誤読は根付く。建築の技術者全般を睨んだこの法を、彼らは単に、世の中がどうなっていくか見当のつかない終戦当時の状況に照らして、やむを得ず曖昧なものになったと捉えるに留まるのである。〝未完成で曖昧な設計監理者の法〟と――。まして、住宅問題の視点、それに応えようとしたときの量の観点など、理解を超えるものでしかなかった。そして、できるだけ早くその曖昧さを除き、純化すべきと考えていく。それは、郡《こおり》菊夫（一九三二年横浜高等工業卒）が法成立直後に述べた次の言に象徴的に現れる（一九五〇年）。

今迄長い間日本建築士会は高邁な理想を目標として運動して来た訳であるが、この緒についた許りの未完成な建築士法案の完成の為に、諸外国並みの Architect の資格に迄高めるべく日本建築士会は当初の純粋な目標の為により活発な運動の展開がなされるように期待して止まないものである。[19]

そうした姿勢は、戦前から一貫した。近代社会の進展は様々な分業を生む。その結果日本の建築生産も、必然的に欧米先進国のように設計と施工が分離されるはず、またそうなるべきと信じた。けれど、設計と監理を、専業で行うことにこそ意義を見出す彼らにとって、この時期は、その基盤を揺るがすことが起こっていた。彼らが停止を余儀なくされた戦時下、軍需を足がかりに伸びた建設業が[20]、高度経済成長の下でさらに成長し、その設計部が力をつけ、勢いを増していたのである。建築技術史の研究で知られた村松貞次郎が、「建設業の建築家――彼らこそ建築界のチャンピオン」と、また「設計施工を推す」とした一連の衝撃的なルポを展開したのはちょうどこの頃のことだ（一九六三年）[21]。明治以来、斯界に指導的な役割を担ってきた地歩が揺るがされつつあった。

のちに市浦健が振り返って記した、「なぜ建築家法の成立がわれわれから要望する機運にあったかの背景のひとつには」、「戦前はその数、勢力の点でもほとんど問題にされなかった建設業者の設計施工一貫の体制が都市の復興、経済成長に伴って急速に伸びて来たことに対し、建築家が強い危機感を持って来たからということもある」[22]という言葉は、偽りなき心情の吐露である。そこには自由業を標榜する建築家たちの、組織が先に立ち個が疎外されるばかりの近代に対する危惧もあった。

東京帝大卒業後（一九二〇（大正九）年）、竹中工務店に籍を置いた石本喜久治はこう語っている（一九五五年）。

石本　建築士会［一九一七年］ができたから入れというんで、ぼくら反対した。

岡田　［捷五郎］なぜ反対したの。

石本　ぼくらは竹中におったから、ぼくは建築を作るものが設計するのが一番いいんじゃないかというんで、村野［藤吾］君と同調して、造船にしても建築にしても、とにかく作るものが設計するのがいいんじゃないかというんで竹中に入った。

岡田　今日はどうですか。（笑声）

石本　今日は請負と分けにゃいかんということははっきりしている。

堀越［三郎］　それはあの時分には建築士会の主張だってずいぶん横暴なところがあるし、両方とも理解がなかったね。
中村［傳治］　それはそうだ。
堀越　しかしやはり世界的に情勢をみると両方分かれてやらなければいけない。
石本　しかしグロピウスなんか別ですね。あれはいっしょにやらなければいけない。しかしそれは理想だ。そこでぼくは理想と現実ははっきり分けにゃいかんと思うんだ。[23]

竹中を辞したのち、かつて建築家の泰斗辰野金吾とパートナーを組んだ片岡安と片岡石本建築事務所を共宰した石本の危機感が見える。こうして建築家の法の実現は、再び彼らの悲願となる。

市浦はこの時期の家協会を、「将来士法を改正し別に建築家法を持ちたいという気持ちでスタートした。士法改正について協会としては昭和三十四年頃からいろいろの角度で検討を続けまた当局にも機会あるごとに意見を述べていた[24]」と回想するが、漠とした学習に留まり、のちの建築設計監理業務法に見るような積極的な動きは見せてはいなかった[25]。

専兼問題は、結果として戦前から戦後に引き継がれた。とはいえ、建設業の設計力の向上と設計施工一貫体制の伸張ばかりでなく、戦前とは異なる点も見られるようになっていた。

一つは、設計のみならず、〝監理〟が浮かんだことがある。これは士法によって概念が規定されたからに他ならない（第二条第五項）。「工事を設計図書と照合し、それが設計図書のとおりに実施されているかいないかを確認することをいう」と書かれた条文が明快を欠くためでもあった。設計施工一貫の下では、工事の〝管理〟と設計の〝監理〟という利害の対立する業務が同一組織で行われることになるが、それで客観性が保ち得るかという問いが浮上したのである。

監理は、「施工管理が完全に実施されると工事監理者の仕事がなくなる」ものでもあり、性悪説の上に成立する。[26]

完璧な施工ばかりではない以上、第三者による客観性が求められることも確かで、その点からすればこれは正しい。

しかしこれには別な見方もある。建設業者が設計する現実がある中で、利害が衝突するとして一律に施工者の監理を認めないとすると、監理者不在となる場合が出る。よって、次善の策ではあるが、施工者の監理を認めるのもやむを得ない、というものである。それは住宅ではなおさら顕著で、規模から言って割安になりがちな上に、「技術的に工夫して建物を経済的にすると、設計料がやすくなる矛盾[27]」もあって、及び腰な建築家たちの姿勢を思えば、やはり認めざるを得ない。

一方で同じ監理には、それを、設計に含む行為と考える建築家と、法の字面のまま、設計の成果物（設計図書）に基づく正しい施工の確認行為と考える行政との齟齬もあった。設計と監理は連続し不可分だとする主張と、未完成の設計を監理と称して現場に持ち込み、施工者に肩代わりさせているのではないかという疑念が対立したのである。建築家たちは、行政の言う監理を監督だと非難するが、その段階で必要なのは工事のチェックにこそあると見る行政とは平行線をたどる。

これらの問題は、常に議論となり、改善が試みられるものの、必ずしも十分な解決を見ないまま現在に至っている。もう一つには、戦前には理想ともされた[28]、官公庁や大学に籍を置く建築家が非難の的になったことがある。官公庁の建築家には、設計と施工が分かれた姿への評価の一方で、自由独立でない姿に。大学の建築家に対しては、公立私立を問わずその所属に多額の公的助成が注がれ、結果的に設計活動に税金が使われることになる。そうした姿に矛先が向けられた。

岸田日出力・丹下健三研究室（東大）による「清水市庁舎」（一九五四）の設計が衆院文部委員会で指摘されたのを機に一気に表面化（一九五三（昭和二八）年[29]）、坂倉準三（一九二七年東京帝大文学部卒）が、「とにかく一言いえることは、あの人たちは背水の陣を布いてないということですよ。私も大学の先生であって勇気がなければ、ああいうようにやりますよ」(30)と述べるなど、折に触れて持ち出されていく。

時代は、次第に個人で立つには不自由になりつつあった。そんな中でも、あくまでも社会的に自由独立した建築家――特にこれを〝フリー・アーキテクト〟と呼んだ――の理想を追おうとした。それによって彼らはより先鋭化していく。しかし、だからこそ、法的にも望ましい姿を求めることが必要だった。

専門分化にどう応えるか

諸団体がそれぞれの思惑で改正を睨んでいたとき、建設省はどのように構えていたのだろうか。

昭和三二年改正以後、建設省の次に向けた動きは、一九五九（昭和三四）年、建築行政協会が士会連合会と催した「建築士法関係行政研修会」に現れる。ここで建設専門官の五百蔵《いおくら》芳明は、「建築士法の問題点について」(31)と題する講演で、今や建築士の技術分野は広範になり、とうてい一人で全てを熟知することは困難で、現実には守備範囲を分け設計なり監理なりをしており、法と現実の間に喰い違いがある、技術士法（昭和三二年法律第一二四号）など他法に照らして、建築士も専門別にすべきではないか、と述べた。ことに一級建築士には、「更に高度な知識技能を持つ特級建築士制度を設けることもその解決策の一つと考えられるかもしれない」と指摘した。建築技術の広範化・複雑化・高度化、それらに伴う専門分化という時代の流れによるものである。

すでに戦前より、〝設備も建築の一部である以上、設備技術者も建築士に〟との声はあり、また、戦後の立案でも出た。けれど、そうした声は取るに足らないものだった。

本院［＝戦災復興院］　衛生設備の施工の方でこれ［＝建築士制度］と同じ規定がほしいとの意見があった。
電気なんかも同じ様な問題が出てくる。

中沢《ママ》［誠一郎］　それはちょっと細かすぎる。

本院　私もその時考えたが、その様に細かく責任を分担する様になると、建築の方も所謂設計と強度計算とを切り離す様にしなければならなくなる。

（戦災復興院『建築法草案審議会質疑』一九四八年　前川文庫）

技術の進歩の中でさらに専門性が求められ、建設費に占める割合も目に見えて高くなって、無視できるものではなくなっていた。そして、同じく陽の当たらなかった「強度計算」、すなわち構造分野の技術者も、「強度計算は建築士に任せる程、建築士のレベルがよくない。故に任せてはいけない。強度計算はやはり［建築主事が］チェックすべきだ」[32]とされた立案の頃も今や昔、また、建設ブームもあって、光が当たるようになっていた[33]。

技術士法の制定、そして建設・都市計画・都市開発などのコンサルタントという新たな分野の誕生により、建設コンサルタンツ協会が発足。未分化だった設計監理業務が、周辺の発達に伴い、否応なく分化を求められていた。それによって逆に、建築士の業務とは何か、が明確にされるべきものになり始めていた。

ちょうどこの頃、中央建築士審議会で二つの審議がなされる（一九六四年）。

一つは、「建築基準行政における建築士制度の活用について」である。前年の建設大臣からの諮問への中間報告で、二年前に行政管理庁より出た「建築規制に関する行政監察結果報告」と同じ主旨のもの、もう一つは、「建築コンサルタントの登録措置の実施と建築士制度等の運用」である。

こうした答申や勧告はこの時期いくつかあって、いずれも要点は行政簡素化のため建築士をどう活用するかにあった。このころ早くも建築主事一人当たりの確認件数が問題となりつつあったからである（図6-1）。

〝自分の家を建てるのに、どうして法の制約が〟と公然と憤る者のいた市街地建築物法の頃には「建築家が職域拡張のためにつくろうとしているのではないか？」[34]と疑われた建築行政は、分野としては確かにその通り確立し、要員もそれなりに増えた。しかし、内藤亮一は、横浜市時代を振り返って、建築指導の要員がさして増えていない様子をこう語っている。

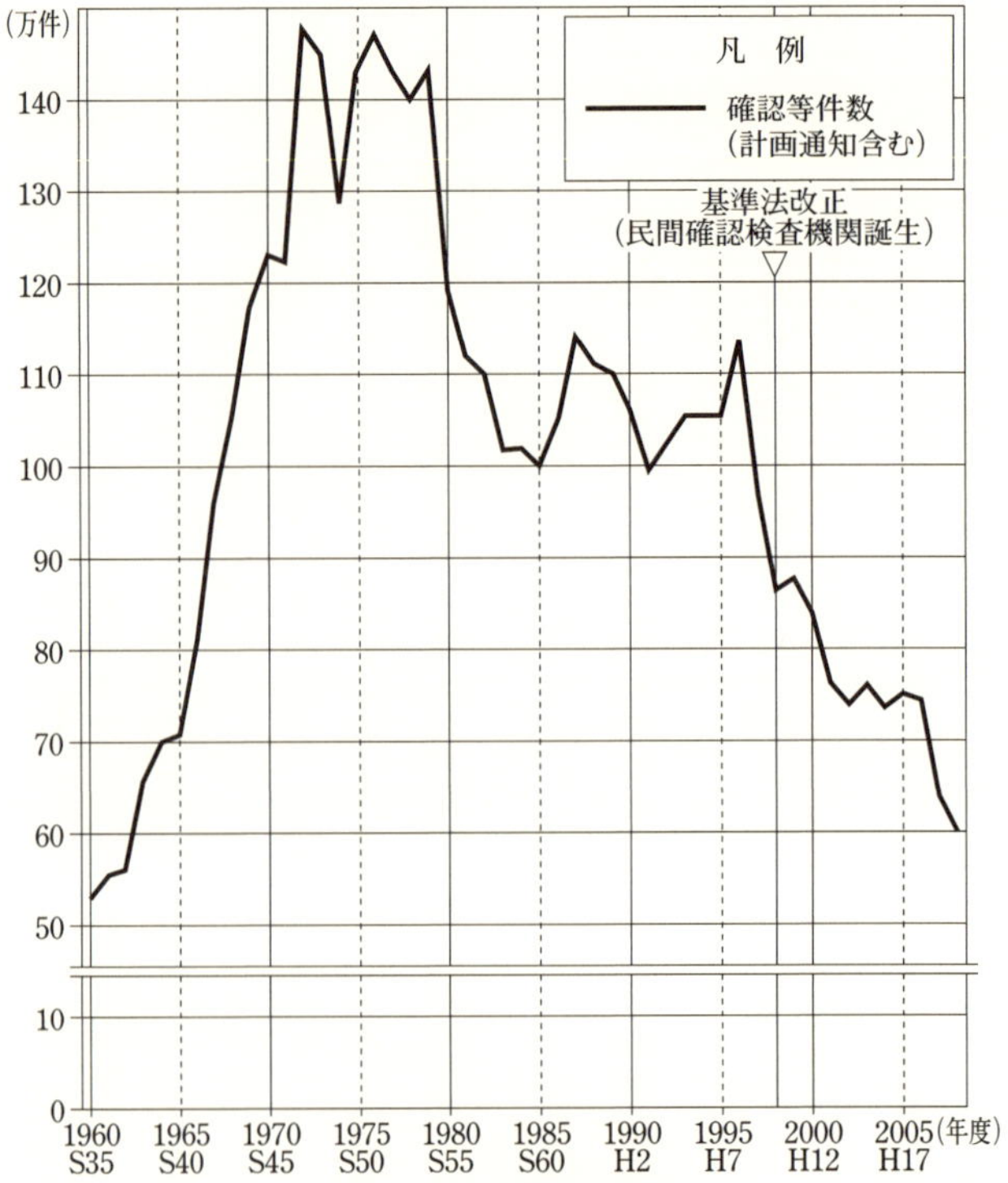

図 6-1　建築確認等件数

出典：各年次の『建設白書』・『建設統計要覧』より筆者作成

件数自体はこう推移するが，記載事項の増加に伴い 1 件に要する時間は増える．したがって，件数のみで判断できるものではない

ぼくが戦争中に神奈川県の建築課長になったときには四五、六人だったんです。県下全域じゃなくて、川崎と横浜と横須賀ぐらいやっていたんだけども、四〇何人で市街地建築物法を適用しておったわけです。（略）横浜市の建築局長時代は、営繕も住宅も入れて一五〇ぐらいでやっておった。いま横浜市の建築局は四五〇人だったと思うが、それで住宅なんかそんなにふえてないんですよ。（略）何がふえているかというと、結局いまの土地開発の規制で、（略）ワンフロア全部占めてまだはみ出るほどの人になっているんです。(35)

法を草したとき指導課にあった前掲前川は、「確認であるから」、「法規に適合しているかどうかの客観的な判断の表示として、いわばチェック&バランスの概念で、建築物という重要な物を扱うのに、すべて単独の者の自己責任だけによるのは不適当である。やはり、チェックがいるという建前をとった」と制定時の考えを披瀝した上で、「よく云われるが、〝建築士への権限委譲〟ということは法規の無知をさらけ出した全くのナンセンスである。どんな権限を譲るのかとなると全く分からない。チェック不要事項にするかということだけのこと[36]」、「もともと建築士に権限などない[37]」と言い放つ。

それは極端としても、〝建築士の設計に対する確認の省略〟に代表される建築士の活用は、「まず建築士制度の定着と技術力の確保等が前提」とする行政にとって、誕生から一五年ほどでしかない建築士が、「今一歩信頼に足るものではなかったこと[38]」も影響していただろう。なかなかそれを認める方には向かわない。

しかし建築士たちは、資格ができたからには、自ずと、個々の建物が備える技術基準（すなわち基準法の単体規定）は自身に委ねられるべきと考えた。ところが、行政の姿勢は戦前の許認可の名残を留めた。先の市浦の言はこうしたことが招いた建築士たちの不満である。また、確認と主事の数のアンバランスが、確認が下りるまでの長期化となって、目に見える不利益となり始めていた。

そのようにしてこの年、建築士たちを後押しする答申や勧告を受け、また関連団体の高まりを看過することもできず、建設省も抜本的な検討に向け腰を上げる。

けれども、こうした外からの圧力は別として、この時期の関心は、技術の高度化に伴う専門分化の動きに制度をどう対応させていくかにあった。士法を建築技術者全体の制度として定めた行政のこの動きを、どう見るべきか。変心と見るか、揺れと見るか、念の入った周到さと見るか――。

この頃、立案に関与した者たちがことごとく建築指導課を後にしていた。その影響に違いない。すでに内藤亮一・小宮賢一は建設省になく、前川も神奈川に出た。その瞬間、制定に込められながらも、明記されなかったデリケートな部分が忘れられ、後に座った者たちによって解釈が変えられていったのだろう。

裏付けるように、ちょうどそのころ建設省でこれに携わった山東和朗《かずろう》(一九五六年横浜国大卒)は、「明文化されたものに則る行政の性質上、私は、〝等〟を前川さんが言うほど[第五章1節]広いものとは捉えていなかった。建築士法は設計者の法律だと認識していた」と語る。(39) また、大学卒業以来(一九七六年)、同課に一〇年いた大橋雄二は、当時もはやそのように長く籍を置く者はなく、平均二五年ほどの役人生活の中で法規を担当するのはわずか二年に過ぎない状況を、「プロの絶滅とともに、建築基準法の精神の理解も危うくなっている。法令の精神や哲学の伝承がなくなりつつある(40)」と記した。もちろん、ことは基準法に限ったことではない。

2　市浦健と建築家法

個人か組織か　新法提案に至るまで

以後、後述する一九六四(昭和三九)年の建築行政関係懇話会の発足、それに伴い提案された全事連の建築設計監理業法と、対抗する形で出された家協会の建築設計監理業務法(以下、それぞれ、業法・業務法、ないし設監業法・設監業務法と略称することがある)の対立、それによって建築界が混迷を極めていく様子は、高橋林之丈・藤井正一郎・山本正紀といった先学が様々に描いている。(41) ともあれ、それらを見れば、それぞれの団体内部は常に一枚岩で、また、それぞれの中で、作業は粛々と進められたかに映る。そして家協会の業務法についても、推進を是とする姿勢で貫かれたように見える。

しかし建築の団体は多く、しばしばその会員にも重複があってたいてい一枚岩でないように、家協会も、当初から業務法ありきで固まっていたわけではなく、推進が決まったのちも揺れがあった。それは、中條精一郎に見込まれ、戦前より旧日本建築士会に入っていた前川國男が、そこでの検討を「今の協会でかわされているような激しい議論がなんにもなかった」[42]と語ったことからも想像できる。

よってここでは、①家協会の方針がどのように業務法推進で固まっていったのか。また、②以後の揺れを象徴する、市浦健（図6-2）が説いた建築家法（以下、市浦私案と称することがある）[43]に触れ、それが考案される過程と背景を明らかにする。それは、七〇年代に一つの高まりを見せた業務法の制定運動を日本建築家協会の中心で支えた市浦が、会長退任ののち説いたこの提案の意味を考えることを通して、二〇世紀の終わりに至り、設計者の法の主題は、その所属の専業か兼業かであった時代を超え、住宅へと転じる、その流れを示しておきたいからである。そして、今ではほとんど誰の口にも上らない〝建築家とは個か組織か〟が問われた時代のあったことを記しておきたいからでもある。

さて、建設コンサルタント育成に関する建設大臣から中央建設審議会への諮問を機に、家協会は、「建築家の業務に関する法制の研究委員会」を創る（一九六三年）[44]。先に述べたように、昭和三〇年代半ばまでの協会は、建築家の法について漠と議論していたに過ぎなかった。そうした中でのこの出来事は、家協会が、この法に対して具体的に示した最初の一歩である。

図6-2　市浦健

（1904-1981）

市浦ハウジング＆プランニング所蔵資料

松田軍平・伊藤滋、そして市浦を主メンバーに据えた委員会は、将来「建築家の法律を如何に作るか」を見据え、関連する建設コンサルタントの定義・法制・助成策を討議する。業界全体による検討はコンサルタント業法立法の動きも生むが、翌年、建設省の白紙撤回宣言で終息[45]。ここで市浦と古沢鉄之助（専務理事）が、意見をいったん整理する。

（1）建築士法を改正して業務法とする。
（2）設計監理業務の独立性を明確化する。
（3）建築事務所の開設者は建築士とする。
（4）構造・設備・都市計画の専門別資格を設け、建築士法適用外の資格とする。[46]

この時期これに本腰を入れたばかりの彼らにはまだ、業務法の単独立法など微塵もない。したがって、（1）「建築士法を改正して業務法とする」は、改正して業務法的性格を明確に盛り込む、の意である。（4）について残る議事には、「特に横山［不《ふ》学《がく》］委員より会内の構造専門家の間で討議すべきと提案」があり、「専門家の会合を設け審議することにした」とある。「構造・設備・都市計画の専門別資格を設け、建築士法適用外の資格」にすることで建築士を意匠の設計監理者に純化したいとの考えであろう。

委員会は、これをもって解散を決めるが[47]、ちょうどその頃、全事連が単独で、士法改正を国会に上げようとしていることが発覚する。これに他団体は激しく反発、「一団体が自己の考えで独走するのは好ましくない[48]」と、三月、建築行政協会の呼びかけで関連九団体[49]による「建築行政関係懇話会」（以下、懇話会と称すことがある）を置き、以後しばらく、士法はここを基点に検討されていく。

翌月には、次期国会提出を睨み、資格と業務、両者のあり方について「建築士事務所の登録は企業登録であり建築士の業務内容を専門分化において捉えて之が制度化を図る」案が出、各団体から改正専門委員を選び、検討することになる。そこで家協会は次の議論をする。

（1）建築職能関係の法制は資格法・業務法の二本立とする方がよいと思われるがその組成は検討する。
（2）建築士資格を内容的に専門細分化するとの改正構想に対して否定はしないが、綜合機能を果たす職能の存在を強調し、たとえば綜合建築士の如き制度を考慮すべきではないか。
（3）設計・施工の分離はオーナーの利益擁護の立場から原則であり、又監理の独立は当然である。
（4）建築業務の業務主体は個人建築士か組織たる建築事務所か――現行の法人組織を前提としての建築士の業務上の責任については幾多の矛盾が存在するので、特殊法人化を考慮せざる限り業務責任は個人建築士が負担すべきである。従って現状においては業務主体は個人建築士である。
（5）建築事務所開設者は建築士とする。[50]

注目すべきは、この時点では、設計監理の業務主体をあくまでも個人とすることである（4）。のちの業務法では、四つの柱が掲げられた。すなわち、①第三者監理（監理業務を施工者でない第三者に委ねる）、②開設者（開設者を建築士に限る）、③兼業禁止（営利事業からの自由）、④建築設計監理法人（非営利法人の新設）である。つまり業務法は、④に見るように、設計監理業務の主体を、個人に代えて組織（建築設計監理法人。以下、設監法人）とし、これを前面に出したものである。正しくは個人と組織の二者があるとしたのだが、とりわけ後者の設監法人が目玉として強調された。

個人か組織か。大差のないように見えてこの違いは、実は大きい。

六月九日、建設省は、「建築士法改正案要綱（第一次試案）」（巻末資料7）を懇話会に提示。市浦はこれを、「われわれの考えていたものに非常に近かった」[51]と言う。

確かにそこには「建築士事務所の登録を受け得る者を建築士に限定する（第四）」や「建築士事務所の登録を受けている者は、自らその施工を受託し若しくは請負ってはならない（第七）」などとあり、旧日本建築士会の法案と似る。続けて、「建設省の省議にも出て、省として認められるところまでいっていたのですけれども、そのあたりから、主に建設業界だろうと思うのですが、反発を示してきたように思います」と語った。

この真偽はわからない。この頃、士法・基準法の制定に関わった者が軒並み建設省からいなくなっていた。それも影響しただろう。あるいは、戦後、建築法草案の当初に見るように、右に左に揺れながら示したうちの、最も左に振れた案だったのかも知れない。いずれにしても、実現まではとうてい考えていなかったに違いない。

これを受け家協会は、二〇日までの回答を迫られる中で、方針を示す。

今次建築士法改正に際しては、建築家協会はあくまでも「建築における設計と施工の職能的分離」を改正案に明確にすべきこと、監理は第三者が行うことを規定する要綱案第七項は反って設計施工の一貫性を是認することにもなるので、強く設計・監理と施工の分離を主張すること。この他の結論としては、

（1）建築事務所の登録の考え方については集団としての事務所組織よりもその責任者たる建築士個人の登録が適切である。

（2）建築士試験の専門分化、ひいては建築士資格の専門別化の提案については、カテゴリーの区分の在り方についてなお検討を要する。しかし建築構造および設備の場合は建築技術士等の名称がふさわしいと考えられる。(52)

〝組織よりも個人〟との考えは変わらない。そして、この試案は確かに理想に近い。願ってもないものでもある。それでも、深読みすれば、第三者監理を強調することで、かえって建築家から監理を奪うことになりかねないと懸念、より明確にしたいとする。

二六日、九団体の意見書提出（後掲表6-1）を受け懇話会が開催。この改正に何を込めたいかと問われた建設省は、「現在の建築士のみを捉えるだけでなく、建築関連技術者を包含し之等の技術者との有機的統合を考えて改正したい」と答えている。つまり、懸案とする建築技術の専門分化に資格をどう対応させるかにあった。

第一次試案、続いて七月に示された第二次試案に対して、八月、家協会は次のように回答した。

1・一級建築士に専門別を設けること（要綱の第二、第三、第五並びに別表）

専門別分類は建築計画・建築構造・建築設備の三種に限るものとし、工事監理から生産管理に至る五部門［巻末資料7］は

三種の内容に吸収されるべきである。

2・独占業務の範囲と建築基準法の関連 （要綱第八、第九、第十、第十四、並びに別表）

一級建築士の中より高度の仕事について独占業務を与え得るような新たな資格（例えば綜合建築士）を設けることが必要であるから素案［＝第一次試案］の主旨は是非実現して欲しい。

3・建築士事務所の登録を受ける者を建築士に限定する （要綱第四）

a・建築士法立法の主旨からいって当然であり是非実現したい。（略）

4・建築士事務所か建築士個人か （要綱第四、第五、第七）

a・建築士が業務を行うため登録すると建築士事務所という名称になるといえる。何故〝事務所〟という名称にならねばならないのか。（略）事務所とは集団とか法人と解され、建築士の権利や責任の所在が〝事務所〟という仮名の蔭に不明となりやすい。（略）

5・工事監理の独立性 （要綱第七）

a・設計事務所が望む（略）監理とは法にいう監理（当協会ではこれを監督という）のみでなく、施工中にまで延びている設計の一部のことである。（略）

b・要綱第七の文章は難解で、（略）建築士事務所の登録を受けない者即ち純然たる施工業者は建築工事を行う場合には第三者たる建築士の監理を必要としないように解される。要綱の主旨はそうではないと考えるが、間違いないか。

6・設計と施工の分離 （要綱第七にも関連して）（略）

b・今日設計部を持つ建築業者はその設計部を独立させればよいことであって、設計と施工の分離は現実を無視したり、そうした建築業者の営業を圧迫することにはならない。（略）

7・資格法と業務法

資格法と業務法を各々独立させる要がある。今回の改正は暫定的に併立改正としてやむを得んとするも、基本的改正に当っては資格法と業務法を分離する立法を期待する。

8・建築業務に於ける綜合の重要性

（略）建築士の専門分類或いは独占業務の範囲等に於いて、この重要な綜合を誰が如何に纒めるかは建築物の設計の完全性、並びに質的向上からいっても建築士の綜合機能たる職分の重要性の認識を指摘したい。[53]

設計と施工の分離は彼らの悲願である（6）。その足がかりとして、士法から業務法的条項を取り出し、より明確に定める。その期待が挙がった（7）。この頃から、分離をいかに図るか模索が始まったことになる。しかしながら注意したいのは、あくまでもここまでは、実現の手段として、士法改正を前提とすることである。現実的な対応によって少しずつ、と考えたのだろう。また、前に出すべきは組織たる建築士事務所でなく建築士個人と考えてもいた（4）。

九月、臨時行政調査会の答申（「許認可等の改革に関する意見」）で、①建築基準行政権の建築士への一部委譲、②事務所登録の規制緩和（重複登録と有効期限の廃止）が挙がる。[54]その後押しもあって進むかに見えた作業も、この後にわかに滞る。一〇月の懇話会で、建設省は「改正の作業を来年に延期」すると言い、「白紙にかえって、一・士法を近々改正する必要があるか、二・必要があるとすれば、どういう点を検討してやるべきか」、改めて意見を、年明け早々出すよう求めた。[55]そこで家協会は、根本に帰って検討し直すべきと議論。やはり士法に多様な業務を包む点に無理があり、設計監理業務を取り出し、業務法として定めたい、と意見をまとめ、二月、これを伝える。

その後、建築士事務所の法の充実を目指す全事連が、改正を独自に上げようとするが、懇話会は、単独行動を慎むよう諫める。そんな中、三宅俊治（指導課長）が改正の見通しに触れ、団体の意見を、七月以降、中央建築士審議会で反映させると述べた。これを受け家協会は再び意見をまとめる。

1・建築士の資格は技術士と同じく、その業を反復実践する者にのみあたえられなければならない。さらに業務上の資格がその業における一定水準の技術所有者に与えられる事が妥当である点からすれば、現実の建築士資格は内容的に疑点があるといえる。

2・建築士資格の専門別化是非については、建築設計等計画業務を専門とするものを建築士であるとすれば特に専門別化する理由はない。なんとなればその他建築に関する構造・設備等の専門業務資格はすでに技術士法の体系に包括されており、実際の有資格者も存在している。それ故ここにいう建築士として関係技術士等コンサルタントの協同により業務を行うことがあるべき姿であるといえる。

3・建築士事務所の登録については、これはクライアントのための業務の行われる閲覧簿を示す如きもので、一方建築行政の対象場所に過ぎないことは士法を見れば自明の通りである。業務主体の実績は責任者たる有資格者個人にかかわるものであることも当然である。ただ技術士は業務を行うことを前提に登録が行われるが、建築士は資格を与えるときに業務を行うことを前提としていない。(56)

これは市浦がのちに示す建築家法の多くを含むが、それは後に譲る。家協会は、このうち、2の専門分化を、前年八月の回答に加え、改めて建設省に示した。つまりここまでの彼らの前提は、個人を前に出した、法改正の中での現実的な対応だった。

ところがこの直後、協会専務理事の古沢鉄之助(57)が私案を示す。のちに建築設計監理業務法となるものの原案である。前年、願望として示して以来、秘かに可能性を模索していたのだろう。当初、資格法と業務法の性格を併せ持つ士法から、業務法にあたる部分を抽出し、それを建築家だけが行えるとする単独立法ができるとは考えていなかった彼らにとって、それを可能にする古沢の提案は、まさに青天の霹靂だったに違いない。

市浦はこの採用を、「最終の目標である「設計と施工の分離」を実現するためには、建築家の職能を法的に確立し、建築家は建設業などを兼業しないという縛りを自らにかけ、建築主の立場にたってその利益を守る者であることを明らかにするという考えに落ち着いた[58]」と振り返る。設計監理を建築家のみの業務とすることはできないが、専業設計組織にいる者が建築家だという規定の仕方なら成立すると言うのである。

背後には、その六月、全事連が示した、「（仮称）建築事務所法要綱（第三要望案）」への露骨な対抗意識があった。その骨子が、まさしく設計監理を業とする建築士事務所の法そのものだったことに強く刺激されたのである。全事連と家協会は、士法の業務法的規定が不十分という認識では一致した。しかし全事連の、専業・兼業の別を問わない法案は、営業法的性格が強く、設計監理を営業行為と考えない家協会には受け入れ難いものなのだった。

一〇月、これが家協会の試案、「建築設計監理業務法要綱案」（巻末資料8）になる。そして、その時点ではまだ漠としていた、案の中核となる非営利法人が、翌秋、建築設計監理法人として示された。建築家の業務が、営利を追求する組織の象徴である株式会社で行われるのは望ましくない。家協会は、それこそが対社会的に建築家の発言力を弱める元凶と見ていた。そうした立場に、この特殊法人は理想的に見えた。「プロは儲けてはいけない」とされ、これに、「どうして建築家は儲けちゃいけませんか[59]」と素朴に問う関西の雄、村野藤吾《とうご》（一九一八年早稲田大卒）もいたが、無勢だった。こうして骨格が固まり、設監業務法が姿形を現す[60]（一九六七年）。

家協会はこれを機に、建築家の法を、個人を前に出した士法改正に求めるのでなく、士法は温存したまま、組織を前に出した新法によって成し遂げる方針に転換するのである。

かつて立法の中心にあった内藤亮一は、このさなか、改正や業法・業務法に沸く設計界を、「制度自体未だ少年期」、「少年期の精神的不安定は理解できるが、一足とびに壮年期を期待しない方がよい。歴史は永い、君、急ぎたもうなかれ[61]」と諫めた。しかし、そうした声はもはや届くことはなく、一九六四年に始まった動きは、こののち幾度もの仕切り直しを経、その間、設計施工一貫の是非を問い、また業務法の是非も問われた論争（鹿島論争[62]、一九六八年）、設計事務所の事業者性や設計団体の持つ報酬規定の是非を問う公取問題（一九七二〜七九年）に出くわしながら、八

○年代まで続く。

日本建築家協会と市浦健

時は遡って、一九四〇（昭和一五）年。戦前より活躍する市浦は、無論、戦前の建築士法案も知る。

> 有能馬の維持造成を期するため装蹄師法なるものが農林省から提出され成立して居るが、之も毎年乍ら途中で挫折して了う建築士法案と引き較べて国家のため何れが重要なりやと云う疑問が持たれる。後者の成立は大局的に必要であり又貢献する所大であるが、夫れに対する建築界の認識・支持が如何なる状態であるか。又建築事務所の実状に対する批判・学会の本法に対する批判等、此の際大局的見地より大いに論議・検討されるべき余地があって現状のままではもし議会を通過しても円満なる運用は疑わしい様な気がする。(63)

法の要を説くが、一方で当時の法案では様々な批判に耐えるものでなく、運用も難しいとする。そして、戦時中の一九四二年暮れ、建築連合協議委員会（建築学会・日本建築協会・日本建築士会・建築業協会で構成）が、建築界の戦時体制として発表した「建築新體制要綱」には、第三部（建築設計業務）に、意匠・構造・積算などの各専門分野の技術者を揃えた組織を末端に置いた一元的統制機関の提案があり、技術者資格法として建築士法の、設計業務の運営法として業務法の要がその前提に書かれた。(64) この委員会は、伊藤滋・大村巳代治《みよじ》と市浦が発起人となった「建築新體制促進同志會」の発展形として建築界を大きく巻き込み組織されたものだが、彼のいる第五部（建築技術家団体）の議題でなかったためか、議論に関わった跡はない。自身、この時期はもっぱら大学や官公庁（厚生省・住宅営団など）におり、身近なテーマでなかったのかも知れない。

しかし戦後、戦災復興院・鹿島建設(65)を経て、設計事務所を開くに至っては状況が変わり（一九五二年）、ほどなく日本建築設計監理協会に入会。その後継の家協会では、常に役員や委員を務め、設計者の法制に関する議論や行動に

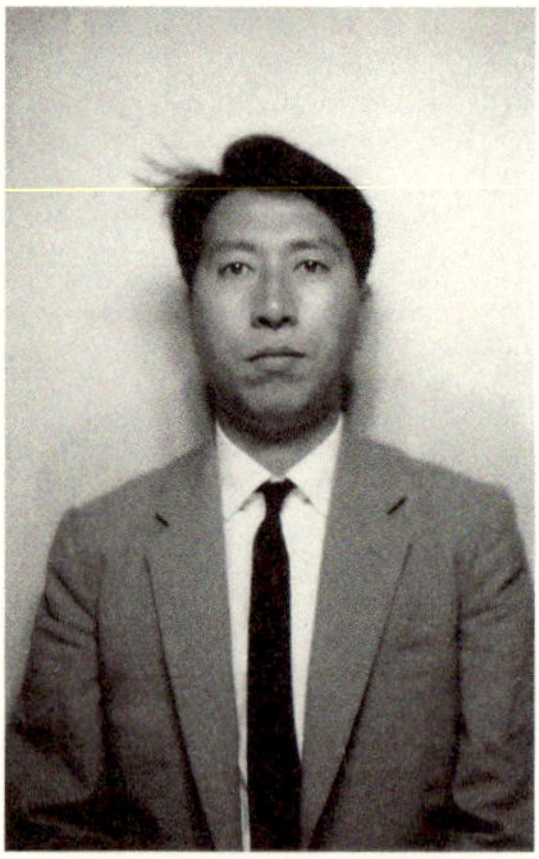

図6-3　富安秀雄
（1928-　）
市浦ハウジング＆プランニング所蔵資料

は、最初期より携わっている。
一九七〇年、市浦は家協会の長になる。
これは大学以来の親友だった前川國男の後押しによる。前川は「建設省と親しくなるために僕がさせたんだ」と言い、お蔭で「市浦は、晩年演説がうまくなったなぁ」と語った[66]。公共住宅を手がけ役所に近いことを見込み、停滞しつつある業務法の現状を打開しようとしたのである。それ以前からの運動への尽力を評価したものでもあった。終生仕えた富安秀雄（図6-3、一九五四年東大卒）はこの頃を振り返り、「建築家の法律をつくるって言って、とにかくもの凄い時間を使って取り組んでいた[67]」と語っている。

ところが、任期中の一九七二年、市浦は、設監業務法を撤回し、彼が原点と見る懇話会発足時に帰ることを訴える。この法に違和感を覚え、当初の、法改正からのアプローチをより素直と見たのである。翌年には他会にも諮り、家協会・全事連・士会連合会の「三会長が集まり、今後は各会で士法から洗い直し」、「発想の転換をはかることで一致し[68]」たとも記す。家協会はそこからしばらく、法体系の見直しすら視野に入れ検討するが、作業はわずかのうちに滞る。彼らが議論を再開するのは市浦退任の翌年である。しかしそこでは、市浦の訴えで着手された検討などなかったかのように、従前の業務法推進が前提となっていた[69]。

実はその退任は、任期から見て不自然さが残る。二期四年が通例というから、三年務めた市浦は、二期目に途中で退いたことになる[70]。表向きには、一九七二年に議員提出間際まで行った設監業法（田中一私案、全事連の案とほぼ同旨）の上程阻止により任務を終えて、とされる[71]。

これについて富安は、「辞めさせられたようなもの」と言う。「中でトラブった」のだと。「若手で熱心にやっている連中がいて、それとぶつかってるっていう話は始終聞いていた」と語る彼は、意匠設計自身よりは、生産の合理化などといった、その前提や周辺に関心のあった市浦の志向と、従来の「デザイン主体の建築家との乖離があ」り、そもそも会長就任自体、「うまくいかないんじゃないかな」と危惧した。官に近いことも裏目に出ただろう。[72] 起こった出来事を留めるものはないが、やはり富安の言から推測できる。

覚えているのは、協会の中で、「建設業に入っているような人を入れてもいいんじゃないか」っていう意見と、「そんなのはとんでもない」という古くからの意見とがあって、市浦さんは、そっち［＝前者］にも理解があったんじゃないかと思うんですよ。それはもう物凄い反対を食ったと思うんです。[73]

業法・業務法の議論はこの頃が最も活発だった。市浦はそうしたさなか協会の要職を歴任していたことになるが、しかし白紙撤回は受け入れられるはずもなかった。自ら受け入れられなかった経緯をこう記した。

私は、（略）まず家協会は建築家法を考えるべきだと主張し（略）たが、陽の目を見なかった。（略）在来の業務法の中で「設計監理者」を規定し、設計監理法人という事務所形態を考えて業を規定すれば十分であるとする（略）意見に押されてしまった。[74]

建築家法（市浦私案）

市浦の建築家法は、一九七六（昭和五一）年八～九月、七回にわたって『日刊建設工業新聞』に寄せた論文「士法改正と設監業務法」の中で説かれた。つまり条文までを備えたものではないが、意は尽くされている。

特徴としては、①設計監理を業とする者を、組織でなく個人を前に出し建築家法で定め、②他の専門技術者の資格を、建築士法にでなく技術士法に盛り込む。こうして高い専門性の要る資格は全て個人に帰属すると明確にする。その前提として、③建築家たちが執拗にこだわった設計者の所属を不問にする。そして、④それらを業務や生産の全体を眺め解決しようとしたことがある。

それによって変更の迫られる既存の建築士については、⑤級別を止め一本化するが、その実施にあたり予想される混乱を避ける意味でも、また実態に照らしても、⑥二級建築士は、主に木造小住宅を手がける工務店にいることから、これを工務店法で規定する。こうして、⑦建築士は、単に一定の建築の技術者として整理され、自ずと設計監理を業としない者[75]や専門が特記できない者があてはまることになり、⑧ひたすら増え続ける建築士の数も問題にならない形で、建築家法と共存することになる、というものである。

ことに①は、家協会の主張と大きく隔たるが、市浦が撤回を訴えたのも、これに対する違和感からである。やむを得ない事情からとはいえ、建築家を法的に位置づけるにあたり、組織の法をつくり、それによって間接的に建築家という個を定義する方法は素直でなく、むしろ建築家に不自由をもたらしかねない。協会の性格からすれば、かってのように個人を念頭に置いて法を説くべき、と言ったのである。

裏付けるようにこのころ市浦は、設監法人に疑問を覚え、この法人のため設立された日本建築設計監理協会連合会（以下、設監連）への加入を断っている。大学以来の付き合いの太田和夫（図6-4）はその周辺をこう書いた。

> 設監協会設立当時のことである。彼が家協会会長をやめた後だから、別に相談などしたわけではないけれど二人共新しい設監協会設立には反対であって入会しなかった。ある夜共に飯を食いながら、家協会と設監協会について論じたことが忘れられない。あの公取問題の結末がついたとき、家協会では、最終審判の意味するところは「家協会は事業者団体にあらず」ということであると解釈して、家協会の主張することを認める判定をかちとったと威張っている。しかるに片方では、事業者関係といわれても抗弁できない筈の設計事務所の関係（設監協会）をつくるとは自家撞着も甚だしいではないかと論じ、設監業務法や中間法人説を批判しながら結論として、無駄な金のかかる団体をつくり建築界に対立を起し混乱を激しくするようなことはよくないと二人で懸念した[76]

その意味では、世間にあたかも〝設監法人法案〟のごとき印象を与えた業務法より、個人から臨む方が素直だった。

個人の集まりである家協会が説くべきは、まずは個人のための建築家法ではないか、と。議論を懇話会発足時に戻そうとした意図はそこにこそあった。そしてそこでは、③所属を不問にした。正確には次の言い回しで。

自ら設計事務所を開設する場合と、官庁なり建設業・不動産関係に雇用されるのでは、責任の内容、程度の違いは雇用条件によるかも知れないが、個人を問題にする限り建築家としては本質的に差異はないはずである。（略）つまり建築主の利益を損なわないような立場で働ける職場にいる建築家は外国［注：ここではイギリスとアメリカが例に引かれた］のようにすべて一律に設計監理者または建築家として考えてよいのではないだろうか。(77)

「建築主の利益を損なわないような立場で働ける職場にいる」という何とも微妙な言い回しに、建設業の体質を嫌ってそこから去った心情を見るが、それでも「個人を問題にする限り」、「本質的に差異はない」とするのである。もちろんそれは、設計施工一貫方式を是認するものではない。

しかし、そうであってもこの提案は、協会には受け入れ難いものだった。退任に至らしめたのは、富安の言葉通り、これを説く市浦に対する非難だったに違いない。

図 6-4　太田和夫

（1905-2004）

日本建築士会連合会所蔵資料

また、④それらを業務や生産の全体を眺め解決しようとしたこと、とは。

業法にせよ業務法にせよ、本来、既存の建築生産に関わる法体系を眺め、なされるべき提案である。しかし、実際には関係するわずかな部分に言及するものだった。(78)その結果、どれほど意を尽くしても、建設業からは背後にあるものを勘ぐられ、無益な争いに終始した。おそらく家協会は、業務法が体系に関わるという認識を欠いていたに違いない。後年、太田はこのように業務法を酷評した[79]。

太田　日本の建築士という資格は、つまり床屋の職人と同じなんだよ。雇いさえすれば商売ができる、という現状を、打開するよりむしろ、追認というか補強する役割をしたのは、家協会の古沢君が言い出した業務法の考え方でしょ。

鬼頭　［梓］ほんとにそうですね。あれで話が混乱しちゃったのです[80]。

市浦は私案について「欧米風の古来のアーキテクトをイメージしていて余りにオーソドックスな考えでいまの時代にはもう通用しないという見方[81]」があると予測した。これは、個としての建築家の姿が日本には根付いていないからでもあった。しかし実際には、当時建築家たちは、西洋の建築家像の実現を求めながら、法とそれを支える社会の知識を欠いた。よって彼がなぜ、業務法の撤回を訴え、また私案を説くに至ったか、その真意は理解できなかったに違いない。

彼らがようやく調べ出すのは九〇年代である。その過程で、建築家の法的規定は個人が対象で、所属ではない。世界も総じてそうだったことがわかってくる。そして国内でも、専業と兼業の設計が共存すべきとする建築審議会答申（「建築士事務所の基本的在り方についての答申」一九八八年）が出、こうした内外の流れによって、以後これを問題視する声はしぼむ。

〝建築家とは個人だ〟として説かれた市浦私案は、ここに至って評価すべきものとなる。それを他より一五年以上も前に説くことができたのは、〝新し物好き〟で〝西洋かぶれ〟だったためだろう[82]。訪れたことのない戦前より海外の動向に敏感だった。

また従来の作家的な建築家でなく、建築の生産全体に関心があったためでもあり、さらに、建築のほとんどあらゆる分野に跨る道を歩み、広範な視野を得ていたからだったに違いない。私案を説く上で、米英の建築や住宅の生産、そして建築家の法制に言及したことから見て、そこでは個人が対象となっていることや、その所属が我々が想像するよりずっと多岐にわたることを知っていたはずなのである[83]。

しかし、その私案にも限界があった。

その提案が当時ですらほとんど誰の知るところにもならなかったことが一つである[84]。当時の家協会の記録（『理事会決議録』）を見れば、業法を推して対立関係にある全事連の長となり、このとき再任を果たした協会の重鎮、山下寿郎の処遇が議題となる一方で、一切話題になった跡がない。このように、誰の批評に晒されることなく、結果、黙殺されたのだった。

また、原点に帰っての検討のため、大きく既存の枠組みを改めるものだったこと。前向きな評価の傍らでこれは、わずかな修正で済む業法や業務法に比べ実現性に欠けた。そしてその枠組みは、あまりに明快すぎて、移り変わる時代の変化を許容するしなやかさも欠いた。一説には技術の法の耐用年限は二〇年とも言われるが、それに携わる人の法もそれと同じでよいのかどうか。仕事の前提となる資格のあり方としては疑問を指摘せざるを得ない面を持っていたのである。

さらに、木造小住宅のほとんどは二級建築士が設計する実態に照らして、そこに工務店法を当てはめるという考え方は、むしろ建築家がその領域に携わることを願った行政の意に反し、受け入れられない要素を備えていた。士法には、建築士の階級ごとに設計監理できる建物の範囲がある。ここでの階級分けは、手がける物の棲み分けの指標ではない。単に一方には制約が課せられただけのことである。よってその範囲を、ましてそこから外れた木造小住宅を、一級建築士はやらなくてよい、とはならない。

一九七二年、参院法制局は、家協会に「二級建築士はプロフェッションではないが、しかし二級建築士を含めて、われわれは問題を捉えていかなければならない。その点協会のいっていることは高いところの問題にすぎない。違反建築の起るところは、もっと低いところであって、そこの問題を考えざるを得ない[85]」と指摘する。市浦私案は、これに有効な答えを用意できなかった業務法に比べれば評価できるものであった。それでも、法によって、建築家をさらに住宅から遠ざける危険があったはずだ。これが懸念されることになったに違いなく、また実際にこの領域に建築家が深く関わり始めた近年の状況を妨げる方向に作用しただろう。

そうした案になったのはなぜだろうか。おそらくそれは、〝原点〟と〝木造小住宅への眼差し〟の違いに関係がある。

まず、原点の違い、とは。

市浦の原点は、士法改正議論が沸く契機となった懇話会発足時にあった。しかし、行政にとってこの原点は、彼らが法を求め始めた戦前にこそあった。原点の共有がない限り、到達点の共有はない。もちろん彼の提案もそう考えたからこそだったが、残念なことに彼は、戦前の行政が法に何を託そうとしていたかを知らなかった。

また、木造小住宅への眼差しの違い、とは。

市浦が法改正や業務法に関わり、私案を発表した時期とはすなわち、ニュータウンの時代だった。この時期、住宅問題の解決に建築家が関与すべきことは協会でも指摘されていた。その動きは会内に専門委員会ができたことにも現れたが[86]、市浦はこれにニュータウンの計画で応えた。戸建て持家主義を批判する彼は、それは政治が解決すべき問題と捉えていた[87]。自らは鉄筋コンクリートの公共集合住宅（図6-5）への貢献で応えることを責務として、結果的に、質・量ともに庶民住宅そのものである木造に目が向いていなかった。

しかし、それを非難するのは酷である。戦禍を被った戦後日本建築界の最優先課題は、都市の不燃化だった。耐火建築の促進が求められ、伊勢湾台風（一九五九年）の被害を受けて、建築学会は、対策にと木造禁止すら決議した[88]。その結果、五〇〜七〇年代の建築界は木造空白の時代となった。こうした中で、木造でなく鉄筋コンクリート造に、戸建てでなく集合住宅に可能性を見出したのはやむを得ない。非力な一人の建築家にできることは限られてもいる。

むしろ、廉価な報酬や窮屈な設計条件を厭わず積極的に関与した姿は、讃えられるべきでもあった。

けれど、同じ時期、その背後では、強力に進む持家政策の下で、建築家が関与することのない〝ウサギ小屋〟と揶揄された木造戸建てが建ち並び、それらスラム予備軍が再び都市やその周辺に蔓延しつつあった（図6-6）。行政にとっては、この木造を再び、あるいは変わらずどうするかが問題となっていた。

都で建築行政に携わった石井桂《けい》（一九二三年東京帝大卒）は、この頃、「不燃建築に対し木造建築の方が絶対多数である。だから国内に一％にも当らない大建築の内容ばかりが改良されても、国民生活水準が引き上げられることにはならない。すなわち九九％を占める木造建築を含めた、小建築の質を向上させてこそ、国民生活水準の向上はなしとげられる」、「建築の九九％余を占める小住宅等に、建築家が全力をあげることこそ今の時代にのぞましい(89)」と述べた。そうした視点に立てば、市浦私案も業務法と大差のないものでしかなかった。

図6-5　千種台団地のスターハウス（1956年）

市浦ハウジング&プランニング所蔵資料
1953年，市浦が公営住宅の標準設計作成にあたり考えたスターハウスは，以後公団住宅でポイントハウスの名で建てられるなどして広まる．なお，これに似た集合住宅はこれ以前すでに世界に例はあったものの，自身では参考にしなかったと記す(90)

前川喜寛は、一九六七～七一年、建設省の指導課長だった。ちょうど業法・業務法で騒がしい時代であり、市浦私案の少し前である。その頃を振り返って、業務法も含め「設監業法案はいろんな形で、私のときにも建設省にあがって来ましたが、自分達の職能の権威づけが見え見えで、社会の立場でどう尽すかが抜けていましたので、全く熱がありませんでした(91)」と語った。

民主主義すらどう根付くかわからない手

図 6-6　木造の戸建て分譲住宅群

出典：『住宅』15 巻，5 号，1966 年 5 月，口絵
同誌が「木造密集型スラム」と紹介したもの

探りの中で編んだ。そのため、不備のあろうことを認める。それでも、まずはその定着を図り、不断の努力を社会が認めた時はじめて、不備を正す段階に至るのではないか。そうなっていない中で、不都合な細部に執着した主張を続けるのはおかしいのではないか、と言うのである。建つのは住宅しかなかった終戦直後、建築家たちは住宅に最接近した。しかしそれも一瞬のこと。市場が持ち直す中でこぞって離れていった。その姿も前川にとって愉快なものではなかった。

このように市浦私案は、限界を指摘せざるを得ないものでもあった。

市浦私案の形成

さて、その私案はどう形づくられたのだろう。

それを考える上で見落とすことのできない著述が、非常勤で教える東大大学院での講義をまとめた『建築実務』[92]である。出版された一九六二（昭和三七）年とは、家協会の方針が設監業務法推進に定まる前。ここで市浦は、士法の問題点を五つに要約する。

①士法が資格と業務のいずれを対象にするのか不明確。資格を持つことと、業を行うことに関連がない。これらは世の専門家の軽視と専門家の責任意識の希薄化を招く。②建築士の数が際限なく増えている。資格試験での実務経験の軽視がそれを増長している。③施工者による監理を結果的に認めており、設計

施工一貫では、監理は事実上実施されていない。④資格が設計監理従事者以外にも与えられている。日本の教育体系がもたらした現象だが、技術の専門分化の進む実情に照らして不都合。これらの技術者は技術士法で対応する。⑤資格のレベルを技術士に求められる程度に引き上げるべき。

これらは、個の強調のため弱まったものもある（③）。しかし、多くは発展する形で私案に入った。ことにこの段階ですでに、専門分化には技術士法で応ずべき（④）とあるのは注目に値する。技術士法は、制定にあたって建設省が、建築では「建築士法がそれに対応するものとして、建築士の技術士的な部分を除いて欲しいと押し通して[93]」別な体系となった技術者の法律だが、そこでは業務独占でなく、称号独占が謳われた。それは戦前の建築士会が推した考え方であり、英仏の建築家法の考え方である[94]。もちろんここでの技術士法の適用は、建築士を意匠設計者に純化する手段で、のちの発想とは異なるものの、戦前には否定的だったあり方に、この頃には一定の理解を示していたことになる[95]。

この二年後、懇話会の発足を境に、業法・業務法の提案が始まっていくことは記した。専門分化については士法適用外とし、また設計監理の業務主体は個人とするなど、方針が業務法推進に定まる前の家協会での議論は、市浦の同時期の発言と一致、のちの私案につながる。

また市浦は、一九六六年、「建築設計監理業務法案要綱」と題する私案を建設省に出した[96]。そこで専業設計組織の法を謳ったことは、この時期やむを得ない。それでも、二級建築士を適用外とするなど、法体系全体を見た独自の項目も散見される。そして会長時代の手帳には、建築家法の実現について、「ⓐあくまで達成を目指すか　原案のまま」・「ⓑ立法の可能性を探って、可能の範囲（長期・短期）で、原案を作り直すか」・「ⓒ士法の改正からアプローチするか」・「ⓓ単独立法（原案の如き）とするか」・「ⓔ全く別の建築家法（技術士に近い―名称独占）の如きもの」とするか、などとある[97]。メモの書かれたのは業務法の撤回を説いた頃で、様々な可能性が模索されている。

ちなみに前掲『建築実務』には、アメリカのパートナーシップのような公益中間法人を認める動きが日本に現れてきたことを評価し、「個人の形と協同式の形とが並存して認められ、それぞれの需要に応じて健全な発達がとげられるように考えられなければならない」[98]、とある。これが当初の設監法人是認につながる。しかし、手帳には、必ずしも設監法人がよいわけではないともあるから、原点に帰った思索の結果、設監法人への依存度の高い構想は、設計者個人にとってよいことばかりではないという考えにたどり着いたことになる。

さらに、会長を退いた直後、「根本的には吾々の職業」の「これからの社会での位置づけをはっきりさせる」必要を説く[99]。同じく建築家の位置づけを問うものとはいえ、自身に直接関係する部分のみを見た業務法とは異なる、のちの私案の、より広範な視点から発想する姿勢が一貫してある。

市浦私案は、概略こうしたプロセスを経てできた。とはいえその発想も、建築家という個を強調する部分を取り上げれば、業務法以前に自身をはじめ協会が説いていたものである。その意味でも、設監業務法を捨て、原点に帰った上で、かつての発想によりふさわしい姿を見出し、そこに専兼を二の次とする建築家法と、専門分化への技術士法の適用、小規模木造生産への工務店法の構想を加え、練り上げていったのである。

結果として、白紙撤回にしても建築家法にしても、市浦の提案はいずれも協会の方向を変えるものにはならなかった。彼の退任後、協会は再び業務法に向けて動く。しかし、それによって再び袋小路に入り込む。重苦しい空気が漂い、「家協会に何も魅力がない」・「昔は家協会の理事もやったが、あまりに理念だけが先行しすぎるので、家協会の活動からはなるべく遠ざかるようにしている」[100]という会員が現れる。先鋭的な運動にかまける様が、建築家の集まりが持つべき魅力を損ない、支持を失ったのである（図6-7）。

それでも続いた改訂業務法の構想も、その主旨が昭和五八年改正に盛り込まれないことが明らかとなる。そこに至って、再び次の項目が議題に挙がる。

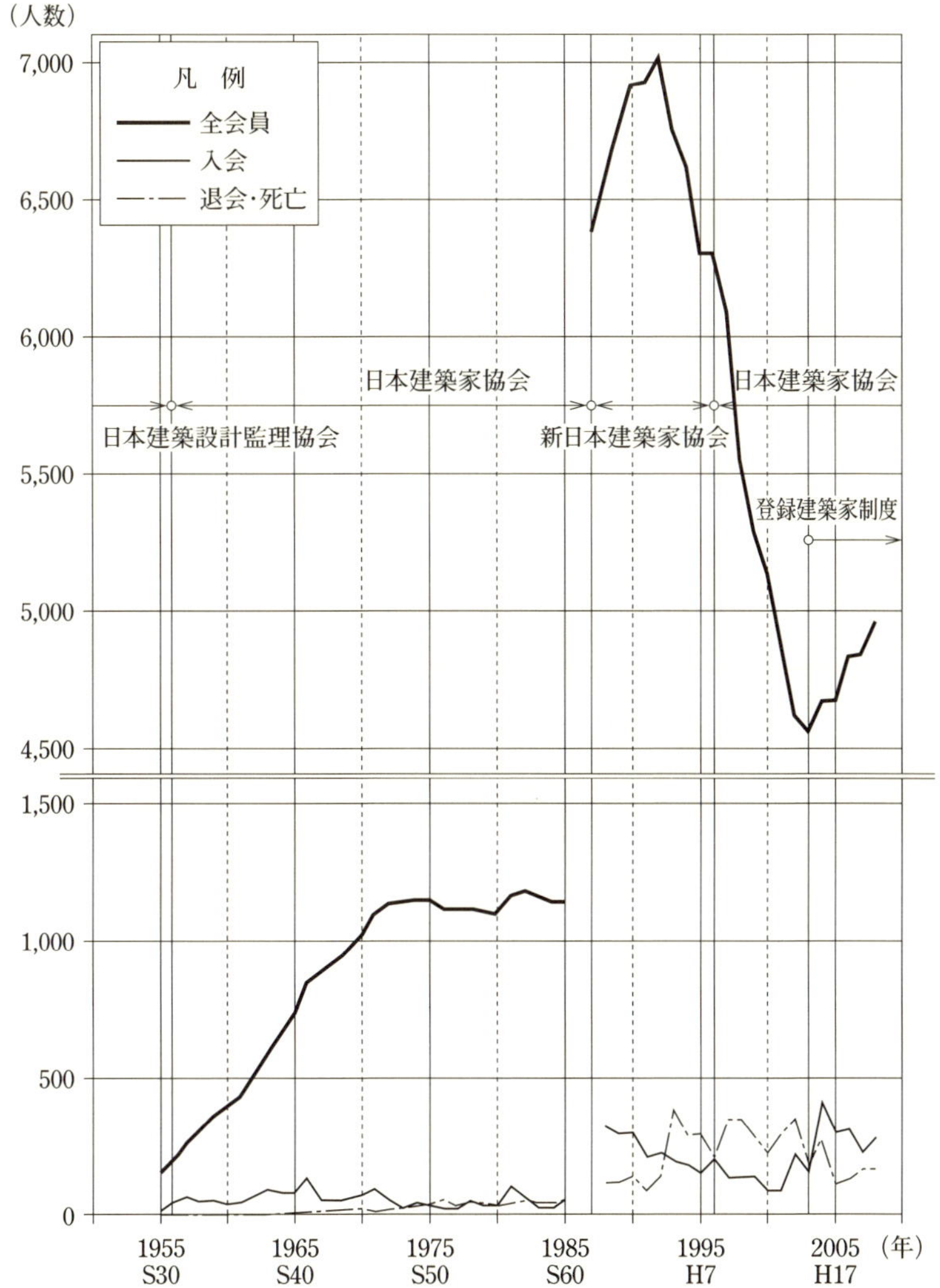

図 6-7　日本建築家協会会員数

出典：各年度の『事業報告書』（日本建築家協会所蔵資料）などより筆者作成

（1）建築士の数が多すぎるのをどう処理していくかという問題。
（2）現行建築士法は、建築基準法を補完する防災技術者法であってアーキテクトローでないので、名称を変更する必要のあること。
（3）すぐれた建築家は防災措置と云うものにも正当に応答しうるものであって、その逆は真ではない。つまり防災の技術者が優れた設計をなしうるという保証はまったくない。従って防災技術士法を上回るアーキテクトローでないと防災措置さえ建築的に正当に処理できなくなるという問題。
（4）二級建築士を別にして工務士法で処理する。
（5）既得権を尊重するために社会の進歩がはばまれるという日本の社会をどう考えたらよいのかという問題。
（6）プロフェッションが成立することを経済的に保証しえていないが故にプロフェッショナルをディスカレッジしている状況を放任していてよいかという問題。
（7）設計の三業務［＝意匠・構造・設備］の構造のちがいと建築生産の中での位置づけを明確にし、責任体制の混乱を是正していく問題(101)。

通覧して感じるのは、市浦私案に似た印象である。建築生産の中での位置づけを考えるからこそ出る発想と言えるだろう。協会が、原点に帰らざるを得ない中で必然的に現れたものであろう。

ところで、市浦・前川とともに家協会にいながら、当初士法にさして関心を持たなかった太田和夫も、この時期、士会連合会の要職就任もあってこれに取り組み出す。その太田の法制度観は次のようになる。

建築の設計というのは誰がやってもいい、べつに建築家でなくてはいけないって法はないと思う。イギリスにしたって、もともとの法では誰でもいいことになっている。ただ、ここが肝腎なんだけれども、設計を職業とする人は建築家でなくてはいけない、ということなんです。その点で日本の建築士法の一番いけないところは、建築士の資格がないと設計監理の仕事はできない、と決めておきながら、それを職業とすることは誰でもいいことになっている点ですよ。話が逆なんだね。日本でも、ほかの、弁護士や公認会計士については、その点筋が通っているんですね。[102]

設計・監理を職業とする〝人〟が建築家だ、という主張は、市浦の像と合致する。もちろん、建築家法をつくるべきという市浦と、士法の改正で対処できるという太田は、細部では異なる。[103]しかし、立脚点に通じるものもまた大いにある。そして、ともに所属の専兼を問題としていないことも共通する。原点に立ち戻って考えた市浦と、ようやく考え始めた太田は、その視点や視野においてほぼ一致した。そこには、国鉄にいた太田と、建設省に近い市浦という背景も影響したに違いないが、家協会では、多くが専業か否かへの執着から逃れることができなかった。

こうして建築家の法制度は、日本建築家協会が専兼へのこだわりを問い直す二〇世紀末に至るまで、発展的な議論が新たに生まれることはなかった。

建築生産計画家　市浦健

こうした視野を獲得できた市浦について考えてみたい。

一九五九（昭和三四）年、アンケートに「私は、いわゆる作家ではありません」[104]と答えた市浦は、晩年、「ボクは本当は建築家ではないからナ」[105]とまで言うようになる。創り込むタイプではない彼が、作家でない、と言うのはわかる。しかし、「建築家ではない」とはどういう意味だったのだろうか。

市浦の晩年とともに前川國男の晩年も間近に見た佐藤由巳子は、自身が大学院での研究対象に市浦を選んだ時を振り返って、「前川さんでなく自分を選んだということで、とても喜んでおられました。そう考えれば、建築家と思っておられたんじゃないですか?」と言う。確かに、自身の葬儀のためあつらえたリーフレットにも自ら「建築家　故市浦健」と書いた。しかし、佐藤は続けて、「厳然たる古典的な建築家像を体現する前川さんの横に立つ者として、

図 6-8　市浦自邸（1931 年）

市浦ハウジング&プランニング所蔵資料

〝建築家〟を名乗ってはいけないような雰囲気が同級生たちにはあった[106]」と語る。そうした気後れもあっただろう。

もう一つには、自身の資質と扱う建築を考えたとき、前川のような型を建築家と呼ぶのであれば、自分はそれとは違う、そう考えたためだったとの推察もできる。そもそも戦前はともかく事務所開設後に関する限り、市浦の関心にはいわゆるデザインや空間はなかった、とした上で、富安はこう語る。

市浦さんの設計を見てもね、別に上手じゃないと思うんですよ（笑）。だけど、その空間の持っている基礎的な条件や量産を考えるっていうことではね、事務所を始めるずっと以前、戦前からね、大いに関心があったんだろうと思うんです。

僕は、〝建築家　市浦健〟なんて思ってませんよ。僕は、〝建築生産計画家〟っていうような感じが市浦さんにはピタリと合うかなという感じがしているんですよ。そういうのであれば、間違いなく市浦さんは当たるんですがね。でもいわゆる建築家っていうのではないですよね[107]。

自ら建築家と称したこともある。しかしそれは、他にふさわしい称号がなかったためではないか。あるいは、毛色は異なるものの、拡げれば当てはまると見た時期もあったのだろう。協会の会長を引き受けた頃まではそうだったかも知れない。けれど、その彼が、建築家そのものの団体の長として古典的な建築家像の確立に砕身するのは矛盾を孕む行為だった。会長時代の非難はこうして引き起こされ、また、そのとき市浦は違和感を決定的にした。それが「建築家ではない」という言葉につながる。それによって、協会から離れていくことになった。退任後の私案を、「古来のアーキテクトをイメージしていて余りにオーソドックス」なものと評したことは触れた。しかし、これとて自らを建築家と見た上でのものではないだろう。むしろ、個として業を営む立場から、個を確立する手立てを託したものだったに違いない。

とはいえ、市浦は、建築界の職域をひとわたり経験し尽くし、また、トロッケンバウ（乾式組立構法、図6-8）、

図6-9　パネル式組立構造試作家屋（1943年）

市浦ハウジング＆プランニング所蔵資料　中央に市浦

パネル式組立住宅（図6-9）からプレハブ化へという生産の合理化に、住宅の平面計画から団地計画が象徴する都市計画に（図6-10）、そしてBL（優良住宅部品）はじめ建築部品の世界に、戦前の日本工作文化連盟のような建築運動や戦時中の建築新体制構想を手始めとする諸々の組織づくりにといったように、それまで建築家が関心を持たなかった建築の周辺にまで深く興味を示した。そうした彼を、同じく公共住宅に携わり交流のあった澤田光《みつ》英《ふさ》（一九四四年東京帝大卒）は、「実に好奇心が旺盛で視野の広い人だった」[108]と述べた。それゆえに持ち得た視野が、建築生産を俯瞰した上での建築家法の提案を生んだ。それはまさしく建築生産計画家、市浦健ならではのものであった。

長く建築家協会で建築家の職能の確立に尽力した藤井正一郎は、振り返って、「ある時期、建築家協会は、建築家職能法制定のための一大運動を展開した。しかしそこには、それを実現させるための具体的戦術を欠いていた面があったため独りよがりとなりがちであったし、その運動を推進する建築家たちの間にも、その実

図 6-10　千里ニュータウン（1965 年頃）

市浦ハウジング＆プランニング所蔵資料

現は自分たちの眼の黒い間ではないという考えが支配していた。そして、いまでも伝説化している前川国《ママ》男氏の言葉である、「建築家は一つの理念の旗を掲げて行くことが大切である。その旗を掲げて歩く後姿が美しければそれでよい」という理想主義を、建築家にとって大切なものであるとして擁護した。そしてそのような理想主義は、今日においても失われてはならないものであると思うのである」[109]と記した。

　戦後、フリー・アーキテクトを標榜する建築家の精神的支柱だった前川は、明治維新を成すため所属を離れて交わった幕末の志士を引いて、〝処士横議〟を説いた[110]。それゆえ、専業設計者の団体だからといって建設業を敵と見て排除しようとするのはおかしい、家協会に入れることもいとわず、と語った[111]。

　意外に映るだろうか。その姿勢は、専業に固執する建築家たちのそれと明らかに異になる。なにものからも束縛されない自由を基盤とすべき建築家という存在の、社会的な確立を願う傍ら、建築界がそれぞれの立場に凝り固まって内紛を続けることを無益と感じたからに違いない。

　そして、その前川は、「設計施工一貫がいいに決まっているじゃないか、そんなことは議論の余地がないよ。だけど現状で、この資本主義の世の中で、施工会社がああいう格好である限りは簡単に設計施工一貫がいいとはいえない」と口にして、やはり建築家のための立法を願った。好んだ言葉、「抵抗しながら滅びよう」の姿勢、そのままにである。作品に臨む姿勢はかけ離れていた。しかし、その思いは市浦にも通じるものであっただろう。個が埋没するばかりの近代社会で、自由業としての建築家を標榜する者が、自身を規定する場に臨んで組織を前に出す。そうした本末転倒を改め、再び理想を掲げ、筋を通せ、というものだからである。

戦後、長く続いた建築たちの職能をめぐる闘争は、ほぼ泥沼の中に終始したが、こうしてわずかに残るものもあった。その意味で無駄ではなかった。

3　二一世紀へ

昭和五八年改正に向けて

建築士法の六〇~七〇年代というと、どうしても先に述べた全事連の設監業法と家協会の設監業務法の対立に目がいく。ところで当時、建築界の雰囲気はどうだったのだろうか。

まず、一九六四(昭和三九)年、建設省が示した建築士法改正案要綱(第一次試案、巻末資料7)に対する関連団体の意見をみる(表6-1)。極端な対比は、家協会と建設業の団体(全国建設業協会・建築業協会)に現れるが、一団体でそれを体現するのが日本建築協会である。会員の多様さゆえ、「意見が多種多様で取纏めも困難につき今暫らく回答は保留したい」とある。

さらに業法・業務法登場以後は表6-2となる(一九六六年)。これは、建設省が用意した表中左の質疑に答えたも

［昭和］39.6.26.

空気調和，衛生工学会の参考的意見	全日本建築士会法規対策委員会の意見	全国建設業協会，建築業協会の有志の意見	日本建築協会法規委員会の意見	日本電設工業会の参考的意見
一般科目は余り難解にせず，専門科目に重点をおく．	予備試験は，試験の複雑化をまねき，必要性も認められない．		（意見が多種多様で取纏めも困難につき今暫らく回答は保留したい）	
	二級建築士は将来共専門化しない．	建築士は綜合的知識を必要とする．専門化は医師のやり方がよい．	同　上	
名称にも，構造，設備etcを明示する．	工事監理，積算調査は単独の専門分野とせず計画せしめるべきである．		同　上	
	是認できる．	職業選択の自由を拘束するもので，絶対反対である．	同　上	
			同　上	
	小規模建築物については複雑化を避けるため，適用を除外すべきである．	設計施工業務は註文主の信頼によって行っている．施工業者を信頼できぬ場合等は注文主の自由であって分離を註文者に義務づけることは不当である．	同　上	
	工事監理のみではなく設計も施工と分離すべきである．これについても，小規模建築物については適用除外とすべきである．	建設業者から設計義務を取上げるようなことには反対．	同　上	
実務経験10年については，当初実施のさい実情を考慮して検討する．	実務経験10年以上は完全なオールマイティとすべきである．		同　上	

年，46-49頁

表6-1　建築士法改正案要綱（第一次試案）39. 6. 9. に関する各会の意見

<table>
<tr><th>事　項</th><th>日本建築家協会
企画委員会の意見</th><th>日本建築士会連合会
中山常務理事の個人的意見</th><th>全国建築士事務所
協会連合会の意見</th></tr>
<tr><td>試　験</td><td></td><td></td><td>1. 2級建築士試験において試験すべき事項を増加する.
2. 予備試験と本試験に分けず1本化する.
3. 必須科目と選択科目細分をする.</td></tr>
<tr><td>一級建築士に専門別設けること</td><td>特に異議はないが, 分類名称には更に研究の余地がある.</td><td rowspan="2">技術士の専門別とは異なる性質のものであることを注意する必要がある. 高度の建築技術を要する時は, 試験のさい要求し各人の専門は医師の如くそれを標ぼうすればよい.</td><td></td></tr>
<tr><td>専門科目の明示</td><td></td><td></td></tr>
<tr><td>事務所登録を受け得る者</td><td>建築士に限定することに賛成, これによって建築業者の設計部が不利益を受けることはない.</td><td></td><td></td></tr>
<tr><td>建築士の性格</td><td>建築士を単なる免許登録を受けた者と業を行なう者に大別し, 後者に適当な名称を付し, 建築士事務所の名称は廃止する.</td><td>単に免許登録を受けた者をいうのか, 実際に業としている者をいうのか明確にする.</td><td></td></tr>
<tr><td>工事監理の独立性</td><td>施工者乃至設計施工者に対する不信といった問題ではなく, 工事監理の客観性から是非実現すべきである. 要綱の一部に明確を欠く部分がある点の修正を望む.</td><td></td><td></td></tr>
<tr><td>設計と施工の分離</td><td>工事について発注者と受注者は経済的取引関係では互いに対向的立場であるから後者が前者の業務を行なうことに矛盾がある. 綜合業者は設計部を独立すればよいのだから, 決して業務の圧迫は受けない.</td><td></td><td></td></tr>
<tr><td>建築士の業務の範囲</td><td></td><td></td><td></td></tr>
</table>

出典：日本建築学会建築技術者制度調査委員会編『建築技術者制度に関する資料集Ⅲ』1965

(1966年)

全日本建築士会	日本建築家協会	日本建築協会	日本建築士会連合会
最低基準面積引下げ反対. 建築士制度の変更反対.	特に意見なし.	特に異議なし. 建築士制度の変更は反対.	最低基準面積引下げ賛成. ただし既得権, 経過措置で問題の生じないようにすること. 建築士制度の変更は必要なし.
登録制度は現行でよい. 違反発生地知事の調査認定と登録知事の処分を併用する方法は可.	一級建築士事務所は大臣登録にすること.	登録県以外での業務違反に対する措置を採択すべきである.	一級建築士事務所は大臣登録とすること. 二級建築士事務所の登録県以外の業務には届出制が可, 登録県以外の違反対策は可.
開設者は建築士に限定せよ. 民法上の責任は当事者が負う. 開設者を建築士に限れば, 開設者と所属建築士の責任は実態に応じて処分すべきである.	開設者は, 建築士個人または協同組織体の代表者に限定すること. 刑事, 民事の責任は区別せず検討すべきである. 設計監理法人のような特別法人を協同組織体として考えよ.	建築士法上, きわめて重要な問題であるから, 早急な結論は避け, 意見を充分調整のうえ, 根本的な改正を行う際採択せよ.	開設者を建築士に限るのは, 出来るならば望ましい. 所属建築士の地位確保は雇用契約によってきまる. 開設者は, 建築士事務所としての行政責任を負う. 建築士の責任範囲は限定する. 民事責任は民事規定による. ただし, それに対応できる体制の確立は必要.
委任契約を前提とする. 公的解決機関は, 現建築士審査会にて可. 著作権等に不明確な点がある. 設計者対施工者の紛争もある.	委任契約(特命随意契約)であることを前提に, 公的解決機関は, 権利, 義務の明確化のために賛成.	同　上	契約方式を法文化すること. 公的解決機関は必要. 設計者対施工者の紛争もある.
特に反対しない. 単一団体, 強制加入は不可.	業務の健全な発達育成上賛成. 単一団体には反対.	同　上	開設者又は管理建築士の組織を建築士会内部に設けよ.
業務法と資格法の分離. 二級建築士業務の上限拡大.	内部検討資料として意見(案)を別添している.	業務関係の法整備は, 根本的改正を行うべきである.	(従来より, 建築士法の一部改正による士法の整備を主張.)

の各会意見」1966年12月5日(日本建築センター前川喜寛文庫所蔵資料)より筆者作成

表 6-2　現行士法の問題点についての建設省の質疑に対する各会の意見

質疑項目	建築業協会・全国建設業協会	全国建築士事務所協会連合会
1.　建築士の業務範囲について 違反建築物対策を推進するため, 一級又は二級建築士でなければできない設計, 工事監理の基準は現行制度のままでよいかどうか 1.　最低基準の100m²の引下げ 2.　現行の一級又は二級建築士制度とは別の建築士制度を必要とするか否か	最低基準面積の引下げは原則的に反対はしないが実効は疑問. 現行法の施行の徹底, または基準法, 都計法の改正により違反対策を行うべきである.	最低基準面積の引下げ賛成 100m²→60m² 建築士制度の変更は反対.
2.　建築士事務所の登録について 違反建築物対策を推進する等　建築士事務所の業務を適正ならしめるために現行制度でよいかどうか 1.　登録制度(大臣登録等) 2.　登録都道府県以外の都道府県の区域内で違反行為があった場合の措置	これが違反対策に実効あれば賛成する.	登録制度は現行でよい. 違反発生地知事が処分決定をし, 登録知事が処分する.
3.　建築士事務所開設者と所属建築士との責任の明確化 業務執行に伴なう開設者と所属建築士との責任関係は現行制度で明確であるかどうか 1.　建築士法, 建築基準法上の刑事行政責任について 2.　民事上の責任について (1)開設者に建築士と同様の義務を課する必要があるかどうか (2)開設者を建築士に限るかどうか (3)建築士の責任が追及される場合, 開設者も必らず責任追及される措置を講ずるか否か (4)所属建築士の地位確保を法律により講ずる必要があるかどうか	開設者の建築士限定は資格と経営の混同で反対. 責任限界を区分せよ. 開設者に士法, 基準法の刑事, 行政責任を嫁するは不可, 事務所の民事責任は建築士に及ばず.	開設者は建築士に限定せよ. 建築士に限定すれば責任の所在は明確となる.
4.　設計等の依頼者と事務所の開設者の紛争処理 1.　紛争の実態 2.　契約方式の法定 3.　公的解決機関の設定	実体不明確につき, 現在の民事的処理にて可.	契約又は注文書, 請書の交換を義務化する. 公的解決機関を設けよ.
5.　建築士事務所団体の法定 現行建築士会とは別に建築士事務所の開設者を構成員とする団体の設立をはかる必要があるかどうか 1.　法制化 2.　単一団体 3.　強制加入	特に反対はしない. 単一団体強制加入は不可. 建築士会内の事務所部会を検討すべきである.	必要である. 単一団体, 強制加入とせよ.
6.　その他	建築士の多くはエンジニアである実情を確認すること.	設計監理業法を立法せよ. (関連要望事項あり)

日本建築学会, 都市計画学会の両会は特に意見なし.

出典:「現行士法の問題点に関する質疑項目」1966年・「建築士法の問題点について

のである。ここで建設省にとって重要なのは1の枝問2（現行の一級又は二級建築士制度とは別の建築士制度を必要とするか否か）だった。しかしその質疑は民間には意味がなかった。自身に不利な条項に目がいっていたからである。まとまらないのが相場の建築団体の全てがこれに「変更反対」で一致した。また、同じ問いの枝問1、建築士の業務独占範囲、「最低基準の一〇〇㎡《ママ》の引下げ」には、多くが賛を示す中で、二級建築士が創る全日本建築士会が異を説く。彼らの領域への、一級建築士の参入を危惧したのである。

そしてまた業法・業務法を推す全事連・家協会が、事務所組織を、新法で明確にすることに執着していたのがわかる。もちろん彼らの提案に建設業団体は反対。しかし石井桂が、士会連合会の会長就任にあたり二法に異を唱えたように、建設業だけが反対したわけではない[112]。改正で対応できると見たのだった。

これ以後も、時に進み、また時に滞りながら、建設省や国会を巻き込んで動きは続く。この間、法を預かる指導課はいくつもの案を編む。前川喜寛の旧蔵資料からもそれは確認できるが、彼の転出後も続いただろうから膨大な案が残ったことになる。

この時期の行政の態度は、この頃のメモにある、「建築指導課としては団体の自主的な動きに対し必要以上の干渉は避ける立場から、これらの動きには関与していない[113]」との記述にその一端を見る。しかしそれは、中立を示したというよりは、各団体の「社会に向けての活動をせず[114]」安易に法に頼ろうとする姿勢が身勝手なものと映った、その反映と見るべきだろう。「士法の問題は、仕事を依頼する側の利益を守ることをもっと考えねばらない」、「建築界の中で議論すると、どうしてもこういう見方が弱い[115]」との言葉も残った。

また関心は、専門分化にどう応じるかにこそあった。

同課の戸《と》谷《たに》英世は、一九七三年、建築士制度のありようが転換期にあると述べた[116]。中でもかつては予想もしなかった構造や設備専門事務所の出現を指摘、やはり専門分化が大きく念頭に置かれる様を知る。このように、遡れば戦前から出ていた設備技術者資格の法制にどう応えるか、にまずはあった。さらに言うなら、このとき取り組み、のちに昭和四五年大改正に結実する基準法との関連で出たもので、士法を抜本的に変えたいとして出たものでは決してなかった。[117]

業法・業務法は、行政にとって、テーマの外に飛び火したものだった。ところがその結果は、業界の足並みを、揃えるどころか、むしろ逆に作用したのだから、これを本腰を入れるにあたわず、と見るより他なかったのである。

昭和五八年改正

その改正も、八〇年代に入るやにわかに動き出す。

一九八〇(昭和五五)年、かつての懇話会の自然消滅後、関係団体の意見交換の場となっていた建築業務基準委員会[118]が、設備設計団体[119]からの建築設備士法立法の意向を受け、「専門建築士制度に関する建築士法改正要綱」をまとめ、建設大臣に速やかな実現を求める。上田康二(指導課長)はこれに、「建築設備士の法制化について、単独立法は法技術的に無理、士法改正で考えていくべき、その際、構造・積算などの他専門分野の問題も一緒に考えていきたい」と語り、翌年、各会に次の項目について意見を聴く(各会の意見は表6-3)。

建築士制度の整備に関する課題と問題点

1・一定の建築物の構造設計を行うための構造設計士を設ける。
2・一定の建築物の設備設計を行うための設備設計士を設ける。
3・一定の建築物の工事監理を行うための工事監理建築士を設ける。
4・木造建築物の工事監理を行うための木造工事監理建築士を設ける。
5・現行の一級建築士及び二級建築士の免許を更新制とする。

日本建築家協会	日本建築設計監理協会連合会	日本建築士会連合会
「建築士制度の整備に関する課題と問題点」については,検討し,見解を持つが基本的問題①[下記,項目9を参照]の士法の抜本的改正との関わりが出てくるので,士法改正の基本方針が明確にされなければならない.	建築士法の枠組みの中で措置することには反対.慎重な対応が必要で,時期尚早.	設備と構造の分野に限ってそれぞれの専門建築士を設けることは止むを得ない.
	当を得ないものとして反対.	建築士として設計と監理を分離した資格者を考えることは不適当.
	不要と考える.	工事監理業務のみに資格を有する建築士の制度は必要ないと考える.
	実態把握について何等かの制度は必要.膨大な経費を要する試験制度には反対.	賛成.
		専門分野別建築士制度との関連において検討すべきものと考える.
		専門分野別建築士制度の中の問題点として検討すべき事項と思われる.今後の検討に委ねたい.
建築設計監理を行う建築士に対して,その業務について明確に規定し(現行建築士法でいえば第4章),それを誠実に行うことができるようにする法的処置(業の問題も含)が望まれる.基本的問題に対する広い視野に立った配慮なく,いたずらに新しい「士」を新設することは,却って事態を混乱させるばかりと考える.	士法改正に当たっての基本的態度は建築生産組織の発展方向を見極めた上で新しい視点から(個人と組織の有機的一体化を吟味し)建築士の資格に伴う業務に関する事項の確立については資格法(身分法)と業務法を各々独立させる立法措置をこの際,講ずべきものと考え,要望し期待する.	建築士法の改正は,士法の基本的な各種の問題を検討し直すことが重要ではないかと考える.それには,時間を十分にかけ,建築界のみならず各方面に意見を求めて慎重に検討すべきと考える.建築士制度整備の問題に関しては,都道府県建築士会の意見を集約,これを基盤に鋭意検討を重ねている段階である.
士法改正に関する基本的問題=①士法は「建築技術者資格法」に②士法とは別に「業・業務法」を.		①管理建築士の資格制限と責任,権限を強化する.②建築士事務所の開設を許可制とする.③建築士の業務に係る紛争の処理機関を設ける.

よう項目順を入れ替えた.

表 6-3 「建築士制度の整備に関する課題と問題点」に対する各会の意見(1981年)

	建築業協会	日本建築士事務所協会連合会	全日本建築士会
1.構造設計士の新設について	建築物の構造設計は,一般に建築士によって行われており,現状として必要がない.	新設の趣旨は理解できるが,尚十分な検討を経て実施すべきものと考える.	建築技術の専門分化に対応する制度を見直すに当たっては,この問題の内外の差異を認識,現行士法の二の舞を演ずることを避ける必要がある.
2.設備設計士の新設について	建築工事の設備関係の比重は増加,技術的にも複雑化,高度化しており,新設は止むを得ない.		
3.工事監理建築士の新設について	反対.工事中の施工管理の充実を図る制度が必要.	新設する理由は認め難い.	
4.木造工事監理建築士の新設について	反対.木造建築物の質的問題は,工事監理業務の重要性より技術的問題がより重要.	建築士法に定める資格制度と次元を異にする.同意し難い.	無益というしかない.
5. 1·2級建築士の免許の更新制について	その目的によっても実施方法が異なるが,事務的にも経費的にも膨大になる等の多くの問題がある.	更新期間は別として同意できる.	各団体が登録の更新によって実態の把握ができるよう協力する必要はある.
6.専門設計士·建築士の免許の更新制について		専門建築士制度の全項目に同意していないため,態度は保留したい.	
7.専門建築士制度と建築確認制度の関係について	建築確認は,計画する建築物の全般にわたり総括している建築士が行うことは当然で,専門建築士制度が設けられた場合でも,確認を申請する建築物を総括する建築士が行うことが適当.	建築士の総括責任に変化はない.士法改正ならびに基準法の建築確認制度はこの趣旨で一貫したものでなければならない.	
8.建築士法改正に対する考え方		「建築設計監理業法(案)要綱」を基本に業務に関する法制の単独立法を究極の目標とするが,現行士法で資格に関する条項とともに業務に関する条項を併せて抜本的改正が実現するなら単独立法に固執しない.資格条項とともに将来の情勢を展望した業務に関する条項を含めた改正でなければならない.	建築の革新と変化に対応する制度づくりにおいてはひとり建築士の資格のみを問題とするのではなく,業務の適正化の面で,また建築の態様の面も含んで考えねばならない段階であろうかと考える.
9.建設省が求めた7項目以外の改正要望事項		①建築士事務所を管理する管理建築士制度を強化する(第24条「建築士事務所の管理」に追加).②適正な設計監理業務報酬契約を義務づける(第25条「業務の報酬」に追加).③建築士事務所の団体を設置する(第5章の二「建築士事務所協会及び建築士事務所協会連合会」を新設).	

出典:『日経アーキテクチュア』151号,1982年1月4日,50-51頁を元に,質疑に対応する

6・構造設計士、設備設計士、工事監理建築士及び木造工事監理建築士の免許を更新制とする。

7・専門建築士制度と建築確認制度の関係について

行政にとってこれはまだ、問題点整理のためのものでしかなかった。それでも改正に乗り出したい背景もあった。そこには、欠陥工事が社会問題となって監理のあり方を問い直す必要が起こり、また、肥大化するばかりの建築士試験の事務処理という新たに登場したものもあったが、やはりまず、専門分化への対応があった。

専門別建築士制度（1～4）のうち、設備は異存がなかったが、工事監理建築士・木造工事監理建築士には諸説あった。前者は、欠陥工事対策としては有効で、また人によっては設計より監理に適性があるにしても、監理を設計と分離できるかという本質的な問題がある。後者は、「木造住宅の設計・施工を手がける工務店対策」という主旨にすら、二級建築士で十分との見方があったからである。「試験に合格しにくいが技術の十分な技能者の救済」の狙いもささやかれ、それへの疑問もあった。[120]

免許の更新制（5～6）は、建築士の実態・実数把握には不可欠と見る一方で、再教育や研修への抵抗もあった。建築士と建築確認の関係（7）には、答申などにあった、行政簡素化に資する建築確認の建築士への一部委譲、この模索があっただろう。さらなる行政改革の声の中で、より強く上がっていく。

一九八一年、行政管理庁は「建築確認法令の範囲を明確化せよ」と要請、翌年には全国で建築行政の監察を始める。[121]対象となる法令がマチマチで、またその数が多いため、統合の要ありと見たのである。他に、建築主事による中間検査への建築士の活用を含む答申も出ていた。[122]権限委譲に対する疑問もないではなかったが、実現の方策が求められるようになっていた。

九月、建設大臣の建築審議会への諮問を機に事態は動く。小宮賢一を主査とする専門委員会でこれを揉み、滅多にまとまらない業界の意見が一応まとまった形となって、翌年一月、答申。[123][124]同じ月、行政管理庁の先の監察結果も出る。

これらを受けた改正のポイントを住宅局長の松谷蒼一郎はこう説明した。

まず第一の点は、建築基準法の中の単体規定については、ある程度建築士に任せてもよいのではないか、ということです。（略）それからもうひとつは、最近、建物に関する技術が専門化、分化してきているので、それに対応して設備士や構造士といった資格を作ろう、ということです。（略）また、現行の建築士法では建築事務所についての規定は少ないですから、このへんをもう少し整備したい、ということです。[125]

基準法単体規定の建築士への委譲に加え、建築士事務所の規定整備のように団体の意向を汲むものもあり、大きな改正になると思われた。ところがその直後、雲行きは暗転、テーマからすれば傍流でしかない木造建築士ができ、逆に建築設備士は不十分な位置づけに留まった。[126]決して持論を譲らなかった建築界がようやく大同団結した案に、政治的調整が施されたのである。『日経アーキテクチュア』（一九八三年六月二〇日）はそれを、「政治の威力まざまざ明暗分けた専門建築士」と報じた。

この決着には、太田和夫（士会連合会会長）も「建築関係諸団体が当初の建築士法改正案の内容に納得したのに、国会が建築団体の意見に耳を傾けず、一部の意見を聴いて可決したのは愉快なことではない」とコメント。[127]太田の不満は、「国会の場で建築士の資格とはどうあるべきかの議論が十分なされなかった」ところにもあった。

それゆえにこの改正（昭和五八年法律第四四号）は、歴史的な要求である基準法の建築士への委譲（単体規定について確認や検査・報告対象からの除外）が一部認められながら、「大山鳴動してねずみ一匹」[128]と評され、それぞれの思惑による業法・業務法推進、あるいは再改正への機運を灯す役目しか果たさなかった。

制定から六〇年を超えて

設計者の制度にまつわるその後、今日に至る展開を、目に留まる範囲でおおよそ示しておきたい。

まず、建築確認との関係を述べるべきだろう。戦前には知事の認可だったものが、戦後、建築主事の確認になったのは、基準法を編む中でのことである。これを考えた小宮賢一は、戦前、内務本省での見習いを終え兵庫に赴任した際、建築物法の運用を経験する。そこで、知事の認可は建て前で、内部委任された部長の代決の形を採ったものが、さらに部長印を預かる課長の手で決裁される実態を知る。ベテランの技手《ぎて》に支えられ、実際には問題は起こらず成り立っていたが、「これでは一体誰が責任をもって審査したことになるのだろう」。書類を審査した者がその責任で決裁すべきで、審査の時点で完了すれば、「手続きはむしろ簡素化されたことになる」と考え、盛り込んだ。[129]つまりその念頭には行政事務の簡捷があった。[130]それゆえ、草創期にすら、建築士制度が有効に機能するようになり次第、廃止すべきと言う者もいた。[131]認可を確認にしたのも経過措置という見方である。[132]物の法しかない時代を知り、人の法に期待する小宮は、それに理解を示した一人でもあった。昭和五〇年代には手稿に、確認制度の出発点をこう残している。

確認はなぜ必要なのか（何のためにやるのか）

① 違反防止のための第一段階（事前チェック）のため、

これは善意のミスは防げても、故意の違反防止には役立たない。

② 建築主事の有権解釈

検査時に設計者と建築主事の間で意見がわかれてはおそい。しかしこれは、逆に建築主事の一方的見解をおしつけることになる。

③ 法の規定は具体的でないため

法の不備を補うための確認の運用。（略）

確認制度の出発点は①であった。この立場からいえば、確認申請は建築主・設計者の任意としてもよい。（一部省略でもよく、

まるまる出さなくてもよい）　確認サービス行政説

悪質の違反を行うものは、もともと無確認工事をするか、又は確認とはことなる工事を行うのであるから、これは、現場での取締によらなければ、いくら手続きを定めても防げない。

（小宮賢一「建築基準法研究会での確認検査の問題」一九七七年頃　小宮文庫）

また、この以前にも次のように提案した。

提出書類の一部は設計者（建築士）の責任で省略できることとし、その部分を法令に適合するように設計したことを誓約させる。竣工検査も工事監理者及び施工者の報告により判断できることとする。[133]

小宮すら記した〝建築士の設計に対する建築確認の省略〟は、廃止に向けた一歩と見られ、さらなる行政の省力・民間活力の活用こそ是とするムードの中で、九〇年代には、確認自身を民間に委ねる方向に動いていく。

すでに大阪では、一九七三（昭和四八）年より、「認定を受けた民間の建築事務所は建築確認や検査の一部を省略できる」とする法令建築事務所制度を独自に立ち上げていた。[134] 次なる位相への足がかりにと期待されたが、続く自治体はなく、難航もささやかれていた。[135] ところがそれが、時代の後押しを受けて、一九九八（平成一〇）年の基準法改正（法律第一〇〇号）によって、全国的に、かつ大掛かりに実施に移される。

民間確認検査機関の誕生である。

住宅は国民一般にとって高価な一生の財産であり、その欠陥は生命身体に重大な影響を及ぼし、社会問題となることもあるので、その安全性を確保するためには、例えば薬品行政と同じく、行政こそが、その安全性、とりわけ建物の最低限度の安全性に関する建築基準法令の規定が遵守されているか否かについて厳格な検査をすべき義務がある。したがって、建築確認、中間検査、完了検査のいずれについても、基本的には、行政が責任を負うべきである。

法律案によれば、公正中立な民間機関の創設を企図し、株式会社も排除されていない。

この日本弁護士連合会の意見（「建築基準法改正についての申入書」一九九八年）に見るように建築界の外からの反対もあった。自身の建設省時代、これをずっと上げられていた前川喜寛も、当時から「私はこういう権威行政が民間でやれるか、まして義務、責任を抜いて権限だけなどもっての外と相手にしませんでした。まして、営利企業、目的が全く違う。賠償責任（国家賠償法は無限責任）をどうするかといったことで[136]」とOBの立場で断固として反対したと明かす。

弁護士会の指摘は、〝住宅の性能がそれで保てるか〟にあったが、前川の懸念もそこにあった。公職を退こうとしている建築行政OBとして、最後の奉公の気持ちもあっただろう。しかしそうした懸念は、民活と規制緩和にかき消され、届くことはなかった。こうして二〇〇五年、この問題に深刻に絡む、耐震強度偽装事件が起こることになる。

そして設計者の制度自身について。

業界団体が大きな一歩となると考えた昭和五八年改正は、彼らにとって中途半端に終わった。そのため再び、それぞれの団体は、それぞれの目標に向けて動く。

永井賢城《ますき》（設監連会長）は、一九八五（昭和六〇）年、「設監業務法を実現したい[137]」と意欲を示す。また、家協会は、士法は防災技術者法、との認識に立ってこれをどうしていくか模索する[138]。二級建築士は工務士法で対応する、など建築生産全体を睨んだ法体系の見直しを含めて、法制委員の守屋秀夫らが取り組み、やはり業務法を推していく。士会連合会でも全体を睨むという意味では似たような認識を示す。のちに会長となる澤田光英は、住宅生産が疎外領域だったとして、これに法体系としてどう取り組むか考えなければならないと指摘した。

従来の概念からすると建築関係業務は、対象が建築という「物」であり、その建築は一般建築すなわち非住宅建築であったように思われる。（略）住宅の分野では、実際には二級建築士を中心とする相当数の人々が工務店の業務等を通じて係わっているにもかかわらず、重要な建築業務とは考えられていなかった節がある。（略）住宅を大工、棟梁に任せておけばよい時代は過ぎた。（略）建築士の業務内容は今のままでよいのか、制度的にも建築士法あるいは建設業法の空白部分の延伸という考え方でよいのか。あるいは従来の建築業務と異なる分野と判断して、別途「住宅供給管理法」のような新しい体系の創設を必要とするのか。（略）新たな業務または仕組みの構築が必要なときに来ていると思う[139]。

一九八七年、家協会は設監連と統合、日本建築家協会（以下、ＪＩＡ）へと改まる（図1-4）[140]。会長に就いた丹下健三は、①専業建築家の新しい組織の確立、②会員増を柱とする「行動計画」[141]を発表。これは、前会長圓堂政嘉時代からの既定路線だった、個人の団体（家協会）と事務所の団体（設監連）の統合が生む面倒をつつがなく乗り越えるべく示されたものだが、背後には業務法の推進もあった。

すなわち、当時の会員一〇〇〇人を一万五〇〇〇にする計画は、法を必要とする者の多さを推進団体会員の数で示そうとしたものである。丹下はここで、兼業組織の設計者とは立場の相違があるとした上で、「一級建築士相当のものを準会員とするなど、より多くの建築家に開放し、さらに教育者、評論家または関連する官公庁内建築家、「立場相違」のない企業内建築家なども会員として迎え入れることが望ましい」とした。

丹下が示した路線は、しかし、「立場相違のない」企業内建築家を取り込むのみでは不十分だっただろう。その後、西部明郎《あきお》が、「立場相違のある」兼業組織の設計者もＪＩＡに迎え入れるべきと発表した論文「敢えてタブーを冒し提起する」[142]を経て、九〇年代中頃より、新たな展開に向け議論がされていく。

さらに設計界は、日本ばかりでなく、広く世界を見る必要にも迫られる。

昭和五八年改正を境に、各団体が諸外国の建築家制度の調査に取り掛かる。欧米の、個々の建築家に対する強い関心の一方で、それを成り立たせている制度とその背後にある社会を見ていなかったことにようやく気づいたのである[143]。

建築技術教育普及センター[144]は、設立以来、太田和夫（理事長）の下でこれに取り組み[145]、またＪＩＡも一九九〇（平成二）年より椎名政夫を委員長に据え作業を始める。太田の法制観はこうして構築されていく。それは盟友、市浦にしても同じだっただろう。市浦の場合、七〇年代のことでもあり詳細に調べた上ではないものの[146]、やはり外国のありようを念頭に置いて建築家法を説いたからである。

設計界の専兼問題に対する認識はこのように変わろうとしていたが、同じ時期、さらに内から、そして外からも変化を求められていた。

一九八八（昭和六三）年、それ以前からの動きを受けて建築審議会が一つの答申を出す[147]。先にも記した「建築士事務所の基本的在り方についての答申」である。この答申は、それが及ぼした実質的な影響はともかく、出た事実に意味を持った。これによって、専業と兼業がそれ自体の是非や優劣の議論を脱し、適正に共存を図るべきことが確認されたからである。設計と施工は分離されるべきか否かの二者択一を迫るのみで長く硬直した論争に、調停の手が差し伸べられたのだった[148]。

一方、実際の建築の生産や発注の方式も、コンストラクション・マネージメント（ＣＭ）の普及や、従来の施工重視の設計施工一貫から設計に比重を置いたデザイン・ビルドの誕生、そしてまた商社や広告代理店が企画から設計・施工にまで関与するケースや、グループ企業の中に設計事務所と建設会社を持つものも現れるなど、さらに複雑・多様化し、それまでの分離か一貫か、という単純な二項対立ではなくなっていた[149]。出資者までを含めると、〝どういう条件を備えれば専業と呼べるのか〟を判断することが難しい現実も生まれていた[150]。

そもそも住宅を軸に据えたなら問題として成立し得たかどうかすら疑わしかった専兼問題は、ここに至って一気にしぼむ。一九九五（平成七）年に起こった阪神・淡路大震災は、一気に進むかに見えたそうした動きを抑える方向にいったんは働いた。倒壊した中に、設計施工一貫の建物が目立ったからである。建築家たちはこぞって、自身の手がけたものは無傷だったと述べ、――被害の定量的な差異の把握など誰もしなかったが――改めて、設計と施工の一貫と分離の是非が問われた。

けれどもそのとき、建築家資格の国際化、相互認定という新たな課題も登場していた。

すでにヨーロッパでは、ＥＵ誕生に向けて、圏内での建築家の自由な活動を促す方策を話し合うにあたり、資格についても〝建築家とは個人だ〟との前提に立って検討が進められていた[151]。ＧＡＴＴが発展解消したＷＴＯ（世界貿易機関）によって障壁の撤廃・国際標準化が求められ、日本でも、まずは現行法の中でできることの模索が始まっていく。

日本建築士事務所協会連合会（図1-4、全事連より改称）は、ここに至ってもなお業法に執着をみせたが、世界を視野に入れた再構築が求められる中では、時期を逸したものと見られるようになっていた[152]。

ＪＩＡは、ヨーロッパの動きを知り、また職能協定を結ぶＡＩＡ（米国建築家協会）の求めもあって、国際相互認定に耐えうる制度の模索を始め、一九九五年、①建築家個人を対象とし、②第三者機関による認定とする、などを柱とした素案を発表[153]。基本的な精神は、「設計・監理を職業とする者は全部建築家でなくてはいけない」というものだが、それは「資格を得た者がどのような職業に就こうとも、資格自身は左右されない」[154]ことを意味し、ＪＩＡの方針に画期的な断が下されたことになる。

図 6-11　鬼頭梓

（1926-2008）

日本建築家協会所蔵資料

これを推し進めた鬼頭梓（図6-11、一九五〇年東大卒）はその周辺をこう語る。

鬼頭　この時［＝業務法推進の時代］はね、古沢専務に振り回されたっていうのもあったし……。

——何かみなさんそうおっしゃるんですが……。

鬼頭　やっぱりね、何だか、あの人、カリスマ性があったんだね（笑）。だけど、専務ってのは……もう四六時中これをやってるわけですね。で、会長なんてのはもうたまに来るだけでしょ？　で、滔々と専務にこう……やられるとね、「ああ、そうかな」って思っちゃうわけですよね（笑）。時々いろんな話が出てきてね。歓喜仏ってのは手がいっぱいあるのかな？　その〝歓喜仏とこの法律［＝業務法］の精神は同じだ〟とか言うわけですよ（笑）。煙に巻かれるところがあるんです。他にも、〝建築家っていうのは一身専属のものである〟とか〝業務であって業ではない〟とかね。その違いっていうのは本当のところはわからないんですよね。

——そうなんですか？

鬼頭　本当のところはわからない（笑）。〝業というのは営業だ〟と。〝業務というのはそうじゃない。向こう［＝全事連］は業法だ、こっちはそうじゃない。業務法だ〟と、こういうわけなんですが、〝だけどやってることは生業としてやってるんだから業じゃないの？　業務を業としてやってるんじゃないの？〟と言うとね、〝いや違います。こっちは業務で向こうは業だ〟と。こう古沢さんが言い出すと〝ああ、そうかな〟とみんななっちゃうんだね（笑）。あんまりね、ホントにそこは多分に古沢さんに振り回されたと思ってるんだけど……。

——太田和夫さんもおっしゃってますね。先生との対談の中で［第六章2節］。

鬼頭　そうそう（笑）。いやね、そうなんですよ。で、ま、一つはね。事務所協会［＝全事連］は政治連盟みたいになってすごい派手に動いたでしょう？　それに対する反発心みたいのがすごくあって、［日本建築家協会（ＪＡＡ）側は］非常にエモーショナルな動きになっちゃうわけですね。(155) 橋本［邦雄］君なんかも火付け役で、僕も［職能法制定推進］本部長をやっていたんだからＡ級戦犯なわけだけど（笑）。

僕は、だから、ここまでは相当意識的にやってたんですけど、ここから後、どういうようになったんだか、(156) 自分でもよく思い出せないんですよ。ともかく設監［連］をつくったのも反対だったし、国会にデモをする（図6‐12）のも反対だったし、その辺でちょっと離れちゃうんですねＪＡＡの活動から。……ちょっと僕もその辺、よく整理がつかないんだ。

―― 設監業務法を推進していた時代と、九〇年代に入ってからと、ご自身の中で、建築家のありようについて、要は専業・兼業に関してですね、それに関して意識が変わったということはありますか?

鬼頭 それは多少、いつの間にか変わってきたところはありますね。というのは、やっぱり僕は個人の資格で物を考えるべきだと思ったんで、個人の資格は個人について廻るものだから、個人の職場がどうあっても関係ないんだということをＪＩＡの中で言って、だいぶ理事会でもやられたんですが……。

僕はね、〝設計施工がいい〟って言ったことはないんです。僕は〝設計施工は問題がある〟と思っているから個人でやっているんでね。請負業の中で設計部というのがどれだけ発言力を持てるのか、利益の衝突の話というのに日本人はとても鈍感なんですよ。

だけど、それと資格の問題は違うじゃないかと思うんです。資格は個人の能力とか倫理とかの問題であってね。〝働く場所が移ったら資格がなくなるなんていうことはあり得ない〟と僕は言ったんですが、どこでそういうように変わってきたかというのは……結局、そういう失敗の歴史みたいなものから学んだのかも知れないですね。(157)

図 6-12 建築家職能法制定のための国会請願（1979 年）

出典：『建築家』34 号，1980 年春，4 頁

国会議員に署名を手渡す日本建築家協会

「働く場所が移ったら資格がなくなるなんていうことはあり得ない」。どこにいようが、建築家は建築家ではないのか――。鬼頭には、「ゼネコンの設計部とわれわれと、設計するという行為においては何とか連帯できないものかね。まったくないねえ、日本には(158)」という脳裏に

刻まれた前川國男の言葉と、太田の影響があった。[159] この制度のあり方は、ＪＩＡ内でも様々に議論が交わされながら、以後、前川門下の鬼頭や大宇根《おおうね》弘司《ひろし》の指揮の下、方向が堅持されていく。

すでに、建築の集合体としての都市のレベルが劣るという声はあっても、戦前より評価の高い施工はもちろん、設計にしても、日本の建築のレベルが劣るという声はなく、むしろ世界に誇るほどになっていた。ならば、それを手がける人のありようも、それを支える仕組みも、劣っているとは考えないのが自然に思うが、それでも西洋の建築家像を求める声は変わらず止まない。

日建設計で活躍し、合同設計を主宰する村井敬《たかし》は、一九九九年、この頃を思い返して記した。

建築家法の廃止をめぐって英国王立建築家協会［ＲＩＢＡ］が英国政府と戦っていたころのことである。[160] 英国政府の招請で講演に訪英したおり、ＲＩＢＡ本部を訪れた私にＪＩＡ批判が浴びせられた。それまでのＪＩＡ側海外担当の応答が原因だったようだが、ＪＩＡは時代錯誤もはなはだしいというＲＩＢＡ理事達の苛立ちである。建築家を特権階級とでも誤解しているのか、そんなことは英国では一度もなかったし現在もそうである。日本にはそんな時代があったのかもしれないが、グローバル化が進む中、日本の建築家だけが特権階級でいられるはずがない、といった批判である。

日本では「英国の建築家のように高い社会的地位を得なければならない」という教えを受けてきた私が当惑したのは当然である。そうだとすると日本の建築家の地位は国際的に見てまんざらでもない。外国の建築家に名門、富豪の出身者が少なくないことから、彼らの社会的地位が建築家というステイタスに由来するものと錯覚している日本人が多いのではないか。とすると「建築家の時代は終わった」という主張は根拠を失うことになる。そんな時代はもともと存在しなかったのだから。同じく、「建築家の職能の保持」という主張も適切ではなく、新たに建築家が社会に果たせる貢献を模索するとでも言い換えるべきであろう。[161]

日本の建築家たちが長く目標とした西洋の建築家像は、法によってできたそれと、社会通念によってできたそれとを混同して創り上げた虚像だったのだろう。[162] もともと西洋ですら古くは貴族や国王のお抱えで、専業・独立の姿が登場する近代となっても、多くは建設業や不動産業を兼ね、専業であり得たのは、膨大に数をこなしたごく一部だった(163)。

〝急場の間に合わせで西洋の法を借りてきた〟と述べた戦前の長野宇平治《うへいじ》は知っていたに違いないが、多くはそれを誤解した。建築家という職業を社会に認めさせるため、西洋にすらないほどの清廉を込める必要もあっただろう。しかし、社会通念によって獲得されたものまで法で得ようとしたならそれは、建築家概念の後進国という事情を差し引いても、安易な法頼みの誇りを免れない。しかも、一口に〝西洋の建築家像〟と言っても、そこには国によって異なる多様な姿があった。

> 一九八〇年代に旧家協会では建築士法の改正や建築家法の提案を計《ママ》ったが、本来、法は最低の基準を決め、それ以上については職能団体などで自主的に社会的な仕組みを整えるべきところを、建築家の職能を閉鎖的に囲み、第三者性にも欠ける包括的で硬直的な法体系に納めようとしたために、社会的な認知を得られなかった点が反省されている。（略）
> ＪＩＡは一九九一年調査委員会をつくり、主として欧米諸国の建築教育、建築家資格制度と業務の実態について客観的な調査研究を進めた。どちらかといえば、欧米の建築家像を理想的に描きがちだった視点を排して公正な評価をした結果は、ＥＣ諸国でもそれぞれ特異なモデルを形成していて、ユートピアはどこにもないといった単純なものであり、建築環境の著しい変化にどう対応するか、各国の建築協会もＪＩＡ同様に国際的な調査に取りかかっていた(164)。

これは、ＪＩＡで調査に当たった椎名政夫の言である（一九九五年）。

そのように国際化という新たな課題を得る一方で、国内でも、建築家や建築士に求められる役割が変わりつつあると指摘され始めていた。澤田光英は、同年、士会連合会会長として〝新しい建築士像〟を説く。「社会の建築士のニーズを」、「拡大方向に捉え」、現代にふさわしい姿への適応を訴えたのである(165)。

ところが、前川喜寛はこれを、「「新しい建築士像」は何と士法の初心」と嗤う。

〝新しい建築士像〟の見出しの下に、「建築士は建築生産全体のすべての技術を支える基礎的資格者という方向で士会連合会の

> 制度委員会が検討している」と報道された（建設通信）。建築家と称する人達が西欧流の Architect 論で士法をひっかき廻していたのだが、最近、漸く建築士をもっと広い視点で位置づけようという意見が出だし、こういう報道になったと思う。しかしこれは新しくも何でもない。士法制定当初の理念がこうであったのである。（略）相当の位置にある人が第一条の目的の「設計・工事監理等を行う技術者」とある「等」を落として建築士を論じているが、条文をちゃんと読んでといいたい。（附）なお、この資格を基本として、更に必要とする細部の各種資格が展開することと想定していたが、建築士論でごたごたしている間に、消防設備士、施工管理者を始めとし、建築関係資格が数多く個別バラバラに生まれてしまった。建築界の視野の狭さを感ずる。[166]

設計は建築行為の初動にして中心となる行為、そして、監理は品質を決定する行為である。最終的な施工の出来不出来すら、かなりの部分がここで決まる。そのためそれを主に謳ったが、もともとそういう資格としてつくった。にもかかわらず、それを理解しようとしなかったのは当の建築界ではなかったか、と言うのである。

前川はさらに、建築家資格の国際相互認定・相互参入についても斬る。「日本の建築士法とそれぞれ国情によって違う国々の建築家の相互立入を〝相互参入〟と捉えるのは今の段階では不適当と思う[167]」と。

意見調整の困難な中で、それでも行われた何度もの改正も、「社会→建築士という視点のものは全く無いように思います」、「建築物が社会にどういう位置づけであるか。建築士が更にどういう責任をもっているかが全く抜け落ちているように思います。まして、建築界（建築士、職人等までを含めて）が社会にどう答えなくてはならないかという基本的な事が全くありません。基［準］法、士法制定当時は、先ず、日本の建築から始まって、大きな視点から具体的な細目に入って行った手順でした」と制定を見た立場で憂うのである[168]。

ＵＩＡの北京大会（一九九九年）で国際相互認定の動きは強まり、これに対して日本としてどう応じるかは切実である[169]。しかし、このときわが国はどれだけ自国の社会を念頭に置いた主張をしただろうか。西洋に倣うことこそを是としてきた建築家たちがどう応じたかは、想像に難くない。

さらに議論は、相互認定を超え、国際基準へと及ぶ。どうやらそれは、日本という特殊な環境を、世界市場に適応させる観点からなされているやに見える。逆に、縮小していくだろう国内市場を横目に、建築家を国内に押し留めるのでなく、積極的に海外に出て行く機会を開く方策として考える必要のあることも指摘される。確かに一理ある。どんどん出るべきだ。しかし、それを説くなら、そこでは、〝市場〟以外の点からも、海外となぜ同じでなければならないのか語って欲しい。

大なり小なり地域性があって、土地に根差した多様さがあるのが建築である。求められる知識や経験は自ずと異なる。となれば、差異は、忌み嫌われる障害でなく、むしろ尊ばれるべき個性ではないか、と思うからである。それすら問われることなく、国際基準ありきとなるのは、短絡ではないか。

まして住宅では、それは無視してよいものではない。施工をしない建築家は、飛び回ることが容易なのは確かだ。そうは言っても、世界のあらゆる国や地域に、すべからく自らの責任での実現にこだわる建築家は、果たしてどれほどいて、今後どれだけ現れるのだろう。多くは、知らない場所に設計するならまず、その土地や社会・制度・言語をよく知る者を探し、それと共同で事に当たるに違いない。

ならば、国際的に孤立してしまうのではないか、と〝ガラパゴス化〟を恐れ無批判に追随するのは、果たして賢明と言えるのか。自国のこれまでを知り、世界の動静と是非を見極めた上で、これからを見据える熟慮も、あるいは必要なのではないだろうか。(170)

二〇〇二年、JIAの「専兼にこだわらず」の姿勢を受けて、士会連合会は、「『新たな資格制度』創設に向けての二団体基本合意書」を交わす。宮本忠長（連合会会長）は、「それが実現するまでに、建築関係五団体との議論があった。建築技術教育普及センターに設置された調査会で、資格制度について検討を進めた。JIA会長の大宇根さんとは胸襟を開いて話した。「JIAの言う建築家とわれわれの『統括建築士』［注：のち設計専攻建築士に改称］は、同等性のあるものにできる」となった。また両会の資格に対する考え方が、海外諸国に対応できると、共通認識を持った。大宇根さん「専・兼問題を捨てましょう」と言い、一緒になった」と語る。(171)

こうした協調体制の下、専攻建築士制度（士会連合会、二〇〇四年）と登録建築家制度（JIA、二〇〇三年）という民間による自主認定の試みが始まった。(172)それまでの混乱を思えば、一歩前進したことは確かである。ことに、何かと法のお墨付きに頼ろうとしがちな建築界から初めて、制度は、何も国家に、すなわち法に委ねるばかりが能ではない、という態度が示された点で画期と呼ぶべき出来事だった。(173)そして、先般の耐震強度偽装事件を受けて士法にも大きく手を加えるべく検討が進み、改正が成った（平成一八年法律第一一四号）。

建築士法に初めて社会の目を向けさせたこの事件は、マンションの確認申請に添えた構造計算書が偽装されたものである。したがって、それは自ずと、法に込めた住宅への眼差しを理解するきっかけになるはずだった。

社会の目は確かに、マンションという私たちの住まいに対して専門家が行った暴挙という点に注がれたが、行政はじめ建築界は、次第に、ホテルなどでも行われていたことが露呈し、民間確認検査機関ばかりが手玉にとられたわけでないことが明らかになる中で、書類が偽装された点に意味を見出し、それを今後どう防ぐか、の議論にすり替える。業界は、この機にあわよくば法を純粋な設計監理者資格に、とすら求めた。

そうしてなされた改正は、まさに偽装防止策こそが中心となり、昭和五八年改正でわずかに拓いた建築士への規制緩和は、一気に六〇年を遡り、取り締まり色を濃くした。手続きの厳格化と、罰則の強化、そして、それが構造を専門とする建築士が起こした事件だったことを踏まえて、一人の建築士を万能の人と見てその責任の下に行われていた確認の仕組みを改めるべく、設備・構造の専門資格の新設を柱に据えた。建築界は、それが取り締まるべき対象の明確化のためであることを知りながら、むしろ喜んで受け入れ、他方、受験資格に設計監理の実務経験が、さしたる議論のないまま入った。

結果としてこの改正は、昭和三〇年代以降の行政の態度としては一貫することになった。しかし、対症療法に過ぎた感もある。〝設計、工事監理等〟（第一条）・〝その他業務〟（第二一条）の解釈の問題とも言えるが、ならば、そもそも、そこに専門分化を書く必要はあったのか。臨機応変に多様な専門家、そして時には素人が協働することで成り立つ建築のプロジェクトの実際を考えたなら、法がつくる枠組みはあまりに強く、かつ硬直しがちで、刻々と起こる変化への対応は望むべくもない(174)。逆に、今後の新たな専門分化にも常に法で応えるのか、という疑問も残した。そして、建築士法がなし崩し的に設計者制度の色合いを濃くし、実務者資格の性格を強くしたこの改正は、しばしばなされる法の拡大解釈とは逆に、縮小解釈されたものを、結果的に追認したことになる。

まずは、〝建築士法とは何か〟、〝そこに込められたものは何だったのか〟。現行法のあり方を根本に帰って学び、わが国にふさわしい姿への議論が尽くされた上で、なされるべきではなかったか。

二〇一〇年に、制定から六〇年、つまり還暦を迎えた建築士法は、制度疲弊すら指摘されてきた。しかし、私たちは、そこに込められた理念をどれだけ理解しようとしただろう。少なくとも、制定に関わった数名の他にそれを知る者はなかったのである。

戦前、庶民住宅の象徴だった賃貸の長屋の、営利に根差して損なわれがちな質が改善されるべきことはもちろんである。その一方で、わが国では戸建てを中心とした持家政策が大正の後半から進められた。戦後、住宅金融公庫法によって、それは強化されていった。

建築物を消耗品のように扱い、伊勢神宮の式年造替を持ち出し、短命さは焼家づくり以来の伝統と言ってまで建て替えを煽った以後の半世紀は異常ですらあった。けれど、構造体がゆうに数百年の長寿を保ち、個人の負担はわずかな改修で済むわけでも、もとより国家が住まいを保証してくれるわけでもない。夏の高温多湿から冬の低温乾燥まで幅広く、豊かな反面、厳しい気候の下、地震・台風はじめ様々な災害で満ちた国土に、個人が自力で家を得る。そうした社会にあって、予算に乏しい住宅でも、性能に配慮したものができる仕組みを作りたい。こう考えた時、そこでの設計者には、いわゆる西洋的な建築家とは異なる、技術者としての姿がまずは期待されることになった。制定に携わった者たちは、それをこそ法に託したのだった。

西洋の建築家法が、それによって規定された建築家が、実際にどれだけの建築物を網羅し、手がけているか、詳しくは知らない。きっとこれも国によりけりだろう。しかし、こと庶民の住宅を念頭に置いたとき、また、災害で深刻な目に遭うのは世界のどこでもたいてい普通の人、そしてその住宅であることを思えばなおさら、その領域にまで焦点をあてて編まれたわが国の建築士法が、国際化の名目だけで一蹴してしまえるものでないことに気づくはずだ。

市民社会の到来の中で、明治の邸宅から大正には中流住宅にまで届いた建築家の設計は、戦後、次第に広く及び、建築家にとって住宅の存在はさらに近づき、大きくなる。

焦土の下での一瞬の邂逅は、焼け跡を脱するにあたり脆くも消えた。それでも、七〇年代には若手建築家のデビューの場となり、以後その地位を確かなものにしていく。そうは言っても、その住宅は、今日に比べればまだ、〝庶民の〟と呼ぶにはふさわしいものではなかったし、そうした取り組みを見せる建築家も、全体から見れば話にならないほどだった。

それも、増える建築士と進む持家志向が、確実に変えていく。総中流化と地価の高騰に伴う宅地の零細化も陰に陽に後押しした。その結果、より身近な一般住宅、そしてローコスト住宅の域にまで建築家の手が及ぶことが珍しくなくなり、建築家と建築士の境界は、かなり曖昧模糊としたものとなってきた。日本の建築家から住宅を外しては語れないほどである。むしろ近年では、かつて自家薬籠中のものとしてきた邸宅の方が、視界から消えた。それは、住宅をも視野に入れたわが国の建築士法の理念が、時代とともに確実に浸透してきた、その一つの現われと見ることもできる。

建設が華やかだった二〇世紀が過ぎて、住宅をはじめ、建築物を取り巻く状況は大きく変わりつつある。新築ばかりを見、その設計や現場だけを考えていればよかった時代から、維持管理や改修・保全・保存の問題も登場した。それを支える税や法・保険の整備といった建築にまつわる行為の全体を慮ることも求められるようになり、また、地域や都市といった群で、さらには地球規模で考えることも不可欠になってきた。終戦直後構築したものに多くを委ねる現在の仕組みは、ツギハギが目立ち、合理性を求めて全てを取り替えるべきと指摘されてもいる。となれば、それに携わる人の姿も変わっていくに違いない。

行為が本質的であるなら、職業の底にある本質はそう変わるものでもない。しかし、姿を持たない本質に、容姿の枠組みを与えるこの法は、そのとき、どう変わっていくのだろうか。

次なる一〇〇年のはじまりである。

(1) The Japan Architects Association（JAA）のこと。のちに改組改称される現在の同名の日本建築家協会（The Japan Institute of Architects: JIA）との区別のためこう記すことにする。
(2) 松島俊之「建築士と建築法規」『建築行政』五巻、四号、一九五五年七月、一一一―一一三頁
(3) 「建築士法改正問題」『創設25年の歩み』日本建築士会連合会、一九七七年、九三―一一一頁
(4) 市浦健「公開状　建築士から建築主事へ」『建築行政』四巻、一号、一九五四年一月、五一―五三頁
(5) 福原忠男「わが国における弁護士制度の沿革と今日的課題」『建築雑誌』八八輯、一〇七二号、一九七三年一〇月、一一一三―一一一六頁
(6) 建築士が出すことになっていた年次届は、一九七八年には三割の提出しかなく、行政簡素化の一環で廃止となって以降、さらに把握は困難になる（「本会記事」『建築士』二七巻、三〇九号、一九七八年六月、五六―五七頁）。
(7) 高橋林之丈『苦悩する建築設計界』相模書房、一九八一年、二三四頁

（8）内藤亮一・中村傳治・石原信之ほか「「東京建築士会の抱負」を語る」『東京建築士』一巻、一号、一九五二年七月、四―一〇頁
（9）内藤亮一「回顧と希望――退職の御挨拶にかえて」『建築行政』二巻、六号、一九五二年一二月、一―三頁
（10）佐藤武夫は、自らの戦後の経験をこう記した。「終戦直後、私はしばらく進駐軍工事に関係したことがあったが、さる工兵少佐が私に不思議な質問を発した。君は一体どちらに属するアーキテクトなのかね。Architect Firm に属するのか、それとも、Contractor に属するのか。日本に来て始めて判って驚いたんだが、Architect だと名乗って自分の前にあらわれる人が、そのどちらかに属しているかということを先ず確かめなければならないんだ、こういう話なのである」（「日本の「建築士」と歐米の「アーキテクト」」『東京建築士』一巻、二号、一九五二年八月、一―二頁）。佐藤自身は、こう書きながらも建築士とアーキテクトの性格の違いを肯定的に捉えようとしたが、似たような経験をして、彼我の違いを知った多くの建築家は、建築士法の制定によって、さらに西洋への羨望を強くしていく。
（11）網戸武夫「建築士法制定当時の思い出」『建築士』一六巻、一七二号、一九六七年二月、二〇―二二頁
（12）松田軍平・藤井正一郎「建築夜話　対談　設計事務所のあり方　第三夜の上　建築士法制定時のいきさつ」『月刊建設通信』一九六六年四月六日
（13）「建築基準法・建築士法　住宅局案に関する三会連合協議会　第四回」一九四九年一一月、北畠文庫
（14）衆議院建設委員会・建設省住宅局『建築士法の解説』港出版合作社、一九五〇年、三三―三四頁
（15）このとき、建築士の所属を問わない法にこそ賛同した山下寿郎も、GHQに対して、独立した建築家事務所の登録に関する章を設けさせるよう求めた（Toshirow Yamashita, *Regarding "Architects Licence Law"*, 1950. 3. 29. 国立国会図書館憲政資料室所蔵資料）が、その採用はないまま制定となる。
（16）藤井正一郎「建築士法の原点に遡って考える」『日刊建設通信』一九七七年一月一八日
（17）「時の言葉」『建築と社會』三二輯、九号、一九五一年九月
（18）それでもその改組・改称はまだ、「ボス建築家たちの集まりの単なる看板の塗り替えに過ぎ」ないと若手から批判があった（藤井正一郎・鶴巻昭二『日本建築家職能の軌跡――新日本建築家協会の設立まで』日刊建設通信新聞社、一九九七年、三二頁）。
（19）郡菊夫「士會に望むもの」『日本建築士』三六巻、七号、一九五〇年七月、一―二頁
（20）小川浩平『戦時木構造――戦時下の木造大スパン空間』東京大学修士論文、二〇〇六年、一三―二七頁

(21) 浜口隆一・村松貞次郎『現代建築をつくる人々《設計組織ルポ》』世界書院、一九六三年
(22) 市浦健「士法改正と設監業務法　1」『日刊建設工業新聞』一九七六年八月一八日
(23) 中村傳治・石本喜久治・堀越三郎ほか「中村傳治先生を囲む座談会　その3」『設計と監理』一巻、四号、一九五五年一〇月、一四―一八頁
(24) 注(22)前掲
(25)「本会の39年主要事業目標について」『日本建築家協会ニュース』一四九号、一九六四年二月一五日
(26) 江藤静児「工事監理不要論」『日経アーキテクチュア』一〇八号、一九八〇年五月二六日、四五頁
(27) 森田茂介「東京だより」『建築士』二巻、四号、一九五三年二月
(28) 例えば、堀越三郎「建築士と官廳建築技術者」『建築と社會』二〇輯、一〇号、一九三七年一〇月、一三―一九頁
(29) 石原信之・佐藤武夫・西村好時ほか「座談會　公務員の内職問題について」『建築士』二巻、一一号、一九五三年九月、一六―二二頁
(30) 坂倉準三・中村登一・柳英男ほか「座談会　建築家について――日本建築家協会のあり方」『設計と監理』三巻、一〇号、一九五七年四月、一八―三四頁
(31) 五百蔵芳明「建築士法の問題点について」『建築行政』八巻、四五号、一九五九年六月、五―六頁
(32)「建築基準法・建築士法　住宅局案に関する三会連合協議会　第三回」一九四九年一月二一日、北畠文庫。武藤清の発言。
(33) 内山勝麗「建築構造行政の問題点とその一考察」『建築行政』一一巻、六二号、一九六二年一二月、九―一二頁。ここで内山は、構造専門の建築主事と建築士の必要を説く。そこには、構造に携わる建築主事の不足と、建築確認において構造技術者に事実上責任がないことが問われ始めた背景がある。
(34)「内田祥三談話速記録(五)」『東京大学史紀要』二三号、二〇〇五年三月、七一頁。堀田貢(内務省土木局長)の発言。
(35) 内藤亮一・前岡幹夫・三宅俊治ほか「建築行政通巻第100号記念座談会――建築基準法の歴史と建築行政のありかた」『建築行政』一〇〇号、一九七六年一月、四―二一頁
(36) 前川喜寛「建築基準法の組立と建築士法」『建築防災』一五六号、一九九〇年一二月、三―七頁
(37) 前川喜寛『建築基準法制定当時から昭和45年大改正まで　建築学会関東支部シンポジウム用メモ』一九八七年七月二三日、三四頁

(38) 建築指導課企画指導係「建築士法と建築基準法」『建築行政』一四五号、一九九〇年一一月、一二一―一二五頁

(39) 山東和朗氏のご教示による（二〇一〇年一月二九日）。氏は続けてこう語っている。「課長が前岡［幹夫、一九三六年東京帝大卒］さんでね。前岡さんは、外廻りが多くて、地方が長かったものだから、士法が何を考えてつくられたかなんてのは全く知らないわけですね。隣の課、宅地課にいた北畠さん［制定当時指導課員］なんかには、「前岡さんは何も知らないでしょ」っていう感じで見られていたことは確かですね。僕は三年指導課にいましたけど、実際には試験の担当をやったという感じでした。とにかく建築士を増やさなきゃという時代で、僕の担当の時分にようやく一級建築士［登録］が三万を超えたとか、そんな感じなんですから、試験をどうするかという議論がほとんどでしたね。実際に、前任者から、前の人たちの考え方を伝えられたということもありませんでしたし。ですから、建築士法の理念とか、どうあるべきかという議論は、僕がいた時分には全くなくて、それがもう一度なされるようになるのは、おそらく［昭和］四〇年代に前川さんが課長として戻ってきた時代だと思います。ただ、それでも総体としては、次第に明文化されたものに従っていくという傾向になっていったことは確かでしょう」。

(40) 大橋雄二「役人業の建築屋と建築基準法」『建築雑誌』一〇七輯、一三三六号、一九九二年一二月、七一頁。ここで大橋は、自身「現役役人の時分には」「基準法の精神や哲学を学ぶ機会を持たなかった」とも告白している。

(41) 注（7）前掲書・注（18）前掲書・山本正紀『建築家と職能』清文社、一九八〇年など。

(42) 前川國男「歴史的体験者からみた設計者のための制度」『建築雑誌』八八輯、一〇七二号、一九七二年一〇月、一〇八七―一〇九二頁

(43) 建築家法のみならず、市浦の提案全体を称する場合もある。

(44) 「第5回理事会」『日本建築家協会ニュース』一三八号、一九六三年八月一五日、五頁

(45) 建築家業務に関する法制研究委員会「コンサルタント業法について」『日本建築家協会ニュース』一五二号、一九六四年四月一日、二頁。なお、コンサルタント業法は単独では制定されず、公共工事の前払金保証事業に関する法律（昭和二七年法律第一八四号）や建設コンサルタント登録規程（一九六四年、建設省告示）に記される形に留まる。

(46) 「建築士法改正の問題点について」『日本建築家協会ニュース』一五三号、一九六四年四月一五日、三頁。なお、実際には、この他二項目を加えた全六項目が挙げられた。

(47) 「委員会の変動について」『日本建築家協会ニュース』一五五号、一九六四年五月一五日、四頁

(48) 「建築士法改正をめぐる最近の経過」一九六六年七月八日、小宮文庫

(49) 建設省は建築行政協会として参加のため、実質一〇団体。建築業協会・全国建設業協会・全国建築士事務所協会連合会・全日本建築士会・日本建築家協会・日本建築学会・日本建築協会・日本建築士会連合会・日本都市計画学会・建築行政協会。
(50) 「建築士法改正の問題を検討」『日本建築家協会ニュース』一五七号、一九六四年六月一五日、一一頁
(51) 市浦健・前川國男・村松貞次郎ほか「座談会　建築家のプロフェッションとはなにか――建築設計監理業務法の提案に関連して」『建築家』一巻、一号、一九六八年秋、六―一九頁
(52) 企画委員会「建築士法改正の問題を検討」『日本建築家協会ニュース』一五八号、一九六四年七月一日、四頁
(53) 「建築士法改正要綱案に対する要請」『日本建築家協会ニュース』一六一号、一九六四年八月一五日、二―三頁
(54) 建築士としての登録と、建築士事務所の管理建築士としての登録が二重登録となるのではないか、ということ。
(55) 「建築士法改正の懇談会」『日本建築家協会ニュース』一六五号、一九六四年一〇月一五日、三頁
(56) 企画委員会「士法改正に関する要請書の再検討」『日本建築家協会ニュース』一八一号、一九六五年七月一日、五頁。なお、これは市浦による要約である。
(57) 明治大学法学部卒で建築出身でない古沢は、一九六一年、伊藤滋や太田和夫により国鉄（東京工事局次長）から家協会に引かれ、石原信之の後を受け専務理事となった（古沢鉄之助「伊藤滋さんのことども」『伊藤さんを偲ぶ』伊藤滋氏追悼録刊行会、一九七二年、二六二―二六四頁・高杉造酒太郎『建築人国雑記』日刊建設工業新聞社、一九七三年、三二〇頁）。
(58) 市浦健「士法改正と設監業務法　2」『日刊建設工業新聞』一九七六年八月一九日
(59) 太田和夫『素描・太田和夫』建築家会館、一九九一年、八七頁
(60) 古沢鉄之助『建築設計監理業務法案概説』建築家共済連合、一九七七年、三頁
(61) 内藤亮一「建築士法の改正について」『建築士』五巻、一六六号、一九六六年八月、二八頁
(62) 論争が、鹿島守之助（鹿島建設会長・参議院議員）による建設大臣保利茂への意見書「建設産業近代化の趨勢――設計施工の一貫性」（一九六八年五月二四日）提出を機に始まることから、一般にこう呼ばれる。
(63) 市浦健「第75議會と建築」『現代建築』一一号、一九四〇年五月、四四頁
(64) 日本建築学会編『日本建築学会百年史』技報堂、一九九〇年、一二五―一二六頁
(65) なお、戦後の建築士法案の協議にあたって、当時鹿島建設に籍を置く市浦は、「建築基準法・建築士法　両法案に関す

る三会連合協議会」（一九四九年一一月、石原信之旧蔵資料）に、全国建設業協会側出席予定者として名が挙がっている。
(66) 佐藤由巳子「大将の器　第1話　人間・前川國男をめぐるエピソード」『建築ジャーナル』八八四号、一九九六年七月、七二―七五頁
(67) 富安秀雄氏のご教示による（二〇〇五年一二月一二日）。
(68) 注（22）前掲
(69)『理事会決議録』（日本建築家協会所蔵資料）などの検討による。
(70) 市浦はこう記すが、実際には彼以前に二期四年を務め上げたのは坂倉準三のみである。再任にあたり、「止むを得ず一年ならば」と引き受け、二期目に臨んだとする（市浦健「会長挨拶」『日本建築家協会ニュース』三四一号、一九七二年六月一五日、二―三頁）。
(71) 注（7）前掲書、二七六頁
(72) 藤井正一郎「追想　ＪＩＡの建築家達10　市浦健」『JIA NEWS』一三二号、一九九九年一〇月
(73) もちろんこの発言からは、建設業の設計者を、家協会に入れることを認めるのか、建築家として認めるのかはわからない。
(74) 市浦健「士法改正と設監業務法　5」『日刊建設工業新聞』一九七六年八月二四日
(75) とはいえ、一定の構造規模に対する設計監理権限は残ることになる。なお、〝設計監理を業としない者〟に対する市浦の言及はないが、逆に〝業とする者〟には管理建築士程度が想定されているから、自ずとその他を示すものとなろう。士法が設計監理者にのみ資格を与える法でないため、結果として、建築主事をはじめ、多様な者が想定されることになる。
(76) 太田和夫「市浦健君を偲ぶ」『建築東京』一七巻、二〇六号、一九八一年一一月、二五頁
(77) 市浦健「士法改正と設監業務法」『日刊建設工業新聞』一九七六年八月二三日
(78) なお、わずかに業務法の適用対象から二級建築士事務所の除外が宣言されたこともあったが、それは市浦会長時代ののである。
(79) なお、太田は業法・業務法批判の理由を「資格認定、登録などは、自分たちがやろうというのが本当の狙い。だから僕は排撃する」とする（太田和夫「いんたびゅー　ヘゲモニーを握ろうとする野望は排撃され、崩る」『日経アーキテクチュア』一二四号、一九八〇年一二月二二日、一八―二一頁）。
(80) 注（59）前掲書、八一頁

(81) 市浦健「続　士法改正と設監業務法　下」『日刊建設工業新聞』一九七六年九月七日
(82) 市浦潤氏のご教示による（二〇〇五年一〇月一六日）。
(83) 例えば、市浦私案の翌年になるが、「一九五三年には、約一万八〇〇〇名のイギリスの登録建築家のうち、半分以上が公共機関、企業、あるいは民間事務所で、俸給を受けとる被雇用者だった」と伝える訳書も出た（フランク・ジェンキンス、佐藤彰・五島利兵衛訳『建築家とパトロン』鹿島出版会、一九七七年、二五五―二五七頁）。
(84) 藤井正一郎は、日本建築家協会の活動の歴史をまとめた資料の中で市浦の「士法改正と設監業務法」を挙げているから、知っていたに違いない（注（18）前掲書　六三頁）。
(85) 「法制局「建築設計監理業務法案要綱」に関する懇談会」『日本建築家協会ニュース』三三七号、一九七二年四月一五日、六―七頁
(86) 市浦健・堀井啓治・熊谷兼雄ほか「座談会　防火建築の促進と違反の防止」『建築士』一〇巻、一〇一号、一九六一年三月、一四―二〇頁・市浦健「民間木造借家について」『住宅』一七巻、三号、一九六八年三月、一一頁など。
(87) 市浦健「新年に当って」『日本建築家協会ニュース』三五五号、一九七三年一月一号、四頁など。
(88) 「伊勢湾台風災害と本会の動き」『建築雑誌』七四輯、八七七号、一九五九年一二月、会告一三―一四頁
(89) 石井桂「大工さんから建築家へ」『東京建築士業報』八七号、一九六二年六月、三頁
(90) 市浦健「事務所小史（その４）　安易な板状タイプに追従せず、苦心して考えだしたスターハウス」『こもんすぺーす』一九七九年夏季号、一―二頁
(91) 前川喜寛氏のご教示による（二〇〇五年一二月二七日）。
(92) 市浦健・村松貞次郎『建築学大系37　建築学史・建築実務』彰国社、一九六二年。なお、建築学史は村松が、建築実務は市浦が執筆。
(93) 日本建築学会　建築技術者制度調査委員会『建築技術者制度に関する資料集』一九六五年、一二頁。前岡幹夫（建設省建築指導課長）の発言。
(94) ただしフランスでは、この後一九七七年建築法により、建築にあたり許可を得るための申請が建築家の関与の下で行うものとされたことで、実質的に業務独占となった（建設大臣官房営繕部『外国における建築設計等の実態調査報告書』一九八九年頃、二四頁）。
(95) 市浦自身、一九六六年、技術士（建設部門、都市計画及び地方計画）資格を取得。

(96)「建築設計監理業務法案要綱（市浦私案）」一九六六年九月、前川文庫
(97)家協会会長時代の市浦健の手帳、市浦ハウジング&プランニング所蔵資料
(98)注（92）前掲書、一七四頁
(99)市浦健「所感」『建築東京』九巻、七号、一九七三年七月、一九頁
(100)「建築設計4つの疑問　その三　設計団体　誰のために」『日経産業新聞』一九七六年八月一九日
(101)法制委員会「建築士法改正に係わる主要問題点」『日本建築家協会ニュース』五一〇号、一九八三年三月一五日、八一九頁。士法問題を議論すべく行われた家協会と設監連の合同会議（キャンプ川奈）に向けた準備の中でのことである。
(102)注（59）前掲書、七九頁
(103)とはいえ太田も、建築士法と建築家法の並立を説いたことがある（太田和夫「建築家法の提案」『日経アーキテクチュア』二九号、一九七七年五月二日、二一頁）。これは建築家の所属を問わない点で市浦の提案に通じる。時期から見て、市浦に影響されたものかも知れない。
(104)市浦健「アンケート　あなたの作家としての転機について　市浦健」『建築と社会』四〇集、四号、一九五九年四月、三六頁
(105)注（72）前掲
(106)佐藤由巳子氏のご教示による（二〇〇五年一一月二二日）。
(107)注（67）前掲
(108)澤田光英『わたしの住宅工業化、産業化の源流物語』日本建材新聞社、一九九七年、一二九頁
(109)藤井正一郎「草創70周年に思うこと」『建築東京』二一巻、二四五号、一九八五年三月、六一八頁
(110)前川國男「建築家会館落成に寄せて」『会館小史　建築家会館落成20周年記念』建築家会館、一九八八年、七〇頁
(111)太田和夫・宮内嘉久「建築家の理念と会館」『会館小史　建築家会館落成20周年記念』建築家会館、一九八八年、一七頁
(112)石井桂「会長就任に際して」『建築士』五巻、一六六号、一九六六年八月、一七頁
(113)『建築士法改正をめぐる最近の経過』一九六六年七月、前川文庫
(114)注（91）前掲、二〇〇四年一一月五日
(115)『第20回建築士法改正のための懇話会議事録』一九六六年九月九日、前川文庫

(116) 建設省住宅局建築指導課建築士班編（戸谷英世）「建築士行政における当面の課題」『建築行政』八八号、一九七三年一月、七七—七九頁
(117) 注（91）前掲、二〇〇五年一二月二七日。なお、前川は昭和四五年改正を建築指導課長として指揮した。
(118) 正しくは、一九七一年に改組発足した第二次建築業務基準委員会である。
(119) 日本設備設計家協会・日本建築設備士協会・日本空調衛生工事業協会・日本電設工業協会
(120) 鈴木猛「建築士法改正問題アンケート調査　設備、構造士資格には理解」『日経アーキテクチュア』一五一号、一九八二年一月四日、四二—四九頁
(121) 田辺昭次「建築版「行革」の最近事情　三つの流れを追跡すると…」『日経アーキテクチュア』一六二号、一九八二年六月七日、六一—六四頁
(122) 第二次臨時行政調査会「許認可等の整理合理化のための行政改革に関する第二次答申」一九八二年二月一〇日
(123) 建築審議会基本問題分科会『（再開）建築審議会基本問題分科会　第9、10、11、12回専門委員会議事要録』一九八七年、建設産業図書館所蔵資料
(124) 「改正の概要、趣旨及び経緯」『建築行政』一三〇号、一九八四年五月、四—一七頁
(125) 松谷蒼一郎「いんたびゅー　田んぼの真ん中に集合住宅を作るのは不自然だ」『日経アーキテクチュア』一七八号、一九八三年一月一七日、二〇—二三頁
(126) 一九八六年一一月一八日、建設省告示第一五二六号で、施行規則（第一七条の一八　建築設備士）に定められるに留まる。
(127) 「士法改正案可決に不満と太田士会連合会会長語る」『日経アーキテクチュア』一八七号、一九八三年五月二三日、一九二頁
(128) 「始動する改正建築士法　期待と不安が交錯する建築界の対応」『日経アーキテクチュア』二〇五号、一九八四年一月三〇日、四〇—四九頁
(129) 小宮賢一「建築基準法制定の前後（下）」『土地住宅問題』六三号、一九七九年一一月、五〇—五八頁。同じように書類を見る行為でありながら、届出では手数料が取れないため、建築行政の財源確保の意味もあったという。
(130) 一方でそれは、建築士法の制定と相俟って、行政の責任範囲を明確にすることにもなった。戦前からを知る長谷部竹腰建築事務所の竹腰健造（日本建築協会会長、一九一二年東京帝大卒）は、「行政官庁の建築関係官は、一体どの程度にそ

の管下の建築物に対して、責任が嫁せられるのか、という疑問を古くから持って居た。建築基準法と建築士法の制定は、はやこの点を明瞭にした」。「例えば、映画劇場などで、観覧席の床が、落ちて観客に死傷者ができたとする。それが新聞などでやかましく喧伝されると、世間はよく、建築関係者の監督官庁の責任を問う、またその官庁の官吏自身も、世間を騒がせてただ済まぬなどといって、陳謝めいた答弁をする記事が載っていたものだ。この種の新聞記事を読む毎に、私は、いつも不思議の感がしていた」。「要するに、関係官庁は、単に設計書、認可申請書の上において、建築基準法その他の建築関係法規に違反する事なきかを検し、これに対してのみ責任を負い、施工に対しては責任を負わぬ事にすべきである」と述べた(「建築行政官の責任の限界」『建築行政』二巻、二号、一九五二年三月、一二頁)。

(131) 小林與三次「建築主事の確認制度について」『建築行政』一巻、一号、一九五一年五月、一七―二二頁。なお、小林は小宮が確認という仕組みを提案したさい後押しした。

(132) 宗里実「建築基準法施行一年を顧みて」『建築行政』二巻、一号、一九五二年一月、三五頁

(133) 小宮賢一「建築基準法の一部を改正にする法律案要綱案」一九六九年八月二三日、小宮文庫

(134) 法令に基づくものでなく、府下の特定行政庁と府建築士事務所協会の覚書による自主規制方式で運用された(大阪府建築士事務所協会『法令建築事務所の20年』一九九四年、六頁)。なお、この制度は二〇〇三年三月末廃止。

(135) 田近伸和「試練の法令事務所制度　〝風化現象〟の打開に妙手は」『日経アーキテクチュア』一四一号、一九八一年八月一七日、一〇二―一〇五頁

(136) 注(91)前掲

(137) 永井賢城「建築士法改正へ　新しい体制を」『建築士』三五巻、四〇〇号、一九八六年一月、一三頁

(138) 法制委員会「建築士法改正に係わる主要問題点」『日本建築家協会ニュース』五一〇号、一九八三年三月一五日、八―九頁

(139) 澤田光英「疎外領域と建築家の業務」『日経アーキテクチュア』一九七号、一九八三年一〇月一〇日、二五頁

(140) 設監連が事実上破産状態に陥ったことも統合の一因である(鬼頭梓・宮脇檀・大江宏ほか「前川國男の建築家像と新団体」『燎』一号、一九八七年六月、七―二三頁)。なお、正しくは、この統合で生まれたのは新日本建築家協会だが、ここでは簡単のため〝新〟を省略した。

(141) 丹下健三「昭和61年度　行動計画」『日本建築家協会ニュース』五四九号、一九八六年六月一五号、四―五頁

(142) 西部明郎「敢えてタブーを冒し提起する」『JIA NEWS』三一号、一九九一年七月、三〇―三二頁

(143) 戦前にも西洋諸国の法律や法案は研究されたが、あくまでも対象は法自身で、背後にある社会には目が行っていなかった。

(144) 建築士試験などの事務のため、一九八二年九月設立。

(145) 建築技術教育普及センターによるものに、『英国建築家登録制度（調査・研究報告書）』一九八五年、『大韓民国建築家制度（同）』一九八六年などがある。

(146) ただし、太田も七〇年代初頭より海外の建築家法に言及している（太田和夫「西ドイツ（ドイツ連邦共和国）の建築家法」『建築雑誌』八八輯、一〇七二号、一九七三年一〇月、一〇九五―一〇九八頁）。

(147) 建築業協会『建築業協会三十年史』一九九七年、一九〇―二〇二頁。なお、このときの建築審議会会長は丹下健三。

(148) ただし、答申を受け合意文書を交わすべく交渉がされるも、最終的には調印に至らず、ウヤムヤのまま終わる（鬼頭梓氏のご教示による（二〇〇六年六月一日））。

(149) 近年ではさらに、民間資金等の活用による公共施設等の整備等の促進に関する法律（平成一一年法律第一一七号）によって、計画から設計・工事・運営までを一括して委ねるＰＦＩ（Private Finance Initiative）方式が導入されている。

(150) 一方近年では、建設業の側にも、建設不況を背景にした価格競争によって、自社で設計したということが、必ずしも自社の施工を保証することにならない現実も生まれている。

(151) 椎名政夫「建築家とは何か　教育も資格もそこから始まる」『建築ジャーナル』八〇五号、一九九二年一月、二一―二三頁。具体的には、ＥＣ建築家指令（Architects' Directive 85/384/EEC of 10. 06. 1985）による。

(152) 「本会記事（4）制度委員会」『建築士』四五巻、五二〇号、一九九六年一月、八四―八六頁。理由の一つには、時代が規制緩和一辺倒にあったことがあるが、建築家という個人を対象に法を設ける国はあっても、設計事務所という組織に法を設ける国はないからでもあった。しかしながら、二〇〇六年の法改正を機に再びこの事務所を対象にした立法へ声が、日本建築士事務所協会連合会・ＪＩＡ双方から上がっている。

(153) 椎名政夫「法的裏付けのない「建築家」では現実的にインパクトはない」『建築ジャーナル』九三六号、一九九九年二月、三八―四一頁。当初自主認定制度が考えられたが、ＡＩＡの勧めにより第三者認定に変更となる（注（148）前掲）。ただし、現在は、ＪＩＡ外部に第三者機関を設けるのではなく、外部からの有識者・法律家・関係団体代表等の第三者による評議員を交えた「建築家認定評議会」をＪＩＡに設け、同評議会による審査・認定となっている。

(154) 鬼頭梓・杉浦登志彦「緊急対談　建築家資格第三者認定は是か否か」『建築ジャーナル』八六九号、一九九五年九月、二八―三三頁。ただし、建設業の設計者への門戸は現在のところ開かれていない。

(155) この頃について鬼頭氏はこうも語っている。「この時ね、たいへん冷静に見ておられたのは太田〔和夫〕さんなんですよ。僕は太田さんに呼ばれて、「君たち一生懸命にやっているけど、それは本気なの？　それとも運動なの？」って聞かれてね。ちょっとたじろいだことを覚えてますよ。「運動ならわかるよ」って太田さんはね。「百年戦争のつもりならやったらいい」とも言っておられた。「本気ならこんなもんじゃいかないよ」という意味で彼は言ったんですね」。

(156) 一九七九年一一月九日。家協会と設監連を中心に数千人が国会前でデモを行い三〇万人の署名を国会議員に手渡した。

(157) 注(148)前掲

(158) 注(154)前掲

(159) 例えば、鬼頭梓「建築家職能の今日的課題」『建築ジャーナル』七八七号、一九九一年一月、一〇―一一頁

(160) 一九九三年、英政府による建築家登録法廃止勧告（ウォーン・レポート）を機に発生。

(161) 村井敬「建築家の業態と錯覚」『JIA NEWS』一二七号、一九九九年五月、四―五頁

(162) 瀬口哲夫『英国建築事情　上』企業組合建築ジャーナル、一九九一年、一三二―一三四頁

(163) 桐敷真次郎「期待される建築家像」『建築雑誌』一〇四輯、一二八五号、一九八九年五月、一七―二〇頁

(164) 椎名政夫「ＪＩＡが目指す建築家資格制度とは」『建築雑誌』一一〇輯、一三七四号、一九九五年七月、二〇頁

(165) 澤田光英「年頭所感」『建築士』四四巻、五〇八号、一九九五年一月、三頁

(166) 前川喜寛「（建築基準法こぼれ話）「新しい建築士像」は何と士法の初心」『建築防災』二〇七号、一九九五年四月、三二頁

(167) 注(91)前掲、二〇〇四年一一月五日

(168) 注(91)前掲、二〇〇五年一二月二七日

(169) なお、こうした状況下、ＡＰＥＣ（アジア太平洋経済協力会議）では、圏内での建築家の流動性を促し、建築家の国際的な活動を支援するため、一定レベルにある者に共通の称号を与えるＡＰＥＣアーキテクトの試みが二〇〇五年より始められている。

(170) 松原弘典「後からは有利」『建築雑誌』一二四輯、一五八八号、二〇〇九年三月、一五頁

(171) 宮本忠長「士会連合会直撃インタビュー　建築士法を踏まえた自主的な社会制度の確立」『建築ジャーナル』一〇五八号、二〇〇三年一二月、四〇―四一頁。ただし、耐震強度偽装事件により中断となる。

(172) 医師の世界でも、専門分化に応えるべく、日本専門医認定制機構による専門医制度を二〇〇一年より本格開始している。

(173) 士会連合会では、三期六年務めた宮本の後を受け、二〇〇八年会長となった藤本昌也によりこの方向性が堅持されていく。

(174) 周知のように、成文法主義の日本では、判例法主義の英米などに比べ、法が社会の実態と乖離しやすい一面がある。

あとがき

「建築士法は建築家の法律でないからダメだ」

しばしば言われるこの言葉をかつて僕も信じていた。専門の道に入って間もない学生が環境から受ける影響は例えようもなく大きく、教えられるままそう信じたのである。

その一方で、「広く建築の世界を見たい」と考えていた僕は、「では、建築家とは何人いるのか?」とも思っていた。そして「どれだけの建物が建築家の手で設計されているのか?」とも。すると、「世の中には、建築家の手を経ない物の方が、圧倒的に多いのではないか?」というごくあたり前の疑問に間もなくぶつかってしまった。建築家の数と建てられる物の量の対応である。まだ「住宅をやるような奴は建築家とは言えない」と言われた時代でもあったからだが、「ならば、住宅はどうなってもよいのか?」

僕にとってこれはとても大きなことだった。「建築家法つくるべし」と信じる反面、それができた社会を想像すればするほど頭をもたげてくる問いに、かなり長いあいだ悶々としたまま時が過ぎた。

そんなある日、ふと、「仮に建築士法をつくった人が、住宅こそが大切だと考えてこれを編んでいたとしたなら、これはたいへんだ」と思った。なぜなら、この法がそういう視点で語られたことはかつて一度もなく、「よくわからない法律」とか、「出来損ないの建築家法」としか言われていなかったからである。つまりは、日本中の誰もが、この法律を誤読してきたことになるのだ。できてから半世紀もの間ずっと。都市計画法・建築基準法と並んで建築行為の基本にある法でありながら、誰一人その主旨を知らない。そんな、普通では考えられない一種異常な状態が、しかも半世紀ものあいだ続いている。もしそうだとしたなら、これは、「たいへんだ」などと言っていて済まされることではない。

地味、古い、保守的、そうかと思うと逆に革新的と言われもしたこの研究に取り組んだのは、こうしたことがきっかけである。大切なのは、新しいか、古いか、革新か、保守かといったことではおよそなく、本質的か、普遍的か、真理かどうかである。確かに地味だが、「建築家とは何か」という、存在の根源を考えることに一面でつながるこの問題は、挑む価値ありと思ったのだ。

こうして始まり調べる中で知った事実には、幾度も驚かされた。「通説とはかくもいい加減なものか」と思った。思い込みで語られていることの何と多いことか。かすかに見える部分だけを頼りに、見えていない大半までを想像で補った理解を捨てて、全体をきちんと明らかにしてみると、そこには想像とは全く異なる像が描かれていた。

極論すればこの法は、専業で設計する人のみを見た大正の法案を、「建築行為は分割できない」と斬り捨てた佐野利器の主張に、住宅問題の解決という内藤亮一の思想を乗せて実現されたものである。ことに立法を牽引した内藤の思いがまさに住宅にあった。このことは、酷評されてばかりいたこの法に、実は崇高な理念があった。その証明に他ならない。それでなくともわが国には様々に自然災害が頻発する。建築家法をつくってみたところで、それがごく少数しか相手にしないのなら、できる貢献は知れている。「世は国際化の時代だ」と、他国に倣うよう求める声もあるが、「現に今ある物を見直すことが先ではないか」と、このことを知っていらい思うようになった。

それでも、教育とは恐ろしいものだとつくづく思う。こうまでやっても僕自身、建築家法を求める気持ちが微塵もなくなったわけではどうもなさそうだからである。だから、「建築家法つくるべし」と願う建築家の純粋な気持ちを逆撫でするつもりは毛頭ない。けれど、一〇〇年やってできなかったのである。ならば、「あと一〇〇年やると肚を決める」のも道なら、「これまでを振り返り、視点を変えて作戦を練り直す」のも一つの道。この本をそんなふうにお読みいただけたなら幸いである。

ところで、僕には、もう一つ考えたいことがあった。一握りの建築家の陰に隠れる建築の技術者のことだ。当然ながらそうした人の方が遥かに多い。そして彼らはしばしば、「自分は建築家とは言えないが……」と口にするのである。手がける規模や用途を問わず、また所属の規模や官民、そして、専兼を問わず。一つの職業をめぐって、多くが斜めに構え、複雑な顔を見せつつ口ごもる。こうした状況をどうにかできないかと思ったのだ。それに十分応えられたかどうか、それはわからない。しかし、少なくとも、これまでのようにいたずらに卑下する必要はない。そのことは示せたのではないかと思う。

取り組んで一〇年経ち、この研究もようやく一区切りがついた。挑む価値ありと思う傍ら、地味な割には課題は重く、ためらう気持ちもないわけではなかった。「自分がその任にふさわしいか?」という疑問もあったが、「建築家とは何か」の一端を考えるこの作業はすなわち、自分のアイデンティティ探しにつながる。こう思って覚悟を決めた。そうは言っても、二〇〇三年に大工と住宅の関わりの変化を描いた修士論文をまとめた時は、まだまだ茫漠とした中にあった。運良く日本建築学会の賞に結びつきはしたものの、手法はきわどく、続く展開にも確信があったわけではなかった。それが、やっておかなければならない研究だったとわかったのは、博士論文をまとめるさなかである。四年を経てようやく自身の行為の意味がわかった鈍さには正直、あきれた。

そんな調子だから、これが僕なりにすっきりしたと思えるものになったのは、多くの方々のご指導とご助力の賜物に他ならない。

西澤泰彦先生(名古屋大学准教授)、内田祥士先生(東洋大学教授)、冨井正憲先生(韓国・漢陽大学教授)、堀勇良先生(元文化庁)には様々にご教示を、瀬口哲夫先生(名古屋市立大学名誉教授)には先学としてご指導を、そして河東義之先生(小山工業高等専門学校名誉教授)には、修士論文着手の際、お力添えをいただいた。また、鈴木博之先生(東京大学名誉教授)、野城智也先生・松村秀一先生・村松伸先生(東京大学教授)には、主査藤森照信先生い。

（東京大学名誉教授）とともに博士論文審査の労をお掛けした。加えて藤森先生には、老書生を志した僕を快く迎え、こうした研究の着想や経過を、終始温かく見守り、かつ本書の出版を推して下さったことに深甚より感謝申し上げた

お亡くなりになった鬼頭梓さん、内藤亮一さんのご遺族の伊東紀久子さんや内藤紀子さん、その部下だった前川喜寛さん・北畠照躬さん（元建設省）、田中祥夫さん・藤田武さん（元横浜市）、市浦健さんのご遺族の潤さん・矢野典《ふみ》子《こ》さん、市浦さんに仕えた富安秀雄さん・小林明さん・西郷裕之さん（市浦ハウジング&プランニング）、佐藤由巳子さんから得た証言は、何物にも代え難いほどありがたかったし、小宮賢一さん・前川さん・北畠さんから託された史料の閲覧に快く応じて下さった井手幸人さん（一般財団法人日本建築センター）、伊藤憲太郎さんの史料などでご協力下さった江口知秀さん（建設産業図書館）、内藤さん関係のものをはじめ様々にお世話になった石原一則さん（神奈川県立公文書館）への感謝の気持ちは、どんなに言葉を並べても尽くせない。幻にも思えたオリジナルの数々を目にした時の震えるような感覚は、鮮やかに覚えている。

これをテーマに書いた最初の論文が出たのは耐震強度偽装事件の発覚から二週間後のことだった。これ以上ないタイミングに微かに抱いたほどの反響はなかったけれど、幸いにして、博士課程を終えると同時に建築学会から二つ目の賞をいただくことになった。学位記授与式で、修士いらい何かと気に留めて下さった藤井恵介先生（東京大学教授）から、「二重の意味でおめでとう」とお言葉を頂戴したことも懐かしい。成果を発表する中で知遇を得た藤本昌也さん（日本建築士会連合会会長）のお声がかりによる『建築士』誌への連載は、本書に向けて考えを再び整理するいい機会となった。それにしても、僕にとって、建築ができる世界の実際を知ることが、この研究をする上で如何に不可欠であったか、と今にして思う。これはすなわち、その実務の場で懇意にして下さった方たちがあってこそこの本がある、ということでもある。その一人でもあり、かれこれ二〇年のお付き合いになる玉木興陽さんには、ついつ

い厚意に甘え、この間いく度も拙さを補っていただいた。このことも御礼申し上げねばなるまい。その他、上梓までにお世話になった方はあまりに多いが、紙幅も限られ、挙げられない。お許し願いたい。

本書の随所には、故村松貞次郎先生の研究が引用されることになった。思い返せば大学四年のとき、一言声をかけられただけの村松先生の、その跡を継ぐ藤森先生の研究室に、師事する形で入ることになろうとは当時はよもや思いもしなかった。そうした偶然はともかく、その藤森先生はかつて、「村松先生の業績には、建築技術史と大工道具史の二つの山がある」と評された。そこに建築家の職能史のもう一山あったというのがこの研究をやってみての感想だ。だから、ギジュツシから派生してギジュツシャ研究となったこの本は、生産技術研究所のあの研究室から、出るべくして出たものであるに違いない、と思っている。

最後に、博士論文から四年。「埋もれて行く論文の一つになるのかも」とも思ったこの研究を拾い上げ、出版の機会を与えて下さった財団法人東京大学出版会、ことに、学術刊行助成の審査にあたられた先生方、申請の際お世話になった増田三男さん、編集を担当された依田浩司さんに御礼申し上げたい。

そして、家族に、心から。

二〇一一年　建築士法制定から六一年　暦が還り新たな一年を加えた年、葉月

震災を経た東北・郡山にて

速水清孝

初出一覧

第一章　序論

書き下ろし

第二章　士法の議会、行政の士法

速水清孝『住宅の設計主体の変容に関する研究――明治・大正期における栃木県の大工の活動を中心に』東京大学修士論文、二〇〇三年（二〇〇三年日本建築学会優秀修士論文賞受賞。なお、この研究は、日本科学協会笹川科学研究助成の成果である）

速水清孝「帝国議会上程期の建築士法案に対する考察――建築士法の成立過程に関する研究　その4」『日本建築学会計画系論文集』六〇七号、二〇〇六年九月、一七一―一七七頁

速水清孝「建築行政官の建築士法に対する意見――建築士法の成立過程に関する研究　その1」『日本建築学会計画系論文集』五九八号、二〇〇五年一二月、一九三―一九八頁（二〇〇七年日本建築学会奨励賞受賞）

第三章　建築士法の制定と建築代理士

速水清孝「建築代理士制度の成立と展開――建築士法の成立過程に関する研究　その2」『日本建築学会計画系論文集』六〇一号、二〇〇六年三月、一九九―二〇四頁

速水清孝「建築士法第三条：建築士でなければできない設計又は工事監理の範囲の昭和二六年改正の経緯――建築士法の成立過程に関する研究　その3」『日本建築学会計画系論文集』六〇五号、二〇〇六年七月、一八三―一八七頁

第四章　内藤亮一と建築士法と住宅

速水清孝「建築行政官の建築士法に対する意見——建築士法の成立過程に関する研究　その1」『日本建築学会計画系論文集』五九八号、二〇〇五年一二月、一九三—一九八頁（二〇〇七年日本建築学会奨励賞受賞）

速水清孝「小宮賢一と青島特別市建築技師業務執行規則——建築士法の成立過程に関する研究　その6」『日本建築学会計画系論文集』七六巻、六六〇号、二〇一一年二月、四五七—四六三頁

第五章　建設業法の主任技術者と建築士

速水清孝「建設業法第二六条：主任技術者制度の成立過程と建築士法——建築士法の成立過程に関する研究　その5」『日本建築学会計画系論文集』六一〇号、二〇〇六年一二月、一八五—一九〇頁

第六章　市浦健と建築家法

速水清孝・林憲吾「市浦健の設計と諸活動に関する研究」『住宅総合研究財団研究論文集』三四号、二〇〇八年三月、一二五—一三六頁（この研究は、住宅総合研究財団研究助成の成果である）

速水清孝「市浦健提案の建築家法の形成過程と意味——建築士法の展開に関する研究」『日本建築学会計画系論文集』六三三号、二〇〇八年一一月、二四八九—二四九五頁（この研究は、住宅総合研究財団研究助成の成果である）

本書は、右の多くをもとに著した、筆者、博士学位請求論文（『日本の建築設計者の職能と法制に関する歴史的研究』東京大学、二〇〇七年）に、同じく右に掲げたそれ以後のものを加え、書き改めたものである。

巻末資料

資料1　建築士法（昭和二十五年法律第二百二号、制定時の条文）
資料2　建築士法案（一九二五（大正十四）年、日本建築士会案）
資料3　建築士法施行令案（一九二五（大正十四）年八月、日本建築士会案）
資料4　建築士法案（一九二九（昭和四）年案）
資料5　青島特別市建築技師業務執行規則（民国三十一年公布令第三号）
資料6　建設業法（昭和二十四年法律第百号、制定時の技術者に関する条文の抜粋）
資料7　建築士法改正案要綱（第一次試案、一九六四（昭和三十九）年六月九日、建設省より建築行政関係懇話会に提示）
資料8　建築設計監理業務法要綱案（一九六五（昭和四十）年十月二十七日、日本建築家協会案）

資料1　建築士法（昭和二十五年法律第二百二号、制定時の条文）

第一章　総則（第一条—第三条）

（目的）

第一条　この法律は、建築物の設計、工事監理等を行う技術者の資格を定めて、その業務の適正をはかり、もつて建築物の質の向上に寄与させることを目的とする。

（定義）

第二条　この法律で「建築士」とは、一級建築士及び二級建築士をいう。

2　この法律で「一級建築士」とは、建設大臣の免許を受け、一級建築士の名称を用いて、設計、工事監理等の業務を行う者をいう。

3　この法律で「二級建築士」とは、都道府県知事の免許を受け、二級建築士の名称を用いて、設計、工事監理等の業務を行う者をいう。

4　この法律で「設計図書」とは、建築物の建築工事実施のために必要な図面（現寸図の類を除く。）及び仕様書を、「設計」とは、設計図書を作成することをいう。

5　この法律で「工事監理」とは、工事を設計図書と照合し、それが設計図書のとおりに実施されているかいないかを確認することをいう。

（建築士でなければできない設計又は工事監理）

第三条　建築物で、その用途、構造、規模等により、特に建築物としての質を確保する必要のあるものについては、建築士でなければ、その設計又は工事監理をしてはならない。

2　前項の建築物の種類及び範囲については、別に法律で定める。

第二章　免許（第四条—第十一条）

（建築士の免許）

第四条　一級建築士になろうとする者は、建設大臣の行う一級建築士試験に合格し、建設大臣の免許を受けなければならない。

2　二級建築士になろうとする者は、都道府県知事の行う二級建築士試験に合格し、その都道府県知事の免許を受けなければならない。

3　外国の建築士免許を受けた者で、建設大臣又は都道府県知事が、それぞれ一級建築士又は二級建築士と同等以上の資格を有すると認めるものは、前二項の試験を受けないで、一級建築士又は二級建築士の免許を受けることができる。

（免許の登録）

第五条　一級建築士又は二級建築士の免許は、それぞれ一級建築士名簿又は二級建築士名簿に登録することによつて行う。
２　建設大臣又は都道府県知事は、一級建築士又は二級建築士の免許を与えたときは、それぞれ一級建築士免許証又は二級建築士免許証を交付する。
３　一級建築士又は二級建築士の免許を受けようとする者は、政令の定めるところにより、一級建築士の免許については三千円以内、二級建築士の免許については二千円以内の免許手数料を、それぞれ国庫又は都道府県に納入しなければならない。
４　一級建築士又は二級建築士は、毎年十二月三十一日現在において、その氏名、住所その他建設省令で定める事項を、翌年一月十五日迄に、一級建築士にあつては、住所地の都道府県知事を経由して建設大臣に、二級建築士にあつては、免許を受けた都道府県知事及び住所地の都道府県知事に届け出なければならない。
（名簿）
第六条　一級建築士名簿は建設省に、二級建築士名簿は都道府県に、これを備える。
（絶対的欠格事由）
第七条　左の各号の一に該当する者には、一級建築士又は二級建築士の免許を与えない。
一　未成年者
二　禁治産者又は準禁治産者
三　第十条第一項の規定によつて、免許取消の処分を受けてから二年を経過しない者
（相対的欠格事由）
第八条　左の各号の一に該当する者には、一級建築士又は二級建築士の免許を与えないことがある。
一　禁こ以上の刑に処せられた者
二　建築物の建築に関し罪を犯し罰金の刑に処せられた者
（免許の取消）
第九条　一級建築士又は二級建築士が虚偽又は不正の事実に基いて免許を受けた者であることが判明したときは、それぞれ建設大臣又は免許を与えた都道府県知事は、免許を取消さなければならない。第七条第二号に該当するに至つたとき、又は本人から免許取消の申請があつたときも同様とする。
（懲戒）
第十条　一級建築士又は二級建築士がその業務に関して不誠実な行為をしたとき、又は第八条の各号の一に該当するに至つたときは、それぞれ建設大臣又は免許を与えた都道府県知事は、戒告を与え、一年以内の期間を定めて業務の停止を命じ、又は免許を取消すことができ

る。

2　建設大臣又は都道府県知事は、前項の規定により、業務の停止又は免許の取消をしようとするときは、あらかじめ当該一級建築士又は二級建築士について聴問を行い、なお必要があるときは、参考人の意見を聴かなければならない。但し、当該一級建築士又は二級建築士が正当な理由がなくて聴問に応じないときは、聴問を行わないで当該処分をすることができる。

3　建設大臣又は都道府県知事は、第一項の規定により、業務の停止又は免許の取消をしようとするときは、それぞれ中央建築士審議会又は都道府県建築士審議会の同意を得なければならない。

（省令及び都道府県規則への委任）

第十一条　この章に規定するものの外、一級建築士又は二級建築士の免許の申請、登録の訂正及び抹消、免許証の交付、再交付及び返納並びに住所の届出に関して必要な手続は、それぞれ建設省令又は都道府県規則で定める。

第三章　試験（第十二―第十七条）

（試験の内容）

第十二条　一級建築士試験及び二級建築士試験は、設計及び工事監理に必要な知識及び技能について行う。

（試験の施行）

第十三条　一級建築士試験又は二級建築士試験は、毎年少くとも一回、それぞれ建設大臣又は都道府県知事が行う。

（一級建築士試験の受験資格）

第十四条　一級建築士試験は、左の各号の一に該当する者でなければ、これを受けることができない。

一　学校教育法（昭和二十二年法律第二十六号）による大学（短期大学を除く。）又は旧大学令（大正七年勅令第三百八十八号）による大学において、正規の建築又は土木に関する課程を修めて卒業した後、建築に関して二年以上の実務の経験を有する者

二　学校教育法による短期大学又は旧専門学校令（明治三十六年勅令第六十一号）による専門学校において、正規の建築又は土木に関する課程を修めて卒業した後、建築に関して四年以上の実務の経験を有する者

三　二級建築士として四年以上の実務の経験を有する者

四　建設大臣が前各号と同等以上の知識及び技能を有すると認める者

（二級建築士試験の受験資格）

第十五条　二級建築士試験は、左の各号の一に該当する者でなければ、これを受けることができない。

一　学校教育法による大学、旧大学令による大学又は旧専門学校令による専門学校において、正規の建築に関する課程を修めて卒業した者又はこれらの学校において、正規の土木に関する課程を修めて卒業した後、建築に関して一年以上の実務の経験を有する者

二　学校教育法による高等学校又は旧中等学校令（昭和十八年勅令第三十六号）による中等学校において、正規の建築又は土木に関する課程を修めて卒業した後、建築に関して三年以上の実務の経験を有する者

三　都道府県知事が前各号と同等以上の知識及び技能を有すると認める者

四　建築に関して七年以上の実務の経験を有する者

（受験手数料）

第十六条　一級建築士試験又は二級建築士試験を受けようとする者は、政令の定めるところにより、それぞれ受験手数料を国庫又は都道府県に納入しなければならない。

（省令及び都道府県規則への委任）

第十七条　この章に規定するものの外、一級建築士試験の科目、受験手続その他一級建築士試験に関して必要な事項及び二級建築士試験の基準は、建設省令で定める。

2　この章に規定するものの外、二級建築士試験の科目、受験手続その他二級建築士試験に関して必要な事項は、都道府県規則で定める。

第四章　業務（第十八条―第二十二条）

（業務執行）

第十八条　建築士は、その業務を誠実に行い、建築物の質の向上に努めなければならない。

2　建築士は、設計を行う場合においては、これを法令又は条例の定める建築物に関する基準に適合するようにしなければならない。

3　建築士は、工事監督を行う場合において、工事が設計図書のとおりに実施されていないと認めるときは、直ちに、工事施工者に注意を与え、もし工事施工者がこれに従わないときは、その旨を建築主に報告しなければならない。

（設計の変更）

第十九条　一級建築士又は二級建築士は、他の一級建築士又は二級建築士の設計した設計図書の一部を変更しようとするときは、当該一級建築士又は二級建築士の承諾を求めなければならない。但し、承諾を求めることのできない事由があるとき、又は承諾が得られなかつたときは、自己の責任において、その設計図書の一部を変更することができる。

（業務に必要な表示行為）

第二十条　一級建築士又は二級建築士は、設計を行つた場合においては、その設計図書に一級建築士又は二級建築士たる表示をして記名及びなつ印をしなければならない。設計図書の一部を変更した場合も同様とする。

2　建築士は、工事監理を終了したときは、直ちに、その結果を文書で建築主に報告しなければならない。

（その他の業務）

第二十一条　建築士は、設計及び工事監理を行う外、建築工事契約に関する事務、建築工事の指導監督、建築物に関する調査又は鑑定及び建築に関する法令又は条例に基く手続の代理等の業務を行うことができる。

（名称の使用禁止）

第二十二条　建築士でない者は、建築士又はこれに紛らわしい名称を用いてはならない。

２　二級建築士は、一級建築士又はこれに紛らわしい名称を用いてはならない。

第五章　建築士事務所（第二十三条―第二十七条）

（建築士事務所の届出）

第二十三条　一級建築士又は二級建築士が、他人の求めに応じ報酬を得て設計又は工事監理を行うことを業としようとするときは、事務所（以下「建築士事務所」という。）を定めて、その所在地の都道府県知事に、それぞれ一級建築士事務所又は二級建築士事務所の開設の届出をしなければならない。法人又は人が、一級建築士又は二級建築士を使用して、設計又は工事監理を行うことを業としようとするときも、同様とする。

２　前項に掲げる者が、建築士事務所を移転し、休止し又は廃止したときは、十日以内に、都道府県知事に届出をしなければならない。

（建築士事務所の管理）

第二十四条　一級建築士事務所は、専任の一級建築士が管理し、二級建築士事務所は、専任の二級建築士が管理しなければならない。

（業務の報酬）

第二十五条　建設大臣は、中央建築士審議会の同意を得て、建築士事務所の開設者がその業務に関して請求することのできる報酬の基準を定め、これを勧告することができる。

（建築士事務所の監督）

第二十六条　都道府県知事は、建築士事務所が左の各号の一に該当する場合においては、一年以内の期間を定めてその建築士事務所の閉鎖を命ずることができる。

一　第二十四条の要件を欠くに至つたとき

二　建築士事務所の管理者が第八条の各号の一に該当するに至つたとき

三　建築士事務所に属する一級建築士又は二級建築士が、その属する建築士事務所の業として行つた行為により、第八条の各号の一に該当するに至つたとき

２　第十条第二項及び第三項の規定は、都道府県知事が前項の処分（第一号に該当する場合を除く。）をする場合に、これを準用する。

（省令への委任）
第二十七条　この章に規定するものの外、建築士事務所の開設、移転、休止及び廃止の届出に関して必要な手続は、建設省令で定める。

第六章　建築士審議会及び試験委員（第二十八条―第三十四条）

（建築士審議会）
第二十八条　建設大臣又は都道府県知事の行う処分に対するこの法律に規定する同意についての議決を行わせるとともに、建設大臣又は都道府県知事の諮問に応じ、建築士に関する重要事項を調査審議させるために、建設省に中央建築士審議会を、都道府県に都道府県建築士審議会を置く。
2　中央建築士審議会又は都道府県建築士審議会は、建築士に関する事項について、関係各庁に建議することができる。

（建築士審議会の組織）
第二十九条　中央建築士審議会は、委員十五人以内をもつて、都道府県建築士審議会は、委員十人以内をもつて、組織する。
2　委員は、建築士のうちから、中央建築士審議会にあつては、建設大臣が、都道府県建築士審議会にあつては、都道府県知事が命じ、又は委嘱する。
3　前項の委員を選ぶに当りやむを得ない事由があるときは、学識経験のある者のうちから、これを命じ、又は委嘱することができる。但し、この数は、委員の半数をこえてはならない。

（委員の任期）
第三十条　委員の任期は、三年とする。但し、補欠の委員の任期は、前任者の残任期間とする。
2　前項の委員は、再任されることができる。

（会長）
第三十一条　中央建築士審議会及び都道府県建築士審議会にそれぞれ会長を置き、委員の互選によつて定める。
2　会長は、会務を総理する。
3　会長に事故のあるときは、委員のうちからあらかじめ互選された者が、その職務を代理する。

（試験委員）
第三十二条　一級建築士試験又は二級建築士試験に関する事務をつかさどらせるため、それぞれ建設省に一級建築士試験委員を、都道府県に二級建築士試験委員を置く。
2　一級建築士試験委員は、建設大臣が、二級建築士試験委員は、都道府県知事が、それぞれ建築士のうちから命じ、又は委嘱する。
3　前項の試験委員を選ぶに当りやむを得ない事由があるときは、学識経験のある者のうちから、これを命じ、又は委嘱することができる。但し、この数は、試験委員の半数をこえてはならない。

（不正行為の禁止）

第三十三条　一級建築士試験委員、二級建築士試験委員、その他一級建築士試験又は二級建築士試験の事務をつかさどる者は、その事務の施行に当つて、厳正を保持し不正の行為のないようにしなければならない。

（政令への委任）

第三十四条　この章の規定するものの外、中央建築士審議会、都道府県建築士審議会、一級建築士試験委員及び二級建築士試験委員に関して必要な事項は、政令で定める。

第七章　罰則（第三十五条―第三十七条）

第三十五条　左の各号の一に該当する者は、これを一年以下の懲役又は五万円以下の罰金に処する。

一　一級建築士又は二級建築士の免許を受けないで、その業務を行う目的で一級建築士又は二級建築士の名称を用いた者

二　虚偽又は不正の事実に基いて一級建築士又は二級建築士の免許を受けた者

三　第十条第一項の規定による業務停止命令に違反した者

四　第二十四条の規定に違反した建築士事務所の開設者

五　第二十六条第一項の規定による都道府県知事の命令に違反した者

第三十六条　左の各号の一に該当する者は、これを三万円以下の罰金に処する。

一　第二十二条の規定に違反した者

二　第三十三条の規定に違反して、事前に試験問題を漏らし、又は不正の採点をした者

第三十七条　第二十三条の規定に違反した者は、五千円以下の過料に処する。

附　則

1　この法律は、昭和二十五年七月一日から施行する。但し、第二十二条及び第五章の規定は、昭和二十六年七月一日から施行する。

2　昭和二十六年三月三十一日において、左の各号の一に該当する者で、建設大臣の選考を受けて、一級建築士となるにふさわしい知識及び技能を有すると認められたものは、第四条第一項の試験を受けないで、一級建築士の免許を受けることができる。

一　旧大学令による大学において、正規の建築又は土木に関する課程を修めて卒業した後、建築に関して三年以上の実務の経験を有する者

二　旧専門学校令による専門学校において、正規の建築又は土木に関する課程を修めて卒業した後、建築に関して六年以上の実務の

経験を有する者
三　旧中等学校令による中等学校において、正規の建築又は土木に関する課程を修めて卒業した後、建築に関して十年以上の実務の経験を有する者
四　前各号に掲げる学校と同等以上又はこれに準ずる学校において、建築又は土木に関する課程を修めて卒業した後、建築に関してそれぞれ前各号に掲げる年数以上の実務の経験を有する者
五　建築に関して十五年以上の実務の経験を有する者
3　昭和二十六年三月三十一日において、左の各号の一に該当する者で、都道府県知事の選考を受けて、二級建築士となるにふさわしい知識及び技能を有すると認められたものは、第四条第二項の試験を受けないで、二級建築士の免許を受けることができる。
一　旧大学令による大学において、正規の建築又は土木に関する課程を修めて卒業した後、建築に関して一年以上の実務の経験を有する者
二　旧専門学校令による専門学校において、正規の建築又は土木に関する課程を修めて卒業した後、建築に関して二年以上の実務の経験を有する者
三　旧中等学校令による中等学校において、正規の建築又は土木に関する課程を修めて卒業した後、建築に関して五年以上の実務の経験を有する者
四　前各号に掲げる学校と同等以上又はこれに準ずる学校において、建築又は土木に関する課程を修めて卒業した後、建築に関してそれぞれ前各号に掲げる年数以上の実務の経験を有する者
五　建築に関して十年以上の実務の経験を有する者
4　前二項の規定により、建設大臣又は都道府県知事の選考を受けようとする者は、建設大臣の定める業務経歴書を添えて、昭和二十六年四月三十日までに、それぞれ建設大臣又は都道府県知事に申請しなければならない。
5　第二項又は第三項の選考の事務をつかさどらせるために、臨時に、建設省に一級建築士選考委員を、都道府県に二級建築士選考委員を置く。
6　一級建築士選考委員は、建設大臣が、二級建築士選考委員は、都道府県知事が、それぞれ関係各庁の職員及び学識経験のある者のうちから命じ、又は委嘱する。
7　一級建築士選考委員又は二級建築士選考委員は、それぞれ第二項又は第三項の選考を行うにあたつて、必要と認める場合においては、考査を行うことができる。
8　第三十三条及び第三十六条第二号の規定は、一級建築士選考委員、二級建築士選考委員その他一級建築士又は二級建築士の選考又

は考査の事務をつかさどる者に、これを準用する。
9　第二項又は第三項の選考を受けようとする者は、政令の定めるところにより、それぞれ選考手数料を国庫又は都道府県に納入しなければならない。
10　一級建築士選考委員及び二級建築士選考委員に関して必要な事項は、政令で定める。
11　第二項又は第三項の選考及び第七項の考査の基準は、建設大臣が告示する。
12　昭和二十五年においては、第十三条の規定にかかわらず、一級建築士試験及び二級建築士試験は行わない。
13　中央建築士審議会及び都道府県建築士審議会の委員を最初に命じ、又は委嘱する場合において、建築士の免許を受けた者がないときは、第二十九条第二項の規定にかかわらず、関係各庁の職員及び学識経験のある者のうちから、これを命じ、又は委嘱することができる。
14　建設省設置法（昭和二十三年法律第百十三号）の一部を次のように改正する。
　第十条の表中測量審議会の項の次に次の二項を加える。

中央建築士審議会
　建設大臣の諮問に応じて一級建築士及び二級建築士に関する重要事項を調査審議し、当該事項について関係行政庁に建議し、その他建築士法（昭和二十五年法律第二百二号）に基く権限を行うこと。
一級建築士試験委員
　一級建築士試験に関する事務をつかさどること。

（建設・内閣総理大臣署名）

資料2　建築士法案（一九二五（大正十四）年、日本建築士会案）

第一條　建築士は當事者の委託を受け左の職務を行ふものとす
一　建築設計
一　建築工事監督
一　建築に關する顧問、鑑定、調査、其他之に類する事項

一　前各項に附帶關聯する事項
第二條　建築士たらんと欲する者は左の資格を具備するを要す
一　帝國臣民又は内務大臣の定むる所に依り外國の國籍を有する者にして私法上の能力者
二　建築士試驗合格者
第三條　建築士試驗に關する事項は内務大臣之を定む
第四條　左の各號の一に該當する者は試驗を要せすして建築士たる事を得
一　文部省專門學校令に規定せられたる專門學校建築科又は同程度の學校に於ける建築科を卒業したる者
二　前項同等の外國に於ける建築專門の外國大學を卒業したる者
三　前二項以外の建築專門の學校を卒業し建築士試驗委員の銓衡に依り前二項同等の資格ありと認められたる者
第五條　左に掲くるものの一に該當する者は建築士たることを得す
一　禁錮以上の刑に處せられたる者但し六年未滿の懲役又は禁錮に處せられたる者にして刑の執行を終り又は執行の免除を得たる日より起算して三年を經過したるものは此の限りに非らす
二　破產の宣告を受け復權せさる者
三　職務停止の期間中職務を廢止し未た其期間を經過せさる者又は職務禁止の處分ありたる日より起算し三年を經過せさる者
第六條　建築士は左の業務を營むことを得す
一　土木建築に關する請負業
二　建築材料に關する商工業又は製造業但し建築士會の承認を得たる者は此の限りに非らす
第七條　内務省に建築士登錄簿を具へ建築士に關する事項を登錄す
建築士たらんと欲する者は建築士登錄簿に登錄を受くることを要す
建築士の登錄に關する事項は内務大臣之を定む
第八條　建築士の登錄を受けんとする者は登錄料として百圓を納付すへし
第九條　建築士は内務省所在地に建築士會を設立すへし
建築士會は支部を設くることを得
第十條　建築士會は建築士の風紀を保持し職務の發達を圖るを目的とす
第十一條　建築士會は法人とす
第十二條　建築士會は内務大臣之を監督す

第十三條　建築士會は會則を設け役員に關する事項、建築士の風紀保持に關する事項、報酬に關する事項其會務の處理に必要なる事項を規定すへし
會則は内務大臣の許可を受くへし會則の變更に付亦同し
第十四條　建築士會設立の手續機關の組織及監督に關しては内務大臣之を定む
第十五條　建築士は建築士會に加入したる後に非らされは其職務を行ふことを得す
第十六條　建築士法又は建築士會の會則に違反する行爲あるときは内務大臣は建築士懲戒委員會の議決により之を懲戒す
建築士懲戒委員會に關する事項は内務大臣之を定む
第十七條　建築士の懲戒處分は左の四種とす
一　譴責
二　一年以内の職務の停止
三　千圓以下の科料
四　職務の禁止
第十八條　建築士會は建築士に對し懲戒の必要ありと認めたるときは内務大臣に申告すへし
第十九條　内務大臣は前條の規定に依る建築士會の申告に依り又は職權を以て建築士懲戒委員會を招集す
第二十條　科料を完納せさるときは内務大臣の命令を以て之を執行す
非訴事件手續法第二百八條の規定は前項の規定に依る執行に付之を準用す
第二十一條　登録を受けすして建築士と稱したる者又は建築士にして其職務停止若くは禁止中建築士の職務を行ひたる者は一年以下の懲役又は千圓以下の罰金に處す
附　則
第二十二條　本法施行の期日は勅令を以て之を定む
第二十三条　社團法人建築學會の正員にして本法施行前現に建築の業務を行ふ者は本法施行の日より六十日以内に内務大臣の許可を得て建築士登錄簿に登錄を受くる時は試驗を要せすして建築士たることを得
（出典：日本建築士会『建築士法成立に關する諸家の意見』一九二五年）

資料3　建築士法施行令案（一九二五（大正十四）年八月、日本建築士会案）

第一章　建築士試験

第一條　建築士試驗は每年一回東京に於て之を行ふ其の期日及場所は內務大臣之を定め官報を以て之を公告す

第二條　建築士試驗は建築士試驗委員会之を行ふ

建築士試驗委員は委員長一人常任委員若干人を以て之を組織す

前項の外必要ある時は試驗施行每に臨時委員を置くことを得

第三條　委員長、常任委員及臨時委員は內務省高等官、及建築士の中より內務大臣之を命す但常任委員は二年每に半數改選とす

第四條　委員長は常任委員及臨時委員を監督し試驗に關する一切の事務を總理す

第五條　建築士法第五條又は第六條の規定に該當する者は試驗を受くる事を得す

第六條　試驗を受けんとする者は履歷書を添附し願書を委員長に差出すへし

第七條　試驗を受けんとする者は手數料として金十圓を納付すへし

手數料は收入印紙を以て之を納付すへし

手數料は願書を取下けたるとき又は試驗を受けさるときと雖之を還付せす

第八條　試驗は筆記及口述とし其科目は試驗委員之を決定す

第九條　不正の方法に依り試驗を受けんとしたる者は其の試驗を受くる事を得す試驗合格決定後發覺したるときは其の合格を無效とす

第十條　試驗合格を定むる方法は建築士試驗委員の議定する所に依る

第十一條　試驗合格者には合格證書を授與す

第十二條　試驗合格者の氏名は官報を以て之を公告す

第二章　建築士の登錄

第十三條　建築士の登錄を受けんとする者は申請書に氏名、住所及事務所を記載し其の資格を證する書面を添附し之を內務大臣に差出すへし

第十四條　登錄料は收入印紙を以て之を納付すへし

第十五條　內務大臣は建築士の登錄を爲したるとき又は其の登錄を拒否したるときは申請人に之を通知すへし

前項の規定に依る登錄の拒否の通知には理由を附すへし

第十六條　登錄の拒否の通知を受けたる者其の拒否に對し不服あるときは訴願を提起する事を得

第十七條　内務大臣は建築士登錄簿に左の事項を記載すへし
一　氏名及住所
二　事務所
三　登錄の年月日
四　建築士會加入及脱退の年月日
五　懲戒

第十八條　左の各號の一に該當する場合には内務大臣は建築士の登錄を抹消すへし
一　登錄抹消の申請ありたるとき
二　死亡したるとき
三　建築士たる資格を具へさるか又は具へさるに至りたるとき

第十九條　内務大臣は前條第三號の規定に依り登錄を抹消したるときは抹消せられたる者に之を通知すへし
第二十條　前條の通知を受けたる者登錄の抹消に對し不服あるときは訴願を提起する事を得
第二十一條　内務大臣は建築士の登錄又は其の抹消若は回復を爲したるときは官報を以て之を公告すへし
第二十二條　建築士は其の氏名、住所又は事務所を變更したるときは遲滯なく其の旨を内務大臣に届出つへし
建築士死去したるときは其相續人又は親族は遲滯なく其の旨を内務大臣に届出つへし

第三章　建築士會

第二十三條　建築士會は毎年定期總會を開く
建築士會は必要ある場合に於ては臨時總會を開く事を得
總會は會則の定むる所により會務に付議決す
第二十四條　建築士會に左の役員を置く
一　理　事　　若干人
二　常議員　　若干人
理事は會則の定むる所に依り建築士會を代表し會務を執行す
常議員は會務執行の狀況を監査し會則の定むる事項に付審議す
理事及常議員は總會に於て會員中より之を選任す
第二十五條　建築士會は内務大臣の諮問に對し答申すへし

建築士會は内務大臣に建議する事を得
第二十六條　建築士會は左の事項を遲滯なく内務大臣に報告すへし
一　會員の加入及脱退
二　役員の選任及解任
三　總會の決議
四　内務大臣に於て報告を求めたる事項
第二十七條　内務大臣は總會の決議又は役員の行爲か法令若は會則に違反し又は公益を害し若は害するの虞ありと認むるときは決議を取消し又は役員の改選を命することを得

第四章　建築士懲戒委員會

第二十八條　建築士懲戒委員會は委員長一人委員四人を以て之を組織す
委員會に豫備委員四人を置く
委員長は内務次官を以て之に充つ
委員及豫備委員の内各一人は内務省高等官の中より其の他の委員及豫備委員は建築士の内より内務大臣之を命す
第二十九條　委員會の議事は過半數に依り之を決す可否同數なるときは委員長之を決す
第三十條　委員長事故あるときは其の指名したる委員之を代理す
委員中缺員あるとき、事故ある者あるとき又は委員長を代理する者あるときは委員長の指名したる豫備委員之を代理す
第三十一條　委員及豫備委員の任期は三年とす但し補缺の爲命せられたる者の任期は前任者の殘任期間とす
第三十二條　委員會に書記若干名を置く
書記は内務大臣之を命す
書記は上司の命を受け庶務に從事す
第三十三條　建築士法第十八條の規定に依る申告は證據を具へ書面を以て之を爲すへし
第三十四条　委員會の招集ありたるときは委員長は懲戒すへき行爲證據を示して其の旨を本人に通知し且期間を指定して之に辯明の機會を與ふへし
第三十五條　委員會は必要ありと認むるときは口頭審理の期日を定め本人の出頭を求むることを得
第三十六條　委員會か建築士法第十八條の規定に依る申告を爲したる場合に於ては委員會は前條の期日を建築士會に通知すへし
前項の場合に於ては建築士會は其の代表者をして口頭審理に出頭して辯論を爲さしむることを得

第三十七條　委員長、委員及豫備委員は自己又は其の親族に關する事件の會議に干與することを得す
第三十八條　委員會の審理手續は委員會之を定む
第三十九條　委員會議決を爲したるときは委員長は直に其の旨を内務大臣に報告すへし

附　則

第四十條　本令は大正　　年　　月　　日より之を施行す
第四十一條　内務大臣は建築士會の設立に關する事務を行はしむる爲本令施行後三十日以内に建築士中十五人の設立委員を選任すへし
第四十二條　設立に關する事務は設立委員の過半數を以て之を決す
第四十三條　設立委員は選任の日より六十日以内に設立總會を招集すへし
第四十四條　設立總會に於ては建築士會の會則を議定し役員を選任すへし
第四十五條　設立總會の議事は出席したる建築士の過半數を以て之を決す

（出典：日本建築士会『建築士法成立に關する諸家の意見』一九二五年）

資料4　建築士法案（一九二九（昭和四）年案）

第一條　建築士は建築士の稱號を用ひて建築に關する設計、工事監督、相談、鑑定其他の之に附隨する事項を取扱ふことを業とするものとす
第二條　左の條件を具ふる者は建築士たる資格を有す
一　帝國臣民又は主務大臣の定むる所に依り外國の國籍を有する者にして私法上の能力者たること
二　建築士試驗に合格したること
建築士試驗に關する事項は勅令を以て之を定む
第三條　左の各號の一に該當する者は前條第一項第二號の規定に拘らす建築士たる資格を有す
一　建築學を修めたる工學博士
二　帝國大學若は大學令に依る大學に於て建築學を修め卒業し一年以上建築に關する實務に從事せる者又は專門學校令に依る專門學校に於て建築學を修め之を卒業し一年以上建築に關する實務に從事せる者
三　主務大臣に於て前號に掲くる學校と同等以上と認めたる學校に於て建築學を修め之を卒業し一年以上建築に關する實務に從事せる

者
四　前各號以外の者にして建築士試驗委員の詮衡に依り前二項同等の資格ありと認められたる者
第四條　左の各號の一に該當する者は建築士たる資格を有せす
一　禁錮以上の刑に處せられたる者但し六年未滿の懲役又は禁錮に處せられたる者にして刑の執行を終り又は執行の免除を得たる日より起算して三年を經過せる者は此の限に在らす
二　破産者にして復權を得さる者
三　建築士の業務の停止の期間中其の業務を廢止し未た其の期間の經過せさる者
四　建築士の業務の禁止の處分を受けたる者但し其の處分を受けたる日より起算し三年を經過し主務大臣に於て改悛の情顯著なりと認めたる者は此の限りに在らす
第五條　建築士は自ら左の業務を營み若は左の業務を營む者の使用人たることを得す
一　土木建築に關する請負業
二　建築材料に關する商工業又は製造業
第六條　建築士たらむとする者は建築士登錄簿に登錄を受くることを要す
建築士の登錄に關する事項は勅令を以て之を定む
第七條　建築士の登錄を受けむとする者は登錄料として二十圓を納付すへし
第八條　建築士は主務大臣の監督に屬す
第九條　建築士本法の規定に違反したるとき又は品位を失墜すへき行爲若は業務上不正の行爲を爲したるときは主務大臣は建築士懲戒委員會の議決に依り之を懲戒することを得
建築士懲戒委員會に關する事項は勅令を以て之を定む
第十條　建築士の懲戒處分は左の四種とす
一　譴責
二　千圓以下の過料
三　一年以內建築士の業務の停止
四　建築士の業務の禁止
前項第二號の過料を完納せさるときは主務大臣の命令を以て之を執行す
非訟事件手續法第二百八條の規定は前項の規定に依る執行に付之を準用す

第十一條　登録を受けすして建築士と稱したる者は千圓以下の過料に處す
　非訟事件手續法第二百六條乃至第二百八條の規定は前項の規定に付之を準用す
　附　則
本法施行の期日は勅令を以て之を定む
本法施行の際迄引續き一年以上建築の實務に從事したる者は本法施行の日より五年以内に出願したるときに限り第二條第一項第二號の規定に拘らす建築士試驗委員の詮衡を經て建築士たることを得
（出典：衆議院編『五五―五六帝国議会法律案』）

資料5　青島特別市建築技師業務執行規則（民国三十一年公布令第三号）

第一條　本則に於て建築技師と稱するは建築物又は工作物に關し其の設計申請手續の代理及工事監督を爲す者を謂ふ
第二條　前條の業務の執行は他に別段の規定あるものを除くの外本則に依るへし
第三條　建築技師たらむとする者は左記各事項を具したる申請書、最近撮影の本人手札型半身像、履歴書各三通及證明文件を添へ建設局の註冊を受くへし
　一、申請人の氏名、年齢、現住所、國籍、本籍地
　二、事務所の所在地、電話番號
　　但し申請人か法人又は團體に屬するものなるとき若は他人に雇傭されたる者なるときは其の名稱、代表者氏名、所在地、電話番號及申請人の身分を記載すへし
　三、申請人の建築技術上特技と認めらるる事項
　四、其の他記載を命したる事項
第四條　前條の許可を受けたる者は建築技師たる資格註冊料として五拾元を納付すへし
第五條　建築技師申請事項に付異動を生したるときは十日以内に其の旨届出つ可し
　其の業務を廢罷したるとき亦同し
第六條　建築技師は本市に於て左の各號に掲くる業務を營み又は其の代理を爲すことを得
　一、建築、土木請負業

二、建築、土木材料販賣業
三、建築物、又は土地の賣買若くは其の周旋
四、其の他建築、土木に關する一切の營利事業
第七條　建築技師は建築物又は工作物の設計、申請手續の代理及工事監督に係る一切の事項に付建築申請人と共に其の責を免るることを得す
第八條　建築技師公會を組織せむとするときは主管機關經由認可を受くへし
第九條　建築技師左記各號の一に該當したるときは五十元以下の罰金に處するの外許可の取消し又は停止を命することあるへし
一、本則竝に青島特別市建築物取締規則、青島特別市建築物取締規則施行細則に違反したるとき
二、虛僞の申請を爲したるとき
三、代理委任事項に付背任又は不正行爲を爲したるとき
四、自己の過失に依り建築主又は他人に重大なる損害を生せしめたるとき
第十條　建築技師前條の適用に付其の代理人又は雇人其の他從業者の行爲にして自己の指揮に出てさるの故を以て其の責を免かるることを得す
第十一條　本則は中華民國三十一年一月七日より之を施行す

（出典：青島建築技師協会編纂『青島特別市ニ於ケル建築物取締關係法規類集』一九四四年）

資料6　建設業法（昭和二十四年法律第百号、制定時の技術者に関する条文の抜粋）

第一章　総則

（目的）

第一条　この法律は、建設業を営む者の登録の実施、建設工事の請負契約の規正、技術者の設置等により、建設工事の適正な施工を確保するとともに、建設業の健全な発達に資することを目的とする。

第二章　登録

（登録）

第四条　建設業を営もうとする者は、この法律の定めるところにより、登録を受けなければならない。

2　前項の登録は、二年間有効とする。
3　第一項の登録の有効期間満了の後引き続き建設業を営もうとする者は、更新の登録を受けなければならない。
第五条　登録を受けようとする者（前条第三項の規定により更新の登録を受けようとする者を含む。以下「登録申請者」という。）は、その者（法人である場合においては、その役員（業務を執行する社員、取締役又はこれらに準ずる者をいう。以下同じ。））又はその使用人のうち一人が左の各号の一に該当する者でなければならない。
一　学校教育法（昭和二十二年法律第二十六号）による高等学校（旧中等学校令（昭和十八年勅令第三十六号）による実業学校を含む。）を卒業した後五年以上若しくは同法による大学（旧専門学校令（明治三十六年勅令第六十一号）による専門学校又は旧大学令（大正七年勅令第三百八十八号）による大学を含む。）を卒業した後三年以上実務の経験を有する者で在学中に建設省令で定める学科を修めたもの又は建設大臣がこれと同等以上の学歴若しくは資格及び実務の経験を有するものと認定した者
二　建設工事に関し、法律又は命令による免許又は技術若しくは技能の認定を受けた者
三　建設工事に関し、十年以上実務の経験を有する者
四　登録申請者（法人である場合においては、当該法人及びその役員）及び法定代理人が第十一条第一項各号に掲げる欠格要件に該当しない者であること並びに第五条各号に規定する要件の一をそなえる技術者を有することを誓約する書面
第四章　技術者の設置
（主任技術者の設置）
第二十六条　建設業者は、建設工事を施工するときは、第五条各号の一に該当する者で当該工事現場に於ける建設工事の施工の技術上の管理をつかさどるもの（以下「主任技術者」という。）を置かなければならない。
2　建設業者は、公共性のある工作物に関する重要な工事で政令で定めるものについては、専任の主任技術者を置かなければならない。
（営業所における技術者の設置）
第二十七条　建設大臣の登録を受けた建設業者は、同一都道府県内にあるその営業所の一に第五条各号の一に該当する者を一人以上置かなければならない。
第五章　監督
（指示、勧告及び営業の停止）
第二十八条　建設大臣又は都道府県知事は、その登録を受けた建設業者が左の各号の一に該当する場合又はこの法律若しくはこの法律に基く政令若しくは省令に違反した場合においては、当該建設業者に対して、必要な指示をし、又は適当な措置をとるべきことを勧告することができる。

五　第二十六条第二項に規定する主任技術者が工事の施工の管理について著しく不適当であり、且つ、その変更が公益上必要であると認められるとき。

第八章　罰則

第四十七条　左の各号の一に該当する者は、二万円以下の罰金に処する。

二　第二十六条第一項又は第二項の規定による主任技術者を置かなかつた者

三　第二十七条の規定による技術者を置かなかつた者

資料7　建築士法改正案要綱（第一次試案、一九六四（昭和三十九）年六月九日、建設省より建築行政関係懇話会に提示）

（建築士試験）

第一　建築士試験を、本試験と予備試験の二つに分ける。

予備試験においては、理学及び工学に関する基礎知識を試験し、本試験においては、建築学及び建築工学に関する技術予備知識を試験する。

第二　一級建築士試験の本試験においては、建築学及び建築工学一般に関する科目のほか、特に専門的技術及び知識に関する選択科目を設ける。

（建築士の免許登録）

第三　一級建築士の免許登録に当っては、第二の選択科目に基づく専門部門を明示して行うものとする。

第四　建築士事務所の登録を受け得る者を建築士に限定する。

第五　一級建築士事務所の登録に当っては、登録を受けようとする者及び所属建築士の免許に係る専門部門に基づく登録部門を明示して行うものとする。

第六　政令で定める場合を除き、建築士事務所の登録を受けていない者に対する設計、工事監理等の業務の発注を禁止する。

第七　政令で定める場合を除き、建築士事務所の登録を受けている者は、自らその施工を受託し若しくは請負ってはならないこととする。

（建築士の免許登録）

第八　建築士の独占業務の範囲と建築基準法との関連を調整する。

第九　建築物の規模、構造又は用途に基づき一級建築士としての登録部門に関する実務の経験が十年に満たない者に関し、独占業務の範囲に上限を設ける。

第十　一級建築士としての登録部門に関する実務の経験が十年以上の者を管理建築士と称せしめる。

（建築士の資格審査会）

第十一　中央建築士審議会及び一級建築士試験委員を廃止し、建築士資格審査会を新設する。

第十二　建築士に関する重要事項の調査審議、これに関する建議等々の機能を別途新設予定の建築審議会に統合し、建築士の懲戒処分に対する同意の権能を建築士資格審査会に統合する。

第十三　一級建築士試験に関する事務は、建築士資格審査会が司る。

（附則）

第十四　建築基準法の施行において建築士を活用して、その合理化、簡素化を図るため、建築基準法を改正し、所要の措置を講ずる。

（別表）

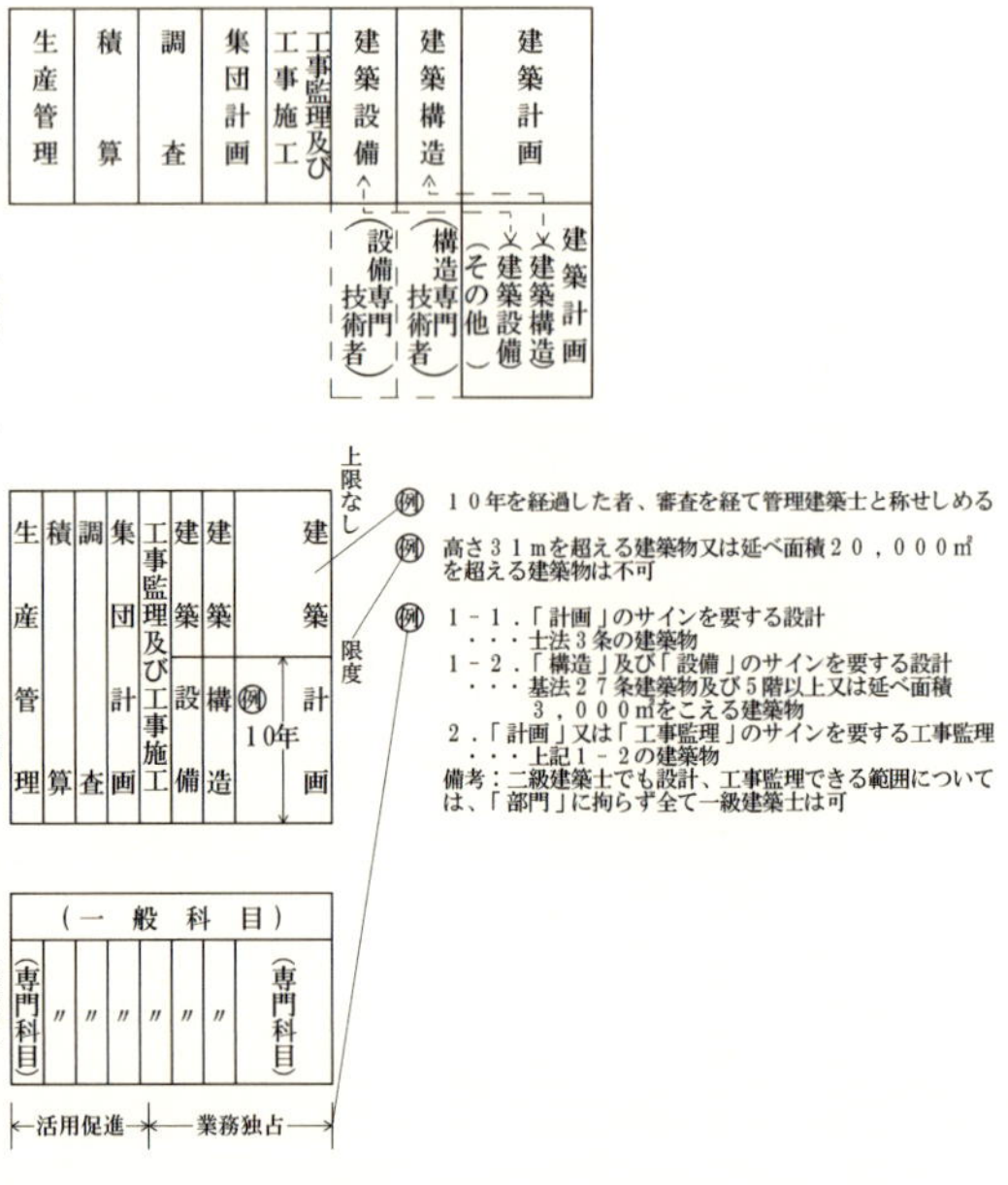

（出典：日本建築センター小宮賢一文庫所蔵資料）

資料8　建築設計監理業務法要綱案（一九六五（昭和四十）年十月二十七日、日本建築家協会案）

一・　目的

　この法律は他人の求めに応じ報酬を得て建築物の設計工事監理業を営む者の登録を実施し、その業務について規制すると共に業務の適正をはかり、もって建築物の質の向上に寄与させることを目的とする。

二・　定義

（イ）この法律で「建築設計監理業」とは、建築物の設計、監理の業務及び現行建築士法第二十一条の規程に含まれるその他の業務を行うことをいう。

（ロ）この法律で「建築設計監理業者」とは本法に基き登録を受け建築設計監理業を営むものをいう。

三・　資格

　建築設計監理の業を営まんとするものは個人にあっては一級建築士の資格を有し、且つ一級建築士として建築設計監理業務について実務経験が〇年以上経過し、本法に基いて登録したものでなければならない。

　法人の場合はその代表者が前項に該当するものでなければならない。

（註）法人の性格は中間法人たる特殊法人とする。

四・　著作権

　建築設計監理業者が業務上創作した設計図書については、その建築設計監理業者が著作権を保有する。

五・　業務規制

（イ）建築設計監理業者の行う業務は現行建築士法第三条、及び第三条の二を援用する。

（ロ）前項工事の施行に当っては現行建築士法第十八条乃至第二十一条を援用する。

（ハ）建築設計監理業者は正当の理由なく、その業務上知り得た秘密を他に漏し又は窃用してはならない。

（ニ）建築設計監理業者は建設業法による建設業を行ってはならない。

（ホ）建築設計監理業者は、その技能又は経歴に関する誇大な広告をしてはならない。

六・　業務の保全

　政令で定める場合を除き、建築設計監理業者でない建築士は他人の求めに応じ報酬を受けて建築物の設計監理業務を行ってはならない。

七・　業務契約

八・　業務責任

建築設計監理業者は業務の委託を受ける場合は、注文者との協議によって定め、競争入札、又は見積合せに応じてはならない。

建築設計監理業者はその業務上の行為に対し徳義責任を負うと共に故意又は過失に基く業務上の損害に対しては、損害賠償の責に任《ママ》じなければならない。

九・　兼業の禁止

建築設計監理業者は建設業者及び建築材料販売業者の役員（業務執行社員、取締役又はこれに準ずるもの）若しくは使用人となることができない。

十・　登録

（イ）建築設計監理業を営まんとする者は、本法に基いて建設大臣又は都道府県知事に登録しなければならない。
（ロ）登録を受けない者は建築設計監理業を営むことができない。
（ハ）その他登録有効期間、申請事項、手数料、登録拒否、取消、廃業等に関しては現行建築士法第二十三条以下の条文を援用する。

十一・　建築設計監理の契約に関する紛争の処理

（イ）紛争審議会の設置
（ロ）審議会の組織
（ハ）紛争処理の申請
（ニ）斡旋又は調停
（ホ）仲裁
（ヘ）異議の申立

以上の事項については建設業法第二十五条の規程を勘案し設定する。

十二・　監督

（イ）指示、監督及び営業の停止
（ロ）不正事実の申告
（ハ）報告及び検査

以上の事項については建設業法第二十八条乃至第三十二条の規程を勘案し設定する。

十三・　団体

（一）建築設計監理業者の品位を保持し、業務の改善、進歩を図り、又その指導監督に関する事務を行うことを目的とする。

(二) 団体は民法第三十四条に規程する法人とする。
(三) 団体では次の事項を定めるものとする
(イ) 会員の綱紀保持に関する規程
(ロ) 報酬に関する規程
(ハ) 其の他必要な事項
十四・ 罰則
(イ) 秘密漏洩、誇大広告、業務関係外業務の引受、受注違反、兼業禁止、不正登録
(ロ) 無資格の業務執行

(出典:『日本建築家協会ニュース』一九〇号、一九六五年一一月一五日、一七頁)

年表

※法令について、制定・施行・改正・廃止の明記なきものは制定を示す。なお、月日は公布日。

西暦	和暦	建築建設行政・建築関連団体・言説	社会・海外（建築家制度含）・作品他
一八三四	天保　五		建築家協会創立（ＩＢＡ、英、一二月一日）
一八四〇	一一		中央建築家協会創立（ＳＣＡ、仏）
一八四二	一三		建築製図工組合創立（ＡＡＤ、英）
一八四七	弘化　四		ＡＡＤから発展し、建築連盟創立（ＡＡ、英）
一八五七	安政　四		建築家協会創立（ＡＩＡ、米）
一八六二	文久　二		ボザールを中心に建築家資格の試験制度開始（仏）
一八六六	慶応　二		ＩＢＡ、王立英国建築家協会に改称（ＲＩＢＡ、英、一月）
一八六七	三		ＳＣＡにより、パリに国際建築家委員会創立（ＣＩＡ、仏）のち常置国際建築家委員会（ＯＰＩＡ）に改組
一八七〇	明治　三	工部省設置（一二月一二日）	品川灯台（Ｆ・ヴェルニー、三月五日）
一八七一	四	工部省に工学寮設置（八月一四日）	泉布観（Ｔ・ウォートルス、二月） 廃藩置県の詔書（七月一四日）
一八七二	五	煉化家屋建築の御趣意書（東京府告諭、三月二日）　銀座煉瓦街の建設開始	銀座大火（二月二六日）

		株仲間廃止（三月）	富岡製糸工場（E・バスチャン、七月） 司法職務定制（太政官無号達、八月三日）代書人制度創設 新橋・横浜間に鉄道開業（九月一二日）
一八七三	六	家作建方条目（神奈川県布達第六六号、七月一八日） 工部省工学寮開校（修業年限六年、七月三〇日） 内務省設置（一一月一〇日）	太陽暦採用（一月一日） 地租改正法（太政官布告第二七二号、七月二八日） 銀座煉瓦街、一等煉瓦地の区域完成（T・ウォートルス、一〇月）
一八七五	八	行政警察規則（太政官無達第二九号、三月七日）建築規制、警察事務に	慶應義塾三田演説館（五月一日）
一八七七	一〇	工部省工学寮、工部大学校に改称（一月一一日） 建築家J・コンドル、工部大学校教師として来日（一月二八日）	西南戦争（二～九月） 工部大学校講堂（C・ボアンヴィル、六月）
一八七九	一二	工部大学校第一回卒業式（一一月八日）辰野金吾ら日本人建築家の誕生 工部大学校卒業生、工学会創立（一一月一八日）	築地訓盲院（J・コンドル、一二月）
一八八一	一四	防火路線及屋上制限に関する布達（東京府布達甲第二七号、二月二五日）	参謀本部（G・カペレッティ、六月）
一八八四	一七	家屋建築規則（山口県甲第四四号布達、三月三一日） 辰野金吾、工部大学校教授に就任（一二月二〇日） 土工組合創立（東京）	西部建築家協会創立（WAA、米） 建築家の法定登録目指し、建築家連合創立（SA、英）
一八八六	一九	辰野金吾、建築事務所開設（二月） 帝国大学設立、工部大学校を帝国大学工科大学に改称（三月二日） 造家学会創立（四月九日） 長屋建築規則（大阪府甲第七五号布達、五月一四日）この頃、各府県で長屋建築等規則制定相次ぐ 地方官官制（勅令第五四号、七月二〇日）府県では知事が警察事務を総理する	東京府集会所（久留正道、一一月）

西暦	和暦	建築建設行政・建築関連団体・言説	社会・海外（建築家制度含）・作品他
一八八八	二一	工手学校開校、造家学科設置（二月） J・コンドル、帝国大学辞し、建築事務所開設（三月） 東京市区改正条例（勅令第六二号、八月一七日）	青木周蔵那須別邸（松ヶ崎萬長、七月）
一八八九	二二	土工組合、十五区六郡東京土工組合に改称（東京）	大日本帝国憲法（二月一一日）
一八九〇	二三	滝大吉（工部大学校第五回卒業生）、建築事務所（土木建築工事鑑定所）開設（六月以前） 横河民輔、帝国大学卒業直後、建築事務所開設（七月） 丸ノ内建築所開設（のちの三菱地所設計、九月頃）	三菱、丸の内陸軍省用地等の払下げ受く（三月六日） 帝国ホテル（渡邊譲、三月） 民法財産編（法律第二八号、四月二一日）
一八九一	二四		濃尾地震（一〇月二八日）
一八九二	二五	文部省、震災予防調査会設置（六月二七日）	桜井小太郎、ＲＩＢＡ会員に（英、三月）
一八九三	二六		弁護士法（法律第七号、三月四日） 川越の大火（三月一七日） シカゴ万国博覧会（米、五～一〇月）
一八九四	二七	東京市区改正委員会、東京市建築條例案脱稿（一二月三日）建築師の条文含む	明治東京地震（六月二〇日） 日清戦争開始（八月一日） 三菱一号館（J・コンドル、一二月）本邦初のオフィスビル 秀英舎印刷工場（若山鉉吉）本邦初の本格鉄骨造建築
一八九五	二八		日清講和条約（四月一七日）台湾領有開始 司法省（エンデ&ベックマン、一二月）

一八九六	二九		日本銀行（辰野金吾、二月） 民法（法律第八九号、四月二三日）
一八九七	三〇	造家学会、建築学会に改称（七月一一日）	京都帝国大学設置（六月二二日） 帝国大学、東京帝国大学に改称 イリノイ州で建築家登録法（米）
一八九八	三一	東京帝国大学造家学科、建築学科に改称（七月四日）	
一八九九	三二	横山源之助『日本之下層社會』（一一月）	日光田母沢御用邸（宮内庁内匠寮、六月）
一九〇〇	三三	住友本店臨時建築部設置（六月）	
一九〇二	三五		東京専門学校、早稲田大学に改称（九月二日） 三井銀行本店（横河民輔、一〇月）
一九〇三	三六	横河民輔、横河工務所開設（四月三日） 辰野金吾、東京帝国大学辞し、辰野葛西建築事務所開設（八月） 十五区六郡東京土工組合、建築を含む東京十五区六郡土木建築組合に改組	建築家協会創立（BDA、独） この頃、RIBA、業界の一大勢力に（英）
一九〇四	三七	池田實、大阪府に建築行政官として奉職（八月）	日露戦争開始（二月一〇日）
一九〇五	三八	土木請負業取締規則（大阪府令第五一号、六月二九日） 辰野金吾・片岡安、辰野片岡建築事務所開設（大阪）	日露講和条約（九月五日） 第二次日韓協約（一一月一七日） 統監府設置
			佐世保鎮守府第一烹炊場（真島健三郎、九月）・同潜水器具庫（同、一一月） 本邦初の鉄筋コンクリート造建築
一九〇六	三九	曾禰達蔵、曾禰建築事務所開設（一〇月） 尾崎行雄（東京市長）、家屋建築條例案起稿を建築学会に依頼（一一月五日）	サンフランシスコ地震（米、四月一八日） 中條精一郎、SAの名誉会員に推挙（英、

西暦	和暦	建築建設行政・建築関連団体・言説	社会・海外（建築家制度含）・作品他
			五月七日） 代書業取締規則（東京、警視庁令第五二号、八月二三日） RIBAとSAによる、二つの建築家登録法制定運動進む（英）
一九〇八	四一	曾禰中條建築事務所開設（一月、三七年解散） 大阪土木建築業組合創立（三月）	表慶館（片山東熊・高山幸次郎、九月）
一九〇九	四二	建築学会、建築技師報酬規定案決定（一月二九日） 建築取締規則（大阪府令第七四号、八月一八日） 中央工学校開校、建築科設置（一〇月二一日）	キタの大火（大阪、七月三一日） 東宮御所（迎賓館、片山東熊、六月）
一九一〇	四三	建築学会、討論会「我國將來の建築様式を如何にすべきや」（五月） 早稲田大学に建築学科本科設置（九月）	日韓併合条約調印（八月二二日）
一九一一	四四	工場法（法律第四六号、三月二九日） 佐野利器「建築家の覺悟」『建築雑誌』（七月） 建築業有志協会創立（九月一五日） 大手請負業団体、ほどなく建築業協会に改称 東京十五区六郡土木建築組合、東京土木建築実業組合に改組（一二月）	竹田宮邸（木子幸三郎、七月） 三井物産横浜支店（遠藤於菟、八月） 本邦初の本格鉄筋コンクリート造建築
一九一二	四五	建築取締規則（兵庫県令第二号、一月三一日）	浅草国技館（辰野金吾、二月）
一九一三	大正 二	建築学会、東京市建築條例案答申（六月一四日） 建築技師の条文含む	三井家綱町別邸（綱町三井倶楽部、J・コンドル、一二月）
一九一四	三	建築士懇話会創立（六月六日） 建築士懇話会、全国建築士会に改称（一〇月一五日） 土木学会創立（一一月二四日）	サラエボ事件（六月二八日） これを機に第一次世界大戦開始 中央停車場（東京駅、辰野金吾、一二月）

一九一五	四	全国建築士会、建築士法案を建築学会から帝国議会に提出するよう依頼する旨決議（四月二六日） 土木建築請負取締規則改正（大阪府令第四二号、六月三日） 強制組合 野田俊彦「建築非藝術論」『建築雑誌』（一〇月） 全国建築士会、日本建築士会に改称（一一月二五日） 建築士法制定への準備開始	山口県庁舎（武田五一・大熊喜邦、一一月）
一九一六	五	大阪土木建築業組合、土木建築請負取締規則の統一を府に陳情（三月） 東京土木建築実業組合、東京土木建築業組合に改組（一一月一二日）	山形県庁舎（田原新之助・中條精一郎、六月）
一九一七	六	日本建築士会正式発足（一月二九日） 関西建築協会創立（大阪、三月三〇日） 佐野利器「家屋耐震構造論 下編」『震災豫防調査會報告』（三月） 建築学会、東京府建築取締規則案編む（建築技師の条文除かる）	開港記念横浜会館（横浜市開港記念館、福田重義・山田七五郎、六月）
一九一八	七	日本建築士会、「建築士法令に關する意見書」を総理・内務大臣等に提出（二月） 都市計画法制調査のため内務省に都市計画課と都市計画調査委員会設置（五月） 建築取締規則草案（警視庁、八月三〇日） 内務省都市計画課、建築法案と都市計画法案を都市計画調査委員会に諮問（一二月七日）	東京海上ビルヂング（曾禰中條建築事務所、九月） 第一次世界大戦終結（一一月一一日） 帝国大学、分科大学制から学部制に移行（一二月六日）
一九一九	八	関西建築協会、日本建築協会に改称（大阪、一月） 日本建築士会、最初の建築士法案を編む（三月） 都市計画法（法律第三六号、四月五日、翌年一月一日施行） 市街地建築物法（法律第三七号、四月五日） 建築学会、「都市と住宅」をテーマに大会開催（六月） 片岡安「大連市の建築規則に就て――建築技師に對する壓迫」『日本建築協會雑誌』（七月）	台湾総督府庁舎（森山松之助、三月） 大連市建築規則（関東庁令第一七号、六月九日） 大連市建築規則に依る主任技術者検定規則（関東庁令第一八号、六月九日）

西暦	和暦	建築建設行政・建築関連団体・言説	社会・海外（建築家制度含）・作品他
		日本土木建築請負業者連合会創立（一一月四日）	
一九二〇	九	京都帝国大学に建築学科設置（八月） 市街地建築物法施行令（勅令第四三八号、九月二九日） 日本建築士会、建築士法調査委員会設置（一一月六日） 市街地建築物法施行規則（内務省令第三七号、一一月九日） 日本建築士会、「建築士法に就て座談會」（一一月二八日） 市街地建築物法施行（一二月一日）　六大都市に適用 日本工人倶楽部創立（一二月五日） 請負営業取締規則（東京、警視庁令第三九号、一二月二八日） この頃、日本建築士会の建築士法制定運動に刺激を受け、清水組の設計部独立騒動起こる	代書人規則（内務省令第四〇号、一一月二五日） 日本工業倶楽部会館（横河民輔・松井貴太郎、一一月）
一九二一	一〇	都市建築研究会創立（東京、一一月二八日）　建築代願人の親睦会 内務省、細民住宅供給制度に関する調査開始、東京市の実態調査に着手（一一月） 内務省・警視庁、市街地建築物法・都市計画法施行にあたり、市街地建築物法講習会・耐火建築講習会・都市建築講習会等を一般・専門家に向け頻繁に開催	借地法（法律第四九号、四月八日） 借家法（法律第五〇号、四月八日） 住宅組合法（法律第六六号、四月一二日） 横浜市営中村第一共同住宅（横浜市営繕）
一九二二	一一	内務省都市計画課、局に昇格（五月）　建築行政の主管、第二技術課に	京都西陣電話局（岩本禄）
一九二三	一二	都市計画法改正（勅令第二七六号、五月三〇日、七月一日施行）　六大都市以外にも適用、二五都市を追加 東京府及神奈川県の区域に於ける仮設建築物等に関する件（バラック令、勅令第四一四号、九月一六日）　関東大震災被災地内の仮設建築物の緩和措置 内閣に帝都復興院設置（九月二七日） 日本建築士会、帝国議会に提出する建築士法案を決定（一一月一七日） 日本建築士会、建築士法案を建築学会時局に関する特別委員会に提示、建築	丸ノ内ビルヂング（桜井小太郎、二月） 帝国ホテル（F・ライト、八月） 関東大震災（九月一日）

		学会、難色示す（一一月二八日） 特別都市計画法（法律第五三号、一二月二四日）関東大震災のため	
一九二四	一三	帝都復興院、内務省外局の復興局に縮小（二月二五日） 市街地建築物法施行令改正（勅令第一五二号、六月一〇日）関東大震災を受け、木造・煉瓦造の制限、耐震構造の規定強化 日本建築士会、建築士法調査委員会を建築士法実行促進委員会に改称（一一月二六日）	同潤会設立（五月二三日） 三井ビルヂング（長野宇平治） 本野精吾自邸
一九二五	一四	日本建築士会、建築士法案の帝国議会提出に先立ち、建築学会等に協力求む（二月）関連団体で同法の議論盛んに 佐野利器「建築士法案は問題にならぬ——不必要にして弊害あり」『建築業協會月報』（三月） 建築士法建議案、第五〇議会に初提出、衆議院通過も不成立（三月） 日本建築士会『建築士法成立に關する諸家の意見』（九月）	治安維持法（法律第四六号、四月二二日） 衆議院議員選挙法改正（普通選挙法、法律第四七号、五月五日） 北但馬地震（五月二三日） 東京中央電信局（山田守、九月） お茶の水文化アパートメント（W・ヴォーリズ） 関東大震災以後、建築科志願者急増 SAとの統一なり、RIBAが一層強力な団体に（英）
一九二六	一五	建築士法建議案、第五一議会に提出、審議に及ばす閉会（三月） 市街地建築物法改正（勅令第一五四号、六月九日）六大都市の他主要四一都市に適用拡大	関東大震災被災地の耐火建築融資のため復興建築助成株式会社設立（一月一七日） 中條精一郎、RIBA名誉会員推挙（英、二月） この頃、半数の州で建築家登録法（米） 内藤多仲自邸　鉄筋コンクリート壁式構造建築
一九二七	昭和　二	真島健三郎「耐震構造問題に就て」・佐野利器「耐震構造上の諸説」『建築雑誌』（一月）これを機に柔剛論争起こる（～三六年）	計理士法（法律第三一号、三月三〇日） 東京朝日新聞社（石本喜久治、三月）

西暦	和暦	建築建設行政・建築関連団体・言説	社会・海外（建築家制度含）・作品他
		バラック令による仮設建築物の除去期限の延長（勅令第三三号、三月二二日） 建築士法建議案、第五二議会衆貴両院通過（三月二五日） 不良住宅地区改良法（法律第一四号、三月三〇日） 日本建築士会、機関誌『日本建築士』創刊（七月）	金融恐慌（三月） 上海特別市建築工程師登録章程（中、一二月一日） 設計者制度 建築家（登録）法案、議会に提出、下院通過も不成立（英）
一九二八	三	建築設備の会発足（二月） 地方建築職員制（勅令第七一号、四月二四日） 地方費支弁の建築技師・建築技手設置	建築家（登録）法案、条項修正し議会に提出も不成立（英、一月） 神奈川県庁舎（小尾嘉郎、一〇月）
一九二九	四	建築士法案、第五六議会に提出、衆議院通過も貴族院の審議に及ばず閉会（三月）	三井本館（トロブリッジ&リビングストン、三月） 世界恐慌（一〇月二四日〜） 近代建築国際会議（CIAM）、「最小限住宅」をテーマに第二回大会開催（独、一〇月）
一九三〇	五	建築代願人規則（京都府令第一六号、四月一四日） CIAM報告書『生活最小限の住宅』（柘植芳男訳、五月） 建築代願人規則（東京、警視庁令第二七号、八月一四日） 工学会、日本工学会に改称（九月） 都市建築研究会、警察署ごとの建築代願人組合に改組（東京、一一月二八日）	帝都復興完成式典（三月二六日） 同潤会大塚女子アパートメント（同潤会、六月）
一九三一	六	法案名を建築設計監督士法案に変え第五九議会に提出、審議に及ばず閉会（三月） 土木学会に土木建築士法案調査委員会設置（三月） 市街地建築物法施行令改正（勅令第二九四号、一二月二六日） メートル法・空地地区・高度地区制の採用	建築家登録法（英、七月三一日） 〝登録建築家〟称号の使用制限に留まる 満洲事変勃発（九月一八日） 東京中央郵便局（吉田鉄郎、一二月） 市浦健自邸・土浦亀城自邸 木造乾式構

			法の試み
一九三二	七	日本建築士会、建築士法実行促進委員会小委員会設置（一月）	満洲国建国（三月一日） 五・一五事件、犬養毅総理暗殺（五月） 東京市、市域拡張し、いわゆる大東京市に（一〇月一日） パリに国際建築家協議会（RIA）創立
一九三三	八	都市計画法改正（法律第二二号、三月二九日、八月一日施行）町村にも適用 法案名を建築士法案に戻し第六四議会に提出、審議に及ばず閉会（三月） 長谷部鋭吉・竹腰健造、住友の援助のもと独立して長谷部竹腰建築事務所開設（のちの日建設計、五月） バラック令による仮設建築物の除去期限の再延長（勅令第一八一号、七月五日）	ナチス、第一党に（独、三月五日） 国際連盟脱退（三月二七日） 満洲国国都建設局建築指示條項（国都建設局批示第一号、六月） 国家文化院法（独、一一月一日）国家造形芸術院への不登録者は建築家活動停止 夏の家（A・レーモンド）
一九三四	九	建築士法案、第六五議会に提出、再度衆議院通過も貴族院の審議に及ばず閉会（三月） 市街地建築物法改正（法律第四六号、四月七日）建築線制度を改め、敷地の接道義務化 関西建材会発足（六月八日） 日本建築設備士会創立（七月五日） 日本土木建築請負業者連合会、日本土木建築請負業連合会に改称（一一月一日）	函館大火（三月二一日） 軍人会館（川元良一、三月） 室戸台風（九月二一日） 白木屋百貨店火災（一二月一六日） 岡田邸（堀口捨己）
一九三五	一〇	建築士法案、第六七議会に提出、審議に及ばず閉会（三月） 地方建築職員制改正（勅令第二九号、三月二六日）建築技師・建築技手・建築書記を増員 乾構造論争（五～一二月） 日本土木建築請負業連合会、請負営業許可の統一を警視庁に陳情（東京、九月二三日）	美濃部達吉、天皇機関説で不敬罪告発（二～九月） 東京帝国大学工学部一号館（内田祥三、八月） 岩崎家熱海別邸（曾禰中條建築事務所、一一月）

西暦	和暦	建築建設行政・建築関連団体・言説	社会・海外（建築家制度含）・作品他
一九三六	一一	特殊建築物規則（内務省令第三一号、九月一一日）白木屋百貨店火災等を受け制定 商工省、建築統計開始（一一月） 日本土木建築請負業連合会、土木建築請負業組合法制定を商工大臣に請願（一二月二四日） 建築行政協会創立（一二月）	二・二六事件（二月）青年将校によるクーデター 国家文化院法に基づく建築家規則（独、七月二八日） 日向別邸（B・タウト、九月） 帝国議会議事堂（大蔵省営繕管財局、一一月）
一九三七	一二	日本建築協会、「建築と社會とを語る座談會」（一月二九日） 建築士法案、建築士の責務に関する事項を加え第七〇議会に提出、不成立（三月） 防空法（法律第四七号、四月五日） 内務省、建築行政の刷新改善に関する通達（五月七日） 請負営業取締規則廃止（東京、五月一五日） 日本建築士会、建築士法実行促進委員会を建築士法委員会に改称（五月） 鉄鋼工作物築造許可規則（商工省令第二四号、一〇月一一日） 内藤亮一「建築行政事務に關する二三の問題に就て」『建築と社會』（一〇月） 銅使用制限規則（商工省令第二八号、一一月六日）	渡辺翁記念会館（村野藤吾、四月） パリ万国博覧会（仏、五～一一月） 東京逓信病院（山田守、六月） 盧溝橋事件（七月七日）これを機に日中戦争開始 臨時資金調整法（法律第八六号、九月一〇日）これ以後、臨時経済統制法増加 企画庁と資源局を統合して企画院設置（一〇月二五日） 東京帝室博物館（東京国立博物館、渡邊仁、一一月）
一九三八	一三	厚生省設置、内務省から分離独立（一月一一日）住宅行政移管 市街地建築物法改正（法律第二九号、三月二八日）住居専用地区・工業専用地区新設、最低道路幅員を九尺から四ｍに 建築士法案・土木建築業組合法案、第七三議会に提出、衆議院通過も貴族院の審議に及ばず閉会（三月） 銅使用制限規則全面改正（商工省令第一八号、四月二三日） 鉄鋼配給統制規則（商工省令第三三号、六月二〇日） 日本土木建築請負業連合会、統制団体に指定（六月）	国家総動員法（法律第五五号、四月一日） 第一生命保険相互会社本館（渡邊仁・松本與作、一一月） 興亜院設置（一二月一六日） 建築家登録法改正（英）登録委員会の資格認定者が〝建築家〟を名乗れる

		鋼製品の製造制限に関する件（商工省令第四九号、七月八日） 鉛・亜鉛・錫等使用制限規則（商工省令第五一号、七月九日） 米松販売取締規則（商工省令第五二号、七月九日。全面改正商工省令第九二号、一〇月二八日） ゴムの使用制限に関する件（商工省令第五三号、七月九日） バラック令による仮設建築物の除去期限の再延長（勅令第五〇九号、七月一五日、～四七年八月） 中小請負業者の合同叫ばれる（九月） 日本土木建築請負業連合会、日本土木建築業組合連合会に改称（一二月一日）	
一九三九	一四	市街地建築物法施行令改正（内務省令第一一号、一月九日） 防火壁の構造緩和（鉄網モルタル塗等） 防空建築規則（内務省令第五号、二月一七日） 木造建築物の簡易防火構造 建築士法案、第七四議会に提出、審議に及ばず閉会（三月） 請負業の商工省の主管、化学局無機課に（六月一六日） 銑鉄鋳物製造設備制限規則（商工省令第五五号、九月二三日） 木造建築物建築統制規則（商工省令第六七号、一一月八日） 鋼材統制により増える木造建築物の規制（延一〇〇㎡を超える木造の制限） 日本土木建築請負業連合会、商工省と土木建築業組合法の構想進めるも自然消滅（暮）	大阪中央郵便局（吉田鉄郎、三月） 独、ポーランド侵攻、第二次世界大戦開始（九月一日）
一九四〇	一五	セメント配給統制規則（商工省令第一三号、三月二日） 建築士法案、第七五議会に提出、衆議院通過も貴族院の審議に及ばず閉会（三月） 戦前の建築士法制定運動終息へ 商工省、工業組合法を請負業に適用（七月一五日） 内藤亮一「變革に直面した我が國建築行政」『建築行政』（一一月） 工業組合法、請負業適用により、東京土木建築業組合、東京土木建築工業組合に改組（一二月二四日）	岸記念体育館（前川國男、三月） 大政翼賛会結成（一〇月一二日） 紀元二千六百年式典（一一月一〇日） 建築家法（仏） 称号独占謳う 建築家協会創立（OA、仏）

西暦	和暦	建築建設行政・建築関連団体・言説	社会・海外（建築家制度含）・作品他
		津川俊夫「新國民組織と建築士」『日本建築士』（一二月）	
一九四一	一六	日本建築士公用団発足（一月） 工業組合法による団体、日本土木建築工業組合連合会発足（二月） 住宅問題委員会「庶民住宅の技術的研究」『建築雑誌』（二月） 建築学会・日本建築士会・日本建築協会・建築業協会、建築連合協議委員会発足（二月） 日本土木建築業組合連合会解散（三月三一日） 金属類回収令（勅令第八三五号、八月三〇日） 鉄材供出 企業許可令（勅令第一〇八四号、一二月一〇日） 請負業も同令の対象に	米穀配給通帳発行開始（四月一日） 米配給制 住宅営団設立（五月一日） 建築師取締規則（新京特別市令第二四号、一一月一九日） 建築代願人制度 太平洋戦争開始（一二月八日） 弁護士法改正（勅令第一一二七号、一二月一六日） 完全試験化
一九四二	一七	防空建築規則改正（内務省令第一五号、三月一日） 大規模木造建築物の防火構造強化 防火改修規則（内務省令第一六号、三月二七日） 都市防空強化のため行われていた既存木造建築物の防火改修の強制実施 東京帝国大学に第二工学部設置（四月一日） 従前の工学部を第一工学部に改称 商工省、企業許可令による請負業の事業許可申請手続通牒（六月一二日） 請負業の主管、商工省企業局工政課に（六月） 建築等統制の強化に関する件閣議決定（一二月三一日） 建築行政協会役員会で、建築士・建築代願人の免許化話題に（一〇月二一日） 建築代願人組合、建築代願人組合連合会に改組（東京、一一月三日） 建築連合協議委員会、「建築新體制要綱」発表（一一月） 技術者資格法と業務運営法制定求める 西山夘三『住宅問題』（一二月）	青島特別市建築技師業務執行規則（民国三一年公布令第三号、一月七日） 専業設計者制度 翼賛選挙（四月三〇日） 前川國男自邸
一九四三	一八	商工組合法（法律第五三号、三月一二日） 土木建築業組合、同法による統	パネル式組立構造試作家屋（住宅営団、

		制組合に改組 鉄鋼工作物築造許可規則・木造建物建築統制規則を廃止し、工作物築造統制規則（商工省令第一七号、四月一日） 建築代願人規則、建築代理士規則に改正（東京、五月一三日） 商工省、エレベーターの回収開始（五月） 「時局と建築設計監理業務に就て」『日本建築士』（六月） 建築行政、警察から行政庁に移管（東京、七月一日） 建築代願人組合連合会、東京都建築代理士会に改組（七月一日） 商工省、土木建築統制機構整備要綱発表（九月三日）請負業界の企業整備と統制機構の確立図る 軍需省、商工省の大半と企画院を統合して設置（一一月一日） 内務省防空局を防空総本部に昇格（一一月一日） 都市疎開実施要綱閣議決定（一二月二一日） 市街地建築物法及同法施行令戦時特例（勅令第九四二号、一二月二七日）戦時行政簡易化のため防空・防火に無関係の同法規定停止	三月） 昭和通りの植樹帯、畑に（東京、六月一日） 東京府・東京市廃止、東京都制開始（七月一日）府の範囲が都に 文部省、学童の縁故疎開促進を発表（一二月一〇日）
一九四四	一九	建物疎開本格化（一月～翌年） 商工組合法により、日本土木建築統制組合発足（二月七日）これに伴い建築業協会解散（七月） 日本建設材料協会発足（三月） 戦時統制組合法により、日本建築設計監理組合発足（五月一九日）個人会員の日本建築士会も併存 建築業協会と土木工業協会を中心に土建懇話会創立（一二月一二日）	国民学校初等科児童の集団疎開閣議決定（六月三〇日）学童疎開本格化 東南海地震（一二月七日） 吉田五十八自邸
一九四五	二〇	戦時建設団令（勅令第一五二号、三月二七日） 戦時建設団発足に伴い日本土木建築統制組合解散（四月一日） 軍需省廃止、商工省再建（八月二六日） 戦時建設団、ほとんど工事なく解散（一〇月一日） 日本建設工業統制組合発足（一一月一日）	岩国徴古館（佐藤武夫、三月） ポツダム宣言受諾、第二次世界大戦終結（八月一五日） 枕崎台風（九月一七日） 連合国軍最高司令官総司令部（ＧＨＱ）、

西暦	和暦	建築建設行政・建築関連団体・言説	社会・海外（建築家制度含）・作品他
		戦災復興院設置（一一月五日） 厚生省から住宅行政引継 土建懇話会、木曜倶楽部に改称（一一月八日） 日本建築士会、建築士法案（石原案）作成（一二月一八日） 日本建設材料協会解散	東京に設置（一〇月二日） 財閥解体（一〇月～五二年）
一九四六	二一	日本建築士会、建築士法案作成（一月二六日） 設計者の専業・兼業を問わない法案 市街地建築物法施行令臨時特例改正（勅令第一五三号、三月二〇日） 用途地域復活 建設行政、商工省から戦災復興院に移管（三月） 臨時建築制限令（勅令第二八八号、五月二九日）・同施行規則（内務省令第三号、同） 不要不急建築の制限 戦災復興院、建築法案要綱試案まとめる（一〇月九日） 日本損害保険協会火災技術部建築法規調査委員会、建築法案要綱作成（一二月八日） 建築士及び建築工事管理者の条文含む	RIA総会で国際建築家連合（UIA）設立決議。準備委員会設置（九月） 日本国憲法（一一月三日） GHQ、住宅営団を閉鎖機関に指定（一二月二三日） プレモス7型（前川國男）
一九四七	二二	建築学会、日本建築学会に改称（一月二日） 戦災復興院、建築法草案脱稿（一月四日） 日本建設材料協会、新日本建設材料協会として復活（一月二〇日） ほどなく日本建材協会に改称 臨時建築制限令廃止（勅令第四五号、二月八日） 新たに統制のため臨時建築等制限規則（内閣令第六号、同） 各都道府県に戦災復興院建築出張所設置（二月八日） 日本建築設計監理組合、日本建築設計監理協会に改称（二月二七日） 日本建設工業統制組合、日本建設工業会に改称（三月一日） 市街地建築物法臨時特例廃止（政令第三三二号、一二月三一日） 同法の規定ほぼ復活	地方自治法（法律第六七号、四月一七日） 日本国憲法施行の際現に効力を有する命令の規定の効力等に関する法律（法律第七二号、四月一八日） クラケンC型組立住宅（浦邊鎮太郎、五月） ザールラント州で建築家法（西独）

一九四八	二三	経済安定本部、建設業法試案作成に着手（年初） 内務省廃止、建設院設置（一月一日） 全国建設業協会設立（三月一六日）日本建設工業会が発展的解消 建設院廃止、建設省設置（七月一〇日） 消防法（法律第一八六号、七月二四日）市街地建築物法の手続きに消防同意組込む 戦災復興院建築出張所廃止、事務を都道府県知事に委任（八月三一日） 臨時建築制限規則（建設省令第二号、八月三一日） 日本建築設計監理協会・日本建築士会、「建築設計監理業務規定」共同制定。日本建築士会、「建築設計監理と建築士の立場」作成（八月） 東京都建築代理士会、東京建築代理士会に改組（九月一〇日） 建築四団体（日本建築学会・日本建築士会・日本建築協会・全国建設業協会）、建築技術者の資格制度調査に関する四会連合委員会発足、第一回会合（一〇月一五日） 臨時防火建築規則（建設省令第六号、一〇月二七日）防火地区緩和・木造防火規定整備 全国建設業協会、建設業法試案を建設省に提出（一〇月） 建設省、建設業法要綱（建設省試案）公表（一二月二七日）	一二坪国民住宅懸賞競技（四月） 二七ヶ国代表参加の下、CPIAとRIAの解散とUIAの設立決議、設立総会（六月二八日） 公認会計士法（法律第一〇三号、七月六日） 地方自治法改正（法律第一八〇号、七月二〇日）条例制定権が地方自治体の事務範囲に明確化 都営高輪アパート（戦災復興院）鉄筋コンクリート壁式構造建築
一九四九	二四	浜口ミホ『日本住宅の封建性』（二月） 建設業法（法律第一〇〇号、五月二四日、八月二〇日施行） 東京大学第二工学部学生募集停止、生産技術研究所設置（五月三一日） 建設省建築局、住宅局に改称（六月一日） 臨時建築制限規則改正（建設省令第九号、六月） 中小建設業者、「建築士法草案に対する意見具申」（八月二九日） 戦災復興院建築出張所の派遣者を活用、主な都道府県に建築部設置（八月三一日） 日本建築協会、「建築士法起案ノ要綱」（八月）	藤村記念堂（谷口吉郎、三月） 国立学校設置法公布に伴い新制大学開始（五月三一日） 逓信省二省分離、郵政省と電気通信省設置（六月一日） 弁護士法全面改正（法律二〇五号、六月一〇日） シャウプ勧告（八月二七日）税制改革勧告

西暦	和暦	建築建設行政・建築関連団体・言説	社会・海外（建築家制度含）・作品他
		建築技術者の資格制度調査に関する四会連合委員会の成案に基づき、建築士法の建議書を総理・建設大臣等に提出（九月） 住宅営団法廃止法（法律第二三一号、一二月一日） 木曜倶楽部、二十日会に改称	中華人民共和国建国（一〇月一日） GHQ、重要物資統制の大幅撤廃を指令（一二月二〇日） 技術職名制度（中）設計者制度
一九五〇	二五	木材・セメントの統制撤廃（一月一日） 東京建築代理士会・近畿建築代理士会連合会、建築士法案上程にあたり請願（二月） 全日本建築代理士会連合会創立（五月四日） 住宅金融公庫法（法律第一五六号、五月六日） 建築基準法（法律第二〇一号、五月二四日、一一月二三日施行）　施行に伴い市街地建築物法・臨時建築制限規則廃止 建築士法（法律第二〇二号、五月二四日、七月一日施行） 建築技術者の資格制度調査に関する四会連合委員会、全日本建築代理士会連合会加え、建築技術者の資格制度調査に関する五会連合委員会に改組（五月三一日）　建築士の選考基準・業務独占範囲を議論 鋼材の統制撤廃（六月三〇日） 全日本建築代理士会連合会、土地家屋調査士法改正に向け運動（七月） 岩手県建築士会創立（一〇月五日） 建設省、建築士選考基準告示（一一月七日） 建築基準法施行令（政令第三三八号、一一月一六日） 東京都建築安全条例（条例第八九号、一二月七日） この頃、各県で建築代理士条例制定相次ぐ	測量法（法律第一八八号、六月三日） 測量士・士補に建築代理士の既得権認められず 朝鮮戦争開始（六月二五日） 土地家屋調査士法（法律第二二八号、七月三一日） 警察予備隊設立（八月一〇日） 特需景気（下期〜五二年） 住宅No.3（立体最小限住居、池辺陽） 八勝館　御幸の間（堀口捨己）
一九五一	二六	全日本建築代理士会連合会、行政書士法制定に際して陳情（一月一六日） 東京大学第二工学部廃止（三月二八日） 一級建築士第一号登録　渋江菊蔵（五月二一日） 官公庁施設の建設等に関する法律（法律第一八一号、六月一日）	行政書士法（法律第四号、二月二二日） リーダーズ・ダイジェスト東京支社（A・レーモンド、四月） 公営住宅法（法律第一九三号、六月四

		建築士法改正（法律第一九五号、六月四日） 建築士の業務独占範囲決定 日本技術士会創立（六月） 日本建築士会解散総会（九月二九日） 多くが日本建築設計監理協会の会員に 日本都市計画学会創立（一〇月六日）	日） 神奈川県立近代美術館（坂倉準三、一一月） 全州で建築家登録法（米） 森博士の家（清家清）
一九五二	二七	東京建築士会創立（二月一六日） 田中角栄、一級建築士登録（五月二一日） 耐火建築促進法（法律第一六〇号、五月三一日） 公共工事前払金保証法（法律第一八四号、六月一二日） 建設コンサルタントを含む 建築士法制定に伴い日本建築士連合会創立（七月一九日） 建築家の団体は日本建築設計監理協会のみに	最小限住居（増沢洵、三月） 鳥取大火（四月一七日） サンフランシスコ講和条約発効（四月二八日） 電気通信省廃止、日本電電公社設立（八月一日） 日本相互銀行本店（前川國男）
一九五三	二八	建設省、日本建築士連合会に建築士法全般への意見提出を求む（三月） 同会の建築士法問題への取組開始 建築士法改正（法律第二一〇号、八月一四日） 引揚者への配慮による受験資格の変更 日本建築士連合会、行政簡素化に対する建築士の活用について行政管理庁への意見提出を決定（一二月一九日）	朝鮮戦争停戦（七月二七日） SH―1（広瀬鎌二、九月）
一九五五	三〇	建築五団体・建設省・参議院建設委員会、建築士法一部改正に関する懇談会。建築代理士会の設計業会案に日本建築士連合会反対（六月七日） 日本建築設計監理協会、UNESCO下部機構のUIAに加盟（七月） 建築士法改正（法律第一七三号、八月二二日） 建築士事務所登録を設計監理業を業にする者に義務付け	日本生産性本部創立（三月） 日本住宅公団設立（七月二五日） 広島平和会館（広島平和記念資料館、丹下健三、八月） 保守合同成る（五五年体制、一一月一五日） 神武景気（～五七年）
一九五六	三一	関西建材会、関西建材協会に改称（四月一日） 日本建築設計監理協会、建築家個人を会員とする日本建築家協会に改組（一	経済白書「もはや戦後ではない」（七月一七日）

西暦	和暦	建築建設行政・建築関連団体・言説	社会・海外（建築家制度含）・作品他
		〇月一日） 建築代理士会、建築士業会に改組（東京、一二月一五日）	国際連合加盟（一二月一八日） 中央公論ビル（芦原義信）
一九五七	三二	二十日会、改称して建築業協会再結成（五月九日） 建築士法改正（法律第一一四号、五月二〇日）業務独占範囲拡大、二級建築士の選考枠一時拡大 日本建築士連合会、日本建築士会連合会に改称（五月三一日） トロント市庁舎国際コンペの応募資格めぐり建築職能団体について論争起こる（秋）	ローマ条約締結（欧、三月二五日） 技術士法（法律第一二四号、五月二〇日） なべ底不況（下期〜翌年末） 住宅No.38（石津邸、池辺陽）
一九五八	三三	八田利也「小住宅ばんざい」『建築文化』（四月） 全日本建築士会創立（九月六日） 日本建築家協会、「建築家憲章」制定（一二月九日） 設備士会設立	ローマ条約発効（一月一日）欧州経済共同体（EEC）発足、将来の市場統一に向け議論開始 日本電波塔（東京タワー、内藤多仲・日建設計、一〇月） スカイハウス（菊竹清訓）
一九五九	三四	建築基準法改正（法律第一五六号、四月二四日）内装制限の強化 関西建材協会、日本建材協会に改称（五月六日） 建築士法関係行政研修会で建築士法の問題点として専門分化、話題に（五月）	キューバ革命（一月一日） 伊勢湾台風（九月二六日）これを受け日本建築学会、木造禁止決議 横浜市庁舎（村野藤吾、九月） 岩戸景気（下期〜六一年）
一九六〇	三五	建設業法改正（法律第七四号、五月二日）施工管理技士等、各種工事の専門技術者検定制度創設	六〇年安保闘争（五〜七月） 池田勇人内閣、所得倍増計画閣議決定（一二月二七日） 外務省本庁舎（小坂秀雄・建設省営繕局）
一九六一	三六	建設コンサルタンツ協会創立（三月四日）	東京計画一九六〇（丹下健三、三月）

		防災建築街区造成法（法律第一一〇号、六月一日）耐火建築促進法を発展 建築基準法改正（法律第一一五号、六月五日）特定街区制度・特殊建築物防火規定の強化 日本建築家協会・日本建築士会連合会・日本建築学会・全国建設業協会・建築業協会、建築技術者対策調査連合委員会設置（七月）	第二室戸台風（九月一六日） から傘の家（篠原一男）
一九六二	三七	建物の区分所有等に関する法律（区分所有法、法律第六九号、四月四日） 東京大学に都市工学科設置（四月） 全国建築士事務所協会連合会創立（九月一四日） 建築生産近代化促進協議会発足（一〇月二日） 日本建築士会連合会、建築基準法単体規定の建築士委任・建築士の建築士会所属の義務付けにつき、意見書を建設省に提出（一一月一四日） 行政管理庁、「建築規制に関する行政監察結果報告」（一一月一九日）	キューバ危機（一〇月） 軽井沢の山荘（吉村順三）
一九六三	三八	建設大臣、「建築基準行政における建築士制度の活用について」中央建築士審議会に諮問（三月二八日） 東京建築士業会、東京都建築士事務所協会に改組（六月一二日） 建築基準法改正（法律第一五一号、七月一六日）容積地区制の採用 日本設備設計家協会創立（一〇月）	三愛ドリームセンター（林昌二、一月） 出雲大社庁の舎（菊竹清訓、六月） 建築士法（韓、一二月一六日）一級・二級の級別制度
一九六四	三九	全国建築士事務所協会連合会、建築士法改正案の国会提出に意欲示し建築関連団体懇談（三月一〇日） 建築行政関係懇話会発足、建築九団体による建築士法改正の検討開始（三月二一日） 建設省、建設コンサルタント登録規程告示（四月八日） 建築行政協会、建築士法改正案要綱第一次試案を建築行政関係懇話会に提示（六月九日、七月一日に第二次試案） 建築技術者対策調査連合委員会解散（七月三一日） 第一次臨時行政調査会、「許認可等の改革に関する意見——個別事項」（九月）建築基準行政権の建築士への一部委譲、事務所登録に関する規制緩和	新潟地震（六月一六日）地盤の液状化現象、問題に 国立屋内総合競技場（丹下健三、九月） 東海道新幹線開通（一〇月一日） 東京オリンピック開催（一〇月）

西暦	和暦	建築建設行政・建築関連団体・言説	社会・海外（建築家制度含）・作品他
		建設省、建築行政関係懇話会に建築士法改正案要綱提示（一〇月三日） （株）日本建築センター設立（一一月） 日本建築学会、建築技術者制度再検討委員会設置（一二月）	
一九六五	四〇	建設省、中央建築士審議会を建築審議会に、一級建築士試験委員を中央建築士審査会に改組（九月一日） 日本建築学会、建築技術者制度再検討委員会を建築技術者制度調査委員会に改称（一月） 全国建築士事務所協会連合会、建築士法改正案の国会提出に向け動くも、建築関連団体反発（四月） 日本建築学会建築技術者制度調査委員会、中間報告で「建築士制度は建築技術に係る業務に正しく対応する制度になっていない」と指摘（七月七日） （財）日本建築センター設立（八月七日） 新技術の評価機関として設置 建築八団体長、連名の建築士法改正要望書を建設大臣に提出（八月二五日） 日本建築家協会、建築設計監理業務法要綱案発表（一〇月二七日）	米、北ベトナム爆撃開始（二月七日） 大学セミナーハウス（吉阪隆正、一一月） 大韓建築士協会創立（韓、一二月三日）
一九六六	四一	東京都、東京海上ビルディングの確認申請却下（四月一五日） これを機に美観論争起こる（～七四年） 全国建築士事務所協会連合会、建築設計監理業法案要綱発表（四月） 参議院法制局、建築設計監理業法案まとめる（五月） 住宅建設計画法（法律第一〇〇号、六月三〇日） 第一期住宅建設五箇年計画（一世帯一住宅の目標） 日本建築家協会、建築設計監理法人構想発表（九月九日）	文化大革命（中、五月一六日～七六年） 国立京都国際会館（大谷幸夫、五月） 塔の家（東孝光、一〇月） パレスサイドビル（A・レーモンド、一二月） いざなぎ景気（～七〇年）
一九六七	四二	日本建築士会連合会、建築士業務報酬規程開始（一月一日） 日本建築積算事務所協会創立（六月六日） 日本建築家協会、建築設計監理業務法案を正式提唱案に決定（九月） 日本建築士会連合会、建築士法改正法律案要綱決定（一〇月三〇日）	EEC等が発展して欧州共同体発足（EC、七月一日） 帝国ホテル解体開始（一二月） 伊藤邸（原広司、一二月）

		建築審議会、「建築関係法制を整備するための方策等に関する第一次答申」（一二月一三日）	英連邦建築家連盟中のアジア六ヶ国、アジア地域建築家評議会（ARCASIA）発足
一九六八	四三	日本建築士会連合会、建築士法一部改正法律案要綱を衆参両院他に提出（一二月八日） 鹿島守之助（鹿島建設会長）、意見書「建設産業近代化の趨勢——設計施工の一貫性」を建設大臣に提出（五月二四日）これを機に設計施工一貫論争起こる 都市計画法全面改正（法律第一〇〇号、六月一五日） 建築行政関係懇話会、自然消滅の形で解散（秋） 日本建築学会、建築法制委員会設置（一二月）	東大紛争（一月～翌年） 三菱一号館解体開始（三月） 霞が関ビルディング（山下寿郎、四月） 十勝沖地震（五月一六日） 文化庁設置（六月一五日） コーポラティブハウス千駄ヶ谷（山下和正） GNP世界第二位に
一九六九	四四	建築関連団体、建設省の要請で建築業務基準委員会発足（三月）建築行政関係懇話会に代わる意見交換の場に 設備士会解散、日本建築設備士協会設立（四月一六日） 都市再開発法（法律第三八号、六月三日）	アポロ一一号、人類初の月面有人着陸（米、七月二〇日） 連邦議会で建築家法決議も、大統領の署名拒否により不成立（西独）各州の建築家法に委ねる原則保持 栃木県議会棟庁舎（大高正人）
一九七〇	四五	日本建築士会連合会、設計監理業務規程策定に着手（三月一八日） 建築基準法改正（法律第一〇九号、六月一日）用途地域の細分化・定期報告の義務化	日本万国博覧会（大阪、三～九月） セキスイハイムM1（大野勝彦）
一九七一	四六	建設業法改正（法律第三一号、四月一日）監理技術者制度創設・建設業を登録制から許可制に 日本建築家協会・全国建築士事務所協会連合会、建築設計監理組織の法制化合意（六月） 建築業務基準委員会、「中間報告」（小規模建築業務基準）まとめ任務を終了（一一月）	外務省外交史料館（吉田五十八、四月） パリ現代芸術総合センター国際コンペで、日本の建築家資格の混乱ぶり話題に（仏、春） 建築師法（台、一二月）

西暦	和暦	建築建設行政・建築関連団体・言説	社会・海外（建築家制度含）・作品他
一九七二	四七	建設省、建築業務基準委員会を再発足（一月二七日） 公取委、設計団体の持つ設計監理報酬規程を独占禁止法違反の疑いで調査開始（三月七日）日本建築家協会に事情聴取 田中一（参議院議員）、建築設計監理業法案要綱（田中私案）発表（三月二〇日）日本建築家協会、反対運動 田中一、〝建築家〟像明確化のため、「建築家に関する質問書」を日本建築家協会・全国建築士事務所協会連合会に提示（四月五日） 全国建築士事務所協会連合会、建築設計監理業法制定運動展開。日本建築家協会、同運動への反対請願と職能法制定の一〇万名目標署名運動開始（五月〜） 田中私案、国会提出見合わせ（六月一二日） 田中角栄『日本列島改造論』（六月）	札幌オリンピック開催（二月） 大阪千日デパート火災（五月一三日） 沖縄復帰（五月一五日） 粟津邸（原広司、七月） 日中国交正常化（九月二九日） UNESCO、世界遺産条約採択（一一月一六日） 中銀カプセルタワービル（黒川紀章）
一九七三	四八	日本建築家協会、「登録建築士事務所の組織化に対する声明書」発表（一月三一日）建設省の行政指導による建築士事務所団体の設立・全国組織化の動きに反対 建設省、建築士行政上の当面の課題に専門分化への対応を挙げる（一月） 全国建築士事務所協会連合会、緊急会議で建築設計監理業法制定促進請願を決定（五月一一日）これに対して日本建築士会連合会、建築士法改正決議（五月二九日）・日本建築家協会、同法反対請願決定（五月三一日） 法令建築事務所制度開始（大阪、六月一八日） 建築業務基準委員会、建築設備関連団体からの設備技術者の法的資格要請に同意（春） 日本建築家協会、建築設計監理業務法制定推進のため職能法制定推進本部設置（六月）	日野市立中央図書館（鬼頭梓、四月） 第一次オイルショック（一〇月〜翌年八月） 全都道府県で一世帯一住宅達成（住宅政策、量より質へ転換） 広島基町・長寿園高層アパート（大高正人）
一九七四	四九	日本建築家協会、設計入札・疑似コンペについて会員の注意を喚起（八月一五日）	群馬県立近代美術館（磯崎新、三月） 東京海上ビルディング（前川國男、四

		建設省、木造枠組壁工法の技術基準を告示（七月二七日） 日本建築士会連合会・全国建築士事務所協会連合会・日本建築家協会、建築士法改正について意見交換（一二月）	月） R・ニクソン大統領、ウォーターゲート事件で辞任（米、八月九日）
一九七五	五〇	公取委の「建築士も事業者」発言に日本建築家協会抗議（三月五日） 日本建築士会連合会、建築士法改正案要綱まとめる（五月） 公取委、日本建築家協会・日本建築士会連合会・全国建築士事務所協会連合会の設計監理報酬規程廃止と事業者団体届出を求める（七月二五日～一〇月二三日） 日本建築積算事務所協会、日本建築積算協会に改組（七月） 日本建築士会連合会・全国建築士事務所協会連合会、報酬規程廃止・事業者団体届出（一〇月二四日～翌年三月） 日本建築設計監理協会連合会設立（一一月一八日） 建築七団体、建築士法第二五条活用を建設大臣に要望（一一月二六日） 公取委、日本建築家協会に勧告（一二月二五日）	沖縄国際海洋博覧会（七月～翌年一月） UIA会長、建築家職能に理解を得るため要請書を建設大臣・公取委員長に送付（八月二〇日）「建築家の業務は独禁法の対象外」が主旨 幻庵（石山修武）
一九七六	五一	日本建築家協会、公取委の勧告拒否、公取委第一回審判（三月一八日） 建設省、建築設計工事監理業務報酬調査委員会設置。建築七団体、呼応して設計監理業務調査会設置（三月） 建設省・通産省、ハウス55計画発表（五月一〇日） 低価格高性能住宅供給開発プロジェクト 日本建築家協会、建築設計監理業務法案要綱・日本建築士会連合会、建築士法改正要綱作成（五月） 市浦健、建築家法を提案（八～九月） 日本建築家協会、「建築設計監理業務法案要綱骨子」作成（一二月） 建築審議会、「建築生産近代化の促進のための方策――住宅等小規模建築工事の合理化方策について」	ロッキード事件（二月） 住吉の長屋（安藤忠雄、二月） 中野本町の家（伊東豊雄、五月） 田中角栄前総理逮捕（七月二七日）
一九七七	五二	建設省、「建築設計工事監理業務報酬調査報告書」まとめる（七月） 公取委、「団体による二五条適用は違法」と見解（八月）	従前の建築家法に代え、建築法（仏、一月三日） 建築家に業務独占権付与

西暦	和暦	建築建設行政・建築関連団体・言説	社会・海外（建築家制度含）・作品他
		日本建築家協会・日本建築設計監理協会連合会、建築設計監理業務法制定合同推進本部設置。一〇〇万名目標国会請願署名運動を展開	建築士法改正（韓）級別を改め一本化
一九七八	五三	建築関連団体、「建築士事務所実態調査報告書」まとめる（二月） 建築審議会、「住宅等の建築物における省エネルギー対策の推進方策」（七月一五日） 行政改革の一環で、建築士の年次届廃止 全国建設業協会、建築士法改正案発表	サンシャイン60開館（四月） 新東京国際空港開港（成田空港、五月二〇日） 宮城県沖地震（六月一二日） 第二次オイルショック（一〇月～八一年二月） 資生堂アートハウス（谷口吉生、一一月）
一九七九	五四	設備設計団体、建築設備士法案を建築業務基準委員会に提示（三月二日） 日本建築家協会、「建築家の業務および報酬規程」廃止・「（仮称）建築設計監理業務報酬について」制定（五月三〇日） 全国建築士事務所協会連合会、建築設計監理業法案要綱委員会試案公表（六月二八日） 建設省、「建築士事務所の開設者が請求することのできる報酬の基準」告示（七月一〇日） 公取委結審、公取委・日本建築家協会が記者会見（九月一九日） 日本建築家協会・日本建築設計監理協会連合会、職能法制定のための三〇万署名を国会に提出（一〇月一〇日） 「入札をしない建築家の会」発足（一一月二七日） 日本建築積算協会、建築積算士制度開始（一一月） 建築業務基準委員会、建築設備技術者資格の単独立法求めるも、立法技術上困難として建築士法の中で位置づけるべく研究続く（秋） 行政管理庁、分譲マンションに関する勧告。手抜工事深刻化の中、工事監理の有効機能化求める	EC報告書「日本の住宅はウサギ小屋」（三月） 54の屋根（石井和紘、四月） エネルギーの使用の合理化に関する法律（省エネ法、法律第四九号、六月二二日）

一九八〇	五五	全国建築士事務所協会連合会、日本建築士事務所協会連合会に改称（四月七日） 建築業務基準委員会、建築士法での設備技術者の扱い合意に達する（一二月）	静岡駅前地下街爆発事故（八月一六日） イラン・イラク戦争開始（九月二二日）
一九八一	五六	建築業務基準委員会、「専門建築士制度に関する建築士法改正要綱」まとめ、建設大臣に実現求める（一月） 建築基準法施行令改正（政令第一四四号、四月二四日、六月一日施行） 新耐震基準、一次設計・二次設計の概念導入 日本建築家協会、従来の憲章に代えて新たに「建築家憲章」制定（五月二七日） 構造家懇談会創立（五月二九日） 建設省、「建築士制度の整備に関する課題と問題点」（建築士法改正試案）まとめ、建築関連団体に提示（六月） 行政管理庁、建築確認の対象法令範囲の明確化を建設省に要請（七月）	織陣（高松伸、四月） 静岡市立芹沢銈介美術館（白井晟一、五月） 日本住宅公団、住宅・都市整備公団に改組（一〇月一日）
一九八二	五七	臨時行政調査会、「行政改革に関する第二次答申――許認可等の整理合理化」を総理大臣に提出（二月一〇日） 建設省、建築士の工事監理強化について、研究を日本建築士会連合会に要請（四月） 行政管理庁、建築確認業務の合理化のため全国で建築行政監察開始（四月） 建築技術教育普及センター設立（九月一〇日） 建築士試験事務機関として設置 建設大臣の諮問により、建築士法改正を目的とする建築審議会開始（九月二四日）	ホテルニュージャパン火災（二月八日） フォークランド紛争（三～六月） 東北新幹線開業（六月） 成城・バス停前の家（早川邦彦、七月）
一九八三	五八	行政管理庁、建築行政監察結果報告（一月二八日） 建築審議会、建設大臣に第一次答申（一月三一日） 建築士法改正の基礎できる 日本建築家協会・日本建築設計監理協会連合会、今後の建築士法抜本改正に	東京ディズニーランド開園（四月一五日） つくばセンタービル（磯崎新、六月） 国立能楽堂（大江宏、八月）

西暦	和暦	建築建設行政・建築関連団体・言説	社会・海外（建築家制度含）・作品他
		向けた検討のため合同会議「キャンプ川奈」開催（二月） 建築士法改正（法律第四四号、五月二〇日）木造建築士・建築設備士枠新設 日本建築家協会、米国の建築家職能の法体系を調査（八月）	土門拳記念館（谷口吉生、七月）
一九八四	五九	日本設備設計家協会、日本設備設計事務所協会連合会に改組（一二月）	ワンルームマンション規制問題
一九八五	六〇	建設省、八年ぶりの建築士実態調査報告まとめる（一一月一一日）登録六三万人のうち実数五〇・五万と推定 圓堂政嘉（日本建築家協会会長）、講演「建築士行政の転換を求める」（一一月一三日） 建設省、建築設備士について告示（一一月一八日）	日本専売公社・日本電電公社民営化（四月一日） EC評議会指令発効（六月一〇日）EC統合に向け、圏内での建築家の自由な活動を促す 日航機墜落（八月一二日） SPIRAL（槇文彦、一〇月） 「技術職名制度」に代えて「専門技術職務の招聘制度」を設計者制度に採用（中）
一九八六	六一	太田和夫（日本建築士会連合会会長）、建築士の登録更新制度要望（一月） 日本建築家協会、新団体結成に向け「行動計画」採択（五月二八日）	神戸ポートアイランド博覧会（三～九月） バブル景気（暮～九一年上期）
一九八七	六二	日本建築家協会、「建築士法改正に向けて」発表（二月） 日本建築家協会、日本建築設計監理協会連合会と合併、新日本建築家協会設立（五月一一日） 建築基準法改正（法律第六六号、六月五日）集団規定と木造建築物の防火・構造の緩和	日本国有鉄道民営化（四月一日） お茶の水スクエアA館（磯崎新、九月） キリンプラザ大阪（高松伸、一〇月）
一九八八	六三	建築審議会、「建築士事務所の基本的在り方についての答申」（三月二八日）設計施工分離と一貫、適正に共存すべき 外国人建築家の日本における資格に関する懇談会開催（九月）	三菱地所、「丸の内マンハッタン計画」発表（一月一九日） 青函トンネル開通（三月一三日）

		建築審議会答申を受け、建築四団体（日本建築士会・日本建築家協会・日本建築士事務所協会・建築業協会）、建築設計懇談会開催（一一月二四日） 二年続くも休会	なら・シルクロード博覧会（四～一〇月） イラン・イラク戦争終結（八月二〇日）
一九八九	平成 一	建築基準法改正（法律第四三号、五月一八日） 道路内建築制限の緩和等 構造家懇談会、日本建築構造技術者協会に改組（七月一日） 新日本建築家協会、「建築家職能原則五項目」発表（七月一九日） 建築設備士新設に伴い日本建築設備士協会、建築設備技術者協会に改組（七月二七日） 新日本建築家協会、ＡＩＡと職能協定締結（一一月一六日） 建築家資格相互認定の協力謳う	天安門事件（中、六月四日） 貿易不均衡是正を目的に日米構造協議開始（七月一四日） ベルリンの壁崩壊（東独、一一月九日） 東京国際フォーラム国際コンペ結果発表（一一月）
一九九〇	二	Ｒ・ブリアに一級建築士資格（外国人特認第一号、一月） 新日本建築家協会、海外の建築家制度等の調査開始（五月） Ｒ・ピアノ、Ｐ・アンドリューに一級建築士資格（七月一〇日） 鬼頭梓（新日本建築家協会副会長）、提言「ＪＩＡが目指すもの」（一一月一五日） 建築家の自主認定制度構想発表 日本建築主事会議発足（一一月） 日本建築積算協会、建築積算士を廃止して建築積算資格者制度開始（一一月）	ＥＣ統合に向け、欧州建築家協議会設立（ＡＣＥ、五月一一日） 東西ドイツ統一（独、一〇月三日） 東京都庁舎（丹下健三、一二月）
一九九一	三	西部明郎「敢えてタブーを冒し提起する」『ＪＩＡ　ＮＥＷＳ』（七月） 新日本建築家協会の門戸開放説く 日本建築学会、建築教育と資格制度特別委員会設置（九月～九四年三月） 新日本建築家協会、欧米での建築家資格の国際的相互認定検討の動きを報告	湾岸戦争開始（一月一七日） Ｍ２（隈研吾、一〇月） ソビエト連邦崩壊（露、一二月二五日） 熊本県営保田窪第一団地（山本理顕、一二月）
一九九二	四	都市計画法・建築基準法改正（法律第八二号、六月二六日） 用途地域の細分化 建築四団体（日本建築士会連合会・日本建築士事務所協会連合会・日本建築家協会・建築業協会）会長、意見交換の場として四団体会長懇談会設置	国連平和維持活動協力法（法律第七九号、六月一九日） 世界遺産条約批准（六月三〇日） 海の博物館（内藤廣）

西暦	和暦	建築建設行政・建築関連団体・言説	社会・海外（建築家制度含）・作品他
一九九三	五	日本建築構造技術者協会、建築構造士制度開始（三月） 四団体会長懇談会、日本建築学会加え、五団体会長会議に改組	ウォーン・レポート（英、二月） 建築家登録法廃止勧告 細川護熙内閣誕生（八月九日） 五五年体制崩壊 ECから発展して欧州連合発足（EU、一一月一日）
一九九四	六	高齢者、身体障害者等が円滑に利用できる特定建築物の建築の促進に関する法律（ハートビル法、法律第四四号、六月二九日）	製造物責任法（PL法、法律第八五号、七月一日） 関西国際空港旅客ターミナル（R・ピアノ、八月） 新建築師登録試験開始（中、一〇月） 日米規制改革及び競争政策イニシアチブに基づく要望書開始（年次改革要望書、一〇月）
一九九五	七	建築物の耐震改修の促進に関する法律（耐震改修促進法、法律第一二三号、一〇月二七日） 新日本建築家協会、資格は個人に帰属・第三者認定を柱とする建築家資格制度案発表（一〇月）	GATTを発展解消して世界貿易機関設立（WTO、一月一日） 阪神・淡路大震災（一月一七日） 地下鉄サリン事件（三月二〇日） 箱の家1（難波和彦、三月） アジア太平洋経済協力（APEC）首脳会議で、技術者の相互認定制度検討を決議（大阪、一一月） 注冊建築師条例（中） 米国を参考にした制度
一九九六	八	橋本龍太郎総理、日米首脳会談で建築基準の性能化表明（二月二四日）	東京国際フォーラム（R・ヴィニオリ、

		新日本建築家協会、日本建築家協会に改称（六月二五日） 建築四団体（日本建築家協会・日本建築士会連合会・日本建築士事務所協会連合会・建築業協会）、建築士法議論の場として建築士制度四会懇談会発足（九月三日）	五月） UIA、「建築実務におけるプロフェッショナリズムの国際推奨基準のUIA協定案」採択（西、七月） マルチメディア工房（妹島和世・西沢立衛）
一九九七	九	日本建築学会、教育と資格特別委員会設置（一月） 日本建築士会連合会の推す登録更新制度含む建築士法改正案、議員による国会提出目論むも、見合わせ（六月） 日本建築家協会、「建築家資格制度（素案）」発表（一一月） 建設省、設計者資格の国際化に向け、建築技術教育普及センターに建築設計資格制度調査会設置	風の丘葬祭場（槇文彦、二月） アニ・ハウス（塚本由晴・貝島桃代、四月） アジア通貨危機（七月二日〜） 京都議定書採択（一二月一一日） 「ゼンカイ」ハウス（宮本佳明、一二月）
一九九八	一〇	日本弁護士連合会、「建築基準法改正についての申入書」（三月一八日） 建築確認の民間開放に懸念 建築基準法改正（法律第一〇〇号、六月一二日） 性能規定化・三八条廃止・建築確認検査業務の民間開放	長野オリンピック開催（二月） 新潟市民芸術文化会館（長谷川逸子、一〇月）
一九九九	一一	建築設計資格制度調査会、「建築設計資格制度の国際相互認証のためのフレームワーク検討調査」まとめる（三月） これを受け、五団体会長会議、具体的な検討開始 日本建築家協会、AIAとの職能協定改定（五月七日） 住宅の品質確保の促進等に関する法律（品確法、法律第八一号、六月二三日） 日本建築家協会近畿支部、建築家資格自主認定制度開始（八月二一日）	UIA、「建築実務におけるプロフェッショナリズムの国際推奨基準のUIA協定」採択（中、六月） 建築家資格の国際相互認定の動き強まる トルコ大地震（八月一七日） 住宅・都市整備公団、都市基盤整備公団に改組（一〇月一日）
二〇〇〇	一二	建築基準法・同施行令、九八年改正の全面施行（六月一日） 性能規定の導入 建設省、設計者資格の国際化に向け、建築技術教育普及センターに建築設計資格制度調査会設置	せんだいメディアテーク（伊東豊雄、八月） APECエンジニア・マニュアル公表（一一月一日） 建築構造分野含む技術者の

西暦	和暦	建築建設行政・建築関連団体・言説	社会・海外（建築家制度含）・作品他
			相互認定制度開始
二〇〇一	一三	建設省、国土交通省に改組（一月六日） 国土交通省、建築審議会を再編、社会資本整備審議会設置（一月六日） 日本建築士会連合会、「新たな建築資格制度のグランドデザイン」発表（一〇月五日） 継続的能力開発（CPD）制度と専攻建築士制度 日本建築主事会議、日本建築行政会議に改組。解散した建築行政協会の事務一部引継	省庁再編（一月六日） 特定非営利活動促進法（NPO法、法律第七号、三月二五日） 同時多発テロ事件（米、九月一一日） 屋根の家（手塚貴晴・手塚由比）
二〇〇二	一四	建築基準法改正（法律第八五号、七月一二日） シックハウス対策規定 日本建築士会連合会・日本建築家協会、「〝新たな建築資格制度〟創設に向けての二団体基本合意書」調印（一一月一日）	いざなみ景気（上期～〇七年） ワールドカップ日韓共催（六月） 国立国会図書館関西館（陶器二三雄、一〇月）
二〇〇三	一五	法令建築事務所制度廃止（大阪、三月三一日） 日本建築士会連合会・日本建築構造技術者協会、「専攻建築士制度に関わる二団体基本合意書」締結（四月二八日） 建築基本法制定準備会発足（八月六日） 日本建築家協会、登録建築家制度開始（一二月）	イラク戦争開始（三月二〇日） 郵政民営化の経過措置として日本郵政公社設立（四月一日） プラダ ブティック青山（ヘルツォーク&ド・ムーロン、六月） 朱鷺メッセ連絡デッキ落下事故（八月二六日）
二〇〇四	一六	社会資本整備審議会、「既存建築物の改善と有効活用のための建築行政のあり方に関する答申」（二月二日） 日本建築士会連合会、専攻建築士制度開始（三月二二日）	自動回転ドア死亡事故（東京、三月二六日） 景観法（法律第一一〇号、六月一八日） 高過庵（藤森照信、六月） 都市基盤整備公団、都市再生機構に改組（七月一日） 中越地震（一〇月二三日）

			スマトラ島沖地震（一二月二六日） 市町村合併進む
二〇〇五	一七	国土交通省、諮問機関として社会資本整備審議会建築分科会に基本制度部会設置（一二月一二日） 建築関連団体より、建築士法改正の提言・要望相次ぐ（暮～翌年） 日本建築士会連合会・日本建築家協会、設計監理者資格制度のすり合わせ中断	京都議定書発効（二月一六日） 二〇〇五年日本国際博覧会（愛知万博、三～九月） ハリケーン・カトリーナ災害（米、八月二九日） パキスタン地震（一〇月八日） 耐震強度偽装事件発覚（一一月一七日） ＡＰＥＣアーキテクト登録開始（一一月）建築家の国際的活動支援のため共通の称号付与 森山邸（西沢立衛、一一月） Ｔ ｈｏｕｓｅ（藤本壮介）
二〇〇六	一八	社会資本整備審議会、「建築物の安全性確保のための建築行政のあり方について答申」（八月三一日） 建築士法改正（法律第一一四号、一二月二〇日）構造設計と設備設計の一級建築士枠新設	トリノ・オリンピック開催（二月） 高層集合住宅のエレベーターで死亡事故（東京、六月三日）
二〇〇七	一九	特定住宅瑕疵担保責任の履行の確保等に関する法律（住宅瑕疵担保履行法、法律第六六号、五月三〇日） 建築確認手続の厳格化開始（六月二〇日）	神奈川工科大学ＫＡＩＴ工房（石上純也、一月） 郵政民営化（一〇月一日）
二〇〇八	二〇	改正建築士法全面施行（一一月二八日）	四川大地震（中、五月一二日） 地域における歴史的風致の維持及び向上に関する法律（歴史まちづくり法、法律第四〇号、五月二三日） リーマンショックを機に世界同時金融危機（九月一五日～）

西暦	和暦	建築建設行政・建築関連団体・言説	社会・海外（建築家制度含）・作品他
二〇〇九	二一	日本建築積算協会、建築積算資格者を建築積算士に改称（四月） 新一級建築士試験開始（七月二六日） 日本建築構造技術者協会、建築構造士と構造設計一級建築士の併存を決定	B・オバマ大統領就任（米、一月二〇日） 三菱一号館復元（三菱地所設計、四月） 民主党政権誕生（八月三〇日） スマトラ島沖地震（九月三〇日）
二〇一〇	二二	国土交通省、建築基準法の見直しに関する検討会設置（三月八日、一二月一七日にとりまとめ公表） 日本建築家協会、ＡＩＡとの職能協定改定（六月一一日）	アイスランド火山噴火（四月一四日）
二〇一一	二三		東日本大震災（三月一一日）

著者略歴

1967 年　栃木県に生まれる
1990 年　千葉大学工学部建築工学科卒業
1992 年　千葉大学大学院工学研究科建築学専攻修士課程修了
　　　　郵政省大臣官房建築部等を経て
2003 年　東京大学大学院工学系研究科建築学専攻修士課程修了
2007 年　東京大学大学院工学系研究科建築学専攻博士課程修了
　　　　東京大学生産技術研究所博士研究員，建築設計事務所
　　　　主宰を経て
現　在　日本大学工学部准教授　博士（工学），一級建築士

建築家と建築士
──法と住宅をめぐる百年

2011 年 8 月 28 日　初　版

［検印廃止］

著　者　速水清孝《はやみきよたか》

発行所　財団法人　東京大学出版会
　　　　代 表 者　渡辺　浩
　　　　113-8654 東京都文京区本郷 7-3-1 東大構内
　　　　http://www.utp.or.jp/
　　　　電話 03-3811-8814　Fax 03-3812-6958
　　　　振替 00160-6-59964

印刷所　株式会社精興社
製本所　誠製本株式会社

ISBN 978-4-13-066202-4　Printed in Japan

人名索引

ア 行

カ 行

サ　行

タ　行

ナ　行

ハ　行

マ　行

ヤ　行

ラ・ワ行

事項索引

サ　行

タ　行

ナ　行

ハ　行

マ　行

ヤ　行

ラ・ワ行

図表一覧

[図]

［表］